岳麓年鉴

2022

长沙市岳麓区档案馆　编

方志出版社
Publishing House of Local Records

图书在版编目（CIP）数据

岳麓年鉴. 2022 / 长沙市岳麓区档案馆编 .—北京：方志出版社，2022.12

ISBN 978-7-5144-5514-4

Ⅰ. ①岳… Ⅱ. ①长… Ⅲ. ①区（城市）- 长沙 - 2022—年鉴 Ⅳ. ① Z526.44

中国版本图书馆 CIP 数据核字（2022）第 256342 号

责任编辑：李晓晓

责任校对：刘玉霞

责任印制：梅中英

出 版 者：方志出版社

地　　址：北京市朝阳区潘家园东里 9 号（国家方志馆 4 层）

邮　　编：100021

网　　址：http://www.zgfzcb.cn

发　　行：方志出版社图书营销中心（010–67110500）

印　　刷：长沙市雅捷印务有限公司

开　　本：889 毫米 ×1194 毫米 1/16

印　　张：20

字　　数：636 千字

版　　次：2022 年 12 月第 1 版

印　　次：2022 年 12 月第 1 次印刷

定　　价：300.00 元

《岳麓年鉴（2022）》组稿人员

石绍祥　谢　思　邓　薇　李永飞　曹　娟　刘　瑶　雷　航
朱　雍　李　平　禹　德　张　杰　王永周　梁子君　蒋　娟
康利民　周雅洁　王瑞军　黄晓凤　欧阳鑫　肖　湘　蒋　博
齐　金　姚红枚　张　康　王　澄　王　鹤　彭波静　王吉平
王　俐　梁伟谊　阳欣玲　周　杰　林千又　黄松杰　陈新喆
李　昱　罗　峰　扶　岚　陈　雯　曹清清　翟荣军　刘妍佼
胡　越　邓　望　彭俊英　熊志远　詹　玲　王　朵　曾　妍
杨　浩　石芳宇　田　丁　徐琴丽　彭　鹏　文双红　龚关平
傅稳情　阮　扬　王思怡　蔡沐阳　黄海燕　谭　楚　覃　梦
刘盈志　谭超婷　张　峥　邓　玫　杨运佳　李鑫海　何诗琦
刘仲谋　欧阳萍　张　俊　商红红　肖向晶　童大纲　骆　青
黄发军　肖微洛　陈慧婷　余瑞雪　闵蓉芳　周　兰　段存权
李洪波　邓　丹　陈　瑾　冯思思　廖　艳　廖俊康　左　乐
袁惠灵　陈　旋　李月花　王佳缘

2月14日，"青春岳麓·才聚湘江"暨"有你更青春"长株潭人才交流沙龙活动在岳麓高新区举行　（区人社局供图）

3月26日，"车行三湘 岳马扬鞭"春之约·岳麓区第二届汽车消费节在岳麓区阳光100凤凰街正式启动　（区商务局供图）

3月30日，湖南湘江新区、长沙市岳麓区开门红产业项目集中签约活动在湘麓山庄举行　（区商务局供图）

5月25日，2021年岳麓区科技活动周启动仪式在岳麓山大学科技城岳麓科创港举行　（区科学技术局供图）

7月16日，2021中国网络诚信大会“实事求是精神与网络诚信建设论坛”在岳麓山大学科技城科创港举办（桔子洲街道供图）

7月20日，2021长沙市“夏之恋”文化旅游消费季暨华谊兄弟（长沙）电影小镇“天宫”星空探索季在华谊兄弟（长沙）电影小镇启动（区文旅局供图）

12月16日，相“岳”前行　“职”达未来——2021年岳麓区“点亮万家灯火”系列活动启动仪式在58小镇举行

（区人社局供图）

12月31日，湖南航天医院与雨敞坪镇卫生院共建紧密型医联体合作项目签约仪式举行

（雨敞坪镇供图）

2月4日，望岳街道在七里营社区组织开展"崇德向善迎新春 红红火火过大年"暨"亲情季"学雷锋志愿服务关爱行动，图为孩子们正在写春联　　（望岳街道供图）

3月5日，"传承红色基因　讲好红色故事——小小讲解员"授聘仪式在橘子洲举行，来自岳麓区各小学的50名小学生获聘成为景区"小小讲解员"　　（橘子洲景区供图）

3月14日，来自中南大学、湖南大学、湖南师范大学的120名大学生志愿者在后湖国际艺术园开展团队协作项目　　（团区委供图）

4月17日，岳麓区总工会、共青团、洋湖街道联合开展“春日漫游记”联谊活动　　（团区委供图）

4月23日，莲花镇举办“学党史 悟思想 办实事 开新局——阅百年历程 传精神力量”第26个世界读书日之“莲花漫谷 田园生活节·龙洞暖春诗会”　　（莲花镇供图）

4月29日，长沙各大高校的千名学子在橘子洲头毛泽东青年艺术雕塑广场举行集体入党宣誓仪式　　（橘子洲景区供图）

4月30日，岳麓区开展“红心向党、薪火相传”纪念五四运动102周年主题活动　　　　（团区委供图）

6月10日，“百年奋斗路 唱响新征程”岳麓区干部职工红色经典歌曲大合唱比赛（初赛）在岳麓区人民政府举行

（区总工会供图）

6月27日，岳麓街道兰亭社区联合岳麓区麓山兰亭实验小学、岳麓区美兰亭幼儿园、湖南湘江新区农村商业银行、长沙敬卫新公益、长沙阅量公益组织的“赓续雷锋精神 信念薪火相传”“七一”主题活动，在岳麓区麓山兰亭实验小学举行

（岳麓街道供图）

8月2日，岳麓区工商联（总商会）慰问区公卫中心一线医务工作者　　（区工商联供图）

12月18日，由长沙市岳麓区、湘潭市雨湖区联合举办的“靳江欢腾 郊野牧歌——2021岳麓·雨湖田园生活节”在岳麓区含浦街道千子村举办　　（含浦街道供图）

8月12日，岳麓区法院驻长沙高新区诉源治理工作站揭牌　　　　（区法院供图）

9月22日，橘子洲头毛泽东青年艺术雕塑全国爱国主义教育示范基地揭牌仪式在长沙橘子洲风景区管理处举行

（橘子洲景区供图）

12月25日，岳麓图书馆、岳麓文化馆开馆　　（区文旅局供图）

区委党校新址　　（区委党校供图）

区中心消防站　　（麓山控股供图）

华锐金融技术园　　（区融媒体中心供图）

长沙宜家荟聚　　（洋湖街道供图）

洋湖水街　　（洋湖街道供图）

岳麓科创港　　（区融媒体中心供图）

湘江智谷人工智能科技城 （融媒体供图）

湘江鲲鹏 （融媒体供图）

晚安家居 （融媒体供图）

长沙（龙洞）园艺花卉谷 （莲花镇供图）

龙湖天街　（洋湖街道供图）

圣峰高峰亲子漂流　（莲花镇供图）

湖南金融中心夜景　（融媒体供图）

长沙市华谊小镇夜景　（融媒体供图）

编辑说明

一、《岳麓年鉴（2022）》（以下简称本年鉴）坚持以马克思列宁主义、毛泽东思想、邓小平理论、“三个代表”重要思想、科学发展观、习近平新时代中国特色社会主义思想为指导，坚持辩证唯物主义和历史唯物主义的立场、观点和方法，旨在全面记载2021年1月1日至12月31日岳麓区各镇（街道）、各部门、各行业的基本情况及主要工作和重要事件，并收录部分文件和统计资料。反映岳麓区2021年经济、政治、社会、生态、文化等领域的情况。所载资料力求全面、系统、真实、准确。

二、本年鉴采用分类编辑法，设类目、分目、条目三个层次。设有特载、大事记、区情概览、附录等，以条目为主体，卷末设置索引。

三、本年鉴所载内容均由各部门、各单位专人提写、领导审核，最后由《岳麓年鉴》编辑委员会定稿。

四、本年鉴中有关全区国民经济和社会发展的主要数据由区统计局提供，行业数据由各部门提供。由于统计口径不同，引用数据时请读者以岳麓区统计公报为准。部分数据合计数或相对数由于单位取舍不同而产生的计算误差，本书均未做机械调查。

五、本年鉴数字用法、标点符号用法分别采用国家标准《出版物上数字用法》（GB/T 15835—2011）、《标点符号用法》（GB/T 15834—2011），计量单位采用国家技术监督局1993年12月发布的《量和单位》系列国家标准。历史上使用的计量单位，如斗、石、里、尺、磅、华氏度等，在引文时可照录。考虑到社会使用习惯，全书中亩不统一换算。

目　录

中国共产党长沙市岳麓区委员会

长沙市岳麓区人民代表大会

长沙市岳麓区人民政府

政协长沙市岳麓区委员会

群众团体

法 治

军　事

经济管理

园区建设

农　业

城乡建设

环境保护

财政·税务

金　融

文化·旅游·体育

教育·科技

科技

医疗·卫生

卫生健康

医疗保障

社会生活

人力资源和社会保障

街道·镇

附　录

索　引

在区委经济工作会议上的讲话(摘录)

周 凡

(2021年12月27日)

一、坚持创新实干,"十四五"实现良好开局

今年以来,全区上下坚持以习近平新时代中国特色社会主义思想为指导,深入学习贯彻习近平总书记对湖南重要讲话重要指示批示精神,全面落实"三高四新"战略定位和使命任务,积极践行"一打造三当好"工作要求,矢志推进"五城同建",奋力完成发展稳定任务,经济运行稳中有进、稳中提质。全年实现GDP 1500亿元(预计值,下同),增长8.5%左右;规模以上工业增加值增长6%左右,固定资产投资增长9%左右,社会消费品零售总额增长14%左右,市考地方收入增长15%左右,预算收入税占比83%,主要经济指标位居中心城区前列。

*一年来,我们聚焦创新名城建设,科创经济有数量更有质量。*锚定打造科技创新高地的高峰,依托岳麓山大学科技城等平台,促进创新链、产业链、人才链、服务链深度融合。着力引育标志性平台,中南大学科技园获批国家大学科技园,特种玻璃国家工程研究中心等10余家创新平台成功落地,新材料研究院、网数科技、容大智能等单位备案为湖南省新型研发机构,新增4个省级众创空间和科技企业孵化器。着力引育标志性企业,赛恩斯环保入选国家级专精特新"小巨人"企业名单,云中再生科技、锐异资环等企业纳入全市上市后备企业名单,引进院士领衔项目6个,新增科技型企业2631家,实现量质齐升。着力引育标志性人才,制定差异化人才政策,发布"红枫计划",举办"人才聚合"行动系列活动,累计引进30余位领军技术人才。

*一年来,我们聚焦产业强城建设,发展动能有韧劲更有后劲。*聚焦重点链条、重大项目,大力开展"产业发展提质年"活动,推动产业加快转型升级。园区经济与楼宇经济同步提升,"五好"园区建设成效明显,新增检验检测企业35家、人工智能关联企业43家,长沙智能驾驶研究院、中通智慧电商园等6个产业项目竣工,成功获批国家技术标准创新基地;达嘉维康登陆主板,实现本土培育上市企业"零的突破"。楼宇经济集聚发展,引进重点楼宇企业超650家,新增亿元楼宇2栋。招大引强与强链补链同向发力,新引进10亿元以上项目20个、"三类500强"关联项目15个,蓝思新能源、外企德科、国检集团等总部企业成功落户。现代金融发展强劲,新入驻各类金融机构115家,实现金融业税收55亿元,增长42%;文旅产业提速升级,橘子洲景区、岳麓山入选全国"建党百年红色旅游百条精品线路",新增国家级AAA及以上旅游景区3家,阳光100凤凰街获评首批国家级夜间文旅消费集聚区。项目征拆与项目建设同频共振,聚焦青山谷山、坪塘大王山、大科城等区域,征拆腾地6000余亩。85个市重大项目完成投资373.9亿元,完成率152.6%;硅基量子点激光器、区块链底层技术等"五个十大"项目全速推进,湘雅路过江通道提速建设,市中小学生科技活动中心主体建设完成。

*一年来,我们聚焦开放新城建设,城市格局有动力更有活力。*兼顾对内与对外,统筹各种资源,统合各方力量,为岳麓发展注入新动力、增添新活力。长株潭一体化加速推进,率先全市开展长株潭园区"一体三互"合作,融城科技小镇、暮坪湘江特大桥等项目加速推进,助力70余家企业实现金企

对接、20个产业项目落户，形成“跨域通办”事项75个。营商环境加力提效，深化“放管服”改革，率先全省推出系统化“上门办”服务模式，落实减税降费、产业帮扶等政策，预计全年新增市场主体2.9万户，增长13.95%，其中企业1.5万家；新增“四上”企业123家、高新技术企业151家；中大检测等5家企业进入全市扩面试点。开放格局加快构建，积极参加中国国际进口博览会等活动，推进“破零倍增”工程，实现千万以上进出口额项目18个，完成外贸进出口总额10.3亿美元，增长27%。

一年来，我们聚焦生态靓城建设，城乡形象有气质更有品质。贯彻“四精五有”要求，推动“现代都市”与“美丽乡村”交相辉映，绘就精致精美的城乡画卷。城市品质持续升级，观沙岭城市更新片区、新湘雅健康城等城市更新项目进展顺利，渔人码头提质改造全面完成，“一环一带三纵六横一城”环境提质高标准推进，麓景路南延线全线通车，岳华路、坦山路等“断头路”成功拉通，城市更加舒适宜居。乡村振兴成效显著，村级集体经济年收入100万元以上经济强村达24个，成功创建市级美丽宜居村庄38个，农村生活垃圾分类减量实现全覆盖，旱厕全面清零，获评全省小型水库管理示范区。生态环境不断改善，第二轮中央生态环保督察交办信访件全部办结，岳麓山风景名胜区相关问题整改销号，空气质量优良率位居中心城区前列，“一江两河”水质稳定达标，土壤环境质量总体安全稳定，城市声环境达到功能区要求，蓝天白云、绿水青山成为常态。

一年来，我们聚焦和谐美城建设，民生实事有力度更有温度。全心全意办实事、解难题、促和谐，以实际成效回应群众新期待、新要求。提升公共服务实效，深入开展“我为群众办实事”实践活动，新增车位2.85万个、床位305张、学位2万个、厕位3551个，加装电梯204台，区公卫中心正式运营，区文化馆、图书馆被评为国家一级馆。提升社会治理实效，做实网格化服务管理，积极回应群众诉求，12345政务热线工单满意率位居中心城区前列。突出以文化人，新增全国爱国主义教育示范基地2处，刘习明获评第八届全国诚实守信道德模范，建成全国首个以地铁站（湖南大学地铁站）为传播载体的新时代文明实践厅。提升安全发展实效，成功应对两轮省外输入疫情，全力做好建党百年大庆安保维稳、城市防涝等工作，信访积案化解办结率居全市首位，完成湖南省安全发展工作示范区创建验收，有力维护了政治安全、社会安定、人民安宁、网络安靖。

回顾过去，我们有跋涉的艰难，更有成功的喜悦；有铭心的记忆，更有理性的思考。

——始终保持坚若磐石的定力。定力就是，不因任务艰巨而动摇既定目标，经济总量才会在加压奋进中达到1500亿元、不负市委厚望；不因竞争激烈而动摇进位决心，百强排名才会在强强比拼中三年三大步、跃居全国第59位；不因从零开始而动摇提质信心，观沙岭片区、新湘雅健康城才会在城市更新中精彩开局、走在前列。实践证明，只要定力坚如磐石，路程再远，走下去，总会到达。

——始终保持担当作为的状态。担当就是，面对两轮省外输入疫情，各级干部取消休假、连续作战，才会有28小时完成核酸检测151万人次，实现“三零”目标；面对大庆之年、集中换届之年的服务保障任务，全区上下紧抓重点、紧盯细节，才会有大局安稳、社会安定；面对各类急难险重任务，领导干部冲锋在前、作为在先，才会有征地拆迁、信访积案攻坚等圆满完成。实践证明，只要切实担当作为，工作再难，干下去，总会成功。

——始终保持勇争一流的拼劲。一流就是，以敢于突破的勇气，首次承办中国网络诚信大会、中非青年创新创业论坛等大型活动，举办首届“红枫计划”创新创业大赛、首届科技人才聚合行动等，让一连串“首次”扩大岳麓影响；以永攀高峰的豪气，斩获全国营商环境百强区、国家级健康促进县市区、全国先进基层党组织、全国最美志愿服务社区，让一连串“国字号”荣誉擦亮岳麓名片。实践证明，只要满怀激情争一流，目标再高，攀上去，总会登顶。

二、准确研判形势，把握明年经济工作的总体要求

2022年是极富挑战的一年。从外部环境看，世界经济不稳定、不确定、不平衡的特点突出，外部环境“变”的态势更趋复杂严峻，我国经济发展面临需求收缩、供给冲击、预期转弱“三重压力”，这些都将给经济发展带来困难和挑战。从岳麓自身看，产业结构支撑较为单一，科技成果转化率有待提高；市场主体培育仍需加力，龙头企业、优质中小企业数量不多；安全生产、防灾减灾、环境安全等领域风险不容忽视，统筹发展与安全任重道远。困难挑战面前，信心重于一切。我们要以辩证思维观大势、谋大局，从形势变化中把握重大机遇、在逆境变局中发现有利因素，牢牢掌握经济发展主动权。

*一要心系“国之大者”，在落实党中央决策部署中抢抓机遇。*习近平总书记强调，领导干部想问题、作决策，一定要对国之大者心中有数。心系“国之大者”，就要时刻关注党中央在关心什么、强调什么，弄明白该干什么、不该干什么，确保经济工作始终朝着正确方向推进。要看到国家经济强大韧性。当前，我国经济潜力足、韧性大、活力强、回旋空间大、政策工具多的基本特点没有变，发展具有的多方面优势和条件没有变，稳中向好、长期向好的基本面没有变，时与势在我们一边。要吃透国家经济调控政策。中央经济工作会议明确提出，“政策发力适当靠前”，确定“七大政策取向”，加大对中小微企业、制造业、风险化解等方面支持力度，将新增地方政府专项债3.6万亿元、科技型中小企业研发费用加计扣除3300亿元、制造业增值税留抵退税4600亿元。我们要认真研究政策、用好用足政策，紧跟国家战略方向、产业投资动向、市场价值取向，强化项目包装策划、政策执行效能，在争取更多资金和项目份额中见实效。

*二要立足工作大局，在实施强省会战略中奋勇争先。*省第十二次党代会明确提出，“实施强省会战略”，将推动长沙在集聚科技、资金、政策、信息等要素的作用更加突出。桂英书记围绕强省会战略指出，要以强功能、强产业、强品质、强平台、强人才五个“强”为重点，在推动高质量发展上闯出新路子。置身长沙发展大局，我们有足够的底气、充足的信心走在前列，彰显岳麓担当。从功能体量看，地区生产总值预计达1500亿元、全口径税收达170亿元、人口规模超150万人，岳麓发展站上新台阶。从产业发展看，现代金融、文化旅游、检验检测和人工智能等产业集聚发展，营商环境和配套设施明显改善，产业发展的“四梁八柱”基本搭建。从城市品质看，教育、医疗、生态、宜居等优势，已成为岳麓发展的吸引力、竞争力、辐射力。从发展平台看，国家级湖南湘江新区、全国两型社会综合配套改革试验区、国家自主创新示范区三大国家级战略平台交汇叠加，岳麓山大学科技城、湖南金融中心、岳麓高新区、大王山国际旅游度假区等一批产业平台集中发力。从人才资源看，区校合作广泛深入，大批高端人才加盟岳麓、高校毕业生扎根岳麓，更多专家院士项目就地就近转化，为区域发展提供坚强智力支撑。我们要更加坚定岳麓发展的实践自信、路径自信和前景自信，坚决扛起省会城区担当，以一地一域之精彩，为全省全市发展增光添彩。

*三要顺应发展大势，在现代化新岳麓建设征程中务求突破。*中央经济工作会议提出，“实施好扩大内需战略，增强发展内生动力”。桂英书记调研岳麓时，要求我们在动力转换、产业转型、成果转化上取得突破。这些发展导向在岳麓得到充分体现，必将迎来新一轮爆发期。创新驱动方面，岳麓山大学科技城建设加快推进，中南大学科技园、岳麓中建智慧谷等科技园区渐次崛起，一批标志性平台和企业纷纷入驻，科技创新正成为推动产业升级的强大动能。投资拉动方面，在经济发展阶段的深度转换下，投资增速下降符合经济规律，但岳麓正处于大开发、大建设时期，无论是满足发展需要，还是补齐短板弱项，投资作用仍不能轻视。消费促动方面，医疗、教育、文化、娱乐等服务消费日益扩大，尤其是文旅消费快速发展，将进一步释放市场潜力，持续提升消费对经济增长的贡献率。我们要把握发展趋势、主动担当作为，找准发力点、形成突破点、催生引爆点。

明年是党的二十大召开之年，也是落实省、市、区党代会精神开局之年，做好经济工作意义重大。总体要求是：以习近平新时代中国特色社会主义思想为指导，全面贯彻党的十九大和十九届历次全会精神、中央经济工作会议精神，深入落实习近平总书记对湖南重要讲话重要指示批示精神，全面落实省第十二次党代会、省委经济工作会议、市第十四次党代会、市委经济工作会议精神和区第六次党代会部署要求，弘扬伟大建党精神，坚持稳字当头、稳中求进，完整、准确、全面贯彻新发展理念，服务和融入新发展格局，全面落实“三高四新”战略定位和使命任务，大力践行强省会战略，坚决贯彻“一打造三当好”和“高转补统新”工作要求，矢志推进“五城同建”，统筹疫情防控和经济社会发展，统筹发展和安全，继续做好“六稳”“六保”工作，持续改善民生，保持经济运行在合理区间，保持社会大局稳定，以优异成绩迎接党的二十大胜利召开。

区委考虑，明年经济社会发展的主要预期目标是：地区生产总值增长 8.5% 左右、规模以上工业增加值增长 8% 左右、固定资产投资增长 9% 以上、社会消费品零售总额增长 9% 左右、地方一般公共预算收入增长 9% 左右，居民收入增长与经济增长基本同步，生态环境质量持续改善。

区委把明年地区生产总值增长确定为 8.5% 左右，主要考虑：一是担当省会城区责任。综合考虑强省会战略、“十四五”规划和省、市、区党代会确定的目标，GDP 指标应该略高于全市，为长沙经济发展多作贡献。二是保持经济稳定增长。在稳中求进的总基调下，必须保持经济增速稳定在合理区间，实现“换挡而不失速”，增强竞争优势。三是稳定市场预期。经济增长 8.5% 左右是中高速增长，有利于释放积极信号，提振发展信心。其他相关指标，在具体执行中要进一步抬高坐标、拉升标杆，争取更好结果。

做好明年经济工作，稳是前提和保障，必须继续做好“六稳”“六保”工作，努力做到稳经济、稳人心、稳大局；稳字当头的目的是实现“稳中求进”，要在产业发展、科技创新、提升城市能级、区域协调发展、促进共同富裕等方面示范引领，不断巩固拓展“进”的态势。要把握好桂英书记 11 月 30 日调研岳麓时提出的“高转补统新”工作要求，推动岳麓经济社会发展出新出彩。其中，“高”就是目标高远、定位高端，为长沙提升全球影响力、全国竞争力、区域引领力、全省辐射力贡献力量；“转”就是狠抓动力转换、产业转型、成果转化，推动岳麓高质量发展；“补”就是补齐城乡发展、先进制造业、社会治理等方面的短板，进一步挖掘潜力、激发活力；“统”就是统筹区内区外平台，推进长株潭一体化，以“不求所有、但为所用”的胸怀实现大融合、大发展；“新”就是新班子要体现新担当、展现新作为、呈现新气象。

三、聚焦重点任务，推动岳麓高质量发展取得更大成效

要深刻领会、认真落实党中央和省委、市委对明年经济工作的部署，将“高转补统新”工作要求贯穿全领域、全过程，做到战略上更加主动、战术上更加精准。

一要全力夯实产业发展根基。以产业链建设为抓手，以园区平台为阵地，以市场主体为动力，加快建设产业强城。要把产业链条作为重要抓手。聚焦自主创新、现代金融、文旅体育、软件和信息技术服务、医药健康、商贸服务、检验检测、智能网联汽车、人工智能装备、都市现代农业 10 条产业链建设，厚植产业根基，壮大产业集群。成立产业链工作小组，由相关区级领导任产业链链长，明确链主企业，系统梳理、针对性化解当前链上企业遇到的困难和问题，打好产业链建设攻坚战。实施产业链招商，完善“两图两库两池两报告”，因链施策、靶向出击，新引进 10 亿元以上项目 10 个、100 亿元以上项目 1 个。要把产业园区作为重要阵地。树牢“亩产论英雄”导向，集中力量、集聚资源、集成政策，提速先进制造业、生产性服务业发展。着力提升岳麓高新区能级，以创建国家级高新区、“五好”园区为抓手，发挥六大“国字号”平台优势，加速布局精密仪器仪表、先进传感器等特色产业园，引进检验检测企业和人工智能关联企业 80 家以上；优化园区空间布局，积极推进调规扩园，最大限度盘活闲置资产资源；高水平开发人工智能科技城和东山湾国际新城，建设产城融合样板。着力打造“竖起来的园区”，坚持向商务楼宇要空间、要财源、要效益，协同产业链建设需要，实施“一楼一品”“一楼一策”，培育一批金融、科创、文创、商贸、软件信息等特色楼宇，实现高端业态集聚；巩固发扬“楼长制”做法，做实楼宇工作站，抓楼宇“两新”党建促楼宇服务优化，新引进楼宇企业 650 家以上、区域总部企业 30 家以上。其中，金融机构 80 家以上，实现金融业税收60亿元。要把市场主体作为重要动力。大力实施优化营商环境专项行动，纵深推进“一件事一次办”改革，为市场主体提供全生命周期服务。大力开展“纾困增效”专项行动，落实好中央新一轮减税降费等系列利好政策，帮助市场主体解决缺电、缺工、融资难融资贵及高成本等问题。大力扶持市场主体发展壮大，深入开展“个转企、小升规、规改股、股上市”行动和高新技术企业“量质齐升”行动，全年新增企业1.35万家、规模以上工业企业35家、“四上”企业110家、高新技术企业140家、上市公司1家。

二要全力激发科技创新活力。深化创新型城区建设，以自主创新为根本，以成果转化为主线，以生态优化为支撑，着力打造科技创新高地的高峰。要提升自主创新能力。抢抓国家重点实验室体系重构机遇，借助长沙举办中国科协年会契机，加强与高校院所深度合作，推动岳麓山工业创新中心、半导体研究院等科研平台建设，提升高端创新要素集聚能力。扶持壮大湘江树图区块链等新型研发机构，聚焦先进计算、材料、工程机械等省市重点关注领域，助力突破一批“卡脖子”技术。要加快科技成果转化。完善充实科技成果库和企业技术需求库，建设“两单两库一平台”，举办政研金企对接活动，促进成果与需求有效匹配。充分发挥岳麓山大学科技城的平台作用，加快湖南大学成果转化基地、湘江科创基地、二里半科技文化广场等项目建设，统筹利用中南大学科技园、后湖艺术园、岳麓中建智慧谷等产业承载平台，落户一批院士项目、科研团队，加快对接斯达半导体等龙头项目，确保全年新增科创企业1500家以上。要营造一流创新生态。探索成立创新创业种子基金、知识产权质押风补基金，加快设立岳麓科创港技术合同认定登记点，高效运营潇湘科技要素大市场大科城分市场，支持科技创新发展。释放省、市人才政策红利，集成放大城市品质、文化积淀、教育资源等“软实力”，推动科技领军人才、专业服务人才和高水平创新团队加速集聚。

三要全力增强区域内生动能。牢牢把握扩大内需这个战略基点，加快投资和消费双向发力，强化开放融合，激发经济增长内生动力。要积极扩大有效投资。明年预计有88个市重大项目、近600个全区投资项目纳入年度项目建设计划。要充分发挥有效投资“压舱石”作用，跟踪推进重点在谈项目签约落地，每季度举行重大项目集中签约、开竣工活动，强化手续、资金、电力等要素保障，推动项目早开工、早竣工、早投产，努力形成更多实物量。2022年，全区拟铺排征拆项目111个，扫尾、新拆面积1.8万亩。要聚焦坪塘、学士、观沙岭、青山谷山等重点片区，加快扫尾项目腾地，有序推进新拆项目，为省市重大项目、重点产业项目提供坚实用地保障。要精准把握适度超前进行基础设施建设的政策导向，聚焦现代服务业、先进制造业、水利、城市老旧管网改造、生态环保等重点领域，全力争取更多项目进入国家和省、市“盘子”，确保全年向上争资33.6亿元以上、争取专项债10亿元以上。要持续释放消费潜力。丰富消费供给，以长沙创建国际消费中心城市为契机，提档升级商圈、特色商街，稳定和扩大汽车消费，提振家电家具消费，增强文化旅游消费拉动作用，有效激发市场活力。打造消费地标，发挥宜家、王府井、世贸希尔顿等带动作用，加快华润万象城、保利山姆会员店、卓伯根、京东超级体验店等项目建设，推动洋湖水街创建省级示范步行街，增强引领时尚、高端供给、辐射集散功能。提升消费热度，实施消费升级三年行动，举办线上线下融合的系列促销活动，支持做强“首店经济”“首发经济”，实现名品、名店、名街联动。要纵深推动开放融合。当好长株潭一体化发展的先行军，担当湘江西岸科创走廊建设主责，加快建设融城科技小镇，全力服务长株潭城际轨道交通西环线一期、暮坪湘江特大桥等重大交通设施建设，加快三地电子政务平台的横向对接，打造长株潭“半小时交通圈”“半小时经济圈”。坚持“引进来”和“走出去”并重，建设长沙智能制造海归小镇先行区，促进湖南—非洲企业合作中心发展，积极引进生产型、供应链型贸易企业和跨境电商企业，完成外贸进出口总额11.5亿美元以上。

四要全力提升城市功能品质。以“五区”建设为统筹，贯彻“四精五有”理念，增强城市承载力和服务辐射功能，彰显岳麓的城市之美、生态之美、人文之美。要升级片区品质。紧盯观沙岭城市更新片区，提速长望路以南征地拆迁，完成金岭小区、观沙小区提质改造，建设教城融合示范区。紧盯新湘雅健康城片区，推进双塘路建设，实施冷柜厂、湘雅制药厂地块开发，提质湘雅三医院周边环境，建设医城融合示范区。紧盯青山谷山片区，有序拓展发展空间，构筑完整城市配套，打造生态宜居新城典范。要优化城市功能。高质高效完成区国土空间规划研究，对接做好市级国土空间总体规划的编制实施，优化生产要素和公共服务资源保障。深化区域互联互通，促成地铁6号线正式运营，服务湘雅路过江通道等项目建设，加强社会公共停车场建设，打通一批断头路、瓶颈路，疏通主动脉、畅通微循环。发扬工匠精神，加强滨水、环湖、交通枢纽等节点打造，实现白沙液街、锦秀拾光等历史街区顺利开业。科学布局5G网络、智慧市政、智慧电网等新型基础设施，配合协助城市燃气管网更新改造。强化城市精细管理，常态维护市政设施、市容秩序、园林绿化，扮靓美丽岳麓。要践行绿色发展。打好蓝天保卫战，深化大气污染点位与片区协同治理，确保空气质量优良率达85%。全面落实“河长制”“湖长制”，巩固提升后湖、龙王港、桃子湖等综合整治成果，守护一江碧水。科学推进碳达峰碳中和，高标准建设城市绿道、生态廊道，推进垃圾分类提质增效，涵养绿色生产生活方式。

五要全力推动全民共同富裕。贯彻“江山就是人民，人民就是江山”理念，持续深化“我为群众办实事”长效机制，既尽力而为又量力而行，把一项项利民惠民举措，转化为可观可感的实际成果。要强化就业优先导向。完善和落实减负、稳岗、扩就业措施，解决好高校毕业生等青年就业问题，促进农民工、退役军人、城镇困难人员等群体多渠道就业，健全灵活就业劳动用工和社会保障政策，努力提高经济增长的就业带动力。要大力发展社会事业。落实“双减”政策，建成麓山国际二小等一批中小学校、公办幼儿园，强化义务教育优质均衡发展，持续擦亮“岳麓山下好读书”品牌；深化健康岳麓建设，完善突发公共卫生事件监测预警机制；精心运营区文化馆、图书馆，加大优质公共文化服务供给；完善社会保障体系，优化养老、托幼服务，实现区社会福利中心正式运营，确保社保基金、医保基金安全运行；坚持“房住不炒”，稳预期、稳供应、稳销售，促进房地产业平稳健康发展。要全面推进乡村振兴。围绕长沙建设乡村振兴示范市目标，精耕“五个万亩”农业基地，推动中联智慧农业园、复星文旅蜂巢等项目落地，大力发展休闲观光、体验教育、乡村民宿等新兴业态，促进一二三产深度融合。坚决防止耕地“非农化”“非粮化”，确保粮食种植面积9.8万亩以上。加快完善农村水、电、路、气、讯、广电、物流“七张网”，新建市级美丽宜居村庄40个以上，推动公共服务向莲雨含片区有效覆盖。发展壮大农村集体经济，确保年收入100万元以上的村级集体经济组织占比超60%。持续推动巩固对口帮扶成果与乡村振兴有效衔接，彰显省会城区担当。

六要全力巩固安全发展环境。扎实做好防风险、保安全、护稳定各项工作，为党的二十大召开创造安全稳定环境。要抓好常态化疫情防控。坚持“外防输入、内防反弹”，落实好各项防控举措，严格按规定管控好大型聚集性活动，全力守护好来之不易的防疫成果。要加强经济金融风险防范化解。当前，我区政府债务总体可控，但偿债资金来源单一，到期债务还本付息规模不小，仍需高度重视。要始终绷紧“不新增隐性债务”这根弦，统筹偿债资金来源，做好存量债务化解，推进平台公司转型，坚决防止出现资金断裂、债务逾期等风险事件。要加强金融风险排查，高度关注、警惕部分房企违约风险升高引发连锁反应。要筑牢安全稳定底线。高度重视意识形态工作，确保社科理论、网络等各类阵地可管可控。深入开展道路交通、消防安全、森林防火、建筑施工等重点领域隐患排查整治，坚决防范安全生产事故发生。做好党的二十大、省“两会”等时期信访工作，确保实现“五个不发生”目标。常态化开展扫黑除恶斗争，突出抓好电信诈骗、非法集资和黄赌毒打击治理等工作，健全立体化社会治安防控体系。深化基层社会治理创新，做实网格化服务管理，用心做好12345政务热线工作，确保群众满意率走在全市前列。

四、突出科学统筹，加强党对经济工作的领导

做好经济工作，关键在党。要切实改进和加强党对经济工作的领导，着力提高把方向、谋大局、定政策、促改革的能力和水平。

一要对党绝对忠诚。要旗帜鲜明讲政治，善于用政治眼光观察和分析经济问题，不断提高政治判断力、政治领悟力、政治执行力，自觉同以习近平同志为核心的党中央保持高度一致，坚决把捍卫“两个确立”、做到“两个维护”落实到经济社会发展各领域各环节，全面提高领导经济工作的能力和水平。要为民服务有作为，悟透以人民为中心的发展思想，坚持正确政绩观，尊重客观实际和群众需求，敬畏历史、敬畏文化、敬畏生态，慎重决策、慎重用权，坚决防止脱离实际、任性用权的“乱作为”。要创新实干敢担当，对区委、区政府定下的目标、看准的产业、作出的决策，必须做到胸有全局、心有规矩、肩有担当、业有专攻，不迟疑、不懈怠，一环一环抓推进，一步一步抓落实。

二要树好发展导向。要突出鲜明用人导向，坚持把政治标准摆在首位，树立重实干、重口碑、重能力、重业绩、重基层的“风向标”，加强年轻干部培养，加大基层骨干选树力度，让有为者有位、优秀者优先、出力者出彩。要突出正向激励导向，严格落实容错纠错机制，为担当者担当、为负责者负责，决不让干部流汗流血又流泪。坚持真情关爱干部，落实困难干部帮扶、定期体检、带薪休假等待遇，让干部安心安身安业。要突出重视基层导向，巩固深化党史学习教育成果，继续落实基层减负措施，使广大干部从无谓事务中解脱出来，真正把精力和时间集中到抓产业、促发展上来。认真贯彻省委“1+5”文件精神，持续加大基层保障力度，全力打通基层干部晋升通道，确保基层干部有担当、有作为、有干劲、有奔头。

三要转变工作作风。要大兴学习之风，深刻领会习近平新时代中国特色社会主义经济思想，切实加强对干部的针对性、专业化培训，大力培养专业思维、专业素养、专业方法，在经济工作的主战场上，让各级各部门一把手成为行家，让分管领导成为专家，让一线干部成为实干家。要提升统筹能力，打破“过去怎么干现在就怎么办”的思维定势，变“体内循环”为“敞开大门”，变“部门视角”为“全区视野”，继续加大统筹力度，着力提升服务效率，实现联动发展、融合发展。要力戒“两个主义”，坚决克服经济工作中的形式主义、官僚主义，突出目标导向、问题导向、结果导向，善于查找、分析、解决问题和矛盾。

最后，就岁末年初的几项工作作个强调。一是保年度目标。今年市对区绩效考核，市直部门牵头指标资料报送截止时间为明年1月14日，各单位要迅速开展“回头看”，确保考核取得优异成绩。主要经济指标牵头部门和街镇要强化监测、加强指导，做到全面入统、应统尽统。二是保民生底线。要强化安全生产隐患排查整治，统筹做好能源保供、市场供应、物资保障、氛围营造等工作，抓紧抓实信访、疫情防控等工作，做好应对极寒天气自然灾害各项准备，加大特殊困难群体走访慰问，确保群众“双节”安定祥和。要全力保障市“两会”顺利召开，抓好会场及周边的交通组织、食安检查、安保等工作。三是保明年开局。要完善“十四五”规划，做好明年重点项目和一季度开工项目的铺排，确保实现“开门红”。各单位要按照此次会议要求，结合工作实际，科学谋划本区域本部门工作。

名词解释

1. “四上”：即规模以上工业企业、资质等级建筑业企业、限额以上批零住餐企业、规模以上服务业企业。

2. “全国检验检测三大集聚区”：即长沙岳麓高新区、广州集聚区、重庆集聚区。

3. “两个100”测试区：即100公里智慧高速和100公里城市开放道路。

4. “破零倍增”工程：“破零”，即各区县市上一年度外贸进出口零实绩的外贸备案登记企业，实现进出口零的突破；“倍增”，即以上一年度外贸进出口实绩为基数，外贸企业进出口额年度增长率达100%以上。

5. “三馆一园一中心”：即湖南美术馆、李自健美术馆、谢子龙影像艺术馆、后湖艺术园、梅溪湖文化艺术中心。

6.“三类500强”：即世界财富500强、中国企业500强和民营企业500强。

7.红枫计划：即2021年至2023年，岳麓山大科城安排5000万元“红枫计划”专项资金，作为种子基金“以投代补”对创新创业予以扶持，重点支持长株潭区域内的高校专家和教授团队、高校校友创业团队和高校在校学生的创新创业。

8.“一网一库三平台”：“一网”，即智慧人才官网；“一库”，即大科城高层次人才数据库；“三平台”，即人才管理平台、人才服务平台、人才求职平台。

9.“五轮环保督察”：即第一轮中央生态环境保护督察、湖南省生态环境保护督察、第一轮中央生态环境保护督察“回头看”、湖南省生态环境保护督察“回头看”、第二轮中央生态环境保护督察。

10.“六控十严禁”：“六控”，即控尘、控煤、控车、控油、控排、控烧；“十严禁”，即严禁渣土车、混凝土搅拌车、运砂车等各类车辆带泥上路，严禁违法倾倒渣土，严禁工地裸露黄土，严禁重污染天气下土石方施工，严禁燃烧散煤，严禁燃放烟花爆竹，严禁露天焚烧垃圾，严禁露天烧烤，严禁露天焚烧秸秆，严禁拖拉机等高排放车辆进城。

11.“一江两河”：即湘江、靳江河、龙王港。

12.义务教育“大班额”：即城区义务教育学校班级人数超出额定人数的现象。

13.“五育并举”：即促进学生在德育、智育、体育、美育、劳动教育五个方面全面发展。

14.“五谷辉映”：即莲花漫谷、坪塘绿谷、雨敞坪五彩谷、学士农趣谷、含浦乡韵谷。

15.基层“坐班”转“值班”：即推进社区（村）工作去机关化、行政化，设立“值班岗”和“走访岗”，让社区（村）干部主动进小区、进楼栋、进项目、进企业。

16.“1+3+17+N”政务服务体系：“1”，即区政务服务中心；“3”，即大科城科创港、湖南金融中心政务服务超市、岳麓高新区企业服务中心；“17”，即17个街道（镇）政务服务中心；“N”，即根据企业和居民需求设立的公共服务阵地。

17.“四风”：即形式主义、官僚主义、享乐主义和奢靡之风。

18.“一打造三当好”：即打造科技创新高地的高峰，当好推进长株潭一体化的先行军、独具魅力山水洲城的展示区、文旅高质量融合发展的新样板。

19.“五城同建”：即建设智慧智造的创新名城、富饶富足的产业强城、包容包涵的开放新城、如诗如画的生态靓城、安居安康的和谐美城。

20.“一带三纵六横一城”全要素空间提质：“一带”，即潇湘中路风光带；“三纵”，即银杉路、雷锋大道、金星北路；“六横”，即阜埠河路、咸嘉湖西路、枫林二路、云栖路、含光路、杜鹃路；“一城”，即岳麓山大科城。

21.“一狱三所”：即坪塘监狱、省女子强戒所、麓山强戒所、坪塘强戒所。

22.打造“四个中心”：即打造国家重要先进制造业中心、国家科技创新中心、国际文化创意中心、国家综合交通枢纽中心。

23.建设“五个现代化新长沙”：即建设实力强劲的现代化新长沙、人民幸福的现代化新长沙、品质一流的现代化新长沙、治理高效的现代化新长沙、生态宜居的现代化新长沙。

24.“三高四新”战略：即打造国家重要先进制造业、具有核心竞争力的科技创新、内陆地区改革开放的高地，在推动高质量发展上闯出新路子，在构建新发展格局中展现新作为，在推动中部地区崛起和长江经济带发展中彰显新担当，奋力谱写新时代坚持和发展中国特色社会主义的湖南新篇章。

25.城园互动：即岳麓山大科城与岳麓高新区产业互动、成果共享。

26.“五好”园区：即规划定位好、创新平台好、产业项目好、体制机制好、发展形象好的园区。

27.“两山引领、三湖辉映、双廊相牵”：“两山引领”，即充分发挥岳麓山湖湘文化旅游区和大王山旅游度假区的龙头引领作用，打造岳麓文旅产业发展核心增长极；“三湖辉映”，即聚力打造洋湖、梅溪湖、后湖文旅标识，塑造交相辉映的岳麓文旅产业优势品牌聚集区；“双廊相牵”，即沿湘江西岸文化旅游长廊和莲雨含田园旅游长廊，打造纵横相牵的岳麓文旅产业发展双轴，推动全区文旅产业全域化高质量融合发展。

28.“四精五有”理念：“四精”，即精准规划、精美建设、精致管理、精明增长；“五有”，即有颜值、有气质、有内涵、有格调、有品位。

29.“吹哨报到”机制：即推动部门工作重心下移、力量下沉，促进条块互动、增强合力，形成以街道、镇、社区、村为中心，部门单位齐助力的社会治理格局。

30.“六大国家级平台”：即国家检验检测认证公共服务平台示范区、国家检验检测高技术服务业集聚区、国家技术标准创新基地（长株潭）、国家智能网联汽车测试区、国家车联网先导区、国家智能网联汽车监督检验中心。

31.“五个万亩”基地：即万亩果林、万亩鲜蔬、万亩油菜、万亩韭黄、万亩花卉。

32.“四议两公开”：“四议”，即村党组织提议、村“两委”会商议、党员大会审议、村民代表会议或村民会议决议；“两公开”，即决议公开、实施结果公开。

33.“一体三互”合作：即岳麓高新区与株洲金山科技工业园、湘潭雨湖高新区率先成立“园区合作联盟”，协同开展规划、产业和服务三位一体，促进产销互供、招培互补、人才互动，共同推动长株潭一体化。

34. 教育“双减”：即有效减轻义务教育阶段学生过重作业负担和校外培训负担。

35.“三社联动”：即社区、社会组织和社工有效结合。

长沙市岳麓区人民代表大会常务委员会工作报告（摘录）

——在长沙市岳麓区第六届人民代表大会第一次会议上

胡杰夫

（2021年10月22日）

一、本届工作回顾

区五届人大常委会任期的五年，是我们党和国家发展进程中极不平凡的五年，是我区历史上发展最好的五年，也是人大工作展现最好成就的五年。五年来，在区委的坚强领导下，区五届人大常委会始终坚持以习近平新时代中国特色社会主义思想为指导，深入贯彻习近平法治思想和习近平总书记关于坚持和完善人民代表大会制度的重要思想，深入理解把握发展全过程人民民主重大论断，紧紧围绕全区工作大局依法行使职权、积极开展工作。五年来共召开常委会会议48次、主任会议143次，听取和审议“一府一委两院”、人大常委会各工作机构的工作报告224项，作出决议、决定42项，圆满完成区第五届人民代表大会历次会议确定的目标任务，以高效高质的履职服务全区经济社会发展。

五年来，我们贯彻新思想、承担新使命，准确把握人大工作正确方向

践行新思想贯穿始终。坚定不移以习近平新时代中国特色社会主义思想武装头脑、指导实践、推动工作。把深入学习贯彻习近平新时代中国特色社会主义思想作为首要政治任务，深刻领会习近平总书记关于坚持和完善人民代表大会制度的新要求，认真学习贯彻习近平总书记关于湖南工作系列重要讲话指示精神，始终将习近平总书记重要讲话和党中央重要会议、重要文件精神作为历次党组会议、主任会议的第一议题进行传达和系统学习，坚持制度化安排和务实性研讨紧密结合，重在学懂弄通做实上下功夫。

深化主题教育贯穿始终。扎实推进“两学一做”学习教育常态化制度化，持续巩固“不忘初心、牢记使命”主题教育成果，深入开展党史学习教育，不断强化理论武装，坚定理想信念，践行根本宗旨，党员干部在持续的“补钙”“加油”中，不断擦亮先锋本色。坚持党建引领，形成了常委会党组、机关党组、党支部“三位一体”的党建体系，将党建工作融入日常、化为经常，组织学习和开展主题党日活动50余次。

坚持党的领导贯穿始终。旗帜鲜明讲政治，牢固树立“四个意识”、坚定“四个自信”、做到“两个维护”，自觉对标对表，提高政治站位，全面融入人大工作实践。自觉把人大工作置于党的领导之下，坚决执行向区委报告制度，认真完成区委交办的各项任务。始终坚持全面从严治党，严格履行党风廉政建设主体责任，严守中央八项规定和廉洁自律各项要求，营造风清气正、干净干事的良好环境。狠抓巡视问题整改，提高两级党组民主生活会质量，确保全面从严治党若干要求在常委会及机关建设中落实落细见成效。

强化法治保障贯穿始终。依法行使重大事项决定权，人事任免权，把党委决策部署通过法定程序转化为人民意志。依法审查岳麓区“十三五”规划执行情况，批准“十四五”规划，对望新片区正圆棚户区改造、云栖路国际汽车长廊建设等项目依法作出重大事项决议、决定，在全市率先作出加快居家养老服务发展的决定，规范服务体系，提升服务能力

和水平，推动养老服务全面进入法治轨道。突出政治标准，严格法律程序，坚持党管干部和依法任免相结合，确保区委人事意图全部实现。五年来任免国家机关工作人员590人次，组织向宪法宣誓44批次，有效支持全区机构改革顺利进行，国家机关组织建设得到不断增强。坚持把党的领导贯穿于换届选举全过程，严肃换届纪律，严格依法办事，统筹推进投票选举与疫情防控，全区195个选区顺利选举产生区第六届人民代表大会代表308名。

五年来，我们围绕中心、紧贴大局，高效推进党的决策部署全面落实

凝心聚力服务高质量发展。紧紧围绕“三高四新”战略、“一打造三当好”新使命、“三强四融”新征程、“五城同建”实施路径，支持服务科创经济，形成《岳麓山大学科技城建设调研报告》，推动大科城实现“眼前一亮”；形成《推动区域科创经济高质量发展的调研报告》，加快推动岳麓从科教大区迈向科创强区。支持服务营商环境，开展优化营商环境专题询问，有效推动全区诚信体系建设、惠企政策落实落地、行政审批效率和企业家权益保护等各项工作的再提升。支持服务产业升级，培育壮大新动能，调研湖南省检验检测特色产业园、国家智能网联汽车（长沙）测试区等重点企业，助推现代金融、高端商贸、检验检测等六大主导产业转型升级。形成《关于加快岳麓区文旅高质量融合发展的调研报告》，助力全区文旅高质量融合发展。支持服务项目建设，纵深推进“项目建设岳麓行”活动，督办中南大学科技园（研发）总部、黑臭水体综合整治工程等重大项目，视察市府北片、湘雅片区建设，融城小镇、58小镇建设，湘江西岸亮化等17个投资建设项目，在区域发展中发挥人大优势、展现人大作为、体现人大担当。

持续发力打赢三大攻坚战。聚焦打好污染防治攻坚战，扎实开展“环保世纪行活动”，用法治力量守护岳麓山水洲城。听取和审议各年度环境状况和环境保护目标完成情况报告，先后视察龙王港流域、后湖国际艺术园黑臭水体整治、全区非煤矿山整治等工作，开展《水污染防治法》《固体废物污染环境防治法》实施情况执法检查，制作专题片《水问》，组织专题询问，多措并举推进全区污染防治和生态文明建设。聚焦打好防范化解重大风险攻坚战，2017年以来，每年听取和审议政府性债务工作情况报告，推动全区严控增量、化解存量，总控规模，降低风险，完成化债目标。聚焦打好精准脱贫攻坚战，先后组织代表6批次赴龙山、花垣、溆浦、浏阳等地开展“民族团结进步行”活动，捐资助学、捐款捐物共计152.5万元，有效助推当地脱贫摘帽。

用情用力彰显人大担当。面对突如其来的洪水和疫情，常委会运用法治思维和法治方式，主动回应解决政府职能部门和基层单位在抗洪救灾、疫情防控工作中紧迫的法治需求，提供及时、有效的法治支撑和力量动员。2017年，按照区委部署和防汛Ⅰ级应急响应要求，号召各级人大代表、代表小组采取多种形式参与抗洪救灾，全区120多名各级人大代表投入救灾和募捐，共计捐款1000余万元、捐赠物资近500吨。派出专门工作组进驻含泰社区，帮助受灾群众重建家园。2020年，依法支持政府采取应急管控措施和应急预算资金抗击疫情，两次向全区各级人大代表发出抗疫倡议，各级人大代表积极响应，捐款捐物共计1600余万元。积极投身全市“大干一百天、实现双过半”竞赛活动，常委会主任会议成员分别带队深入一线，助力复工复产。

五年来，我们务实监督、有效监督，强力推进岳麓高质量发展

聚焦经济运行重点监督。听取和审议各年度国民经济发展计划、财政预决算、审计等报告49项，不断强化财政资金运行监督和财政支出的审计监督。开展惠民项目资金使用管理情况调研，支持和督促政府不断扩大财政资金投入民生项目比例，确保资金最大限度的惠及群众生活。注重“全过程监督”实效，加强对重点支出、部门预算、政府债务、使用绩效的审查监督，支持做好“六稳”“六保”工作。落实“全口径审查”要求，把国有资产管理纳入人大监督范围，2018年以来，每年听取国有资产管理情况报告，加强监管，促进国有资产保值增值。完成预算联网监督系统建设工作，实现线上线下、动态监督。

聚焦改善民生全程监督。

围绕人民群众普遍关注的学位、床位、车位、厕位、梯位、岗位加强监督检查。组织学前教育工作视察并开展专项评议，推动岳麓教育优质资源均衡发展；开展民办教育调研，形成《岳麓区民办教育调研报告》，助推民办教育与公办教育协同发展。开展卫健工作评议，视察全面取消以药养医、健全药品供应保障制度落实情况和公共卫生服务工作，促进基本医疗卫生事业的公益性与均衡性。听取和审议退役军人权益保障工作，督促政府健全“三级”保障体系。开展重点人群就业工作集中视察，督促政府为劳动者就业创业提供更加务实高效的服务保障。开展全区公共文化建设、社区提质改造、社会福利中心建设、物业管理、垃圾分类撤桶并点等工作视察，组织对城市管理和垃圾分类工作进行专项评议，督促各部门将良好人居环境作为最普惠的民生福祉。开展应急消防工作视察，推动全区应急救援转型升级。组织代表实地调研，撰写水利设施受灾情况调研报告，为政府编制水毁工程修复实施计划提供参考。视察社区矫正工作，督促政府落实监督管理、教育矫正和社会适应性帮扶。

聚焦法治岳麓持续监督。作出“七五”普法决议，听取和审议“七五”普法工作报告，督促落实“谁执法谁普法”，以国家宪法日为契机，举办广场宪法宣传、开设“普法超市”、建设法治楼道等活动，不断提高全民宪法法律意识。组织代表参与全国人大常委会法工委以及省、市人大常委会关于社区家庭教育立法、《长沙市养犬管理条例》等11部法律法规的立法调研；配合省、市人大常委会开展关于《野生动物保护法》等9部法律法规的执法检查；组织对《道路交通安全法》等14部法律法规实施情况开展专题调研和执法检查；对区政府的21件规范性文件及时备案审查，针对发现的问题跟踪督查，注重实效，通过多种方式让法律法规“活起来、落下去”。听取和审议法院执行、民商事审判、公益诉讼、刑事案件认罪认罚从宽以及扫黑除恶专项斗争等工作情况报告，调研区人民法院多元化纠纷解决机制、区人民检察院未成年人保护以及岳麓公安工作，开展庭审评议活动，进一步推动执法司法公信力全面提升。

聚焦乡村振兴精准监督。开展《农产品质量安全法》执法检查和专题询问，积极推动全区农产品质量安全溯源体系建设。开展《防洪法》实施情况专项工作评估，向政府提出健全机制、科学治水、加快基础设施建设的意见。出台《区人大常委会评估水利建设三年行动试行办法》，引入第三方评估机构，对2018年至2020年水利项目建设进行专项评估，确保靳江河、莲花河等河流治理有序有效。开展《公路法》执法检查，提出重点解决农村公路建、管、养等针对性检查意见。开展农村“五治”工作专项评议，视察农村村民住宅建设管理和农村饮水安全工作，听取和审议农村人居环境整治情况报告，加快推进农村饮水安全工程建设。在壮大村级集体经济、构建现代农业产业体系方面深入调研，组织代表视察乡村民宿、圣峰果业、羊肚菌基地等品牌农业和都市休闲农业建设，在支持和鼓励村民就业创业、拓宽增收渠道上献计献策。

五年来，我们强化保障、优化服务，不断提升代表履职能力

保障代表主体地位。加强代表履职培训，积极参加上级人大组织的专题培训20余次，先后组织5批共264名人大代表和人大工作者赴北京、浙江、深圳、厦门等地学习培训，邀请专家学者专题讲座7场次，为代表依法履职打牢基础。畅通代表履职渠道，邀请代表列席常委会102人次，组织代表参加视察调研、执法检查、工作评议、专题询问、工作座谈以及旁听案件审理等活动556人次，生动实践全过程人民民主。完善代表履职保障，坚持“主任接待日”制度，认真倾听代表对经济发展、征地拆迁、民生热点等方面的意见和建议；出台《区人大代表活动经费使用管理暂行办法》，加强代表履职经费保障；全面推进乡镇人大“民生实事代表票决制”，自来水工程建设、公路建设、小流域治理等一批民生项目得以顺利实施，引导全区各级人大代表履职更接地气、更贴民心。

完善代表平台机制。深入开展“双联”“三讲三做当表率”活动，组织各级人大代表进社区、进站室，接待群众上万人次，收集群众意见2千余条，推动解决一大批群众普遍

关注的问题。制定《区人大常委会组成人员联系区人大代表工作方案》，常委会组成人员通过调研座谈、上门走访等形式，常态化联系区人大代表320余人次，主动听取人大代表的建议和意见，及时协调和解决代表履职过程中遇到的困难和问题。建成75个代表活动室，实现全区五级人大代表“全员进站”。积极推进“互联网+代表履职”，完善人大代表履职手机客户端建设。按照常态化疫情防控形势要求，采取“小规模线下+线上”的形式，创新代表学习机制。

提升建议督办质效。坚持把代表建议督办落实作为有效解决社会关注、代表重视、群众关心的热点难点问题的重要举措，按照主任督办、区长领办、专委会和部门承办的工作机制，采取集中交办、重点督办、现场察办三种方式，通过电话沟通、实地察看、专题调研、召开座谈会等多种形式，有效推动代表建议高质量办理，合力解决关系人民群众切身利益的问题。五届以来，共收到代表意见建议418件，所有建议均按法律程序办结，实现办复率、见面率和满意率三个100%。其中龙王港流域治理成效获《人民日报》推介，周凡书记亲自领办的《关于在岳麓山大学科技城加强优质中小学建设，以吸引锁住高端人才的建议》，纳入全区“十四五”规划，从2021年起分步组织实施。同时，制定《岳麓区人民代表大会优秀议案和建议批评意见评选办法》，选出优秀代表185人、优秀建议49件、26个办理先进单位及11个组织管理优秀单位，进一步激发代表履职热情，提高承办单位办理工作积极性，有效推动代表建议转化为发展决策。

五年来，我们一以贯之、守正创新，持续强化人大自身建设

探索制度创新。修订完善《长沙市岳麓区人大常委会议事规则》，研究制定《长沙市岳麓区人大常委会组成人员守则》，切实维护宪法法律庄严和人大工作程序规范。建立邀请代表列席常委会会议制度，保障届内所有代表至少列席一次以上常委会会议。建立常委会会前培训制度，结合常委会审议议题或政治学习要求，10余次邀请专家教授以《十九大报告解读》《民法典解读》等为题进行授课研讨。制定《区人大常委会预算绩效监督办法（试行）》《区人大代表约见本级国家机关负责人暂行办法》，形成涵盖议事规则、工作规则、机关制度三个方面的制度体系。

加强人大宣传。凝聚舆论宣传正能量，充分利用广播电视、微信公众号、人大信息网站等媒介，全方位、多视角加强人大制度、人大工作、人大代表的宣传力度，打造5个代表示范平台，推介宣传省、市、区优秀代表68人次，发布发表推介岳麓人大工作、代表先进事迹新闻稿件宣传报道350余篇。通过传播人大制度强音，讲好人大代表故事，营造全社会崇尚民主法治、关心支持人大工作和建设的良好氛围。

激发队伍活力。坚持用新时期好干部标准培养选拔使用干部，机关干部干事创业的热情进一步激发。持续推进“四型人大”机关建设，连续举办五届“健康杯”运动会，千余名人大代表、人大工作者参与，全区人大系统呈现出规范有序、务实高效、充满活力的良好局面。加强对街镇人大工作的指导和联系，不断夯实基层人大工作基础，召开基层人大工作会议19次，主任会议成员深入街镇调研人大工作75次，开展业务培训12次。加强人大内外交流，接待北京、上海等省内外人大考察团100余批次；组织赴上海、重庆等地考察调研10批次，形成高质量考察调研报告10余篇。

各位代表，第五届人大常委会工作所取得的进展和成绩，是区委坚强领导、上级人大、湘江新区、高新区、驻区单位关心指导的结果，是全体人大代表、常委会组成人员和人大工作者依法履职、辛勤工作的结果，是“一府一委两院”密切配合、共同奋斗的结果，是全区人民关心帮助、监督支持的结果，是区政协、武装部、岳麓山大学科技城、岳麓山风景名胜区管理局及各部门和基层单位关心支持的结果。在此，我代表区第五届人大常委会，向所有从事、关心和支持人大工作的同志们表示崇高的敬意和衷心的感谢！

回顾五年的工作，我们清醒地认识到，常委会工作还存在一些不足和薄弱环节，主要是：常委会的议事规则有待进一步完善；刚性监督的方式方法有待进一步运用；常委会同

代表和人民群众联系有待进一步紧密；人大代表履职能力有待进一步提高。这些问题都需要在今后工作中认真研究并加以解决。

二、本届工作的主要体会

各位代表，人民代表大会制度是我国根本政治制度，是中国共产党和中国人民的伟大创造。人大工作是中国共产党治国理政的重要方面。在五年实践中，我们进一步深化了对人民代表大会制度科学内涵和本质特征的认识，进一步深化了对人大工作定位和工作规律的认识。

一是坚持党的领导是人大工作的本质要求和最大优势。五年来，我们自觉坚持党对人大工作的全面领导，把坚持党的领导、人民当家作主、依法治国有机统一起来，确保党的领导贯穿人大工作全过程各方面。始终坚持与区委同心、同向、同步，严格执行请示报告制度，主动请示人大工作中的重大问题、重要事项及重大活动45件次，各项工作得到区委的高度重视和支持。

二是坚持习近平法治思想是人大工作的重要方向。五年来，我们坚持把学习宣传贯彻习近平法治思想作为重要政治任务，牢牢把握全面依法治区的政治方向、工作布局、重点任务，以听取审议专项报告为抓手，增强人大监督实效；以开展执法检查为着力点，强化宪法法律法规在本区域正确实施；以推动法律普及为引领，增强全民法治意识；以法律法规学习为重点，增强常委会依法履职能力，持续开展“司法公正长沙行”“法治岳麓”活动，充分发挥人大及其常委会在推进依法治区中的作用。

三是坚持服务大局是人大工作的责任担当。五年来，我们贯彻省委重大决策、落实市委部署要求、围绕区委中心工作，依法行使重大事项决定权，切实扛起以监督支持方式服务转型发展的使命担当，突出监督重点，改进监督方式，拓展监督内容，增强监督实效，持续开展“项目建设岳麓行”活动，围绕营商环境改善、产业发展、岳麓山大学科技城建设以及重大民生项目建设等重点领域，通过深入调研、听取专项工作报告、开展工作评议、专题询问、重点项目绩效评价等方式，督促政府及部门进一步贯彻新发展理念，为全区经济社会高质量发展提供有力支撑。

四是坚持以人民为中心是人大工作的根本遵循。五年来，我们在开展法律监督、工作监督、行使重大事项决定权的过程中，高度重视人民群众所思所盼所愿，围绕教育资源均衡发展、养老服务体系建设、就业创业服务保障、人居环境整治等涉及人民群众切身利益的领域，开展视察调研、工作评议，积极助推各项工作落实落地，在推动高质量发展的同时，用实际行动守护“江山就是人民、人民就是江山”。

五是坚持代表主体地位是人大工作的坚实基础。五年来，我们持续开展人大代表“双联”“三讲三做当表率”活动，在优化代表履职服务上，保障代表“能为”；在增强代表履职活力上，助力代表“善为”；在提升建议督办实效上，确保代表“有为”，充分发挥人大代表联系群众、反映民意、集中民智、参与治理的重要作用。围绕“十四五”规划编制，人大代表广泛开展调研，汇集民意民智，为打好收官仗、开启新征程建言献策。促进代表工作与监督、决定重大事项等重点工作深度融合，更好发挥代表主体作用。

六是坚持守正创新是人大工作的内生动力。五年来，我们坚持理论创新、实践创新，推动人大工作与时俱进。坚持把调查研究作为倾听民意、汇聚民智的重要渠道，形成一批选题准确、分析全面、建议合理的高质量调研报告，为区委科学决策提供有益参考。改进监督方式，积极探索代表约见、三方评估、绩效评价、履职测评等方式，变单一模式的监督为立体式的监督，构建审议、反馈、评价相衔接的监督运行机制，打出监督工作“组合拳”。

三、今后工作建议

各位代表，本次大会是一次承前启后、继往开来，着眼未来、共谋发展的盛会。大会承载全区152万岳麓人民的殷切期望，今后五年，是我们大力践行“三高四新”战略、奋勇担当“一打造三当好”新使命、矢志推进“五城同建”、全面建设社会主义现代化新岳麓的关键时期。新一届人大常委会和全体人大代表，要深入学习贯彻习近平总书记在中央人大工作会议上的重要讲话精神，紧紧围绕区第六次党代会确定的目标任务，全面履行宪法和法律赋予的重要职责。在此，区第五届人大常委会对今后五年工作提出以下建议：

（一）矢志推进“五城同建”。区第六次党代会就推进“五城同建”作出了全面部署，确定了今后一个时期推进全区各项工作的行动纲领。人大常委会要进一步增强责任感、使命感，切实把思想和行动统一到区党代会精神上来，紧紧围绕区委决策部署，统筹安排监督“一府一委两院”、决定重大事项、人事任免等各项工作和重要活动。聚焦突出大科城的引擎作用、岳麓高新区的承接作用、湖南金融中心的赋能作用，持续关注科技领军人才引进和培育工作、产业链和创新链有机衔接工作，增强原始创新能力；立足融入国际国内“双循环”，紧扣长株潭一体化发展，服务湖南湘江新区，巩固区校融合大好态势，加强规划融合、政策统筹等相关工作监督，切实加快融合发展；紧扣文旅高质量发展，采取灵活多样的方式，汇聚各方力量，发挥文旅资源优势，加快文化旅游产业高质量融合发展。

（二）持续深化法治岳麓建设。要认真学习贯彻习近平法治思想，持续加强和改进监督工作，通过拓展执法检查深度和广度、探索法规实施情况报告制度、开展整改落实后评估，切实发挥好“法律巡视”监督利剑作用，让人大监督“长出牙齿”。进一步加强对依法行政监督，促进政府及部门依法行政，确保行政执法严格规范、公正文明。进一步加强对监委的监督，紧扣人民群众和党员领导干部最关心、最重视的问题，听取和审议监察委员会专项工作报告。进一步加强司法监督，督促法、检两院认真落实司法体制改革任务，探索人大司法监督的新途径，不断规范司法工作，努力让人民群众在每个司法案件中感受到公平正义。进一步加强法治宣传，坚持弘扬社会主义法治精神，大力开展“八五”普法教育，推动辖区国家机关工作人员带头学法守法，形成崇尚法律、信仰法律的社会环境。

（三）不断提升代表履职水平。落实代表培训制度，密切结合常委会工作和代表履职需要，组织代表专题学习贯彻《代表法》《监督法》等法律法规，扎实打牢履职“基本功”。深化联系代表和群众的“双联”制度，坚决落实每名常委会组成人员联系5~6名区人大代表，一年不少于2次联系活动的要求。加强线上线下代表履职平台建设，推进常委会组成人员带头“进站”活动常态化。持续开展五级人大代表“联系群众办实事”活动，进一步密切同代表和人民群众的联系。不断拓宽代表知情知政渠道，提升代表对人大工作的参与度。紧扣“内容高质量、办理高质量”要求，进一步创新代表议案建议办理机制，加大督办力度，把办理代表议案建议作为支持代表依法履职、充分发挥代表作用的关键环节，不断提升代表批评建议议案办理工作整体水平。

政府工作报告（摘录）

——在长沙市岳麓区第六届人民代表大会第一次会议上

蔡　锋

（2021年10月21日）

一、本届政府工作回顾

本届政府自2016年11月履职以来，在区委的坚强领导下，在区人大、区政协的监督支持下，坚持以习近平新时代中国特色社会主义思想为指导，紧紧依靠全区人民，扎实推进高质量发展，统筹做好稳增长、促改革、调结构、惠民生、防风险各项工作，发展动能接续迸发、城市面貌绽放新姿、改革创新纵深推进、治理效能全面升级、民生事业再攀新高，书写了波澜壮阔、政通人和、从容自信、华彩蝶变的发展新篇章。

——*我们致力跨越赶超，发展能级实现历史性提升。*我们紧抓发展第一要务，将潜力转化为动力、动力转化为实力，实现经济总量过1300亿、全口径税收过130亿、常住人口规模过150万的新跨越，迸发出源源不断的发展动能。

综合实力持续增强。地区生产总值拾级而上，年均增长8.4%，总量达1360亿元。地方一般公共预算收入量质齐升，年均增长18.5%，全口径税收规模跃居全省（区县市）第二，收入质量稳居全市城区最优。消费市场高质发展，社会消费品零售总额年均增长9.4%。投资价值普遍看好，固定资产投资年均增长11.1%。工业生产持续向好，规模工业增加值年均增长8.8%。

经济发展质效并进。五年净增企业5万余家，487家企业跻身“四上”行列，236家企业获评高新技术企业，新增长沙银行、惠博普等上市公司总部。税收过千万元、过亿元非房地产企业分别净增42家、8家，长效税源占总体税收比重提高15个百分点。

城市品牌全面唱响。滨江新城拔地而起，梅溪湖国际新城、洋湖生态新城声名鹊起，大王山旅游度假区加速崛起，328米高湘江财富中心刷新岳麓新高度，流光溢彩的城市夜景展示岳麓新风姿，区域建成区面积较“十二五”末实现翻番，扩增至143.5平方公里，常住人口增长至152.66万人，人口规模为全省（区县市）最大。高标准举办互联网岳麓峰会等高层次交流活动，高水平开启具有国际影响力的湘江金融发展峰会，高档次建成湖南非洲青年创业中心，高起点打造洋湖海归小镇和国际社区，岳麓已从容展示出包容开放、和谐共生的国际范。

——*我们致力转型升级，产业发展取得突破性进展。*我们前瞻发展特色产业，提振传统行业，促进招商兴业，牢牢把握发展主动权，展示出矢志不移的发展追求。

特色产业乘势勃兴。全面建成湖南金融中心，楷林国际等28栋楼宇稳健运营，进驻三湘银行、长银五八、财信金控等金融机构569家，其中持牌金融机构110家、金融科技企业68家、专业服务机构48家，湘江基金小镇资产管理规模达1887亿元，举办岳麓金融沙龙173期，金融业税收占全区税收比重达28%。壮大中部领先的检验检测集群，岳麓高新区获批“检验检测认证公共服务平台示范区”“检验检测高技术服务业集聚区”等国家级平台，集聚SGS、苏试广博、中大检测等检验检测企业165家，跻身“全国检验检测三大集聚区”。培强享誉全国的智能网联品牌，

“国家智能网联汽车测试区”“国家车联网先导区”落子岳麓高新区，“两个100”测试区投入使用，湘江鲲鹏、长沙智能驾驶研究院等重大项目建成投产，引进希迪智驾、舍弗勒、百度阿波罗等关联企业88家，智能网联产业链展现雏形。

传统行业迭代升级。商贸外贸业蓬勃发展，建成宜家家居、凯德壹中心等商贸综合体9个，洋湖水街、阳光100凤凰街等特色街区魅力彰显，华润万象城启动建设，长沙消费新中心加快成型；实施“破零倍增”工程，新增外贸实绩企业115家，外贸进出口总额较2016年增长9倍。文化旅游业来势喜人，梅溪湖文化艺术中心等“三馆一园一中心”全面开放，湘江欢乐城雪域水寨、华谊兄弟电影小镇开业运营，岳麓山、橘子洲稳居全省旅游人气榜首，新民学会旧址、肖劲光故居焕发新活力，都市时尚、湖湘文脉、高雅艺术、红色传承在岳麓交相辉映。健康养老业提质增效，湖南妇女儿童医院建成开诊，泰康之家湘园主体竣工，红枫养老等5家连锁养老机构稳健发展。

招商兴业成果丰硕。重点楼宇引进企业超4000家，进驻海信智能、外企德科等总部企业179家，新增金茂双子塔等税收过亿元楼宇10栋，其中过10亿元楼宇2栋，特色和重点楼宇总量位居全市第一。引进壳牌石油、腾讯云、中车环境等“三类500强”项目52个。引进产业项目988个，合同引资3568亿元，建成产业项目677个，完成投资2610亿元。

——我们致力创新驱动，科创合作收获战略性成果。我们激活科教优势、人才潜力，全力服务科技创新，培引出创新不止的活力源泉。

科创平台持续夯实。岳麓山大科城获批国家首批科技成果转化和技术转移示范基地，建成中建智慧谷东区等科创平台12个，58众创等28个省级众创平台投入运营。中南大学科技园晋升国家级，湖南大学成果转化基地、湖南师大双创基地稳健运行，导入华锐金融、神漫文化等标志性企业48家，新注册科创型企业4466家，落地院士领衔项目10个，高潮迭起、繁星满天的双创格局已然成型。

科创能力持续增强。落户岳麓山工业创新中心、湖南大学半导体研究院等标志性研发主体8个，集聚省级以上重点实验室、工程技术研究中心等科创机构210家，涌现出何继善院士“大深度高精度广域电磁勘探技术与装备”等国家科学技术奖获奖项目18个。红枫计划、中小企业信贷风险补偿基金应运而生，知识产权保护与运用保障全面增强，五年达成技术交易合同5449件、成交额102亿元。

科创生态持续优化。提质硬件设施，完成麓山南路有机改造，全面修复后湖景区生态，5G加速港投入使用，大科城“让人眼前一亮”。提升人才服务，“一网一库三平台”上线运行，强化人才落户、住房保障、子女就学综合服务，引进博士以上高学历人才2032人，“惟楚有才于斯为盛”更富时代内涵。提效活动保障，高标准举办“麓山杯”等品牌赛事，常态化开展“岳麓·创讲堂”活动，高校创新联盟花落大科城。

——我们致力迎难而上，攻坚战役赢得决定性成就。我们坚持固根基、促创新、重实效，攻坚高质量发展重大关口，释放出攻无不克的强大力量。

污染防治攻坚战效果显著。“五轮环保督察”反馈问题全部办结。落实“六控十严禁”，强化扬尘污染全链化防控、餐饮油烟全域化治理、裸露地块生态化修复，2020年空气质量优良率达84.7%，较2016年提高15.6个百分点。448家畜禽规模养殖企业、2家绿心地区工业企业、5家非煤矿山全部退出，铬盐厂、蜂巢颜料化工厂生态修复治理取得实质性成果。落实“河（湖）长制”，强化精细常态治理，城区黑臭水体全面清零，新（改）建农村污水处理设施6处，建成莲花桐木村等市级小微水体管护示范片区3个，实施罗家湖泵站改建等治污工程11个，柏家洲生态岛建设树立全国环保治理标杆，洋湖湿地公园晋升国家级，“一江两河”水质优良率达100%。

防范化解重大风险攻坚战取得明显成效。高效净化商务楼宇业态，处理非法集资案件24起。麓山控股信用等级达到AA+，智谷集团迈出市场化转型坚实步伐。坚持严控增量与去化存量相结合，严守债务风险底线，累计化解隐性债务17.35亿元，我区获评湖南省防范化解风险和财政管理工作真抓实干成效明显地区。

对口帮扶脱贫攻坚战全面

胜利。投入4300万元帮扶龙山县洗洛镇，建成卫生院、少年宫、中小学等基础设施，促成百合、灵芝基地等产业项目达效，助推洗洛镇提前一年实现脱贫摘帽。因地制宜帮扶浏阳市田溪村，开展乡村旅游、特产外销结对帮扶，田溪村整体脱贫成色更足、保障更强。

——我们致力人城和谐，品质岳麓彰显国际性风范。我们着力建设现代化城市，促进城市疏密有度、舒适宜居，展现出卓尔不凡的优良气质。

梳理城市空间。实施征拆项目240个、腾地2.46万亩，未来科技城、三汊矶工矿区、胜利村等项目实现征拆腾地，完成老咸嘉湖等13个棚户区改造、傅家洲村等10个城中村改造，城市布局优化提升。疏浚地下管网7500千米，完成龙王港流域等3个区域雨污分流改造，城市里子更具韧性强度。完成白沙液街等历史街区更新提质，改造润泽园等老旧小区84个，城市肌理得到保护传承。

美化城市界面。完成岳麓大道等17条主次干道提质改造，打造金星大道等示范道路10条，建成金峰公园等公（花）园10个，塑造出移步换景、满目皆景的新城风景。提高重点区域、重要道路管养、清扫、维护水平，塑造出干净清爽、整洁宜人的新城风采。全面提升城市管理常态长效水平，拆除违法建设40万平方米，清理违规户外招牌4700余处，塑造出清朗规范、秩序井然的新城风貌。

完善城市路网。地铁3号线、4号线如期通车，城际铁路投入运营，岳宁大道、潇湘大道、潭州大道全线拉通，半小时“两岸生活圈”“城际交通圈”“城乡融合圈”全面建成。完成湘府路快速化改造、西二环拓改、麓景路南延线建设，建成玉赤大道等骨干道路60条，打通佑母塘路等瓶颈路21条，交通路网舒展通达。

——我们致力扩面提档，民生福祉呈现持续性改善。我们牢记让人民生活幸福是“国之大者”，高质量完成民生实事149件，全面建成小康社会走在全省前列，书写出惠民不倦的民生答卷。

民生事业全面提标。城镇新增居民就业3.8万余人，城镇登记失业率保持低位，城镇居民可支配收入年均增长7.9%，劳有厚得激励劳动者奋斗新时代。建成长郡双语洋湖实验学校等中小学校17所，新增学位4万余个，建成公办幼儿园55家，新增园位2万余个，义务教育“大班额”清零，公办和普惠性幼儿园占比达90.6%，全面加强教师队伍建设，推行“五育并举”，学有优教、幼有善育唱响岳麓教育品牌。建成保障性住房3.69万套，筹集保障性租赁房源7519套，小区物业管理全域提标，落实“房住不炒”要求，住有宜居提升城市吸引力。区社会福利中心主体竣工，建成日间照料中心80家，新增养老床位3120张，老有颐养成为和谐社会最美注释。全市规模最大、品质最高的城区公卫中心投入运行，新（改）建含浦、天顶、洋湖等基层社区卫生服务中心7家，获评全国健康促进区，病有良医保障群众身心健康。加强对弱势群体、残障人士的关心，弱有所扶传递民生温度。维护退役军人合法权益，提升军人尊崇感，拥军优属与拥政爱民相得益彰。深化民兵调整改革初见成效。

乡村振兴全面提效。都市农业蓬勃兴起，打造出“五谷辉映”空间格局，培育出圣峰果业、果趣谷等优质田园综合体，涌现出风吟谷、月亮湾等精品民宿，集体经济收入薄弱村全面清零。新（改）建农村公路507公里，建成含浦新桥等农村桥梁27座，农村交通条件持续改善。实施东山湾泵站等较大水利工程21个，新增农村自来水受益群众3.5万人，农村饮水用水安全性、便利性同步提升。改造农村厕所2.8万座，垃圾分类实现行政村全覆盖，农村人居环境有效改善。编制村庄规划，建设美丽乡村，成功打造泉水湖村等省级美丽乡村示范村4个，涌现出学华村等全国文明村，创设雨敞坪新乡贤、莲心屋场等乡风文明品牌。

社会治理全面提能。安全治理能力更强，全面开展消防安全、道路交通、建筑施工等重点领域安全隐患排查整治，在全省率先建成六级联动应急指挥中心，未发生较大及以上生产安全事故，获评全省安全生产和消防工作优秀单位。应急处置能力更强，面对2017年的特大洪水和2020年突如其来的新冠肺炎疫情，我们以科学的机制、高效的组织、优良的作风、无私的奉献促进干群联动，在洪魔和病魔面前构建起坚不可摧、固若金汤的坚强防线。综合治理能力更强，全面推行网格化治理，累计化解网格内民生问题近20万个；铁腕整治涉黑涉恶犯罪，纵深推进禁毒人民战争,全面深化平安岳麓建设，年年获评全省平安区。

这五年，我们深入开展“两学一做”“不忘初心、牢记使命”“党史学习教育”等主题教育，自身建设不断加强。法治建设深入推进。完成“七五”普法任务，“八五”普法扎实开展。主动接受人大和政协监督，办结人大代表建议418件、政协提案473件，办复率100%。严格开展重大行政决策合法性审查，审查政府规范性文件29件、政府合同367件，政府决策科学化、民主化、法治化水平持续提升。效能建设纵深推进。全面推行基层“坐班”转“值班”，完善智慧岳麓大数据平台功能，群众办事更加便捷。优化营商环境，深入推进“放管服”改革，在全省率先推出“24小时政务自助服务区”，构建“1+3+17+N”政务服务体系，1496件政务事项实现线上可办。高效率推进普查工作，获评第四次全国经济普查省级先进单位，圆满完成第七次全国人口普查任务。廉政建设严实推进。抓好全面从严治党和意识形态工作，持之以恒落实中央八项规定精神，驰而不息纠治“四风”，强化审计“经济体检”，“三公”经费使用更加规范，风清气正的政治生态进一步巩固。

与此同时，工会、共青团、妇联、工商联、科协、文联、侨联、红十字会、残联、社科联、慈善会、关工委、老龄委等为岳麓发展作出新贡献。民族宗教、人防、对台、外事、档案、机关事务管理等工作取得新成绩。

各位代表，今年以来，我们共庆党的百年华诞，喜迎区第六次党代会，全区人民团结一致、豪情满怀，奋勇担当“一打造三当好”新使命，矢志推进“五城同建”，一步一个脚印推动习近平总书记考察湖南重要讲话指示精神落地生根，实现“十四五”的精彩开局。

——激发增长动能。望岳藕塘谷山片、坪塘融城小镇等22个项目完成征拆，龙湖天街、爱威医疗科技园等23个涉市重大项目竣工达效，湘雅路过江通道、长沙市青少年宫等重大项目加快建设，完成固定资产投资737亿元（前三季度数据，下同），投资拉动持续发力。世贸希尔顿、宜家荟聚中心等文旅商贸项目开业运营，岳麓金秋消费嘉年华等节会活动火热开展，完成限额以上社会消费品零售额316.4亿元，消费人气持续增长。新增外贸实绩企业15家，实现外贸进出口总额7.2亿美元。

——凸显发展质效。产业平台竞相崛起，岳麓山大科城新增科创型企业2189家，湖南金融中心引进金融机构92家，岳麓高新区引进检验检测企业30家、智能网联企业30家。市场主体实力增长，引进大汉电商等投资超10亿元项目7个、美团交通等“三类500强”项目15个，新增市场主体2.3万户、“四上”企业78家、高新技术企业95家。融合发展步伐加快，长株潭轨道交通西环线、暮坪特大桥等重大项目加快建设，75件政务服务事项实现跨域通办。

——塑优城乡环境。城市建管全面提标，全国文明典范城市创建全域推进，深入开展景观绿化“五大行动”及“百日奋战、靓丽河西”市容环境专项整治，“一带三纵六横一城”全要素空间提质全面实施。美丽乡村加快建设，全面推进6个省级乡村振兴示范村、40个美丽宜居村庄创建工作。污染防治成效显著,咸嘉湖片区、“一狱三所”雨污分流改造等生态环保项目加快推进。

——改善民生福祉。城镇新增居民就业6420人，失业人员再就业7605人。新（改）建中小学校7所，增加学位11030个，新增公办幼儿园25家、园位10390个。新建湘雅三医院医技楼、湖南师范大学医学楼。启动3家社区卫生服务中心改（扩）建。提质改造老旧小区44个，完成14栋D级危房排危、150台既有多层住宅电梯加装等民生实事。新建文体设施43处。有效推进国家食品安全示范城市、省级安全发展工作示范区创建，稳妥化解信访积案，社会大局和谐稳定。

各位代表，当前正处于年度工作加速冲刺阶段，我们将坚持创新实干，圆满达成既定目标，确保向全区人民交上一份满意的答卷。

各位代表，星光不问赶路者，时光不负有心人，本届政府任期内，岳麓经济社会发展实现了从追赶到领先、从起跑到腾飞、从扩量到提质的精彩跨越，光荣收获中国楼宇经济十大活力城区、首批国家学前教育改革发展实验区等国家级荣誉38项，接连揽获湖南省开放崛起成效明显地区、湖南省全面建成小康社会推进工作优秀单位等省级荣誉41项，成功跻身综合实力、绿色发展、投资潜力、科技创新、新型城镇化、营商环境“六个全国百强区”行列。更具实力、富有魅力、充满活力的现代化新岳麓，正以昂首挺拔的姿态崛起于湘江西岸，以铿锵有力的步伐前行于时代征途。

各位代表，在总结成绩的同时，我们也清醒地看到：产业发展不充分仍是岳麓的最大实际，城市管理和环境保护有待加力，城乡基础设施有待完善；公共服务、社会治理等领域有短板，满足人民群众对美好生活的向往还需下更大力气；疫情防控、极端天气应对等对城市安全和韧性提出更高要求。对于这些问题，我们将采取有效措施，切实加以解决。

二、未来五年工作计划

未来五年，是我国开启全面建设社会主义现代化国家新征程的关键五年，也是岳麓奋勇担当“一打造三当好”新使命，矢志推进“五城同建”的重要五年。我们应该看到：迈入新时代，岳麓拥天时。习近平总书记考察湖南，作出“岳麓书院是党的实事求是思想路线重要策源地”的重要论述，并亲临岳麓作出重要指示，为湖南发展提供了根本遵循、指明了前进方向，中部地区高质量发展、长株潭都市圈建设等国家战略应势升级，作为省会中心城区的岳麓迎来了绝佳发展机遇、进入了广阔发展空间。我们坚信，未来五年，仍然是高质量发展的机遇期、黄金期，岳麓必将乘势而上、续写辉煌。阔步新征程，岳麓享地利。国家级湖南湘江新区呈现出攀高向前的美好来势，岳麓山大科城、湖南金融中心、岳麓高新区等产业平台形成独特的领先优势，科教、生态、平台、空间禀赋正全面转化为强劲的发展态势，智能网联、软件与信息技术等产业抢先布局，在以数字经济为代表的新经济时代岳麓大有可为。我们坚信，地处战略支点、发展要地，岳麓必能把优势转化为胜势，把长板拉升为跳板，实现更高质量的发展。跃上新台阶，岳麓聚人和。省委常委、市委书记吴桂英调研岳麓经济社会发展，赋予岳麓“打造科技创新高地的高峰，当好推进长株潭一体化的先行军、独具魅力山水洲城的展示区、文旅高质量融合发展的新样板”的新使命。市第十四次党代会发出了打造“四个中心”，建设“五个现代化新长沙”的时代强音。区第六次党代会提出了矢志推进创新名城、产业强城、开放新城、生态靓城、和谐美城“五城同建”的发展路径。新使命、新任务、新路径思想内涵一致、精神要义相承，以嘹亮号角、鲜明导向，将淳朴奋进的岳麓干群紧密团结在党的旗帜之下，凝聚了建设现代化新岳麓的磅礴力量。我们坚信，有区委的坚强领导，有全区人民携手同行，岳麓必能劈波斩浪、奋勇前进。

今后五年政府工作的总体思路是：高举中国特色社会主义伟大旗帜，深入贯彻党的十九大和十九届二中、三中、四中、五中全会精神，坚持以习近平新时代中国特色社会主义思想为指导，统筹推进“五位一体”总体布局，协调推进“四个全面”战略布局，立足新发展阶段，贯彻新发展理念，融入新发展格局，认真贯彻习近平总书记关于湖南工作系列重要讲话指示精神，坚持稳中求进工作总基调，以推动高质量发展为主题，以改革创新为动力，以满足人民日益增长的美好生活需要为目的，大力践行“三高四新”战略，奋勇担当“一打造三当好”新使命，矢志推进“五城同建”，全面建设社会主义现代化新岳麓。

逐梦新时代，踏上新征程，迎接新考验，我们将保持开明开放的胸怀、拿出敢想敢干的担当、彰显善作善成的智慧、砥砺亲民惠民的初心、锤炼清正清廉的作风，坚持与最优者“对标”、与最强者“比拼”、与最快者“赛跑”，担当“一打造三当好”新使命，全力以赴推进“五城同建”，争当建设“五个现代化新长沙”的引领者和主力军，为长沙放大全球影响力、全国竞争力、区域引领力、全省辐射力作出更大岳麓贡献。

（一）建设智慧智造的创新名城

以自主创新为根本，以成果转化为主线，以人才集聚为支撑，担当长沙打造科技创新中心的主力军，融入河西科技创新走廊发展，建设国家创新型城区，打造科技创新高地的高峰。

增强原始创新能力。服务高校优势学科发展，丰富“一校一基地”内涵，谋划布局重大科研基础设施，配合实施国家实验室、大科学装置“破零”行动，培引一批工程研究中心、产业创新中心、技术创新中心，新增省级及以上研发机构100家以上，打造岳麓山科创集群。突出企业创新主体地位，促进产业链、创新链有机衔接、深度融合，支持企业揭榜挂帅突破“卡脖子”核心技术，确保研发经费投入占地区生产总值比重突破5.5%，力争为国家重点领域科研突破提供10项以上关键技术。实施高新技术企业倍增计划，加大“专精特新”企业引育力度，新增高新技术企业500家以上。

提高成果转化效率。提质知识产权、科技金融、场景应用、科创活动“多位一体”综合服务，畅通成果转化渠道。创新成果输出模式，探索城园互动、“飞地”园区发展模式，强化合作共赢，让更多科技成果走出实验室、加快市场化，实现技术交易合同成交额年均增长25%以上。

集聚优质双创人才。落实省、市、新区人才政策，聚焦高级知识分子、国家领军人才、科技创新团队、高校青年才俊，实施聚合行动，引进国际顶尖人才和国家领军人才20人以上、省市级领军人才50人以上。强化人才服务与管理，供给便利生产空间、配套优质生活服务、塑造秀美生态环境，建强人才交流成长平台，聚天下英才绘岳麓发展华章。

（二）建设富饶富足的产业强城

突出产城一体、产业融合，促进传统产业、新兴产业、未来产业协同发力，为建设实力强劲的现代化新长沙提供有力支撑。

战略发展新兴产业。壮大园区经济，建设“五好”园区，推行集约开发模式，提升土地开发效益，完成扩园调规，基本建成东山湾国际新城，打造以产聚人、以人兴城示范高地，实现园区规模工业产值突破100亿元、高新技术产业产值突破450亿元，推动岳麓高新区晋升国家级园区。聚焦全产业链建设，推动检验检测、智能网联等产业链横向联合、垂直整合，打造2个百亿集群。提质城市高能集聚空间，推动商务楼宇品质高端化、产业特色化、运营专业化，提升楼宇经济贡献度，力争税收过亿元楼宇总数突破20栋。做大未来产业，完善智能网联汽车“人车路网云”协同发展体系，丰富应用场景，导入研发与制造等产业链关键环节要素，提升前沿领域的全国竞争力，抢占发展制高点，赢得未来主动权。

集聚发展金融产业。做强湖南金融中心内核，高标准提质片区环境，推动传统金融、科技金融、配套服务和谐共生，集聚金融及配套机构超800家，实现持牌金融机构资产规模突破1.8万亿元、金融业增加值达450亿元，金融中心区域税收突破100亿元。聚焦长沙打造先进制造业中心发展方向，推动优质资本赋能优势产业、优秀企业，广泛运用金融科技，办好湘江金融发展峰会，提升金融产业在全省的辐射力。

全域发展文旅产业。构建“两山引领、三湖辉映、双廊相牵”的发展格局，推进文旅产品城乡联动、触网升级、丰富内涵，打造以红色文化、生态休闲、高雅艺术为内涵的城市旅游品牌，塑造以近郊休闲、研学拓展、农耕文化为特色的乡村旅游品牌，加快大王山旅游度假区、梅溪湖高端演艺圈、后湖文化创意圈、莲雨含旅游长廊等项目建设，建成五星级标准酒店10家、5A级和4A级景区8个以上，提质旅游服务与管理，实现年接待游客突破5000万人次，文旅总收入突破1000亿元，打造具有全球影响力的世界级旅游目的地，当好文旅高质量融合发展的新样板。

（三）建设包容包涵的开放新城

深度链接长三角城市群、粤港澳大湾区、武汉城市圈，主动融入国内国际“双循环”，打造有胸怀、有气度、有格局的开放新城。

在融合中实现共赢。紧扣一体化和高质量，当好长株潭都市圈建设的先行军，实施黄桥大道南延线等项目建设，推进交通互联互通、产业共生共荣、服务共建共享，为建设国家新增长极贡献岳麓力量。全面融入湖南湘江新区发展，聚焦规划融合、项目对接、政策统筹，形成倍增、叠加效应。主动服务长沙高新区发展，深化优势互补、统筹融合，实现产业共荣、资源共享、合作共赢。

在流通中促进繁荣。突出特色发展、优化消费体验，着力提质望城坡、溁湾镇等传统商圈，做强洋湖国际商圈、梅溪湖时尚商圈、市府滨江高端商圈，建成桐梓坡中央商务区，提升夜间经济、网红经济活跃度，规范发展互联网消费新业态，优化消费市场秩序，打造长沙消费新中心，释放消费升级区域引领力。

在互动中塑造品牌。强化湘江西岸招商引资联动，创新产业链招商、以商招商、资本招商、人才招商等方式，推动更多跨国公司、央企、上市公司、行业领军企业在岳麓设立总部、第二总部、区域总部、功能性总部，新增企业总部150家以上。提升开放经济活跃度，融入湖南自贸试验区发展，强化洋湖海归小镇支点作用，加强外贸实绩企业引培，扩大国际交流与合作，实现外贸进出口总额突破50亿美元。继续深化改革，推动智慧政府建设，实现数据资源依法共享和运用，保护企业和企业家权益，塑造法治化、国际化、便利化营商环境。提质涉企服务，精准助力企业发展壮大，培育新增“四上”企业500家，实现上市公司总数突破10家。

（四）建设如诗如画的生态靓城

落实“四精五有”理念，致力城乡结构升级，疏解老城功能，提升新城品质，建设美丽乡村，以岳麓颜值增色品质一流的现代化新长沙。

坚持功能与形象并重。实施“东提、西拓、南融、北延”行动，力争全域新增建设用地指标60平方公里以上，着力做大城区，重点推进观沙岭单元、新湘雅健康城、望新片区城市更新，启动谷山青山生态新城建设，打造莲花新片区，提升洋湖新城、岳麓山大科城、湖南金融中心、岳麓高新区综合配套，丰富各大片区产业功能，塑造产城融合、生态宜居新城典范。加大基础设施建设力度，重点推进湘雅路过江通道、梅浦联络线、青山路、地铁8号线、6号线、5号线南延工程等项目建设。提升城市智能管理水平，统筹推进水利网、通讯网、能源网提质升级，实现区域供电能力达到300万千伏安，构建现代化基础设施体系。

坚持治理与保护并重。纵深推进蓝天、碧水、净土“三大保卫战”，促进污染防治与碳达峰、碳中和有机衔接，涵养生态文明，确保空气质量优良率稳定达到85%以上，“一江两河”水质100%达标，实现更高质量的绿色低碳发展。推进生态宜居、交通便捷、整洁有序、健康舒适、安全和谐等城市体检，强化城市精细管理、智慧治理，有序推进主次干道综合提质，高品质打造精美街巷，因地制宜提高绿化、彩化、亮化品位，建成现代化城区样板。协同实施湘江航道整治工程，加快推进湘江生态走廊等重点项目建设，促进河湖连通、绿道串联、公园点缀，让自然生态融入城乡，大力建设公园型城市，扮靓生态宜居的现代化新长沙会客厅，当好独具魅力山水洲城的展示区。

坚持繁荣与秀美并重。加速乡村振兴，深化农业农村改革，强化人才队伍建设，沿岳宁大道、长芷高速、黄桥大道“两横一纵”高品质建设乡村片区，发展“一镇（街道）一特”“一村一品”都市农业，力争实现全部行政村集体经济收入突破50万元。推进乡村建设，提质拓宽莲花至含浦、莲花至雨敞坪等农村公路，建设农村通景旅游公路，推进农村道路安全隐患整治，保持农村危房动态清零。深化农村人居环境治理，实现美丽宜居村庄全覆盖，倡导淳朴家风民风，彰显生态美、村庄美、产业美、生活美、风尚美，展现乡味乡韵乡愁。

（五）建设安居安康的和谐美城

坚持人民至上，认真办好民生实事，扎实推动共同富裕，全力回应人民群众对美好生活的向往，交出建设人民幸福现代化新长沙的精彩岳麓答卷。

大力度增强保障。提高城乡居民收入水平，强化就业优先政策，多举措增强经济吸纳就业能力，做好农村转移劳动力、城镇困难人员、退役军人等群体就业工作，保障劳动所得，力争全区居民人均可支配收入保持7%以上的年均增长。强化托底兜网，健全社会保险、社会救助和医疗保障体系，让每个岳麓人都感受到温暖。保持房地产平稳健康发展，推进小区物业管理优化，完善多层次、广覆盖的住房保障体系。

高品质供给服务。以建优便民生活圈为目标，实施完整社区、未来社区建设行动，科学布局基层便民设施，完善通讯、新能源充电等基础硬件，完成老旧农安小区提质改造，打造以人为本的生活空间。以强化全链条教育综合保障为根本，多措并举投资100亿元用于教育基础设施建设，新建公办幼儿园40家、新（改扩）建中小学校30所，年均新增学位

1万个以上，弘扬良好师德师风，筑牢教育优质均衡发展基底。以建设全龄友好型社会为抓手，实现区社会福利中心投入运行，推进小区适老化改造，抓好三孩生育政策落实，推动儿童福利适度普惠发展，丰富“一老一小”保障服务供给。以区公卫中心为依托，深度扩展健康岳麓行动，新建坪塘、银盆岭、学士等基层社区卫生服务中心，按规划完善医疗阵地布局，实现基层卫生服务机构高品质全覆盖，推动中医药传承创新发展，推进医联体建设，实现优质医疗资源扩容下沉。

全方位提效治理。深化“吹哨报到”机制，优化网格化服务管理，升级“互联网+”治理模式，构建共治联合体，打造善治指挥链，形成自治、法治、德治相结合的基层社会治理格局，全面融入治理高效的现代化新长沙建设进程。实施新时代公民道德建设工程、爱国主义教育建设工程，全面推进社会公德、职业道德、家庭美德、个人品德建设，建设更高水准的文明岳麓。落实全员安全生产责任制，深化重点行业和领域安全隐患整治，推动安全生产治理体系和治理能力现代化。全域完善应急救援体系，促进中心消防站、桐梓坡消防站等阵地投入使用，科学布局应急储备中心，增强城乡应对风险的韧性。加强国防后备力量建设，提升动员能力。积极参与全国法治政府示范创建，建设更高水平的法治岳麓。提高社会治安防控立体化、法治化、专业化、智能化水平，纵深开展扫黑除恶斗争，建成公安执法办案中心，新建咸嘉湖、含浦、洋湖等区域派出所，建设更高水准的平安岳麓。

三、2022年工作重点

2022年是新一届政府的履职首年，是深入贯彻落实市委、区委党代会精神，推进“五城同建”的关键之年。全年经济社会发展主要预期目标是：地区生产总值增长8%左右，规模工业增加值增长8%左右，固定资产投资增长9%左右，社会消费品零售总额增长8%左右，地方一般公共预算收入增长10%左右。围绕上述目标，重点抓好以下工作：

（一）着力推动提质增效，构建现代产业新格局

筑强产业平台。提升金融中心辐射能力。坚持多牌照、全业态招商，促推招商银行大厦投入使用，新引进金融机构80家，提升金融产业集聚度，完善金融生态体系。提升特色园区综合实力。引进检验检测和智能网联产业链企业各40家以上，实现人工智能科技城（一期）等项目竣工投产。依托“六大国家级平台”，推动检验检测培训学院、技术标准创新基地投入运营，培育“北斗+”“+北斗”业态。加速东山湾国际新城建设，启动湖南中医药大学附属三甲医院建设。提升商务楼宇贡献效力。实施企业满楼工程，新引进楼宇企业650家以上，其中总部企业30家以上，新增税收过亿元楼宇2栋以上。实施业态更新工程，制定楼宇生态优化方案，形成以设计研发、信息技术等为主导的楼宇新生态。实施配套完善工程，优化重点楼宇周边综合配套。

加速文旅融合。坚持规划引领。推进资源导入、业态融合、智库引导，完善全域旅游发展体系，打造山水与人文、都市与乡村、青春与梦想交相辉映的全域旅游格局。坚持以文塑旅。运用“互联网+”手段，精心设计具有岳麓特色的旅游线路，匠心打造具有岳麓标识的文创产品，加快推进莲花、祇园等重点文旅项目建设，提质升级橘子洲、岳麓山、洋湖湿地管理服务，打造湘江西岸画廊。坚持文化惠民。升级文化服务，健全图书馆、文化馆总分馆体系，科学布局文旅驿站、全民健身中心。

赋能市场主体。用心开展择商选资。开展分队招商、节会招商、以商招商，全年引进投资10亿元以上项目10个、“三类500强”项目15个。用情提质涉企服务。开展市场主体培育行动，提供“一企一策”精准服务，全年新增“四上”企业110家以上、高新技术企业100家、上市企业1家以上。用力优化营商环境。深化“放管服”改革，推行“网上办+帮代办+上门办”模式，促进审批服务提质、企业办事提速，提升市场监管和政府服务水平。

（二）着力推动科技创新，营造自主创新新生态

增强科技创新能力。布局重大科研基础设施。加快新材料研究院、有色金属研发总部基地等平台建设，着力培育和打造省部级以上创新平台、实验室。服务重点技术成果攻关。加强数字经济、新一代半导体等领域前瞻性研究，集中力量在智能网联、新材料、工程机

械等领域进行重大技术攻关和重要产品开发。畅通重要成果转化渠道。提速人工智能产业园建设，促进机器人感知与控制技术、中氢轨道等院士领衔项目发展，实现技术交易合同成交额42亿元。

壮大科技创新主体。形成梯队效应。实施“领头雁培育计划”“中小微企业成长计划”“企业苗圃培基计划”，健全企业成长梯队。形成规模效应。挖掘校友资源，吸引优秀校友携资、携技、携项目、携平台回岳麓创业，全年引入科创型企业1000家以上，培育科技型中小企业200家以上。形成集聚效应。实施“芙蓉英才星城圆梦”岳麓计划，运用靶向引才、专家荐才、“城市合伙人”等方式，汇聚优质人才队伍。

完善科技创新服务。供给一流政务服务。高标准运营岳麓科创港，充分导入市场监督、税务等政务服务，进一步提高服务效率，打造全省一流的科创服务标杆。提质科技金融服务。完善科创金融链，设立大科城科创天使基金、公益种子基金、大学生创业基金，引导金融机构为科技型中小企业开通绿色通道。优化知识产权服务。完善知识产权咨询、确权、评估、交易一体化服务，健全知识产权保护机制，争创知识产权保护标杆城区。

（三）着力推动品质提升，彰显大美岳麓新形象

优化城市空间格局。拓延战略空间。推进大王山、岳麓高新区、谷山青山等重点区域征拆，全年腾地8000亩以上，释放战略发展空间。完善基础配套。拉通长望路西延线等骨干道路6条，促推地铁6号线建成运营，服务地铁2号线西延线（二期）等省、市重大项目建设。推进城市更新。高标准推进观沙岭单元、新湘雅健康城城市更新，提质老旧小区38个，展现更加现代化、人性化的城市空间。

提升精致管理水平。彰显新城形象。从严实施户外广告、违法建设和市容秩序整治，推进高校周边等重点区域环境提质，完成湘江西岸城市照明（三期）工程，使城市更加靓丽。优化城市功能。实施施家港水系等雨污分流改造，修缮杜鹃路等道路174条，打通谷丰南路、双塘路南段等交通循环6处，使城市更加健康。加强信息管理。推动城管信息化建设和城市治理流程再造，融合城市管理数字化、网络化平台，使城市更加智慧。

擦亮生态环境底色。扎实打好蓝天保卫战。强化大气污染治理和联防联控，加强细颗粒物和臭氧协同控制，确保空气优良率达85%以上，让蓝天白云、繁星闪烁成为常态。认真打好碧水保卫战。统筹推进生态补水、湿地净化、岸线绿化，确保“一江两河”水质稳定改善，让“清水穿城过，碧波逐浪来”成为现实。统筹打好净土保卫战。推进小区垃圾分类回收，强化固体废弃物污染防治，让岳麓大地愈加整洁葱茏。

（四）着力推动乡村振兴，展示农业农村新气象

筑牢产业根基，共织美好乡梦。发展都市农业。精耕细作特色花卉、鲜蔬、果林等“五个万亩”基地，与中联重科共建智慧农业园，拓展市级以上农业示范基地创建覆盖面。推进农村改革。扶持农民专业合作社、家庭农场发展，鼓励农民开展规模经营、拓宽增收渠道，培育集体经济收入100万元以上强村25个。引育致富能手。培养本土“三农”人才，优化政策吸引外出能人返乡创业，推动机关干部入村进点投身乡村振兴。继续做好对口帮扶工作，提升龙山县洗洛镇乡村振兴成效。

改善人居环境，共建美好乡村。完善农村基础配套。新（改）建农村桥梁4座，提质村庄公路30公里，建成美丽宜居村庄40个以上。深入整治乡村环境。深化面源污染治理，完善垃圾收集转运处置体系，打造坪塘白泉村等小微水体管护示范片区，创建小型水库管理体制改革省级示范区。严实开展常态管理。全面落实长江十年禁渔，严厉打击非法采砂等违法行为，强化耕地保护，精心呵护绿心，展现“村村是美景、处处皆画卷”的迷人景色。

彰显治理实效，共塑美好乡风。以德治为引领。加强农村思想道德建设，弘扬优秀传统文化，整治陋规旧习，讲好乡村道德故事。以自治为抓手。健全“四议两公开”民主决策机制，完善党务、村务、财务“三公开”程序。以法治为保障。强化法律在化解农村社会矛盾等方面的权威地位，开展法律进村入户普法活动，让法治之光照亮乡村振兴之路。

（五）着力推动融合互动，打造对外开放新窗口

全面推动一体化。共建融

合发展基础。推进暮坪特大桥等项目建设，完成含浦大道改扩建、许广高速莲花互通建设，扩大“半小时融城圈”辐射范围。共推融合发展经济。加快融城小镇等项目建设，深化长株潭三地园区“一体三互”合作，探索产业共同体建设。共享融合发展成果。推进人社、医保等领域公共服务事项跨市跨区办理，落实长株潭区域内住房公积金互认互贷、人社公共服务一体化等便利措施。

全面激活新消费。提升消费档次。扩容洋湖、梅溪湖、市府滨江等高端商圈，提质白沙液街、梅澜坊等特色商街，高水准建设桐梓坡中央商务区。拓展消费市场。围绕群众日常生活，完善社区便利店、生鲜超市、农贸市场等便民服务设施，开拓一线消费市场。创新消费场景。加快传统百货店、购物中心向消费体验中心、文化时尚中心、产品定制中心转型，导入更多品牌首店、旗舰店，鼓励发展共享消费、网上消费。

全面提升外向度。以更开放胸怀加强对外合作。链接湖南自贸试验区长沙片区建设，打造长沙智能制造海归小镇洋湖先行区，促进湖南－非洲企业合作中心发展。以更务实举措引培优质企业。围绕产业链配套、供应链整合、价值链增值，发挥腾讯、京东等龙头企业吸聚效应，引入外贸型企业5家，培育实绩企业20家。以更积极态度融入开放格局。用国际视野推进梅溪湖二期、莲花等新开发片区建设，高标准服务保障重大国际交流活动，展示岳麓兼容并蓄、海纳百川的开放姿态。

（六）着力推动民生改善，满足美好生活新期待

强化公共服务保障。学位方面。建成谷山中学、麓山国际二小等中小学校6所，新增学位1.3万个，建成春江郦城幼儿园等配套幼儿园7家，新增园位2000个，推进教育“双减”，保障广大学子健康快乐成长。床位方面。新建银盆岭社区卫生服务中心，提质岳麓、望月湖社区卫生服务中心，新增社区医疗床位200张。整合康复、养老和护理资源，培育养老人才，完善养老体系，新增养老床位600张。车位方面。新建社区生态停车位，确保全年新增停车位2.8万个。厕位方面。深入推进厕所革命，推动农村厕所无害化改造动态清零。梯位方面。推进既有多层住宅电梯加装，全年安装电梯200台。

强化基本民生保障。着力抓好稳岗就业。加强重点人群就业服务，城镇新增就业7900人以上，失业人员再就业6000人以上。着力增强综合保障。坚持应保尽保原则，健全多层次社会保障体系，加大社保基金管理防风险力度。强化基本医疗保险、大病保险与医疗救助政策衔接，推进异地就医结算协同办理。着力加强优抚优待。深入开展双拥共建活动，加大退役军人服务保障力度，支持国防建设和军队改革，深化军民融合发展。着力关爱特殊群体。健全帮扶残疾人等社会福利制度，加强城市无障碍设施改造，彰显关爱与温情。着力开展扶危济困。用心用情做好社会救助，及时帮扶困难群众，坚决兜住民生底线。

强化安全底线保障。加强社会治安管理。深化“三社联动”，完善矛盾纠纷调处机制，纵深推进反传销、反电诈、禁毒、打击非法集资等工作。巩固提升扫黑除恶专项斗争成果。加强安全隐患整治。深入开展安全生产专项整治三年行动，推进消防安全、建筑施工、道路交通、饮食用药等领域安全隐患排查整治，扩大省级安全发展工作示范区创建成效。加强疫情常态防控。加大疫苗接种力度，提升核酸筛查能力，落实常态化防控举措，坚决守住“外防输入，内防反弹”底线。强化防疫应急能力建设，加强物资储备和人员培训，提升动员能力。

各位代表，为完成以上任务，政府必须进一步推动职能转型、效能提升，强化工作保障：提升法治水平。执行重大行政决策程序规定，确保决策制度科学、程序正当。依法接受人大及其常委会的监督，自觉接受人民政协民主监督，广泛听取人大代表、政协委员及社会各界意见，高质量办好建议提案。打造智慧政务。以数字化引领政府治理现代化，将数字技术广泛应用于政府管理服务，推动政府治理流程再造和模式优化，在互联网政务、智慧城市、数据交流与共享等方面发力，让政府服务便捷惠及岳麓居民。建设清廉政府。坚定不移落实全面从严治党要求，大力纠治“四风”，力戒形式主义、官僚主义，加大群众身边腐败问题整治力度，强化审计、统计监督，加强政府系统党风廉政建设。弘扬求真务实作风，改进工作方式方法，提升为基层、为高质量发展服务的质量和水平。

政协长沙市岳麓区第五届委员会常务委员会工作报告

——在政协长沙市岳麓区第六届委员会第一次会议上

袁精华

（2021年10月20日）

过去五年的工作回顾

过去五年，是岳麓发展极不平凡、极具挑战、极富成效的五年，也是区政协忠实履职、凝心聚力、开拓进取的五年。五年来，在中共岳麓区委的坚强领导下，区政协以习近平新时代中国特色社会主义思想为指导，深入贯彻中共十九大和十九届二中、三中、四中、五中全会精神，全面落实中央和省委、市委、区委政协工作会议精神，坚持团结和民主两大主题，紧紧围绕区委、区政府中心工作，充分发挥专门协商机构作用，认真履行政治协商、民主监督、参政议政职能，广泛凝聚共识，为全区经济社会高质量发展作出了积极贡献。

过去五年，区政协常委会认真落实中共中央和省、市、区委部署要求，突出抓好思想政治建设、协商民主建设和委员队伍建设，政协工作实现新发展、取得新成效。

*一是着力加强思想政治建设，践行“两个维护”更加有力。*坚持把思想政治建设放在首位，加强理论学习，强化政治引领，筑牢思想根基，确保人民政协事业始终沿着正确的方向前进。通过定期组织区政协党组理论学习中心组学习、主席会议集中学习、常委会议专题学习等形式，系统学习习近平新时代中国特色社会主义思想，深入学习习近平总书记关于加强和改进人民政协工作的重要思想，认真学习习近平总书记系列重要讲话，特别是习近平总书记在中央政协工作会议、庆祝中华人民共和国成立70周年大会、庆祝中国共产党成立100周年大会上的重要讲话精神和习近平总书记考察湖南重要讲话指示精神，积极引导全区各级政协组织和广大政协委员进一步树牢“四个意识”，坚定“四个自信”，坚决做到“两个维护”。五年来，共召开区政协党组理论学习中心组学习45次，党组会议、主席会议集中学习78次，举办常委会议专题讲座20次。不断深化对习近平新时代中国特色社会主义思想的学习研究，组织委员积极参与省、市政协理论征文活动，提交理论研讨成果32篇，其中《习近平总书记关于社会主义协商民主重要论述的思想内涵与实践价值》等4篇论文分别获评省政协理论研究优秀论文二等奖、三等奖。

*二是着力加强协商民主建设，专门协商机构作用充分彰显。*坚持把协商民主贯穿政协履职全过程，充分挖掘协商机构潜能，持续提升协商工作效能。完善协商机制。认真落实《岳麓区政协协商民主实施办法》，建立健全区委、区政府、区政协共同研究制定年度协商计划的工作机制，不断优化会前调研、话题讨论、活动组织、委员参与等各项环节，切实提高协商民主的制度化、规范化、程序化水平。搭建协商平台。丰富协商形式，增加协商密度，确保协商频次，真正形成以全体会议协商为龙头，以主席会议专题协商为重点，以对口协商、界别协商、提案办理协商为常态的多层次协商议政格局。突出协商重点。坚持“党政所需、群众所盼、政协所能”原则，精心选择协商议题，认真组织协商活动。五年来，围绕全区新型村级集体经济培育发展、科创经济培育发展、农村人居环境整治、长效财源建设和重

点提案办理等工作开展主席会议专题协商21次，组织指导界别协商54次。同时，不断推进协商民主与专题视察有机结合，围绕全区重大产业项目建设、岳麓山大学科技城产业发展、湘江饮用水水源地保护、岳麓高新区产业培育、公共文化建设等工作，组织开展主席会议专题视察32次，努力为推动产业项目建设、城市建设管理、公共事业发展献计出力。

三是着力加强委员队伍建设，政协工作整体水平显著提升。按照“懂政协、会协商、善议政，守纪律、讲规矩、重品行”的总体要求，教育引导广大委员为国履职、为民尽责，切实做到把事业放在心上，把责任扛在肩上。增强履职本领。建立健全委员经常性学习制度，定期编发学习资料，加强委员学习培训，着力提高委员政治把握能力、调查研究能力、联系群众能力、合作共事能力。五年来，组织216名政协委员及政协工作者赴清华大学、厦门大学、中国人民大学、深圳经理进修学院等进行研修学习，开展撰写提案和社情民意信息等履职能力培训80多场次。强化责任担当。建立委员履职档案，细化委员履职台账，完善考评激励机制，加强委员履职管理工作，委员履职的积极性和主动性进一步增强；创新开展“四个一”活动（开展一次专题调研、撰写一篇大会发言、提交一份集体提案、组织一次界别协商），政协界别工作更加活跃有序、务实有效。五年来，共评选表彰“六好”委员214人次，重点调研、理论研讨、反映社情民意信息等优秀个人124人次。提升服务保障。定期召开界别召集人、街（镇）政协联络工作负责人工作会议，组织开展年度政协工作专题调研，不断加强联系指导，切实增进联动协同，以政协专委会为主导，以政协界别、街（镇）政协联络组为基础的委员联络服务机制更加完善。不断深化“政协云”应用工作，做好“线上”“线下”结合文章，为委员履职尽责提供更加高效便捷的信息化平台。研究出台《关于加强委员工作室建设的意见》和《委员联系服务界别群众办法》，推进委员工作室标准化建设，细化委员联系服务界别群众工作台账，委员联系服务界别群众更加主动、更为经常、更有成效。五年来，共建设政协委员工作室19个，其中，咸嘉湖街道政协委员工作室被授予“湖南省示范性政协委员工作室”称号。

过去五年，区政协常委会突出抓好思想政治建设、协商民主建设、委员队伍建设的同时，忠实履行政协职能，统筹推进各项工作。

（一）深入开展重点调研。认真落实区委部署和要求，紧扣全区经济社会发展的重点难点，围绕湖南金融中心建设和全区楼宇经济发展、加强物业管理、创新社会治理、推进乡村振兴、社区干部“坐班制”转“值班制”等工作，扎实开展重点调研，先后撰写了《发挥优势，精准发力，合力推进湖南金融中心建设发展》《做强楼宇经济，助推转型升级，奋力打造区域经济新的增长点》《破解物业管理难题，提升社会治理水平》《高质量谱写社会治理创新的“岳麓篇章”》《关于社区干部“坐班制”转“值班制”工作的调研报告》《用好用足三大抓手，推动乡村全面振兴》等六篇调研报告，为区委、区政府科学决策提供了重要参考。相关调研报告连续四年获评省政协优秀调研成果一等奖。

（二）务实推进提案工作。研究制定《关于提高提案质量的实施办法》，建立健全“区委书记、区长批办重点提案”制度，持续开展优秀提案评选工作，组织开展提案公开立案日、提案工作调研月、提案质量现场交流会等活动，以打造精品提案、完善办理机制、发挥示范作用为抓手，着重抓好提案撰写质量的提升和提案办理工作的落实，提案办理工作有力度、有成效，在助力发展、服务民生、推进工作方面发挥了重要作用。本届区政协共征集提案753件，立案473件，遴选重点提案49件，评选优秀提案55件，提案交办率达100%、满意率达99.8%。

（三）加强改进民主监督。协助区委制定《关于加强和改进人民政协民主监督工作的实施意见》，推动政协民主监督有制可依、有章可循。积极探索融入式与专项式相结合的监督方式，一方面，坚持把民主监督贯穿于政协协商、视察、调研、提案等履职工作的全过程；另一方面，重点围绕老旧小区提质改造落实情况、城区生活垃圾分类推进情况、服务楼宇经济营商环境建设、民生实事工程（社会停车场、生鲜农产品市场）建设、黑臭水体治理情况等8项工作，成立专项民主监督小组，开展专项民主监督工作，务实提出批评性、建设性的意见建议共计60多条，助推了相关工作的落实和改进。探索实施“分管主席领办、相关委室督办、区直部门承办”的政协委员微建议办理机制，得到省政协《湘声报》的重点推介。

（四）积极开展参政建言。坚持把“大会发言”作为政协委员参政议政的重要平台，通过加强组织领导、正确引导、具体指导，认真组织全区政协系统和广大政协委员围绕区域经济社会发展积极建诤言、献良策。五年来，政协委员共提交大会发言材料136篇，对我区经济社会发展和民生事业改善提出了很多有质量、有分量的意见建议。召开工作推进会议，开展专题辅导培训，聘任特邀信息员，着力完善信息征集、能力提升、评价激励等机制，有效发挥了社情民意信息“直通车”作用。五年来，共反映社情民意信息490多篇，其中89篇社情民意信息分别被全国、省、市政协采用，引起了相关部门的高度重视，促进了相关问题的妥善解决。反映社情民意信息工作保持全市先进行列。

（五）持续深化主题活动。坚持把“争当‘六好’（政治把握好、履行职责好、服务发展好、促进和谐好、联系群众好、社会形象好）委员、建设美丽岳麓”主题活动作为贯穿区政协履职全过程、全方位的一项特色工作，精心组织、扎实推进、成效显著。在推进过程中，十分注重与区委、区政府中心工作相结合，与帮助解决群众实际问题相结合，组织委员“下基层、进网格、听民声、解民忧”，认真开展“助力巩固脱贫成果帮扶行动”，切实帮助群众解决了一批操心事、烦心事、揪心事。五年来，共推动解决人民群众关心的现实利益问题1100多个，举办公益慈善活动180多场次，联系帮扶困难群众800多人次，捐款捐物2000多万元。

（六）主动参与中心工作。积极参与全区疫情防控工作，第一时间发出倡议书，认真开展“听党指挥，尽职尽责，助力打赢疫情防控总体战和经济发展保卫战”活动，组织引导全区各级政协组织和广大政协委员主动参与疫情防控的大战大考。疫情防控期间，全区政协系统累计捐赠防疫物资800多万元。主动投身岳麓发展建设主战场，积极参与全区“千人帮千企百日大行动”“大干一百天、实现双过半”竞赛活动。按照区委统一安排，区政协主席会议成员深入基层一线，联系楼宇企业，服务项目建设，5名副主席参与岳麓高新区、麓山南路、人工智能科技城、白沙液街有机棚改、大科城王家湾片区、莲花物联港等12个重点项目征拆建设工作，推动和促进所联项目相关工作的顺利进行。同时，区政协主席、副主席认真落实区委网格化服务管理和信访接访工作要求，积极化解矛盾纠纷，努力解决群众问题，促进了社会大局和谐稳定。

（七）切实加强内部管理。严格按照区委统一部署，认真组织和积极参与庆祝中华人民共和国成立70周年、庆祝中国共产党成立100周年系列活动，扎实推进政协机关“两学一做”学习教育常态化、制度化，深入开展“不忘初心、牢记使命”主题教育和党史学习教育，持之以恒加强作风建设，政协机关党内政治生活更加严肃规范，党风廉政建设不断加强。严格落实意识形态工作责任制，不断加强意识形态阵地管理，牢牢守住意识形态安全底线。切实抓好省委巡视整改工作，积极配合区委巡察组对区政协机关的巡察工作。积极参与市政协庆祝人民政协成立70周年系列活动，组织承办长沙市第三届“同心杯”篮球赛。以一流标准、一流作风、一流服务，积极创建市级文明单位，不断深化以“和谐、凝聚、向上”为核心内容的政协文化建设，政协机关的凝聚力和组织力进一步增强，真正把政协机关打造成为“委员之家”“各界人士之家”。

回顾五年来的工作，我们也清醒地认识到，政协工作中还存在一些需要加强和改进的地方。如，界别工作发展不够平衡；双向发力的工作机制还需进一步完善；委员工作室的建设力度还需进一步加大等。我们真诚希望，广大政协委员对常委会工作提出批评和建议，以利于共同把我区政协的各项工作做得更好。

五年工作的主要体会

五年来的政协工作，我们坚持在继承中创新，在巩固中提升。五年来的履职实践，我们对做好新时代的政协工作有了更加深刻的认识。

（一）必须毫不动摇坚持党的领导。中国共产党的领导是中国特色社会主义最本质的特征，是人民政协事业发展进步的根本保证。五年来，区委切实加强对区政协工作的全面领导，组织召开区委政协工作会议，专题听取区政协党组工作汇报，及时研究政协重点工作，统筹解决政协困难和问题，制定实施加强政协党的建设、协商民主建设、民主监督工作等重要文件，为全区政协事业健康发展提供了坚强保证。五年来，区政协自觉坚持在区委的集中统一领导下开展工作，不断完善政协工作与党政工作衔接机制，坚决做到与区委同心同德、同心同向、同心同行。实践使我们深切体会到，只有毫不动摇坚持中国共产党的领导，始终按照区委的部署和要求履行职能，才能确保政协事业沿着正确的政治方向笃定前行。

（二）必须坚定不移服务中心大局。围绕中心、服务大局，是人民政协履职尽责的基本遵循。五年来，我们紧紧围绕中心大局，忠诚履行政协职能，始终做到党政工作推进到哪里，政协履职就跟进到哪里，政协力量就汇聚到哪里。通过组织重点调研、专题协商、专项视察、大会发言等多种履职方式，积极为全区经济社会高质量发展汇聚智慧；通过引导政协委员主动参与疫情防控、项目建设、产业发展、城市管理、环境整治等工作，直接为岳麓经济社会持续健康发展贡献力量。实践使我们深切体会到，只有把政协工作摆到全局工作中去思考、去谋划、去推进，一切从大局出发，一切以大局为重，才能更好地把握工作重点，彰显政协价值。

（三）必须矢志不渝践行履职为民。人民政协来自人民，履职为民是人民政协的价值追求。五年来，我们把不断满足人民对美好生活的需要、促进民生改善作为重要着力点，及时提交微建议，积极反映社情民意，扎实开展专项监督，为加快解决群众所急所需所盼持续发力，真正做到人民政协为人民。实践使我们深切体会到，只有矢志坚守履职为民，才能更好赢得人民群众的认同和信赖，才能最大限度调动一切积极因素，团结一切可以团结的力量，汇聚起全面建设社会主义现代化新岳麓的磅礴力量。

（四）必须始终如一发挥委员作用。政协委员是政协工作的主体。发挥政协委员主体作用，是做好政协工作的重要基础。五年来，我们以开展“六好”委员主题活动为抓手，着力加强委员学习培训、建立健全工作机制、搭建创新履职平台，在政治上尊重委员、在工作上支持委员、在履职上服务委员、在生活上关心委员，营造民主平等、理性包容、生动活泼的履职氛围，最大限度地发挥委员的积极性、主动性、创造性，充分激发政协工作的源头活水。实践使我们深切体会到，只有重视委员主体性，切实发挥委员在本职工作中的带头作用、在政协工作中的主体作用和界别群众中的代表作用，才能切实担负起时代和人民赋予的崇高使命。

（五）必须持续不断推动工作创新。坚持在继承中发展、在发展中创新，这是推动政协事业持续发展的不竭动力。五年来，我们着眼于形势任务的新发展、新变化，积极探索政协履职尽责的新途径、新办法，在加强政协党的建设、改进民主监督方式、彰显界别工作特点、搭建委员履职载体、加强委员履职管理、联系服务界别群众等方面推出了一系列创新举措，政协履职更有作为，政协声音更加响亮，政协形象更加鲜明。实践使我们深切体会到，只有紧扣时代脉搏，紧跟发展潮流，大胆探索、勇于实践，政协工作才能更好体现时代特征、彰显自身特色，政协事业才能永葆蓬勃生机和旺盛活力。

今后五年的工作建议

新征程扬帆起航，新使命催人奋进。未来五年，是岳麓乘势而上开启全面建设社会主义现代化新征程的关键时期，做好政协工作使命光荣、意义重大。新一届区政协要高举中国特色社会主义伟大旗帜，坚持以习近平新时代中国特色社会主义思想为指导，全面贯彻中共十九大和十九届二中、三中、四中、五中全会精神，深入贯彻习近平总书记关于湖南工作系列重要讲话指示精神，在中共岳麓区委的坚强领导下，围绕区第六次党代会各项决策部署，坚持发扬民主和增进团结有效贯通、建言资政和凝聚共识双向发力，更好发挥专门协商机构作用，大力践行省委“三高四新”重大战略，奋勇担当“一打造三当好”时代使命，为矢志推进“五城同建”，全面建设社会主义现代化新岳麓贡献更多智慧、汇聚更大力量。

（一）提高政治站位，在夯实共同思想政治基础上迈出新步伐。人民政协是中国共产党领导的政治共同体，必须旗帜鲜明讲政治，不断提高政治判断力、政治领悟力、政治执行力，更好发挥“重要阵地”“重要平台”“重要渠道”作用。始终把坚持党的全面领导作为根本政治原则，始终把加强党的领导贯穿于政协工作全过程，落实到开展履职活动、推进团结合作、加强队伍建设等各环节、各方面。始终把学习贯彻习近平新时代中国特色社会主义思想作为重中之重，建立健全制度化、常态化学习机制，发挥政协党组、主席会议、常委会示范带动作用，统筹运用集中学习、专题辅导、交流座谈等形式，开展党的创新理论学习，切实推动各党派团体和各族各界人士实现思想上的共同进步，不断夯实坚定不移跟党走、携手奋进新征程的思想政治根基。要切实发挥区政协党组把方向、管大局、保落实的领导核心作用，切实担负起把党的决策部署落实下去、把各方面智慧力量凝聚起来的政治责任，努力把党的主张和重大决策转化为广大政协委员的思想共识和行动自觉。

（二）聚焦主责主业，在助推建设现代化新岳麓上展现新担当。不断加强专门协商机构建设，以浓厚的协商氛围、生动的协商实践、扎实的协商成果，充分彰显“中国式民主”的独特魅力。要按照区第六次党代会的工作目标和发展方向，紧扣中心工作任务，瞄准抓重点、补短板、强弱项，选择综合性、战略性、前瞻性议题，广泛协商议政、积极建言资政。紧紧围绕打造科技创新高地的高峰、当好推进长株潭一体化的先行军、当好独具魅力山水洲城的展示区、当好文旅高质量融合发展的新样板的光荣使命，始终把矢志推进创新名城、产业强城、开放新城、生态靓城、和谐美城“五城同建”作为工作主线，重点聚焦实施创新驱动战略、加快产业项目建设、全面推进乡村振兴等深入调查研究，多建睿智之言、多献务实之策、多出推动之力。进一步完善协商议政成果的采纳、落实、反馈机制，努力推动协商议政成果有效转化为区委、区政府的重要决策和工作举措，切实为助力岳麓经济社会高质量发展贡献智慧和力量。

（三）恪守为民情怀，在助力持续增进民生福祉上作出新贡献。牢固树立以人民为中心的发展思想，努力为促进共同富裕、增进民生福祉倾情奉献政协力量。聚焦教育医疗、就业养老、食品安全、环境保护、社会治理等人民群众普遍关心关注的热点难点问题，重点围绕“学位、床位、车位、厕位、梯位”等群众“急难愁盼”问题，扎实开展民主监督，协助党和政府落实民生政策，破解民生难题，持续增进民生福祉。结合区委网格化服务管理工作，组织委员深入群众、深入基层，真诚倾听群众意见，积极反映群众意愿，扎实做好反映社情民意信息工作，切实帮助群众排忧解难，让人民群众深切感受到政协组织就在身边、政协委员就在眼前。发挥政协委员资源优势和专业特长，积极组织委员开展扶贫济困、捐资助学等公益活动，真心实意为困难群体做好事、办实事，努力提高广大人民群众的幸福感和满意度。

（四）广泛凝聚共识，在汇聚改革发展强大合力上彰显新作为。人心是最大的政治，共识是奋进的动力。凝聚共识是新时代赋予人民政协的重要职能。研究制定加强和促进凝聚共识工作的实施意见，切实把凝聚共识融入视察考察、调查研究、协商议政等各项履职活动之中。充分发挥政协组织的统战功能，坚持大团结大联合，积极搭建平台，不断改进服务，大力支持各民主党派、工商联、无党派和新的社会阶层人士参与政协履职活动，努力寻求最大公约数，画出最大同心圆。用好政协云、门户网站等新媒体矩阵，传播政协声音，讲好岳麓故事，广泛汇聚正能量。鼓励和支持政协委员“从界别群众中来、到界别群众中去”，协助党委、政府做好解疑释惑、协调关系、理顺情绪、化解矛盾、凝聚人心的工作，努力为“奋斗‘十四五’、奋进新征程”汇聚更多同行者、形成更大向心力。

（五）强化质量导向，在推动政协工作提质增效上实现新突破。提高工作质量是新时代党和国家事业发展的重要要求，也是加强和改进人民政协工作的迫切需要。要坚持把质量导向放在更加突出位置，以改革思维、创新理念、务实举措大力推进履职能力建设，奋力书写新时代高质量履职的政协答卷。加强委员学习培训，强化委员服务管理，严格委员纪律约束，引导广大委员珍惜委员荣誉和政治身份，努力在本职岗位中创造佳绩、在政协工作中展现风采、在界别群众中示范引领，切实当好人民政协制度参与者、实践者、推动者。加强和改进专门委员会建设，创新发挥界别作用的方法途径，充分凸显政协界别特色优势。加大线上线下委员工作室的建设力度，着力打造信息化履职平台，不断提升政协履职能力现代化水平。驰而不息改进机关作风，坚决克服形式主义、官僚主义，切实提高政协机关统筹协调和服务保障能力。

大事记

1月

8 日　张家界市中级人民法院副院长伍少杰率张家界市两级法院立案庭负责人一行 16 人到岳麓区人民法院考察交流一站式多元解纷及诉讼服务体系建设工作。

15 日　湖南省民宗委党组副书记、副主任赵仁秀率队到梅溪湖街道阳明山庄社区观摩学习交流民族团结进步创建工作。

20 日　岳麓区金融事务中心、观沙岭街道办事处在楷林国际开展防范和打击非法集资商业楼宇专项宣传，普及公众金融知识，增强群众自我保护意识。

2月

1 日　长沙市副市长刘明理带队到岳麓区梅溪湖街道润龙社区对疫情防控工作进行实地督导检查。

23 日　长沙市工信局副局长肖逸带队到岳麓区湘江基金小镇调研，召开“聚基金、兴产业、强省会”产业链办与基金机构交流会，与长投控股、湘投新兴产业基金、财信产业基金等 13 家湘江基金小镇入驻基金机构座谈交流。

25 日　召开 2021 年税务工作会议，以习近平新时代中国特色社会主义思想为指导，全面贯彻落实党的十九届五中全会，省、市税务工作会议和区委经济工作会议精神，总结 2020 年和“十三五”税收工作，研究新发展阶段税收现代化建设思路，部署 2021 年工作任务。

26 日　岳麓召开公安工作会议，贯彻落实省、市公安工作会议精神，回顾 2020 年工作，分析当前形势，研究部署 2021 年工作任务。区委书记周志凯到会并讲话。

是日　岳麓区召开“集中治理重复信访、化解信访积案专项工作”暨全国“两会”信访维稳特护期工作调度会。区委副书记、区长周凡主持会议，区委书记周志凯出席会议并讲话。会议传达中央及省市相关会议精神，通报全区信访工作情况，并就集中治理重复信访、化解信访积案专项工作等作了具体安排部署。

3月

1 日　湘江新区、岳麓区联合举行重大项目集中开工仪式。新湘雅健康城大河西中央商务区、绿地国际智创城、舍弗勒、中大检测等 26 个重大项目集中开工，总投资 216.25 亿元。

5 日　共青团岳麓区委、区委党校、区教育局共同主办的“传承红色基因　讲好红色故事——小小讲解员”授聘仪式在橘子洲举行，来自岳麓区各小学的 50 名小学生获聘成为景区“小小讲解员”。

9 日　岳麓区副区长张永久带队实地调研住房租赁试点项目，先后走访“梦想营地”、“城发集团洋湖景园星家公寓”以及“顶鼎分散式存量住房”等项目，听取项目负责人详细的情况介绍，对岳麓区租赁试点工作作重要讲话。

10 日　岳麓区司法局召开队伍教育整顿动员部署会。会上，区司法局党组成员、政工室主任倪伟解读《岳麓区司法局关于开展队伍教育整顿的实施方案》。

18 日　湖北省委书记应勇、省长王晓东率湖北党政代表团一行 70 多人到岳麓区调研 58 小镇，考察“前行科创”和“天鹅到家”总部。湖南省委副书记乌兰，省委常委、常务副省长谢建辉，湖南省委常委、省委秘书长张剑飞，湖南省委常委、长沙市委书记吴桂英，长沙市市长郑建新等领导陪同考察。

23 日　湖南省委常委、长沙市委书记吴桂英到岳麓区公共法律服务中心调研。吴桂英强调，要创新实干，强化岳麓担当，提升凝聚力、战斗力和执行力。

25 日　岳麓山大学科技城“红枫计划”暨“麓山杯”创新创业大赛长株潭三地同步首场路演分别在长沙、株洲、湘潭三地赛区同时举行。省教育厅党组副书记、副厅长王瑰曙在中南大学出席长沙赛区活动，通过三地连线方式宣布路演活动正式开启。中南大学党委常委、副校长陈翔，长沙市人民政府副市长刘明理，湖南湘江新区党工委委员、管委会副主任朱春光出席活动。

26日　岳麓区梅溪湖街道组织街道全体党员、各社区书记到岳麓书院、橘子洲头开展党史学习教育。

28日　红色之旅百团首发式暨2021长株潭红色，文旅年启动式在橘子洲景区举行。

29日　区政协党组理论学习中心组进行党史学习教育第一专题学习，围绕湖南省委书记许达哲关于《学习党的光辉历史　汲取砥砺奋进力量》的讲话开展深入学习与研讨。区政协机关全体中共党员参加，区委党史学习教育第二指导组组长戴铁华参会指导。区政协党组成员、副主席刘平主持学习并讲话。

30日　最高人民法院院长、党组书记周强一行参观橘子洲景区，湖南省委常委、省委秘书长张剑飞，橘子洲景区管理处主任彭浩参与接待。

是日　长沙湘雅路过江通道工程项目现场举行“星盛号”盾构机始发仪式。湖南省委常委、长沙市委书记吴桂英宣布湘雅路过江通道盾构机始发，标志着由长沙城发集团投资、中铁十四局集团承建的湘雅路过江通道工程，正式开启湘江“穿越”。

4月

1日　长沙市政协副主席石长松，长沙市残联理事长刘增三，岳麓区政协主席袁精华等到开音儿童教育中心调研，关心慰问唐氏宝宝和康复教师。

7日　岳麓区税务局围绕解决党员教育中的“中枢梗”，坚持在实践中探索，在探索中思考，组织开展“就认这个理”微党课竞赛。

8日　公安部副部长、国家移民管理局党组书记、局长许甘露到岳麓区督导调研打击跨境违法犯罪工作。湖南省副省长、省公安厅厅长许显辉，省公安厅常务副厅长周赛保、副厅长汤向荣等陪同，并到岳麓区派出所实地调研外籍人士管理工作。

12日　省委常委、市委书记吴桂英率队到岳麓区调研督导中央第六生态环境保护督察组交办信访事项及全市突出生态环境问题整改工作，现场调研长沙绕城调整梅溪湖隧道交通噪声扰民问题。

13日　中央组织部老干部局副局长赵胜利到岳麓区咸嘉湖街道咸嘉新村社区调研离退休干部党建工作情况及“五老四教”主题活动开展情况。区委书记周志凯陪同调研。

14日　全国总工会党组书记、副主席、书记处第一书记陈刚调研岳麓区并慰问观沙岭街道、望岳街道等地困难职工代表。区委书记周志凯参加慰问。

15日　长沙市政协与岳麓区政协在岳麓区雨敞坪镇金马生态园联合开展“优化提升义务植树行动，助力乡村振兴”活动。市政协副秘书长王文华率市政协机关干部60余人，区政协主席袁精华率主席会议成员、部分政协委员和机关干部等30余人参加此次义务植树活动。

16日　岳麓区税务局联合相关部门举行第30个全国税收宣传月暨岳麓税收志愿者授旗仪式。湘江新区财政局、岳麓区发改局、岳麓区财政局、湖南工商大学会计学院、望岳街道办事处有关领导，“相税行”湖南税收志愿者服务团长沙岳麓分团志愿者共90余人参加仪式，大会为志愿者服务团授旗，为湖南工商大学会计学院授牌，为志愿者代表颁发聘书。

是日　山西省大同市政协党组副书记、副主席任建刚一行11人，到岳麓区咸嘉湖街道政协委员工作室调研考察。长沙市政协、岳麓区政协相关负责人陪同考察。

20日　长沙市政府与中南大学、湖南大学、湖南师范大学签署实施“三高四新”战略框架合作协议，开启市校合作新篇章，在成果转化、技术攻关、平台建设、人才培养等7个方面开展长期务实合作。省委常委、市委书记吴桂英，中南大学校长田红旗、湖南大学校长段献忠，湖南师范大学校长刘起军见证签约。

23日　在长沙市岳麓区橘子洲沙滩公园附近的码头，岳麓区人民法院联合区人民检察院、长沙市农业综合行政执法局、长沙市公安局岳麓分局以及长沙绿色潇湘环保科普中心等单位开展增殖放流活动，现场执行一起非法捕捞水产品刑事附带民事公益诉讼案，向湘江水域投放鱼苗约10000尾。此次增殖放流活动以“贯彻《长江保护法》，守护美丽湘江水”为主题。

25日　江西省政协副主席谢茹率队到岳麓区湘江基金小

镇调研。湖南省政协港澳台侨和外事委员会主任王玉立，湖南湘江新区党工委委员、管委会副主任罗社辉陪同。

28日　岳麓区人大常委会主任胡杰夫带队检查梅溪湖街道安全生产、调研督导基层社会治理工作。

29日　湖南省政协党组成员、副主席郴民率调研组到岳麓区，就“做好城市社区民族工作，促进各民族交往交流交融”课题开展调研。

是日　在中国共产党成立100周年之际，长沙各大高校千名学子在橘子洲头毛泽东青年艺术雕塑广场举行集体入党宣誓仪式。

5月

6日　湖南省委常委、省委组织部部长王成一行到岳麓区“前行科创”总部前行58小镇考察，实地了解非公经济党建、党员发展、企业经营情况。他强调扎实推进两新组织党建“标杆引领”计划，把两新组织党建特别是新业态、新群体党建工作放在城市基层党建“大盘子”里抓紧抓好，提高两新组织“两个覆盖”质量。

9日　庆祝中国共产党成立100周年“传承红色基因　践行三高四新”2021年长株潭城市群大型体育赛事系列活动启动仪式暨战马2021湘江马拉松赛长沙站在长沙橘子洲景区举行，8000余人参赛。

11日　省委组织部副部长、老干部局局长龚健一行8人到岳麓区梅溪湖街道金茂社区调研城市社区离退休干部党建工作，参观党群服务站和“老党员之家”，详细了解社区基本情况、活动阵地使用情况、文体活动开展情况以及老党员发挥作用情况。

12—14日，团中央书记处第一书记贺军科到岳麓区新民小学少先队实践教育基地、学堂坡社区调研视察。

14日　岳麓区委书记周志凯带队检查全区防汛工作，先后到咸嘉湖街道咸嘉湖路管网堵点、桔子洲街道罗家湖泵站、坪塘街道潇湘大道三段（巴溪大道——湘潭九华分界）防洪工程、学士街道东山湾堤路结合工程等项目现场检查。

19日　区委书记、区委党史学习教育领导小组组长周志凯率区委理论学习中心组成员赴天顶街道古塘湾党支部和肖劲光故居开展第六次集中学习暨党史学习教育第三次专题学习。

20日　岳麓区委副书记、区长、区防汛抗灾指挥部指挥长周凡组织召开防汛抗灾工作调度会议。安排部署全区防汛抗灾工作。

21日　湘潭市雨湖区民政局党组书记、局长周伟波一行，到咸嘉湖街道白鹤咀社区沁园春御院居家养老服务中心和党群服务中心，考察社区养老、社区治理及社会救助改革工作开展情况。岳麓区民政局党组书记、局长李思远等相关负责人陪同。

是日　长沙市岳麓区人民法院召开执行兑现大会，向11起执行案件的申请执行人共计发放1600余万元的执行款。

22日　岳麓区委副书记、区长周凡率队督查全区防汛工作，先后检查湘江、靳江、龙王港堤防防守，城区防涝排渍及莲花、坪塘等街镇地质灾害防治工作。

24日　岳麓区委书记周志凯带队督查全区防汛工作。先后到靳江河含蒲街道花塘垸九江闸段、长韶娄高速辅道莲花镇五丰段地质灾害治理点、雨敞坪镇八曲河治理工程等地检查。

25日　岳麓区人大常委会主任胡杰夫率队视察全区防汛工作。先后到罗家湖泵站、区防汛物资仓库、鹅洲、潇湘大道三段防洪工程、学士泵站等现场检查。

28日　岳麓区举行金融宣讲十佳志愿者颁奖暨防范和打击非法集资宣传月活动。

31日　岳麓区组织召开创建国家食品安全示范城市暨食品安全协管员培训会。17个街（镇）食安办主任、食安专干，170个社区（村）食品安全协管员，部分食安委成员单位联络员，岳麓区市场监督管理局相关班子成员等人参加培训会。

是日　岳麓区在梅溪湖石塘水库组织开展2021年防汛抢险和地灾救援综合应急演练。市区相关领导，区防汛抗灾指挥部相关成员单位、街镇负责人、全区水库巡查责任人参加现场观摩。

6月

1日　湖南省高院党组书记、院长田立文一行到长沙市岳麓区人民法院莲花人民法庭调研指导党史学习教育和队伍教育整顿工作，看望慰问干警。

长沙中院党组书记、院长肖新平参加调研。

2 日　海南省政协副主席、民建海南省委员会主委蒙晓美带领政协考察团一行到岳麓山考察调研委员工作室建设工作。湖南省政协提案委员会副主任聂爱萍，长沙市政协提案委员会主任袁治伟、副主任刘立红，岳麓区政协副主席曾高杰和委员学习联络委负责人陪同考察。

2—3 日，最高人民法院党组成员、副院长贺小荣到长沙市岳麓区人民法院莲花人民法庭调研人民法庭工作。

3 日　长沙市岳麓区联合湘潭市雨湖区举办第一期国家技术转移专业人才（技术经纪人）培训班。

17 日　区园林中心邀请湖南农业大学风景园林与艺术设计学院教授吴铁明对 170 干部职工和园林绿化维护一线工人代表开展专业技能培训。

是日　区政协机关党员干部到秋收起义文家市会师纪念馆开展党史学习教育第四专题（党史力行）暨“凝心聚力　牢记使命”主题党日活动，重温红色记忆，领略伟人风采，感受力行力量。

21 日　岳麓区统一战线“同心向党　众星拱月”文艺会演举行。

23 日　岳麓区食品安全周启动仪式在步步高广场举行。岳麓街道 20 名食品安全志愿者及步步高商业连锁股份有限公司长沙梅溪湖分店等 11 家经营户代表上台宣读承诺书，表达切实保障广大消费者“舌尖上的安全”的坚定决心。

28 日　长沙市委副书记、市长、湖南湘江新区党工委书记郑建新到岳麓区走访慰问老党员，向他们表达节日的问候，区委书记周凡陪同。

7月

7 日　区政协召开理论学习中心组（扩大）会议，专题学习习近平总书记在庆祝中国共产党成立 100 周年大会上的重要讲话精神开展专题研讨。

14—16 日，由国家网信办、国家发改委、商务部、市场监管总局、省人民政府指导，中网联、省网信办、省人民政府主办，央视网、湖南卫视、市网信办等承办的“2021 中国网络诚信大会”在岳麓区梅溪湖大剧院召开。

16 日　2021 中国网络诚信大会“实事求是精神与网络诚信建设”论坛在长沙市岳麓山大学科技城科创港举办。此次论坛以“实事求是精神与网络诚信建设”为主题，邀请政府主管部门、互联网企业、媒体、高校的领导嘉宾、专家学者，为互联网语境下的诚信文化建设献策，共同探讨实事求是精神与网络诚信建设的互促互进、融合发展。

28 日　湖南省司法厅组织全省各市、州司法局相关人员一行 100 余人到岳麓山大科城公共法律服务中心开展考察调研。

是日　区司法局联合湖南工商大学设计与艺术学院、法学院，在学士街道联丰村、雨敞坪镇泉水湖村、坪塘街道莲花山村开展以“区校共建助力乡村振兴暨法治文化阵地建设及全域旅游作品设计创作活动”为主题的实地调研。

29 日　湖南省人大代表、岳麓区坪塘街道红桥村党总支书记、村委会主任曾志高受邀到长沙市岳麓区人民法院第十四届审判庭旁听一起建设工程施工合同纠纷案，并现场填写《人大代表旁听庭审评议表》，对庭审情况进行评价打分。

是日　岳麓区税务局成立全市首个“线上业务”集中处理中心，及时受理和快速办理纳税人缴费人通过湖南省电子税务局、自然人电子税务局、湖南税务社保费网上缴费系统以及全省企业开办的“一网通办”平台等线上办税渠道申请办理的业务，让广大纳税人缴费人随时随地便捷办税缴费。

8月

6 日　省委常委、长沙市委书记吴桂英到桔子洲头检查疫情防控工作。

10 日　岳麓区人大常委会党组书记、主任胡杰夫率队到梅溪湖街道社区督导检查疫情防控工作。胡杰夫一行首先到金茂社区检查小区门口消杀毒记录、出入登记册等资料，随后，到桃岭社区万科梅溪郡小区检查防疫工作，听取工作人员汇报防疫工作情况，对各项防疫措施进行督导检查，对小区内的自助式生鲜售卖机表示肯定。

27 日　常德市武陵区人民法院党组成员、副院长谢玉鸣，政治部主任黄应文一行 12 人到长沙市岳麓区人民法院考察交流一站式建设、信息化建设、新闻宣传信息等工作。

30 日　衡阳市住房保障服务中心副主任梁建一行 5 人到

岳麓区考察学习公共租赁住房工作。长沙市住建局、岳麓区住保中心相关负责人陪同考察。

9月

10日　岳麓区举行庆祝第37个教师节暨教育工作大会。260名师德标兵、优秀班主任、教学能手、优秀农村教师、校园安全卫士、优秀民办教育工作者、“四有”好老师，78名尊师重教先进个人，10家尊师重教先进单位受到表彰奖励。区委书记周凡，长沙市教育局党委委员、副局长缪雅琴出席大会。区委副书记、代区长蔡锋主持会议。

14日　省委副书记、省长毛伟明到岳麓山大学科技城和湘江新区调研，实地走访街道后湖、大学科创港、桃子湖双创街等。

是日　岳麓区委党校正式搬迁至新址办公。

22日　橘子洲毛泽东青年艺术雕塑全国爱国主义教育示范基地揭牌仪式在橘子洲景区管理处举行，省、市相关部门领导出席并为基地揭牌。

10月

8日　《人民日报》专题报道岳麓区莲花镇莲花山村乡村振兴的典型案例。莲花山村以城乡融合为契机，深入推进乡村振兴战略，因地制宜，发展特色产业，提升人居环境，村容村貌焕然一新，村民获得感、幸福感节节攀升。

11日　由岳麓区委、区政府主办的“璀璨星潮　夜炫岳麓”2021岳麓艺术生活节　洋湖之夜主题活动在龙湖天街广场举办。该场活动作为“艺享花开　潮兴岳麓”2021岳麓艺术生活节的重要内容之一，现场为市民解锁不一样的艺术岳麓。

13日　岳麓区税务局在全区范围实现“全业务无差别通办”，是落实深化税收征管改革的重要举措之一，在聚力区内企业发展提速提质的同时，为群众办税缴费减轻负担。

14—28日　岳麓区食品安全委员会办公室、共青团岳麓区委员会、区校合作事务中心、岳麓区市场监督管理局联合举办“共创食安长沙”岳麓区校园短视频创意大赛，营造人人有责、人人参与、人人共享的食品安全氛围。

21日　湖南师范大学MPA教育中心教学实践基地在咸嘉新村社区正式挂牌，旨在进一步巩固区校共建成果，搭建大学生参与网格挂职锻炼平台，丰富学生社会实践经历，推动服务、管理、资源、力量向网格集聚，构建街道、社区与高校互利共赢良好局面。

25日　区委书记周凡以“四不两直”方式，深入渔人码头、滨江金融社区核酸检测点、阳光100社区、惟泽园小区、区公共卫生服务中收，实地督导疫情防控工作。

11月

9日　区政协党组开展理论学习中心组（扩大）学习暨区政协机关党支部“弘扬党史文化　传承红色基因”主题党日活动。

16日　“万山红遍　枫韵岳麓”第十五届中国（长沙）麓山红枫节开幕式暨“追寻伟人足迹　探访红色山峰”中国红色名山故事会在岳麓山爱晚亭举行。活动齐聚香山、栖霞山、天平山、井冈山、韶山、岳麓山等名山，通过情景剧、音诗画、朗诵等形式让红色精神通过文化旅游纽带和创新传播方式散发出独特魅力，超过30万网友在线点赞。

18日　经过专家组现场评估、研讨、审核，辖区内38株枫香、2株栓皮栎、2株细叶青冈等60株80—99年的树木被确认为古树后备资源，岳麓区古树名木喜添“新丁”。

30日　省委常委、市委书记吴桂英在岳麓区宣讲党的十九届六中全会、省第十二次党代会精神，调研经济社会发展情况。强调要把学习宣传贯彻省第十二次党代会精神与贯彻落实党的十九届六中全会精神结合起来，学思践悟、融会贯通，保持定力、奋力攻坚，为落实强省会战略、推动高质量发展和现代化新长沙建设贡献岳麓智慧和力量。

是日　岳麓公安分局组织“传承红色基因、铸牢忠诚警魂”主题演讲比赛，旨在深入贯彻学习党的十九届六中全会精神，回顾党的百年光辉历程，引导民（辅）警学深学透党史、践行践诺誓言，坚定理想信念，在奋发有为中践行初心使命。经过激烈的角逐，含蒲派出所民警李倩获一等奖。

12月

2日　岳麓区人民法院驻湖

南金融中心金融巡回法庭（诉源治理工作站）在湘江基金小镇揭牌，开启湖南金融中心金融案件高质量审判、金融纠纷源头治理的新篇章。

8日　长沙市“二化三中心”建设工作推进会在岳麓区召开，就市域社会治理现代化试点工作进行调度，推进“二化三中心”建设。市委常委、市委政法委书记张敏出席会议并讲话。岳麓区委书记周凡致欢迎词。相关市直部门、各区县（市）、高新区分管领导参加。会上，观看岳麓区“二化三中心”建设工作视频及演示项目，市数据资源局、市应急管理局、天心区、岳麓区、浏阳市等相关负责人先后作交流发言。

14日　由岳麓区残疾人联合会主办长沙市上善助残服务中心承办的“同心向党，全民运动”岳麓区残联2021年国际残疾人日主题活动在长沙金麓郁锦香酒店举行，岳麓区各街道残联理事长及代表、协会代表、助残机构代表共同参与。比赛分为20个小组，秉着友谊第一比赛第二的宗旨，相互加油鼓劲。通过此次运动会，培养残障人士团队合作、沟通协调能力，展示残疾人努力拼搏、奋发向上、突破自我的顽强精神，营造理解、尊重、关心、帮助残疾人的良好氛围。

16日　岳麓区“扶残助残，爱在岳麓”党建助残暨爱心分享会在长沙市上善助残服务中心举行，5名残疾人向与会人员分享在党和政府关怀下实现蜕变的人生经历。岳麓区相关单位介绍党建助残工作情况，湖南师范大学学雷锋志愿者代表宣读《党员积极投身志愿服务倡议书》，共同打造“党建+助残”品牌。

20日　由中央网信办网络新闻信息传播局指导、湖南省委网信办等单位主办、长沙市委网信办承办的“共舞长江经济带　探源千年文脉”主题活动走进岳麓区，人民网、新华网、中国日报网、中国新闻网、红网等20余家中央、省、市网络主流媒体到谢子龙影像艺术馆、后湖艺术馆、后湖艺术园、岳麓书社集中采访，聚焦报道岳麓文化历史底蕴和文化产业发展。

22日　岳麓区举行“卓越企业家”表彰暨民营经济统战工作和民营经济高质量发展大会，表彰30位“卓越企业家”。

25日　长沙市统计局党组书记、局长张学峰率市统计局班子成员及各区县（市）统计局、高新区统计事务中心主要负责人到岳麓区，现场观摩桔子洲街道统计站规范化建设情况并召开交流座谈会。

是日　中国少年先锋队岳麓区第一次代表大会召开，团市委副书记金甜出席，岳麓区人民政府副区长李群素主持会议，岳麓区少先队员、少先队辅导员和少年儿童工作者等代表参加会议。大会审议并通过工作报告，选举产生岳麓区第一届少先队工作委员会。

28日　区检察院与岳麓公安分局、高新区分局侦查监督与协作配合办公室相继成立。在两个公安分局分别设立侦查监督与协作配合办公室，加强侦查监督与协作配合的组织协调、监督协作、督促落实和咨询指导等。

30日　最高人民检察院新闻办、中央广播电视总台《今日说法》、湖南省人民检察院和长沙市人民检察院、岳麓区检察院、长沙县检察院联合开展第69次“走近一线检察官”直播活动，以《检察助力打造世界级工程机械产业集群》为题，近距离感受长沙先进制造业的活力和发展前景。

31日　由长沙市住房和城乡建设局牵头，岳麓区住房和城乡建设局组织实施，联合长沙市中等城乡建设职业技术学校共同举行的2021年农村建筑工匠培训会开班，集中培训学习房屋建设、管理等专业知识，切实提高乡村建筑工匠技术水平和职业素养，保障村镇建设工程质量安全。岳麓区100余名农村建筑工匠参加培训。

区情概览

建置区划

【建置沿革】岳麓区境域，春秋时期属楚地。秦朝属长沙郡。自两汉至民国初期分属长沙、荆州、潭州等地域。民国23年（1934年）设区，民国26年（1937年）撤区设太平、黄兴两镇。民国33年（1944年）撤镇改区。1949年10月成立城西区人民区公所，1951年9月撤区公所设西区人民政府。1956年水上区并入西区。1975年原岳麓区并入西区。1996年撤西区设岳麓区。2008年原望城县坪塘镇、含浦镇、莲花镇、雨敞坪镇划归岳麓区。

【行政区划】2021年，岳麓区辖岳麓、橘子洲、望月湖、银盆岭、观沙岭、西湖、望城坡、望岳、咸嘉湖、梅溪湖、天顶、坪塘、洋湖、学士、含浦15个街道办事处，莲花、雨敞坪2个镇，共17个乡级政区；有120个社区居民委员会、49个村民委员会（不含二三管区）。

自然地理

【区域位置】岳麓区因境内国家AAAAA级旅游景区岳麓山而得名，位于长沙市湘江西滨，北纬27°58′30″~28°27′65″、东经12°36′17″~112°57′21″。东与长沙市开福区、天心区隔湘江相望，南与湘潭县九华乡、龟头镇相连，西与宁乡市道林镇、花明楼镇、夏铎铺镇相接，北与望城区白箬铺镇、黄金镇、星城街道毗邻。辖区东西最大直线距离35.3千米，南北最大直线距离33.5千米，总面积558平方千米，其中陆地480.9平方千米，占86.2%；水域77.1平方千米，占13.8%。区政府位于金星北路一段517号。

【地形地貌】境内大部分为岗地丘陵区，地势略为西高东低、南高北低，地面高程一般在海拔60~80米，最高点位于雨敞坪镇稽家山，海拔474.9米，最低点位于洋湖街道洋湖垸，海拔21.6米。

【自然资源】境内已探明的地下矿藏资源有灰岩、花岗岩、硅石、磷矿石、玻璃砂、石英岩、砂岩、黏土、铁矿石、锰矿石、煤，主要分布在含浦街道、学士街道、坪塘街道及莲花镇、雨敞坪镇。境内森林植被主要为常绿阔叶混交林、针叶林，主要树种为马尾松、杉木、湿地松、樟树、栎类等；经济林木主要有油茶树、柑橘树、梨树、核桃树、板栗树、桃树等；药用植物有杜仲、厚朴、黄檗等。

【水文气候】境内有4条主要河流：湘江、靳江、龙王港、八曲河。湘江是湖南省最大河流，为流经长沙的主要河流。发源于广西兴安县南部白石乡境内海洋山脉的近峰岭，干流全长856千米，流域面积9.47万平方千米，流经岳麓区境内34.2千米。靳江为湘江下游一级支流，发源于宁乡县白鹤山寨子冲，于岳麓区柏家洲注入湘江。干流全长85千米，平均坡降0.55‰，全流域面积781平方千米，流经岳麓区境内26.5千米，流域面积320平方千米。龙王港为湘江下游一级支流，发源于望城区南角岭，流经岳麓区溁银桥汇入湘江。全流域面积17.3平方千米，河长31.0千米，主河道坡降0.84‰，岳麓区境内长11千米，流域面积75平方千米。八曲河是一条防洪排涝的骨干河道，属湘江二级支流，发源于岳麓区雨敞坪镇甑皮岭，于望城区高塘岭胜利村与沩水河汇合后流入湘江，流域总面积331平方千米，干流全长53千米，岳麓区境内长12.7千米。岳麓区属亚热带季风性湿润气候，特点是气候温和，四季分明，热量充足，雨热同期。2021年年平均气温19.0℃，年内最高气温40.0℃（8月1日），最低气温-5.0℃（1月9日），年降雨量1406.3毫米，较上年减少96.6毫米。年平均日照时数1578.4小时，较上年增加275.9小时。

人口民族

【人口】2021年年末，全区常住人口157.98万人，比上年增加5.12万人。其中城镇常住人口149.29万人，占总人口比重（常住人口城镇化率）为94.5%。年末公安户籍总人口899289人，比上年增加58872人，户籍人口城镇化率为86.5%。按性别分，男性434567人，女性464722人；按年龄结构分0~17岁215470人，18~34岁201446人，35~59岁351040人，60岁及以上131333人。全年人口出生率为11.4‰，死亡率为5.7‰，自然增长率为5.7‰。

【民族】岳麓区境内人口以汉族为主，占总人口的96.7%。土家族、苗族、侗族、回族、布依族、黎族、壮族、仡佬族、白族、瑶族等45个少数民族共计3万余人，其中少数民族流动人口1万余人，主要有维吾尔族、藏族、撒拉族、回族等。

国民经济和社会发展

【概况】2021年，根据地区生产总值统一核算结果，全年地区生产总值15020090万元，同比增长7.8%。其中，第一产业增加值106325万元，同比下降3.8%；第二产业增加值4280815万元，同比增长3.4%；第三产业增加值10632951万元，同比增长9.7%。

第一产业增加值占地区生产总值的比重为0.7%，第二产业增加值比重为28.5%，第三产业增加值比重为70.8%。第一、二、三产业分别拉动地区生产总值0、1.0、6.8个百分点，三大产业对经济增长的贡献率分别为-0.4%、12.5%、87.9%。

全年地方一般公共预算收入674679万元，同比增长35.4%，其中税收收入564848万元，非税收入109831万元。一般公共预算支出838552万元，同比增长10.7%，区本级一般公共预算支出735019万元，同比增长21.4%。

完成省市年度重点民生实事32项，在促进就业、扶贫解困、教育助学、社会保障、医疗卫生、百姓安居、道路畅通、环境治理等领域效果显著。

【农业】全年农林牧渔业总产值16.1亿元，同比下降4.3%。其中农业产值12.5亿元，同比下降2.9%；林业产值3953万元，同比下降12.0%；畜牧业产值1.31亿元，同比下降10.5%；渔业产值1.2亿元，同比增长6.3%；农林牧渔专业及辅助性活动产值6905万元，同比下降4.0%。全年粮食总产值4.4万吨，出栏肉猪1600吨，出笼肉禽39.41万羽，水产品产量6913吨。

【工业和建筑业】全年全部工业增加值286.6亿元，同比增长5.0%，其中规模以上工业增加值同比增长5.4%。

全年建筑业增加值141.9亿元，同比增长0.3%。资质以上总承包和专业承包建筑企业120家，完成建筑业总产值658.9亿元，同比增长11.9%；房屋建筑施工面积3919万平方米，同比增长9.5%；房屋建筑竣工面积864万平方米，同比下降8.6%。

【服务业】全年批发和零售业增加值132.7亿元，同比增长7.8%；交通运输、仓储和邮政业增加值43.9亿元，同比增长7.7%；住宿和餐饮业增加值32.5亿元，同比增长11.9%；金融业增加值108.6亿元，同比增长5.8%；房地产业增加值126.8亿元，同比增长16.3%；信息传输、软件和信息技术服务业增加值49.8亿元，同比增长10.6%；租赁和商务服务业增加值61.4亿元，同比增长5.0%。

【固定资产投资】全年固定资产投资（不含农户）同比增长9.3%。分经济类型看，国有投资增长24.1%，非国有投资增长8.2%。分投资方向看，民生工程投资下降26.2%，生态环境投资增长8.5%，高新技术产业投资增长39.0%。

全年房地产投资577.7亿元，同比增长16.6%；商品房销售面积674.65万平方米，同比增长36.8%，其中住宅销售面积为611.68万平方米，同比增长40.8%；商品房销售额871.3亿元，同比增长51.7%，其中住宅销售额为796.7亿元，同比增长58.8%。

【国内贸易】全年社会消费品零售总额614.9亿元，同比增长12.3%。按行业分，批发业实现零售额46.9亿元，同比增长14.9%；零售业实现零售额510.5亿元，同比增长11.6%；住宿业实现零售额6.8亿元，同比增长18.2%。餐饮业实现零售额50.7亿元，同比增长16.1%。

【对外经济和旅游】全年进出口总额（海关口径）74.4亿元（折合11.5亿美元），同比增长42.0%，其中出口总额67.9亿元，进口总额6.5亿元。

全年共实施内联引资项目35个，其中新投产项目15个；新审批外资项目44个，协助办理外资项目4个。全年实际到位省外境内资金229.4亿元，同比增长59.0%；实际利用外资（外商直接投资）7580万美元，同比增长44.0%。

全年接待国内外旅游者1393.17万人次；旅游总收入171.85亿元。

【教育和科学技术】全区共有区属中学18所，在校学生28036人；小学76所，在校学生98438人；幼儿园231所，其中公办园87所，局属公办园78所，在园幼儿61404人。小学适龄儿童入学率100%，小学升初中入学率100%。全区共投入学生免费入学和资助经费14771.59万元，所有义务教育阶段127341人次学生全部享受免杂费入学，执行公办教育收费标准的124753人次学生全部享受"一费制"（含课本费、教辅资料费和作业本费）全免入学。全年共接收外来务工人员子女20629名，占全区中小学生人数的16.3%，全部享受免杂费、"一费制"全免入学，全年补助465人次农村家庭经济困难寄宿学生生活费。全年新建和启动新建学校10所（其中楼盘配套学校4所），扩建学校4所，提质建设维修改造63所中小学运动场及校园。

全区共有省级以上研发及创新创业服务平台284个，认定高新技术企业144家。全年技术合同认定登记2193项，登记额46.4亿元，同比增长30.8%。授权专利数达13241件，同比增长25.6%，其中授权发明专利4822件，同比增长29.6%。

全年高新技术企业完成总产值1829.2亿元，同比增长8.2%，实现增加值655亿元，占地区生产总值的比重为43.6%。

【文化、体育和卫生】全区拥有群众艺术表演团体240个，文化馆9个（含8个文化馆分馆），公共图书馆25个（含24个社区、村图书分馆），博物馆（纪念馆）8个，街道、镇文化站17个，社区（村）综合文化服务中心168个，全民健身工程点250余处。共有晨晚练点92处，智慧社区健身中心36个，乡镇全民健身中心11个，健身步道4条。公共文化服务不断完善，已建成103个市级标准化社区（村）综合文化服务中心。

全区共有各类医疗卫生机构963个，新增61个，其中一级及以上医院52个、疾病预防控制机构1个。有卫生技术人员14822人，床位14288张，新增2740张。

全年全区出生婴儿男女性别比为112 ：100。

【环境保护和安全生产】全年空气质量优良率为84.1%。湘江饮用水源保护区水质稳定达标，6个国省控地表水监测断面地表水达标率达100%。区域环境噪声平均为54.3分贝（dB），稳定达标。全区建成区绿地面积达3930.78公顷，全年新增18.95公顷，其中公园绿地1790.61公顷，全年新增3.20公顷。全区绿化覆盖率达49.6%。

全年共发生安全生产事故19起，各类安全生产事故死亡19人，其中经营性道路交通事故死亡12人，市政道路维修行业事故死亡1人，房屋维修装修工程事故死亡2人，房屋建筑事故死亡2人，其他建筑事故死亡1人，其他事故死亡1人。

【交通】全区农村公路里程1380.2千米，已硬化里程1220.2千米。其中国省道14.4千米，已硬化14.4千米；县道158.5千米，已硬化158.5千米；乡道114.0千米，已硬化114.0千米；村道1093.3千米，已硬化1093.3千米。共有农村公路桥梁190座，桥梁长度2937.4延米，其中大中桥40座，长度为1360.4延米；小桥150座，长度1577.1延米。全区拥有客运站1个，其中一级客运站1个。

【人民生活和社会保障】全区城镇居民人均可支配收入66411元，同比增长7.4%。其中工资性收入40724元，经营净收入8322元，财产净收入6105元，转移净收入11260元。城镇居民人均消费支出48032元，其中食品烟酒消费12836元，衣着消费2831元，居住消费8821元，生活用品及服务消费3256元，医疗保健消费3317元，交通通信消费5813元，教育文化娱乐服务消费9920元，其他用品和服务消费1238元。城镇居民人均自有现住房面积40.0平方米。

全区共有公办敬老院5家，有床位595张，入住老人220人。拥有各类社区服务设施550个，街道社区服务中心17个，社区公共服务中心122个。全年发放城乡居民最低生活保障金3213.9万元，居民得到政府最低生活保障62597人次，其中城市居民最低生活保障24521人次，农村居民最低生活保障38076人次。城市和农村低保对象月人均发放保障金分别达597.57元和459.23元。

全年城镇新增就业人员8827人，失业人员实现再就业12805人，就业困难人员实现就业4048人，新增农村劳动力转移就业293人；城镇零就业家庭实现动态清零。

全区参加企业职工基本养老保险人数达26.24万人，基本养老金社会化发放率达100%；参加城乡居民养老保险人数达12万人。参加区本级城镇职工基本医疗保险人数达24.60万人，参加区本级城乡居民医疗保险人数达30.30万人，基本医疗保险覆盖率达97.6%。

中国共产党长沙市岳麓区委员会

综　述

【概况】 2021年，中共长沙市岳麓区委下辖25个区属党（工）委（党组），党支部1056个，党员3.3万名。全年全区上下深入贯彻习近平新时代中国特色社会主义思想，全面落实党的十九大和十九届历次全会以及习近平总书记对湖南重要讲话重要指示批示精神，大力践行“三高四新”战略定位和使命任务，认真贯彻强省会战略，推进创新名城、产业强城、开放新城、生态靓城、和谐美城“五城同建”，圆满完成各项目标任务，实现“十四五”良好开局。全年实现地区生产总值1502亿元，增长7.8%；规模工业增加值增长5.4%；固定资产投资增长9.3%；社会消费品零售总额增长12.3%；完成全口径税收173.05亿元，增长23.44%，主要经济指标位居中心城区前列，获评“全国五个百强区”。

【班子建设加强】 岳麓区始终把党的政治建设摆在首位，坚定捍卫“两个确立”，坚决做到“两个维护”。岳麓区党代会、区人大、政协“两会”顺利召开，严格落实“十严禁”换届纪律要求，区委班子、区人大班子、区政府班子、区政协班子、区纪委班子、区监委主任、区法检“两长”等人选均满票或高票当选，科学谋划未来五年发展思路，实现选出好班子、绘就好蓝图、营造好风气的目标。坚持用制度管人管事，制定“三重一大”事项集体决策等实施办法，出台真抓实干激励措施。区四大家班子思想统一，各项工作高效开展，形成精诚谋事、合作共事、团结干事的崭新局面。主动拜访驻区单位，上门服务龙头企业，深度对接重点项目，推动岳麓山大学科技城建设、产业发展、长株潭一体化、品质岳麓建设、文旅高质量融合发展等重大决策部署落实落地。区级领导在急难险重任务面前打头阵、做表率，带队联系帮扶企业、项目，带头包案化解信访积案，带领广大干群打好三大攻坚战、疫情防控阻击战、安全生产百日大会战，推动各项工作干在实处、走在前列，获国家级健康促进区和全省推动高质量发展、财政管理工作成效明显地区、安全发展工作示范区、信访工作先进集体等20余项国家级、省级荣誉。

【增长动力转换】 开展“产业发展提质年”活动，持续强链、补链、延链，夯实产业根基。锚定打造科技创新高地，推动岳麓山大学科技城内涵式发展，中南大学科技园获批国家大学科技园，特种玻璃国家工程研究中心等10余家创新平台落户岳麓，新材料研究院、网数科技等单位备案为湖南省新型研发机构，入驻比邻星科技有限公司等院士领衔项目12个，新增科技企业2631家。以“五好”园区建设为抓手，新增检验检测企业35家、人工智能关联企业43家，长沙智能驾驶研究院、中通智慧电商园等13个产业项目竣工投产，赛恩斯环保入选国家级专精特新“小巨人”企业，达嘉维康登陆主板，实现本土培育上市企业零的突破，成功获批国家智能网联汽车质量监督检验中心、国家技术标准创新基地。深化重点楼宇“楼长制”，引进楼宇企业650余家、区域性总部企业30家，税收过亿元楼宇12栋。新引进恒丰银行、平安证券等金融机构115家，全区金融业实现税收55.5亿元，同比增长42%。加快文旅融合发展，新增国家AAA级及以上旅游景区3家，橘子洲景区、岳麓山景区入选全国“建党百年红色旅游百条精品线路”，全年接待游客1600万人次，旅游总收入174亿元。

【发展动能激发】 牢牢把握扩大内需这个战略基点，统筹推动投资、消费，全面提升经济增长内生动力。85个市重大项目完成投资398.44亿元，完成率162.6%；全市产业项目观摩获评一类。万科谷山、长沙铬盐厂生活区棚改等30个征拆项目清零腾地，拓展空间400公顷。成功引进10亿元以上项目20个、“三类500强”关联项目15个，外企德科、国检集团等总部企业。宜家荟聚、龙湖天街、世贸希尔顿等商场酒店开门纳客，阳光100凤凰街获评首批国家级夜间文旅消费集聚区。开展线上线下相结合、商贸文旅相融合的四季主题促销活动，参加中国国际进口博览会等活动，完成外贸进出口总额10.3亿美元，增长27%。率先在全市开展长株潭园区“一体三互”合作，湘江融城科技小镇、暮坪湘江特大桥等项目加速推进，形成“跨域通办”事项75个。深化“放管服”改革，率先在全省推出系统化“上门办”服务模式，营商环境百强区排名位居全省第一。全年新增市场主体3万余户，增长28.47%，其中企业1.5万余家；新增“四上”企业123家、高新技术企业151家。

【城乡品质提升】以“五区”建设为统筹，贯彻“四精五有”要求，推动“现代都市”与“美丽乡村”交相辉映，当好独具魅力山水洲城的展示区。观沙岭片区、新湘雅健康城等城市更新项目进展顺利，渔人码头提质改造全面完成，麓景路南延线全线通车，岳华路、坦山路等“断头路”成功拉通，“一环一带三纵六横一城”环境提质高标准推进，完成市府、大科城等片区精致管理示范创建，打造“洁净街区”示范道路26条。助力乡村振兴，村级集体经济年收入100万元以上经济强村24个，成功创建市级美丽宜居村庄38个，农村生活垃圾分类减量实现全覆盖，旱厕全面清零，获评全省小型水库管理示范区。生态环境优化，中央、省级环保督察交办信访件全部办结，岳麓山风景名胜区相关问题整改销号，空气质量优良率位居中心城区前列，“一江两河”水质稳定达标，土壤环境质量总体安全稳定，城市声环境达到功能区要求。

【民生福祉改善】把促进全民共同富裕作为着力点，加快群体共富、城乡共富、物质精神共富。开展“我为群众办实事”实践活动，完成29项省、市重点民生实事项目，提质改造老旧小区44个，新增车位2.85万个、床位305张、学位2万个、厕所3551个，加装电梯204台，全市规模最大的城区公卫中心正式运营，区文化馆、图书馆被评为国家一级馆。做实网格化服务管理，12345政务热线工单满意率位居中心城区前列。新增全国爱国主义教育示范基地2处，刘习明获评第八届全国诚实守信道德模范，建成全国首个以地铁站（湖南大学地铁站）为传播载体的新时代文明实践厅。成功应对两轮省外输入疫情，全力做好建党百年大庆安保维稳、城市防涝等工作，信访积案化解办结率排名全市第一，连续15年获评全省平安区。

【从严治党推进】以庆祝中国共产党成立100周年为主线，深入实践“党建聚合力”工程，提高党的建设科学化水平。建立及时学习贯彻习近平总书记重要讲话指示精神制度，召开区委常委会会议37次，开展区委理论学习中心组学习13次，推动党的十九届六中全会和省、市党代会精神入脑入心。扎实开展庆祝建党百年活动和党史学习教育，用好用活岳麓书院、新民学会旧址、肖劲光故居等红色资源，《谁主沉浮》荣获全省精品党课一等奖。完成镇、村（社区）换届工作，深化区域化党建、小区党建，累计建设楼宇、园区、商圈等两新党组织218个，58小镇党委获评全国先进基层党组织。注重在产业发展、社会治理等一线历练干部，在新提拔重用的干部中，35岁以下的年轻干部占比32%。严实政法队伍教育整顿，建立健全长效机制66个。制定执行年度管党治党主体责任、监督责任清单，一体推进不敢腐、不能腐、不想腐，严肃查处群众身边腐败和作风问题，运用“四种形态”处理406人次。加强与驻区单位一体联动、区域协作，打造“清廉岳麓共建体”。新民路社区获评2021年度省级同心社区。党管武装见行见效，岳麓区成为全省人武部“四个秩序”规范化建设试点，征兵工作走在全市前列，区人武部党委被评为省军区“先进团级党委”。

重要会议

【中共长沙市岳麓区第六次代表大会】7月28—30日，中共长沙市岳麓区第六次代表大会召开，300名党员代表出席会议。

区委书记周凡代表中共长沙市岳麓区第五届委员会向大会作《奋勇担当“一打造三当好”新使命，全面建设社会主义新岳麓》的工作报告，中共长沙市岳麓区第五届纪律检查委员会以书面形式向大会作《推动新时代纪检监察工作高质量发展，为奋力建设现代化新岳麓提供坚强保障》的工作报告。大会选举产生第六届区委委员39名、候补委员8名，第六届区纪委委员19名，市党代会代表23名。

【区委常委会会议】1月13日，区委召开第五届133次常委会会议，传达学习习近平总书记在中央政治局第二十五次集体学习、中央农村工作会议上的重要讲话精神，习近平总书记发表的二〇二一年新年贺词精神，中共中央政治局民主生活会精神，研究2021年全区经济社会发展主要预期目标情况、2021年预算编制工作，研究审议《中共长沙市岳麓区委关于制定岳麓区国民经济和社会发展第十四个五年规划和二〇三五年远景目标的建议》《区委五届十次全体（扩大）会议暨经济工作会议报告》《岳麓区2021年重大项目建设实施方案》《岳麓区2021年建设项目投资计划》。

1月22日，区委召开第五届135次常委会会议，传达学习习近平总书记在省部级主要领导干部学习贯彻党的十九届五中全会精神专题研讨班开班式上的重要讲话精神、市纪委监委关于干部违纪问题处理情况的通报精神。研究审议《岳麓区国民经济和社会发展第十四个五年规划和二〇三五年远景目标纲要（送审稿）》《区人民政府工作报告（送审稿）》《区人大常委会工作报告（送审稿）》《区政协常委会工作报告（送审稿）》《区人民法院工作报告（送审稿）》《区人民检察院工作报告（送审稿）》《关于长沙市岳麓区2020年国民经济和社会发展计划执行情况与2021年国民经济和社会发展计划草案的报告（送审稿）》《2020年财政预算执行情况与2021年财政预算草案的报告（送审稿）》。听取区政府党组工作、区人大常委会党组、区政协党组、区法院党组、区检察院党组工作情况汇报。

1月29日，区委召开第五届136次常委会会议，传达学习习近平总书记在十九届中央纪委五次全会上的重要讲话精神，研究全区2021年征拆计划编制工作、征收拆迁工作领导小组和建设领导小组及专项指挥部调整工作、2020年度绩效考核相关问题（绩效奖金）、干部人事问题。研究审议《岳麓区关于推进楼宇经济高质量发展的实施意见（送审稿）》。

2月5日，区委召开第五届137次常委会会议，研究春节前走访慰问、民主生活会、信访和安全生产、春节氛围营造、值班值守、党风廉政建设、春节后工作安排。

2月18日，区委召开第五届138次常委会会议，传达学习省委常委、市委书记吴桂英对岳麓区的指示精神，研究部署省委常委、省政府副省长、市委书记吴桂英书记调研岳麓、全区负责干部大会筹备、2021年各项工作谋划、区委常委会新年调研、全省市厅级干部学习贯彻党的十九届五中全会精神专题研讨（培训）班的服务保障工作。

3月6日，区委召开第五届140次常委会会议，传达学习习近平总书记在中央党校（国家行政学院）中青年干部培训班开班式上的重要讲话精神、全省市厅级干部学习贯彻党的十九届五中全会精神专题研讨（培训）班精神、全市党建工作会议精神。听取全区庆祝中国共产党成立100周年活动情况汇报，研究审议《岳麓区关于开展中国共产党成立100周年庆祝活动实施方案》《区人大常委会2021年工作要点》《区政协2021年工作要点》《区政协2021年协商计划》。传达学习省委书记许达哲对办公室工作的指示精神和省、市党委秘书长会议精神以及中央、省、市关于机关党建相关精神，听取全区办公室工作及区直机关党建工作情况汇报，研究审议《关于加强和改进新时代全区机关党的建设的实施意见》。传达学习全国、全省组织部长会议、宣传部长会议、统战部长会议、政法工作会议、全市工商联2021年换届工作部署会精神，听取全区相关单位情况汇报，研究审议《关于深入贯彻落实〈中国共产党宣传工作条例〉的通知》。传达学习全国、全省、全市政法队伍教育整顿动员部署会议精神，听取全区政法队伍教育整顿工作情况汇报，研究审议《关于开展全区政法队伍教育整顿的实施方案》。

3月16日，区委召开第五届141次常委会会议，传达学习习近平总书记在全国“两会”党员负责人会议上、参加内蒙古代表团审议时、在看望参加政协会议的医药卫生界教育界委员时、参加青海代表团审议时、出席解放军和武警部队代表团全体会议时、在中央政治局第二十七次集体学习时、在全国脱贫攻坚总结表彰大会上、在党史学习教育动员大会上、关于统计工作的重要讲话和指示精神，李克强总理所作的政府工作报告精神。听取全区统计工作情况汇报。研究部署全区党史学习教育工作，研究审议《关于开展全区党史学习教育的实施方案》《区委常委会2021年工作要点》。

4月2日，区委召开第五届143次常委会会议，传达学习习近平总书记在中共中央政治局第二十八次集体学习时、在中央财经委员会第九次会议上的重要讲话精神，中纪委全会、省纪委全会和市纪委全会精神。听取全区党风廉政建设和反腐败工作情况汇报、全区生态环境保护工作情况汇报，研究审议《长沙市岳麓区贯彻落实湖南省生态环境保护督察“回头看”及城乡环境基础设施建设专项督察反馈意见整改工作方案》《长沙市岳麓区配合第二轮中央生态环境保护督察工作协调联络组工作方案》。听取全区坐班转值班工作情况汇报，研究审议《岳麓区2021年社区员额管理人员“坐班制”转“值班制”工作实施方案》。传达学习习近平总书记在中央全面深化改革委员会第十八次会议上的重要讲话精神，听取全区全面深化改革工作情况汇报。听取全区2020年度绩效考核工作情况汇报。

4月19日，区委召开第五届144次常委会会议，传达学习习近平总书记在参加首都义务植树活动时的重要讲话精神，习近平总书记关于深化东西部协作和定点帮扶工作、打击治理电信网络诈骗犯罪工作、职业教育工作的重要指示精神。传达学习全市安全生产工作紧急调度会议精神，研究全区安全生产工作，部署全区交通问题顽瘴痼疾集中整治工作。传达学习中央、省、市政法队伍教育整顿工作相关会议精神，研究全区政法队伍教育整顿工作。听取全区防汛抗旱工作、河湖长制工作落实情况汇报，部署全区防汛和水环境问题整治工作。传达学习省委常委、市委书记吴桂英关于“12345”热线工作的指示精神，研究“12345”热线工作和基层社会治理工作。听取全区城市管理工作情况汇报，研究部署全区“百日奋战　靓丽河西”市容环境整治工作。

4月29日，区委召开第五届145次常委会会议，分析一季度经济形势。

5月8日，区委召开第五届146次常委会会议，传达学习习近平总书记在清华大学考察时、在中共中央政治局第二十九次集体学习时的重要讲话精神，市委办公厅关于开展警示教育和“以案促改”相关文件精神。传达学习市委关于县乡领导班子换届相关要求，研究岳麓区贯彻落实工作。研究庆祝中国共产党成立100周年全区评选表彰工作。传达学习习近平总书记关于乡村振兴工作的系列重要讲话精神，听取全区农业农村工作情况汇报，研究推进乡村振兴工作。研究2020年度绩效考核相关工作。

6月3日，区委召开第五届149次常委会会议，传达学习习近平总书记关于党史学习教育的重要指示精神，听取全区党史学习教育相关情况汇报，研究部署全区“我为群众办实事”实践活动。传达学习中央、省、市庆祝中国共产党成立100周年维稳安保信访部署会议精神，听取全区安全维稳工作情况汇报，研究部署迎接中国共产党成立100周年安全维稳工作。传达学习习近平总书记关于疫情防控工作的重要指示精神和省、市疫情防控相关会议精神，研究部署全区常态化疫情防控工作。听取中央环保督察相关情况汇报，部署中央环保督察交办信访件办理和整改工作。传达学习省、市关于高考组织服务相关会议精神，研究部署全区高考组织和服务保障工作。

6月15日，区委召开第五届150次常委会会议，传达学习习近平总书记在推进南水北调后续工程高质量发展座谈会上的重要讲话精神，省委书记许达哲在省委理论学习中心组集体学习暨党史学习教育第三次专题研讨时的讲话精神以及在全省县乡两级人大换届选举工作部署会议上的讲话精神。听取全区庆祝中国共产党成立100周年推进情况汇报。传达学习习近平总书记关于近期安全生产事故的重要指示批示精神和市委吴桂英书记关于近期安全生产事故的指示批示精神，听取全区安全生产、市容环境、信访维稳、食品安全、12345 热线工作情况汇报，研究审议《关于进一步加强网格服务暨 12345 政务热线工作的意见》。传达学习习近平总书记关于打击治理电信网络诈骗犯罪的重要指示精神，研究部署全区打击治理电信网络新型违法犯罪工作。研究 2020 年度区委书记向市委述职基层党建和意识形态工作中有关问题整改工作和区人大代表、政协委员提名推荐工作。

6 月 22 日，区委召开第五届 151 次常委会会议，传达学习习近平总书记在中国科学院第二十次院士大会、中国工程院第十五次院士大会和中国科学技术协会第十次全国代表大会上的重要讲话精神、习近平总书记在中共中央政治局第三十次集体学习时的重要讲话精神、习近平总书记调研青海时的重要讲话精神、省委办公厅关于耒阳市相关煤矿重大责任事故追责问责情况及其教训的通报精神。研究部署全区安全生产工作、区镇两级人民代表大会换届选举工作。听取全区“两优一先”推荐工作、全区民族宗教工作、全区政法队伍教育整顿工作情况汇报，研究部署落实防止干预司法“三个规定”工作。

7 月 5 日，区委召开第五届 152 次常委会会议，传达学习习近平总书记在庆祝中国共产党成立 100 周年大会上、在庆祝中国共产党成立 100 周年“七一勋章”颁授仪式上、在中共中央政治局第三十一次集体学习时的重要讲话精神，《求是》杂志发表的习近平总书记重要文章《以史为镜、以史明志，知史爱党、知史爱国》以及习近平总书记在参观“‘不忘初心、牢记使命’中国共产党历史展览”时的重要指示精神。

7 月 8 日，区委召开第五届 153 次常委会会议，传达学习全省民营经济统战工作会议暨民营经济高质量发展大会精神，研究部署贯彻落实工作。传达学习长沙科技创新大会暨国家新一代人工智能创新发展试验区建设推进会会议精神，研究全区科技创新工作。传达学习全市政法队伍教育整顿意见反馈会议精神和全市政法队伍教育整顿总结大会精神，听取全区政法队伍教育整顿总结情况汇报。传达学习《中国共产党组织工作条例》精神，研究部署贯彻落实工作。传达学习《中共长沙市委加强换届风气监督工作小组办公室关于加强区县（市）党委换届选举期间督查督导工作的通知》文件精神，研究部署贯彻落实工作。传达学习新时代湖南禁毒人民战争部署大会精神，研究部署全区禁毒工作。研究审议《2021 年度岳麓区绩效考核工作目标考核体系（送审稿）》。研究全区清理规范公务员工资津补贴有关工作。

7 月 19 日，区委召开第五届 155 次常委会会议，传达学习习近平总书记在出席中国共产党与世界政党领导人峰会时发表的重要讲话精神、习近平总书记在中央全面深化改革委员会第二十次会议上的重要讲话精神、省委十一届十三次全体会议精神。分析上半年全区经济形势，研究部署下半年经济工作。听取区第六次党代会筹备工作情况汇报，传达学习《中共长沙市委关于中国共产党长沙市第十四次代表大会代表选举工作的通知》精神，研究岳麓区关于市第十四次党代会代表选举和区第六次党代会代表选举有关工作。听取关于召开区委五届十二次全体（扩大）会议有关事项的情况汇报。

7 月 22 日，区委召开第五届 156 次常委会会议，传达学习省委书记许达哲调研长沙时的讲话精神和市委十三届十四次全体会议精神，听取六届区委委员、候补委员、纪委委员候选人推选工作情况汇报，研究干部人事问题。

7 月 26 日，区委召开第五届 157 次常委会会议，传达学习习近平总书记关于防汛救灾工作的重要指示精神，传达省委常委、市委书记吴桂英关于落实习近平总书记重要指示精神的批示精神。研究审议《中国共产党长沙市岳麓区第六次代表大会报告（送审稿）》《区纪委工作报告（送审稿）》《党代会筹备工作报告（送审稿）》。听取区第六次党代会筹备工作情况汇报。

8 月 2 日，区委召开第六届 1 次常委会会议，传达学习习近平总书记考察西藏自治区时的重要指示精神、习近平总书记关于深入推进农村厕所革命的重要指示精神、习近平总书记在中共中央政治局第三十二次集体学习时的重要讲话精神、7 月 30 日中央政治局会议精神和中央召开的党外人士座谈会会议精神、7月20日省委常委会（扩大）会议精神和7月21日市委常委会（扩大）会议精神。传达学习《中共湖南省委关于深入学习贯彻习近平总书记在庆祝中国共产党成立100周年大会上的重要讲话精神奋力谱写新时代坚持和发展中国特色社会主义湖南新篇章的决定》《中共长沙市委办公厅关于印发〈贯彻落实达哲书记调研长沙有关指示精神工作任务清单〉的通知》《中共长沙市委办公厅长沙市人民政府办公厅印发〈关于进一步加强新形势下统计工作的意见〉的通知》等文件精神。传达学习7月30日全省、市疫情防控会议精神，听取全区新冠肺炎疫情防控工作、区第六届人大代表提名推荐工作情况汇报。研究干部人事问题、全区经济工作。

8月12日，区委召开第六届2次常委会会议，传达学习《求是》杂志近期发表的习近平总书记重要文章《加强党史军史和光荣传统教育，确保官兵永远听党话、跟党走》、习近平总书记在中央政治局常委会议审议《中国共产党机要密码工作条例》时的重要讲话精神。传达学习8月4日国务院联防联控机制、省、市疫情防控工作电视电话会议精神，部署全区下阶段疫情防控工作。传达学习省委常委、市委书记吴桂英发表的文章《落实安全责任、推动安全发展，为建设现代化新长沙筑牢安全根基》，部署全区安全生产工作。研究审议《岳麓区真抓实干争先创优推进高质量发展工作方案（送审稿）》。听取2021年度市对区绩效考核工作情况汇报。传达学习全市政协换届工作会议精神，研究区政协换届工作。研究审议《关于贯彻落实“三重一大”事项集体决策制度的暂行办法（送审稿）》和《关于中共长沙市岳麓区第六次代表大会主要任务责任分解的通知（送审稿）》。研究区委常委分工、干部违纪问题处理等工作。

8月26日，区委召开第六届3次常委会会议，传达学习习近平总书记关于健康中国重要论述综述精神、《求是》杂志发表的习近平总书记的重要文章《总结党的历史经验，加强党的政治建设》、习近平总书记关于档案工作的重要批示精神和省委书记许达哲关于贯彻落实习近平总书记重要批示的批示精神。传达学习全国违建别墅问题清查整治专项行动工作情况的通报精神及《中共湖南省委办公厅湖南省人民政府办公厅关于印发〈湖南省中央生态环境保护督察报告〉和许达哲同志讲话的通知》精神，部署全区下一阶段违建别墅问题清查整治和生态环保督察整改工作。传达学习省委常委、市委书记吴桂英在全市创建国家食品安全示范城市工作动员部署会议上的讲话精神，部署全区食品安全暨创建国家食品安全示范城市工作。听取全区教育工作情况汇报，研究贯彻落实《进一步减轻义务教育阶段学生作业负担和校外培训负担的意见》。传达学习全国乡村振兴系统建设和工作推进电视电话会议、抓党建促乡村振兴电视电话会议精神，研究全区乡村振兴工作。听取全区社会保险基金管理防风险堵漏洞专项整治、医保基金内部监管和“清廉医保”专项监督检查工作汇报。研究审议《关于认真学习宣传贯彻区第六次党代会精神的实施意见》《中共长沙市岳麓区委办公室关于进一步加强向区委请示报告的通知》。研究政协长沙市第十三届委员会委员推荐人选工作。

9月13日，区委召开第六届4次常委会会议，传达学习习近平总书记关于民族团结进步重要论述综述精神和习近平总书记在河北承德考察、中央民族工作会议上、中央党校（国家行政学院）中青年干部培训班开班式上的重要讲话精神、习近平总书记在8月31日中央政治局会议、中央财经委员会第十次会议、中央全面深化改革委员会第二十一次会议上的重要讲话精神和省委书记许达哲在全省新任县市区委书记座谈会上的重要讲话精神、市委书记吴桂英发表的文章《奋力将长株潭都市圈打造为全国重要增长极》《谱好长株潭一体化发展协奏曲》以及吴桂英、郑建新联合署名发表的文章《深入贯彻新发展理念，争当低碳转型领头雁》、湖南省统计局转发的国家统计局相关文件精神。研究部署中秋节、国庆节前夕重点工作。听取区人大第六届一次会议、区政协第六届一次会议筹备工作情况的汇报。研究审议岳麓区出席市人民代表大会代表推荐提名建议名单。听取全区老旧小区电梯加装工作和公共停车位增设工作情况的汇报。

9月26日，区委召开第六届5次常委会会议，传达学习中共长沙市第十四次党代会精神，听取区委常委班子成员、区人大常委会主任、区政协主席及常委会固定列席人员的发言，研究部署全区下一阶段重点工作。研究审议岳麓区出席长沙市第十六届人民代表大会代表提名推荐人选调整的工作建议。

9月30日，区委召开第六届6次常委会会议，传达学习习近平总书记在中央人才工作会议上的重要讲话精神和9月30日市委常委会扩大会议精神，研究部署当前重点工作。

10月11日，区委召开第六届7次常委会会议，传达学习习近平总书记在《求是》杂志发表的《党的伟大精神永远是党和国家的宝贵精神财富》等重要文章、习近平总书记考察陕西榆林重要讲话精神。研究审议《岳麓区贯彻落实长沙市第十四次党代会报告精神实施方案》。听取全区美丽宜居村庄建设工作情况的汇报和各涉农街镇的表态发言；研究审议《关于加快岳麓区文旅高质量融合发展的调研报告（送审稿）》《用好用足三大抓手　推动乡村全面振兴——关于我区深入实施乡村振兴战略的调研报告（送审稿）》；听取全区统一战线有关重点工作情况的汇报，研究审议统战工作相关方案；听取全区突出环境问题整改工作情况汇报，研究审议《长沙市岳麓区生态环境保护工作责任规定（送审稿）》《长沙市岳麓区一般生态环境问题（事件）责任追究办法（送审稿）》，区人大、政协、法院、检察院、预算执行情况报告以及《长沙市岳麓区第六届人民代表大会第一次会议选举办法（草案）》《中国人民政治协商会议长沙市岳麓区第六届委员会第一次会议选举办法（草案）》。

10月29日，区委召开第六届8次常委会会议，传达学习习近平总书记在纪念辛亥革命110周年大会、中央人大工作会议上的重要讲话精神，习近平总书记关于老龄工作的重要指示精神及全国老龄工作会议精神，10月28日市委常委会会议精神。研究审议《关于成立2021年岳麓区创建全国文明典范城市指挥部的方案（送审稿）》。听取全区公安工作、关于全区推进清廉岳麓建设工作和《关于调整区级领导联系街道、镇安排的通知（送审稿）》起草情况的汇报；传达学习习近平总书记强军思想重要内容，听取全区武装工作和国防后备力量建设工作情况的汇报。研究有关干部人事事项。

11月12日，区委召开第六届9次常委会会议，会议传达学习习近平总书记在深入推动黄河流域生态保护和高质量发展座谈会上的重要讲话精神，许达哲、张庆伟、毛伟明在全省领导干部会议上的讲话精神，省委关于衡南县社保基金典型案件的通报精神。传达学习10月15日市州委书记视频会议精神，书面听取全区三季度安全生产、信访、食品安全、12345热线工作情况汇报。听取全区三季度市容环境卫生工作情况的汇报和全区三季度生态环境工作情况的汇报、全区打击治理电信网络新型违法犯罪和反恐怖工作情况的汇报。会议研究审议《岳麓区2021——2024年禁毒人民战争实施方案（送审稿）》起草情况的汇报。

11月13日，区委召开第六届10次常委会会议，传达学习中国共产党第十九届中央委员会第六次全体会议公报精神，研究审议《中共长沙市岳麓区委宣传部关于党的十九届六中全会精神宣传方案（草案）》。

12月9日，区委召开第六届11次常委会会议，会议传达学习《中共中央关于党的百年奋斗重大成就和历史经验的决议》精神，湖南省委书记张庆伟在长沙调研时的讲话指示精神，省委常委、长沙市委书记吴桂英署名文章《坚持以党的十九届六中全会精神为指引　奋力在新的赶考之路上交出更加优异的“长沙答卷”》。听取《中共长沙市岳麓区委关于认真学习宣传贯彻党的十九届六中全会精神的通知（送审稿）》起草情况、全区清廉岳麓建设阶段工作、《岳麓区推动招商引资提质增效实施意见（送审稿）》起草情况的汇报。审议《关于深化“党建聚合力”工程落实增强“五大合力”引领“五城同建”的实施方案（送审稿）》《岳麓区排查整顿农村发展党员违纪违规问题调查核实及认定处理清单（送审稿）》《关于专项巡察岳麓区委落实省委巡视整改情况反馈意见的整改责任清单（送审稿）》以及教育工作相关工作方案。

12月24日，区委召开第六届12次常委会会议，会议传达学习中央经济工作会议精神、省委经济工作会议精神、市委经济工作会议精神和省委书记张庆伟在省委十二届一次全会上的讲话精神。听取了全区创建全国文明典范城市工作情况、全区党委国家安全工作情况、2022年全区经济发展主要预期目标和初步工作思路、区委经济工作会议有关事项的汇报，以及区委党校、区总工会、团区委、区妇联、区工商联、区残联、区科协工作情况的汇报。

区委办公室工作

【政治建设】2021年，区委办公室坚持把协助区委加强党的政治建设作为首要任务，全面落实区委常委会“第一课题”要求，对习近平总书记重要讲话第一时间传达贯彻、研究部署、落实推进，及时传达学习省委、市委重要精神，结合岳麓实际研究贯彻。牵头抓好市委专项巡察及整改、开展党建“六大行动”深入推进党建聚合力工程等区委政治性中心工作，巡察反馈工作走在全省前列。严格落实政治要求，出台《关于加强和改进新时代全区机关党的建设实施意见》，严格执行三会一课、民主生活会、组织生活会等制度，全年召开党员大会4次、支委会13次、党小组会12次，开展讲党课活动10期、主题党日活动12场。结合庆祝中国共产党成立100周年，组织发放“光荣在党50周年纪念章”等系列活动。

【参谋辅政】主动把握发展新形势、上级新要求、领导新思路，贴近区情实际，完成岳麓区第六次党代会、市委主要领导视察调研岳麓区汇报、区人大政协“两会”、区委经济工作会议等大型综合性材料撰写工作，全年撰写和审核把关各类文稿300余篇；聚焦“五城同建”战略、大科城建设、园区发展、文化旅游、社会治理等重点，深入调查研究，形成一批有分量的调研成果。围绕“强省会”战略，建言献策，为科学谋划工作贡献智慧力量。在各级主流媒体推介“岳麓品牌”“岳麓模式”“岳麓经验”，其中《抬高发展坐标，当好五种“角色”》等一批理论文章在中央及省、市主流媒体刊发。全年报送信息300余条，被市委市办公厅采用128条；回复网民留言872条，编发《岳麓要情》111期，其中针对2021年两轮疫情反复情况，编发《岳麓要情（疫情专刊）》30余期，为区委、区政府做好疫情决策提供重要信息保障。

【督查督导】学习落实党的十九届六中全会、省第十二次党代会、市第十四次党代会精神以及省委、市委决策部署，紧扣习近平总书记对湖南重要讲话重要指示批示精神，逐条抓好跟踪问效、反馈。办理市委主要领导批指示事项24批次，完成区委主要领导交办督办事项314项；办理市委督查室交办群众投诉事项15件，办结15项，满意度100%。先后对疫情防控、信访、文明典范城市创建、重大项目建设等工作开展专项督查，下发督查通报10期、疫情防控专项督查专报27期、督查通知4份。完善督办归口、分解立项、回访复核、通报报告、督办问责、成果运用等6项制度，创新督查方式方法，变公文往来、电话督促、坐听汇报为“四不两直”、实地访查，与区绩效办协同联动，将督查工作情况纳入绩效考核内容。

【统筹协调】健全完善重大活动保障工作制度体系，接待国家级领导人到岳麓区调研6次，国家部委和省市主要领导调研20余次，得到市委办公厅表扬。完成50余批次各项接待保障任务，接待服务来宾2500余人次。安全及时办理中央、省委、市委文件5000余件，全区各级各部门请示、报告、函件600余件，以区委、区委办名义下发文件93件，未出现迟办、漏办、错办情况。组织区委第六次党代会、区委全会、区第六届人大和政协会议、区委经济工作会等大型会议10余次，指导区直部门、街镇举办全区性会议40余次。按要求向市委办公厅报备规范性文件20件，报备率和及时率均为100%；严格审查下级党内规范性文件52件，纠正2件，提醒5件。发挥党办沟通上下、联系左右、总揽全局作用，主动向市委办公厅汇报，及时报送岳麓区年度工作亮点。在区委主要领导带动下，加强与中南大学、湖南大学和湖南师范大学等驻区高校办公室的联系，校地共建共享共融成效迈上新高度。进一步强化与驻区省市单位、湘江新区、长沙高新区办公室的联络对接，争取各方在征地拆迁、信访、人才培育、产业发展等重点工作上的支持和配合。统筹抓好改革、网格化、蓝天保卫战、档案、对台、外事等工作。全面完成省市改革任务，壮大党建“朋友圈”、区域发展“聚合力”、清廉岳麓共建体、让诚信成为网络空间的“通行证”、走出一条以高质量非公党建促推企业发展的新路径等改革案例被推荐到长沙市年度改革案例评选。创新推行“热线+网格化”融合工作机制，克服工单数量较往年大幅增加的压力，实现“12345”政务热线总体满意度达99.18%。

【队伍建设】把干部能力素质培养作为提升服务能力水平的关键因素、根本之策，倡导党办干部苦练文稿起草、综合协调、办文办会基本功。顶住工作任务繁重、人手紧张的压力，选派1名副科级干部赴省委办公厅法规室跟班学习，组织全区党政机关办公室主任100余人开展集中培训，抽调5名优秀干部到区委办跟班学习。加强区委办制度建设，制定完善《进一步规范和落实党内报告制度》《进一步规范领导干部外出审批制度》等10余项工作制度。推进“清廉机关”建设，支持驻区委办纪检组独立开展工作，深化廉洁自律教育，加强党员干部日常监督管理，推进廉洁文化进机关、进班子、进岗位。

【接待服务】2021年，岳麓区接待服务中心，规范细化接待审批、接待范围、接待标准等，切实做到无公函不接待、无领导审批不接待，不该支出的费用不支出，能节约的尽量节约。把监督管理贯彻始终。定期向区委、区政府汇报接待工作情况，邀请区纪委监委监督指导，邀请审计部门跟踪审计。认真落实公务接待部门的监督管理职责，配合纪委监委，开展整治违规吃喝隐形变异“十严禁”、防“四风”回潮等专项治理行动，对街道（镇）的公务接待情况进行监督检查。把完善制度贯彻始终。整合接待资源，构建联动格局。岳麓区接待服务中心全面整合各方资源，形成“党委政府统一领导，接待部门牵头协调，相关部门密切配合”的工作机制，抓好办公用房准备、餐饮保障和住宿服务以及交通出行等具体任务，力求把每次任务都做成精品工程、标杆工程。彰显岳麓文化，突出地方特色。在日常接待工作中，注重从岳麓的历史典故、地域特点、特色产品中找亮点、找灵感，把山、水、洲、城等文化元素融合到接待用品设计之中，宣传推介岳麓区经济社会发展成效。抓好接待细节，确保周密有序。2021年，在区党代会、人代会、政协会等重大会议的接待服务中，对重要来宾和重要团体采取“一对一”精细化服务，体现岳麓区接待服务的热情周到。随着商务接待的比重逐年增加，接待职能从单纯的提供用餐服务转型成更多活动参与内容，先后接待复星集团、中国船舶集团等客商。参与湖南达嘉维康医药产业股份有限公司首次公开发行A股暨上市活动。

组织工作

【概况】2021年，区委组织部大力践行新时代党的组织路线，紧扣区委中心大局，抓责任强落实、抓组织强堡垒、抓队伍强素质、抓创新强治理，着力推动组织各项工作干在实处、走在前列。区委组织部获评“湖南省人民满意公务员集体”。

【基层党建】以实施党建聚合力工程为统揽，以提升思想合力、组织合力、队伍合力、治理合力、发展合力为重点，不断提升基层党组织政治功能和服务功能。把落实省、市、区党代会精神作为头等大事来抓，制定出台《关于深化“党建聚合力”工程落实增强“五大合力”引领“五城同建”的实施方案》，深入推进“党建聚合力”工程落实落地。围绕强省会战略，联动湖南大学召开高规格区域化党建“聚合力”推进会议，发挥科技、教育、卫健三个区域化党建行业分会作用，打造区域化党建“升级版”，区、街道成员单位达196家，双向认领共建项目722个，露天党课等“十大特色项目”深入人心。“岳麓区扩大党建‘朋友圈’聚合力”工作经验在《长沙党建》专刊进行推介。“以奖代拨”528.3万元支持小区党支部和“美丽楼道”建设，优化设置小区党支部323个，实现全覆盖。持续推动区域化优质资源下沉到小区、楼道，建成1361个“美丽楼道”。“美丽楼道”建设获评“湖南基层改革探索100例”和全市“十佳基层探索改革案例”。推进党建引领乡村振兴工作，建成市级美丽宜居村庄38个，年收入100万元以上经济强村达24个。全年安排村级运转保障经费2499万元，下拨村（社区）党建工作专项经费672万元。

【干部工作】坚持把政治标准摆在第一位，深入贯彻“重德行、重实绩、重公认、重基层”用人导向。将干部考察功夫下在平时，通过“四不两直”方式，深入疫情防控、项目建设、产业发展、信访、基层治理等工作一线考察了解干部，定期分析研判考察了解的情况，推动日常考察结果与年度考核挂钩，切实把想为、敢为、勤为、善为的一线干部选出来、用起来。全年提拔重用35岁以下科级领导干部18人，换届后区管科职干部平均年龄下降1.5岁，实现年龄、学历“一降一升”。在近两年“一报告两评议”工作中，岳麓区选人用人总体评价、群众对新提拔干部的看法好评率等指标均列全市第一档次。

【人才工作】坚持把人才资源开发摆在首位，依托岳麓山大科城、岳麓高新区、湖南金融中心三大承载平台，引进和培育科创、技能、金融等各类人才，做实做优人才子女入学、购房、就医等服务举措，全年共兑现高校毕业生租房和生活补贴、职业技能晋级奖励、高学历人才购房补贴等各项人才奖补资金3882万元，高层次人才总量实现较大增长，推动“近悦远来”人才高地建设走深走实。

【公务员管理】全面开展公务员平时考核工作，指导机关各单位制定考核方案，科学设置指标、优化考核方式、强化考核激励约束措施，鼓励各单位运用互联网技术和信息化手段开展平时考核。执行《湖南省公务员转任实施办法》，优化公务员转任流程，坚持人岗相适，人事相宜，推动公务员有序流动。做好公务员考录工作，把握考录工作规律，防范考录各环节风险，确保考录安全高效。做好公务员工资福利日常审批工作。

【两新党建】牢牢把握党史学习教育目标要求，推行“十个一”工作举措，推动两新党员从百年党史中感悟初心、汲取智慧、坚定信仰。在红网开辟“岳麓两新故事”专栏，讲好两新组织红色故事、创业故事、发展故事，全网阅读量破百万。58小镇党委被中共中央授予“全国先进基层党组织”称号，“前行领路人”案例获评全国“2021年度两新党建优秀案例”。湖南博深实业集团党总支等4家企业党组织获评全市两新组织“标杆党组织”。推动“党建引领、助力千企”行动计划，帮助企业解决284个问题，开展“送培训、送政策、送服务”12场次，开展全程帮（代）办、上门办、网上办，精准服务两新组织发展。发挥区域化党建统筹作用，形成阵地共享、公益法律咨询、金融服务、人才政策讲座等40余项“资源清单”，打造党性教育、创业公开课、企业家沙龙等21项“项目清单”，推动税务、法律、人才等服务进驻楼宇商圈、特色小镇党群服务中心。

【离退休干部工作】组织开展区情通报、党课竞赛、支部书记培训班、“银发先锋大课堂”等集中学习活动12场次。望月湖街道机关退休干部党支部获评“全省示范离退休干部党支部”，区老干部局党委退休干部四支部获评“长沙市先进基层党组织”，退休干部五支部等4个基层党支部获评“全市离退休干部先进党组织”，16名退休老党员受到市、区级表彰。在全区指导创建10个“美在金秋”老党员之家，4个获评长沙市优秀“美在金秋”老党员之家，其中湖东社区为优秀示范点。选送的“党课开讲啦”视频《岳麓山，毛泽东初心的孕育之地》在全省党员教育电视片观摩交流活动中获三等奖，并入选中组部全国党员干部现代远程教育教材库。区关工委获评“全省关心下一代工作先进集体”，张运和、侯爱武获评“省关心下一代工作先进个人”，挂牌成立1个长沙市关心下一代教育基地（岳麓山爱国主义教育基地），30位区级“五老”金牌讲师全年宣讲150余场次。全面落实离退休干部生活医疗待遇，全年走访慰问老干部及遗孀遗属260余人次，组织各涉老协会开展活动16次。区老干部大学开班113个，指导创建16个市、区级老年教育基层教学点和14个市、区级网络课堂站点。

【绩效考核】全区完成市委、

市政府下达的各项年度指标任务，市对区绩效考核蝉联中心城区第一。市对区绩效考核方面，全年累计下达预警通知46份，撰写季度分析、月度通报、专项分析、会议落实情况分析共58篇，推动全区绩效考核工作干在实处、走在前列。据市通报考核结果，岳麓区6项排名制指标5项获得一等，经济类指标、社会民生类指标均排名内五区第一，社会公认评估排名内五区第一。区内绩效考核方面，优化考核办法，调优考核机制，引导各部门、街镇、园区奋力落实“强省会”战略，矢志推进“五城同建”，在推动高质量发展中比高低、长本领。通过考核，在全区69个区直部门、17个街镇中评出优秀单位59家（占68.6%），良好单位27家（占31.4%），其中垂直管理单位评出优质服务单位5家。

【区、镇党组织换届选举】坚持把党的领导贯穿换届工作始终，把做好区、镇换届选举相关工作摆在突出位置，全面把关换届政策制定、人事安排、代表委员产生、大会选举等工作，把握换届时间节点，完成308名区人大代表、260名区政协委员以及市人大代表提名推荐和考察工作。顺利完成区委、两镇党委换届选举，区委班子、区纪委班子、两镇领导班子均全票当选。

【系列庆祝活动】突出庆祝中国共产党成立100周年主题，落实中央要求，做好评选表彰、纪念章发放、走访慰问等工作。58小镇党委被中共中央授予“全国先进基层党组织”称号，22个基层党组织和个人受到省、市表彰，其中全省先进基层党组织1个、优秀党务工作者2名；全市先进基层党组织7个、优秀共产党员6名、优秀党务工作者6名。组织召开岳麓区优秀共产党员、优秀党务工作者和先进基层党组织表彰大会，区委表彰100名优秀共产党员、98名优秀党务工作者、59个先进基层党组织。“七一”前为全区2849名党龄50年以上、一贯表现良好的党员颁发“光荣在党50年”纪念章。逐一走访慰问生活困难党员、老党员、老干部和烈士遗属、因公殉职党员干部家属1644 人，发放慰问金134.3万元。

宣传工作

【概况】2021年，岳麓区宣传思想文化战线以习近平新时代中国特色社会主义思想为指导，心系“国之大者”，强化责任担当，聚焦新时代“举旗帜、聚民心、育新人、兴文化、展形象”的使命任务，坚持“立”“破”并举，强化责任担当，积极主动作为，为区域改革发展稳定提供强大精神动力和思想保证。

【意识形态工作】区委重视意识形态工作。年内，区委常委会会议专题研究意识形态工作3次，召开述职评议、部署调度会议40余次。印发《岳麓区党委（党组）意识形态工作责任制实施方案》等文件，以制度建设促进意识形态工作规范化、常态化，区委主要领导在市委意识形态专题会议上作交流发言。岳麓区网信工作经验文章《致力建设网络诚信新空间》在省委办公厅《工作情况交流》专题刊发。举办区级主题培训班9期，深入实施增强“四力”固本强基工程，提升全区宣传思想文化系统干部队伍意识形态工作能力。

【强化思想引领】坚定主心骨，思想引领广泛深入。推动学习贯彻习近平新时代中国特

2021 年 12 月，召开下半年全区意识形态工作联席会议暨意识形态领域形势分析研判会

（区委宣传部供图）

色社会主义新思想走深走实，组织区委中心组学习13次，开展宣讲活动1000余场次，《胸怀大局大势 强化责任担当 奋发有为投身新时代宣传思想文化工作》等理论文章在《湖南宣传》《长沙晚报》上推介，岳麓区作为区县唯一代表在长沙社科理论界座谈会作典型发言，在长沙市“就认这个理”理论宣讲总决赛中获一等奖。认真开展庆祝中国共产党成立100周年、党史学习教育系列活动，推出红色书籍《毛泽东与岳麓》等一批优秀作品，长篇报告文学《先声》获长沙市第十三届精神文明建设“五个一优秀作品奖”，在全市党史学习教育工作推进会上作典型发言。开展“百年风华青春岳麓”情景音乐会、主题展、篆刻展等系列活动，群众参与程度高，“大江大河交响季 百里画廊百年歌”橘子洲实景交响诗、岳麓山青年戏剧节获全市庆祝建党百年先进表彰“特别项目奖”，岳麓区委宣传部获“突出贡献奖”。

【推进文明创建】壮大正能量，文明建设亮点纷呈。深入弘扬社会主义核心价值观，有力开展第二届“岳麓楷模”评选活动，全域覆盖建成新时代文明中心1个、实践所17个、实践站168个，开展文明实践活动600余场，高标准“三中心一协会”投入使用，新民学会旧址、橘子洲毛泽东青年艺术雕塑新命名为全国爱国主题教育示范基地，刘习明获评第八届全国诚实守信道德模范。成功承办2021中国网络诚信大会，主办“实事求是精神与网络诚信建设”分论坛。以青少年理想信念教育带动社区思政教育，区委书记进校园上思政教育课，岳麓区被省教育厅确定为湖南省中小学思政课改革创新示范区。

【加强舆论宣传】唱响主旋律，舆论引导声势强劲。全年采编发稿件6000余篇，在中央和省、市主流媒体上发稿3900余篇，发稿量居长沙地区区县前列，在《人民日报》《光明日报》等央媒上发稿量连续五年全市排名第一，《十六本农民诗集背后的家国故事》在全市首刊新华每日电讯头版头条。聚焦庆祝中国共产党成立100周年等重大时政热点主题，开设专题专栏近20个，《百年风华 青春岳麓》等系列报道实现全网阅读量破亿。推出“十佳拾美”“悦听岳麓”“麓山南”“岳麓山下 好人巡礼”等系列品牌策划，“激情岳麓正青春”系列报道网上点击量达1000万+。推出“晚安樱花节”“最美系列”等“爆款级”融媒产品，有10万+作品15个、100万+作品4个。1000万+作品3个。晚安樱花节被人民日报微博转发，单篇阅读量破千万；《“最美保安”兼职练书法拿27个奖》被人民网微博转发，阅读量近2500万人次，冲上全国热搜；探索建立湖南首个禁毒融媒体中心，打造“禁毒小哥”网红人物，实现视频播放量3亿余次。创建“LOOKING岳麓”视频号，设置“文旅达人抖音挑战赛”等10余个网络热搜话题，单个话题最高读量达1.8亿人次。策划“学党史、悟思想、办实事、开新局”“心中有话向党说”“弹词唱党史”微视频宣传，点击量破450万+。

网络安全和信息化工作

【概况】2021年，岳麓区网信工作坚持以习近平总书记关于建设网络强国重要思想为指导，牢牢把握网信工作政治属性、底线思维，严格落实中央、省委、

2021 中国网络诚信大会召开，岳麓区主办“实事求是精神与网络诚信建设论坛”分论坛
（区委宣传部供图）

庆祝中国共产党成立 100 周年 2021 致敬红色之旅暨岳麓档案花节启动式举行 （区委宣传部供图）

市委、区委网信工作部署，全力发挥好网络舆论“凝心聚力”、信息化“赋能增效”和网络安全“保驾护航”作用，牢牢把握网信工作高标准、严要求，在凝聚网络正能量、营造清朗网络空间、全力维护网络安全等方面积极作为，高质量做好2021中国网络诚信大会服务保障，承办“实事求是精神与网络诚信建设”论坛，中央及省、市30余家媒体聚焦报道；岳麓网信工作经验文章《致力建设网络诚信新空间》在湖南省委《工作情况交流》专题刊发，全省推介；《人民日报》以《精力更集中 效率在提升》推介岳麓网络减负工作。2021年，全区网络安全、网络评论、网络监管与执法、网上群众工作均被评为长沙市先进集体。岳麓区委网络安全和信息化委员会办公室被评为2021年度全省网络综合治理工作成绩突出单位。

【网络宣传】做好红色文化传播。围绕庆祝中国共产党成立100周年，在红网、掌上长沙等开设专栏，推出《橘子洲头，见证星城风华正茂》系列文章，全网阅读量超1000万人次；拍摄、发布“心中有话向党说”短视频40期，阅读量超500万人次；推出原创红色rap《岳麓红》，点击量单日超1000万人次，话题登上微博、抖音热榜。擦亮网红岳麓品牌。围绕区域价值推介，创设“这里是岳麓”“我在凤凰街看车展”等数十个热搜话题，开设“LOOKING岳麓”视频号，聚焦活力新城、魅力街区、网红景点，拍摄发布系列短视频，点击量达600万人次，助力网红岳麓刷屏网络。讲好网络文明故事。围绕网络诚信建设，推出“最美租客”“最美教师”等“最美”人物系列宣传，被《人民日报》、新华社、央视新闻公众号报道推介，全网阅读量超10亿人次；做好2021中国网络诚信大会服务保障工作，承办“实事求是精神与网络诚信建设”分论坛，中央及省、市30余家媒体聚焦报道。

【网络治理】制定《岳麓区关于加快建立网络综合治理体系的实施方案》和《岳麓区网络信息内容生态治理联席工作机制》，定期组织召开联席会议，联合公安、市监等执法部门，重点围绕整治涉黑涉恶、涉黄涉赌等问题，在违法违规信息排查等方面形成工作合力。减轻基层干部指尖负担，落实上级关于网络减负要求，推进工作群清理整治行动，切实减轻基层干部指尖上的负担，《人民日报》以《精力更集中 效率在提升（基层减负进行时·让干部有更多时间精力抓落实）》推介岳麓区网络减负工作。

【网络安全】完善网络安全制度，制定《岳麓区网络安全事件应急预案》，完善网络安全突发事件预警响应机制和应急处置流程，规范应急响应处置工作；根据《岳麓区党委（党组）网络安全工作责任制实施细则》，制定《关于落实〈岳麓区党委（党组）网络安全工作责任制实施细则〉的督查办法》，定期组织开展网络安全工作督查，压实网络安全责任。封堵网络安全漏洞，依托网络安全监测平台，联合区公安分局、区数据资源中心，对全区6717个网站平台、信息系统进行网络安全检查，发现处置网络安全隐患1052个；组织开展互联网资产清查、虚拟货币“挖矿”整治、涉泄露个人隐私信息排查、弱口令账号排查等专项工作，排查处理网络安全问题123个。提升网络安全意识，组织开展“2021年国家网络安全宣传周”岳麓系列活动，通过举办启动式、征集网络安全宣传作品、在线竞答、制作发布宣传短视频等方式，营造网络安全人人有责、人人参与的良好氛围，共组织宣传活动35场次，制作网络安全宣传视频5个，发布新闻报道34篇，活动覆盖人数20余万人，进一步提升广大市民和从业人员的网络安全意识。

【体系机制建设】健全工作体系，旗帜鲜明把方向、抓导向、管阵地、强体系，构建区、街道（镇）、社区（村）三级“一张网”体系，督促各单位党组织书记亲自部署、专题研究网络意识形态工作，构建“一盘棋”治理格局。建强网信队伍，加强各部门、各街道（镇）网信干部队伍建设，定期对网信分管领导、网信专干等3支队伍开展培训，举办全区网信干部专题培训班，提高全区网信系统干部知网、管网、用网能力。严格责任落实，区委网信委召开第三次（扩大）会议，研究部署全区网络安全和信息化工作。以网络意识形态和网络安全工作责任制为抓手，将其纳入重要议事日程、述职述评和巡察工作安排，开展专项督查，及时通报发现的问题，限期整改，切实将网络意识形态和网络安全工作落实落细。

【2021中国网络诚信大会在岳麓区召开】7月14—16日，由国家网信办、国家发改委、商务部、市场监管总局、省人民政府指导，中网联、省网信办、市人民政府主办，央视网、湖南卫视、市网信办等承办的“2021中国网络诚信大会”在长沙梅溪湖大剧院召开。大会开幕式及8场论坛、嘉宾入住酒店、考察点位等均选址岳麓区，岳麓区同时承办“实事求是精神与网络诚信建设”分论坛。岳麓区以一流的标准、一流的作风、一流的服务，高质量完成2021中国网络诚信大会各项保障任务，承办的“实事求是精神与网络诚信建设”分论坛得到各级领导充分肯定和社会各界高度赞誉，中央及省、市30余家媒体聚焦报道。围绕强信心、暖人心、筑同心，坚持育好岳麓山下“道德林”、倡导网络诚信“同心声”，构建诚信宣传“多渠道”，凝聚网络诚信共识、汇聚网络诚信力量，经验做法“致力建设网络诚信新空间”在省委办公厅《工作情况交流》（第24期）专题刊发。

【“共舞长江经济带·探源千年文脉”主题活动走进岳麓】12月20日，由中央网信办网络新闻信息传播局指导，湖南省委网信办等单位主办，长沙市委网信办承办的“共舞长江经济带·探源千年文脉”主题活动走进岳麓区，人民网、新华网、中国日报网、中国新闻网、红网等20余家中央及省、市网络主流媒体到谢子龙影像艺术馆、后湖艺术园、岳麓书社集中采访，聚焦报道岳麓文化历史底蕴和文化产业发展。新华网《长沙岳麓区：岳麓山下的文化艺术高地》、中国新闻网《文化艺术赋能“东亚文化之都”“创意之城”长沙迸发青春活力》、凤凰网《多彩岳麓　艺术与文化交汇之处》报道岳麓区致力于打造文化艺术科学人才培养高地，推介文化、旅游、艺术产业蓬勃发展面貌。映客、虎牙直播平台开展以“艺术的方舟”为主题的直播活动，在线观看人数达51.5万人次；新闻网站、微博、今日头条等各类网络平台报道30余篇，阅读量超100万人次。

【开展2021年网络安全宣传周活动】10月11日至17日，区委

7月14—16日，2021中国网络诚信大会在长沙梅溪湖大剧院召开

（区委网信办供图）

网信办整合资源、精心策划，组织开展2021年国家网络安全宣传周岳麓系列活动，吸引广大市民、师生以及媒体人员积极参与，营造网络安全人人有责、人人参与的良好氛围。网络安全宣传周期间，各街道（镇）同步在辖区内通过摆放宣传展板、张贴宣传海报、发放网络安全宣传小折页、开展网络安全主题宣讲等方式，推动网络安全知识进校园、进社区（村）、进企业。全区共组织现场宣传活动35场次，制作网络安全宣传视频5个，发放网络安全宣传折页超50000份，发布相关报道34篇，阅读量突破100万人次，参与网络答题人数突破1万人次，活动覆盖人数达20多万人。

【开展网络减负行动】持续开展网络减负行动，组织开展工作群（含微信群、QQ群、钉钉群）摸底排查清理工作，基层工作人员手中的工作群数量得到有效控制，“指尖”上的工作负担大大减轻。《人民日报》以《精力更集中　效率在提升（基层减负进行时·让干部有更多时间精力抓落实）》为题专文推介岳麓区网络减负工作。

10月11日，岳麓区委网信办在岳麓科创港开展2021年国家网络安全宣传周岳麓活动启动式　（区委网信办供图）

统战工作

【概况】2021年，是中国共产党成立100周年，是“十四五”规划开局之年，区委统战部认真落实省委统战部“五个着力”要求和市委统战部“五个年”部署，贯彻落实全区统战工作要点，学习贯彻习近平新时代中国特色社会主义思想，增强统战意识，助力推进“五城同建”，增强新型政党制度自信，助推“两个健康”，做好风险防范，发挥平台优势，深化联谊交流，夯实工作基础，加强自身建设，圆满完成全年各项目标任务。

【夯实思想基础】强化政治引领。认真落实区委关于统战工作决策部署，巩固大统战格局，推动全区统一战线学习贯彻习近平新时代中国特色社会主义思想往深里走、往实里走、往心里走。认真学习贯彻党的十九大及十九届历次全会和省、市、区党代会精神，学习习近平总书记重要讲话批示指示精神，同心助力推进“五城同建”。抓实主题活动。围绕庆祝中国共产党成立100周年，组织全区统一战线开展“同心向党　众星拱月”系列活动，开展“七个一”活动，即组织一趟红色行走、同唱一首同心歌曲、推出一次主题征文、开展一场演讲比赛、策划一期主题展览、发掘一批统战资源、打造一台大型联欢会。举办全区各界人士中秋茶话会。加强教育培训。组织开展中共党史学习教育，分级分类开展《中国共产党统一战线工作条例》培训，举办全区统一战线培训班，组织开展“铭记百年奋斗历程、共建同心美丽乡村”共识教育活动。

【助力“五城同建”】助力创新名城建设。支持在岳麓山大学科技城设立长沙市民主党派履职实践基地；中盈广场、远景智库获评省级新侨创新创业基地。助力产业强城建设。举办岳麓区“卓越企业家”表彰暨民营经济统战工作和民营经济高质量发展大会。搭建惠企平台，支持区总商会打造商事调解中心。“企业家日”和“服务企业月”活动成效显著。将湖南金融中心新的社会阶层人士联谊会建在产业链上获上级肯定。助力开放新城建设。配合区人大常委会开展归侨侨眷权益保护“一法两办法”视察。支持海归小镇先行区建设。开展“侨企大走访、同心促发展”活动，举办“恋祖爱乡、筑梦岳麓”新侨创新创业分享会，承办市侨联“感党恩守国法聚侨心”主题活动。参与承办第八届海归论坛。助力生态靓城建设。配合民主党派市委会参政议政联合课题组赴岳麓区开展“精美社区”建设工作。引导和支持党外知识分子开展同心美丽乡村示范片区创建专题调研。桔子洲街道新民路社区获评2021年度省级同心社区，支持3个社区、村申报市级同心创建工作点，创建区级同心美丽乡村2个、同心宜居社区6个、同心共赢项目2个。助力和谐美城建设。深入开展“凝心聚力新时代”行动和“我为群众办实事”实践活动。疫情期间，主区捐款捐物，携手抗疫。

【**维护社会稳定**】确保民族和睦。落实中央、省委民族工作会议精神，铸牢中华民族共同体意识，推进民族团结进步示范创建，咸嘉湖街道与望城坡街道长华社区获评长沙市民族团结进步创建单位。涉疆服务管理不断加强。民族团结工作接受省委统战部《中国共产党统一战线工作条例》贯彻落实情况综合督查组督查。确保宗教和顺。学习贯彻全国宗教工作会议精神，落实区、街道（镇）、社区（村）三级宗教工作网络和街道（镇）、社区（村）两级责任制建设工作清单，全区域统筹，立体化管理，多层次联动，全方位防范，坚决抵御境外利用宗教进行渗透，切实维护意识形态安全，依法查处非法宗教活动24起。确保社会和谐。深入推进各领域统战工作，引导全区统一战线广大成员发挥爱国奋斗带动作用、政治参与骨干作用、社会担当表率作用，凝聚各方面力量，促进政党关系、民族关系、宗教关系、阶层关系和海内外同胞关系和谐。

【**提升统战本领**】完成换届相关工作。严格落实换届政策，做好区人大代表、区人大常委会组成人员中的党外候选人的推荐提名工作与区政协换届人事安排相关工作。党外代表人士在人大、政协的安排以及党外干部配备符合政策规定。按期完成区工商联换届。健全统战工作机制。坚持领导小组议大事、各领域工作机制抓日常。提高各级党组织的统战意识，督促落实统战工作主体责任，强化工作保障。落实党外干部培养使用规划，加强党外代表人士的发现储备和教育管理。夯实基层基础，推进区域化统战。建设模范政治机关。坚持政治机关定位，巩固机构改革成果，落实党建工作责任制、意识形态工作责任制、党风廉政建设和反腐败工作责任制，坚持全面从严治党，加强工作人员队伍建设，积极创建市级文明示范单位，统战工作科学化水平不断提升。

【**献礼建党百年**】6月21日，岳麓区统一战线“同心向党　众星拱月”文艺会演举行，各界人士欢聚一堂，以文艺演出形式讴歌中国共产党成立100年光辉历程，表达全区统一战线人士对党的无限热爱和对伟大祖国的美好祝福。岳麓区统一战线为庆祝中国共产党成立100周年，开展“同心向党　众星拱月”系列活动，即组织一趟红色行走——奔向实事求是思想路线策源地；同唱一首同心歌曲——全区统一战线同唱《众星拱月》；推出一次主题征文——心中有话向党说；开展一场演讲比赛——“凝心聚力新时代”；策划一期主题展览——月明星灿；发掘一批统战资源——讲好统战故事，聚力聚焦发展；打造一台大型联欢会——“同心向党　众星拱月”。

【**举行岳麓区“卓越企业家”表彰暨民营经济统战工作和民营经济高质量发展大会**】12月22日，岳麓区举行“卓越企业家”表彰暨民营经济统战工作和民营经济高质量发展大会，表彰“卓越企业家”30位，其中李芳书、吴建平、周健、曹泽云、辜显旺获“杰出贡献奖”，王毅清、尹小波等11人获“行业领军奖”，朱宜飞、刘维等14人获“产业新锐奖”。会后，区长周凡等与会领导与30位岳麓“卓越企业家”座谈，围绕民营经济统战工作听取意见建议，为促进民营经济高质量发展、全面建设社会主义现代化新岳麓凝心聚力。

机构编制

【**概况**】2021年，区委编制工作深入贯彻习近平新时代中国特色社会主义思想，全面落实中央和省委、市委、区委编委决策部署，履职尽责，担当作为，不断巩固机构改革成果，深化重点领域体制改革，盘活调优机构编制资源，机构编制工作的整体性、协同性进一步增强，为全区经济社会发展提供有力体制机制保障。

【深化改革】聚焦主责主业，在保证党的全面领导、推进相关领域体制机制改革方面重点发力。全面开展机构改革“回头看”，维护改革成果，开展督促评估，针对全区67个部门（单位）开展机构编制监督检查、机构编制事项条条干预问题自查自纠，总体上保持机构职能体系稳定。根据应急、住建、水利、市场监管、城市管理新情况新任务，厘清职责边界，促进治理水平和能力提升。落实清理规范开发区管理机构，重新制定岳麓高新区“三定”规定，突出加强党的建设和优化营商环境，重新调整优化内设机构5个，新设二级机构企业服务中心，核增科级领导职数2名，服务岳麓高新区“五好”园区建设。深化行政复议体制改革，整合复议职能，明确区司法局作为区政府行政复议机构，依法履行行政复议职责，实现行政复议案件集中办理，调整优化区司法局内设机构和人员编制，发挥行政复议公正高效、便民为民的制度优势，加快推进法治政府建设。持续推进综合行政执法改革，落实上级统筹各类执法队伍编制资源的具体措施办法，重点理顺市场监管体制机制，整合人员编制。探索建立基层执法联动工作机制，推动行政执法重心下移，优化执法力量配置。

【资源配置】坚持“瘦身”与“健身”相结合，做到党委决策部署到哪里，机构编制保障就跟进到哪里。加大挖潜创新力度，制定《岳麓区编制周转池管理办法（试行）》《岳麓区机关事业单位申报周转编制办理流程》，调剂储备一批编制服务大局，通过准确把握用编规律和配置编制存量，腾活17名事业编制用于科创、统计领域，确保关键领域、急需领域有编支撑。回应“学位”“床位”等民生关切，核增中小学教职工编制763名，保障教育事业优先发展。坚决完成中小学教职工编制达标任务，通过借编过渡、调剂空编相结合，激活“沉睡”编制，统筹188名编制建立教职工编制达标池，满足全区教育事业发展需要。不断加强公办中小学校编制管理审查，有保有压，控制编外教职工总数增长。调研基层医疗卫生服务机构，推动历史遗留问题解决。加大对疾病预防控制系统的编制支持，巩固来之不易的防疫局面。调优部门机构职能配置，升格区应急事务中心为副科级机构，健全突发事件应急救援联动机制；在区农业农村局加挂区乡村振兴局牌子，助力脱贫攻坚成果同乡村振兴有效衔接；推进基层动物防疫站有关问题解决；在区文旅体局加挂区文物局牌子，支持曾国藩墓文物保护利用；保障承担扫黑除恶、森林防火、消费者权益保护等关系社会治理、民生福祉的重点领域编制。坚持保障基层用编刚需，提供485名编制用于公开招考和选调高层次人才、中小学教师、军转安置和事业单位人员等。为招考选调生、从村（社区）“两委”人员定向招录公务员或基层事业单位工作人员提供编制保障17名，以编制资源的流动带动优秀人才的聚集。

【规范管理】以“机构编制工作基础建设年”为主题，不断夯实工作基础。机构编制核查提质提量，全面扎实开展第二次全国机构编制核查，铺排实名制系统57项机构信息、52项人员信息核验工作，开展“送课上门”40余次，得到各单位一致好评。已核验数据2067条，动态完善7400余人详细信息。系统梳理中华人民共和国成立以来全区机关事业单位机构编制历史沿革，形成4.2万字的工作综述。制作60个单位电子编年史，对机构名称、机构规格、职能职责、编制配备、领导职数等基础数据实行清单管理、动态调整，确保机构编制动议论证调取及时、沿革清晰、依据可靠。机构编制纳入巡察同频共振，推动将机构编制工作情况和纪律要求执行情况纳入巡视巡察监督范围，制定《区委巡察机构编制专项检查工作手册》，努力精准掌握巡察流程、发现问题线索、锁定问题清单，维护机构编制的权威性和严肃性。事业单位管理高效便捷，举办全区事业单位法人年度报告工作培训会，以培训促管理，大力推行“网上办”，试行事业单位法人简易注销登记，适时开展法人公示信息“双随机、一公开”抽查，事业单位法人年度报告公示率达100%。做实做优政务和公益机构中文域名注册、网站标识审核服务等工作，不断提升事业单位监管效能。

【自身建设】以政治建设为统领，努力适应新发展阶段要求，推进“转职能、转方式、转作风”。政治建设从严从实，坚持把学习习近平新时代中国特色社会主义思想作为根本政治任务和室务会第一课题，班子成员带头讲党课，不断强化提高政治判断力、政治领悟力、政治执行力。落实归口管理要求，建立请示报告制度，更加主动地在党管干部资源、机构编制资源的前提下谋划推动工作。持续反对“四风”，认真落实党风廉政建设各项规定，落实全面从严治党。党史学习多措并举，开展红色基地观摩、专题学习研讨、每周“党史故事大家讲”等活动，教育党员重温党的百年光辉历程，推动党史学习入心入脑，凝聚精神力量。结对望城坡街道老虎岭社区，邀请原社区书记、省级抗击新冠肺炎疫情先进个人刘长明作先进事迹报告，开展“我为群众办实事”活动，主动下沉社区参与防疫，走访慰问网格困难党员、工商大学困难大学生12人次。业务本领争先晋优，把调查研究力、科学参谋力作为能力之基，深入一线听意见摸实情，撰写《关于加强中小学教职工编制管理的调研报告》《关于调整优化街道（镇）人员编制的思考》等呈阅件，多算大账、长远账。以赛代学，以赛助建，获湖南省机构编制政策法规和机构编制史知识竞赛一等奖1人、三等奖2人、优胜奖1人，获长沙市机构编制系统党史学习教育演讲比赛优胜奖，努力争做业务工作的多面手、内行人。认真做好信息宣传工作，工作经验多次获上级机构编制部门推荐，其中中央、省委、市委编办共12篇。

党校教育

【概况】2021年，党校教育坚持党校姓党，紧扣建党百年主题，党校工作稳步开局“十四五”，在办学治校、干部教育培训、科研资政、决策咨询等方面实现城区党校新作为。区委党校获湖南省党校（行政学院）系统科研管理工作组织奖、长沙市党校（行政学院）系统科研工作先进单位、长沙市党校（行政学院）系统气排球比赛城区第一、岳麓区先进基层党组织等荣誉。常务副校长冯莹被评为湖南省首届党校（行政学院）系统优秀教育工作者。在党史学习活动中，“当主力、走前列”案例在“红网时刻”刊载。

【办学治校】区委党校主动作为，积极推进教育培训中心建设，高效优质完成设备设施采购、校园文化建设和搬迁工作，在长沙市城区率先实现独立建校，基础设施和内部管理全方位优化升级。高标准迎接市委关于党校工作专项督查，获“四个一”高度评价：展示出一道靓丽的办学风景，呈现出一股清爽的治校新风，练就出一支精干的人才队伍，成为一块闪光的城区党校品牌，被《长沙督查》通报肯定。

【干部教育培训】统筹疫情防控与教学工作，全年共举办各类培训班20期次，培训轮训3000余人次。聚焦主业主课。将习近平新时代中国特色社会主义思想、党的十九大、十九届历次全会精神、党史教育贯穿教学全过程；深入宣传岳麓区第六次党代会精神，开发“贯彻‘七一’讲话精神　奋勇担当‘一打造三当好’使命”专题，在所有主体班及区人大机关、含浦街道、咸嘉新村社区等地宣讲；编印权威简明、反映“三重”史实的《百年恰是风华正茂》教材，抓实抓细理论教育与党性教育；坚持教学服务区域发展和干部成长，高质量举办“换届后村（社区）书记培训班”“青年干部培训班”等。创新方式方法。提质打磨新民学会旧址、肖劲光故居、古塘湾等一批精品课程，推动全区党性教育就近就便开展；开发大科城现场教学，成为省、市委党校主体班课程；高效利用“百年风华　青春岳麓”展馆，将区情宣讲作为主体班必修课，开馆半年来开讲30余场次，激发党员干部建设现代化新岳麓的信心和决心。强化基层基础。指导三个街镇建设示范性基层党校，支持58小镇建设非公基层党校，引领基层党校稳步发展；依托“理论宣讲进网格”、“麓山汇讲·百人千场大宣讲”和结对共建活动，送课到基层100余场次，深受好评。

【科研资政】参与研究的岳麓山大学科技城课题成果入选《湖南改革发展稳定攻坚克难案例选编》，调研报告《以科技创新引领推动岳麓区经济高质量发展研究》入选《湖南“十四五”经济社会发展研究》；落实区委相关指示精神，组织教师、青干班学员为贯彻落实区党代会精神建言献策，并编印成册呈送区领导和相关职能部门参阅。科研成果有2个省、市级课题结项，2个省级课题立项；16人次获省、市委党校理论研讨会奖项，其中《实事求是——中国共产党独特的治国智慧》获全市一等奖；13篇理论文章在国家、省级刊物公开发表；组织教师撰写《从新民学会看中国共产党人的“先”进品质》等“红色岳麓　党校之声”专题理论文章6篇，刊发于“红网时刻”新闻客户端，点击量超过15万人次。

【队伍建设】坚持人才引进，队伍结构得到优化。注重年轻干部的培养与管理，公开招聘1名青年教师充实教师队伍；增设1个内设机构，通过岗位竞聘选优配强中层干部。坚持培训引导，队伍自信得到提升。量化管理，实施全员送训，借力上级名师结对培养骨干教师；创新开展以“日打卡、周推荐、月测试、季分享、年评比”为主要内容的“五个一”领学行动，引领和推动理论自信。坚持政治引领，“红色学府”更加彰显。压实管党治党责任，认真履行党风廉政建设责任制，校委会全年专题会议研究党风廉政建设2次，根据党校实际情况制定落实全面从严治党主体责任清单和年度分工；节假日前均召开全体教职工会议，对党风廉政建设进行安排部署，确保风清气正过节；落实纪检组谈心谈话要求，全年共开展廉政谈话30余人次，做到全面覆盖不漏一人。严格落实意识形态工作责任制，严把教学关、科研关、宣讲关，做到党校教师讲政治、党校课堂讲纪律、教学领域无“杂音”，持续落实教师外出授课报备和兼职教师课前沟通制度，全年无任何违规违纪及意识形态方面问题。

3月17日，岳麓区举办科职干部学习贯彻党的十九届五中全会精神轮训班（第四期）　（区委党校供图）

【举办科职干部轮训班】3月17日，岳麓区科职干部学习贯彻党的十九届五中全会精神轮训班第一期开班，区委书记周志凯为培训班学员授课。周志凯强调，要把学习贯彻党的十九届五中全会精神在全区进一步引向深入，更好推动“十四五”时期全区经济社会高质量发展，确保建设现代化新岳麓开好局、起好步。他要求，要更加注重抓学习，准确把握全会精神的核心要义。全区上下要在学深悟透上下功夫，聚焦关键重点，提高学习实效，确保工作目标、重点、举措完全符合省委要求，把学习成果转化为推动岳麓高质量发展的强大动能。培训班邀请湖南省委党校常务副校长曹健华讲授“大力实施‘三高四新’战略　奋力建设现代化新湖南”专题课。曹健华系统阐述“三高四新”战略的重大意义、科学内涵和推进举措，学员们感受到当前与长远、全局与一域、目标与路径、机遇与责任的有机统一。此次轮训共四期，全区700余名科职干部均参加轮训。此次轮训是岳麓区委党校落实党的十九届五中全会精神和省委“三高四新”战略要求的一项专题培训，课程设置有专家授课、分组讨论、集中交流和现场考察。

【落实市委专项督查通报精神专题会议召开】11月23日，岳麓区落实市委关于党校工作专项督查通报精神专题会在区委党校召开。区委党校全体班子成员、中层干部及区委办、政府办、人武部、组织部、人社局、财政局、住建局、机关事务中心分管人员参加会议。会议由区委副书记、统战部部长、党校校长唐继发主持。常务副校长冯莹汇报市委专项督查党校工作情况，谈落实督查通报精神、推进党校建设的工作打算。唐继发对党校工作给予充分肯定。他指出，要强化政治导向，担当做好新时代干部教育工作的时代使命。要强化目标导向，抬高办学治校的时代坐标。要强化问题和责任导向，构建齐抓共管的工作格局，落实落细市委党校专项督查通报精神。

【岳麓区委党校搬迁新址】9月14日，岳麓区委党校正式搬迁至新址办公。党校新址位于岳麓大道397号，建筑面积6900平方米，由区委、区政府投资近3000万元改建原岳麓山大酒店而成。新址配备多功能教室、报告厅、情景教学室，建设有图书室、文体活动室、学员讨论室、学员宿舍等功能齐全的配套用房，能同时容纳400人培训。岳麓区委党校新址建设，是岳麓区委落实党委办党校、管党校、建党校主题责任的重要举措，实现长沙市城区率先独立建校。

档案·党史·地方志工作

【概况】2021年，岳麓区档案、党史、地方志工作，在档案管理、查阅利用、宣传普及、业务指导、党史研究、年鉴编纂、信息化建设等方面服务区委、区政府工作大局，为社会、经济、民生事务作出较大贡献。有力推进档案、党史、地方志工作进一步发展。

【档案查阅】2021年，岳麓区档案管理工作坚持做好接待群众、查询档案等工作。根据政务服务事项统一要求，档案管理事项上传政务服务平台，方便群众办事，全年共接待干部、群众查档2198人次，电话查档274人次，调阅档案2573卷（册）。

【档案信息化建设】2021年，着力推动档案信息化建设。信息化项目于2018年启动，2021年档案数字化第四期项目完成馆藏档案数字化3100卷、1378361页，涉及文书、婚姻、山林、户口迁移、土地承包、建房等多种档案。2021年年末，全馆库存档案数字化率已达60%，为档案利用提供有力支持。

【档案宣传】2021年，全区上下把学习宣传档案知识纳入主题党日活动、区委中心组学习内容，广泛宣传普及档案知识，提高对档案工作的思想认识和高度重视；“6·9”国际档案日期间，组织档案宣传小分队，区政府及各街镇政务服务中心设置咨询台，向群众宣讲档案法制，发放《兰台小红工作记》和印有档案宣传标语的环保袋、扇子，为办事群众宣讲解答有关档案政策法规及查档办事指南等；在区、街镇的政务服务中心大厅和王府井、步步高等大型商业广场及西二环、桃花岭、梅溪湖艺术中心等人流量大的地方，利用大型电子显示屏滚动播放档案宣传口号标语、图片、视频等，取得良好的宣传效果。

区委党校多功能教学室　　（区委党校供图）

“6·9”国际档案日期间，岳麓区档案宣传标语　（区档案馆供图）

【党史宣教】根据党史宣教工作需要，2021年在《岳麓史话》开设《学党史爱岳麓》专栏，每周刊发稿件1篇至2篇，全年刊发党史专题文章70余篇，宣讲岳麓区的革命斗争史。

【党史研究】2021年，配合区文化旅游体育局，组织排演红色舞台剧《古塘湾1930》。同年，与望城区档案馆合作制作《星火燎原——长沙河西地下党组织发展》口述史，再现早期长沙河西第一个基层农村党组织——中共古塘湾支部为湖南解放而坚持地下斗争的顽强精神，传承中国共产党人为人民谋幸福、为民族谋复兴的初心与使命。该口述史已公开出版发行，并被推荐参加全省党员教育片观摩交流活动。

【百年风华·青春岳麓】2021年，以中国共产党成立100周年为契机，采取图片、影像、实物相结合方式，运用声、光、电等多种手段，举办“百年风华　青春岳麓——庆祝中国共产党成立100周年主题展”，该主题展全方位展示岳麓区百年奋斗史和建设史。7月对外开放，至12月末，接待50余批6000人次观展，得到省、市领导和群众充分肯定。该展已成为岳麓区新的党建常设阵地、干部教育基地、党史宣传窗口。

【年鉴出版】4月，由中共长沙市岳麓区委、岳麓区人民政府主办，岳麓区档案馆编纂的《岳麓年鉴（2020）》，经方志出版社审核，公开出版发行。该卷年鉴设有区情概览、中共岳麓区委等27个类目，107个分目、935个条目，收录186幅图片、5张表格，58.5万字。卷首专题图片设领导视察、经贸产业、和谐民生、疫情防控、城市新貌5个版块，卷末附人物、附录及主题索引。《岳麓年鉴》连续公开出版发行，成为向全国推介岳麓区的最美名片。

【指导编修特色志书】2021年，指导完成编修《大城兴起》。推进反映岳麓山国家大学科技城近三年蝶变的《岳麓山大学科技城图志》（2000—2020）》的编修。按长沙市的节点铺排，推动《莲花镇志》的编修工作，力争体现莲花特色和底蕴，为编写其他名村名镇志积累经验，搞好试点。指导督促《岳麓山志》《岳麓高新区志》的

7月1日，举办“百年风华　青春岳麓——庆祝中国共产党成立100周年主题展”
（区档案馆供图）

印刷出版工作。

【地方志宣传】6月，将省、市下发的《关于学习宣传吴志宏同志先进事迹的通知》纳入主题党日学习，提高对做好地方志工作的思想认识。2021年是中国共产党成立100周年，国务院《地方志工作条例》颁布实施15周年，岳麓区档案馆、区地方志编纂室结合党史学习教育，组织开展一系列学习教育活动。向各街道、镇印发《地方志工作手册》《岳麓区街道（镇）简志》《岳麓年鉴（2020）》等宣传资料书籍；各街、镇政务服务大厅均设置地方志宣传咨询服务台，免费发放相关书籍、宣讲解答有关地方志工作的政策法规；借助电子媒介展现宣传内容。在区、街镇政务服务大厅和步步高、奥克斯、阳光100凤凰街等大型商业广场人流量大的地方，利用大型电子显示屏滚动播放地方志宣传标语，营造学志、用志氛围，扩大地方志工作的影响力和宣传效果。

5月18日，区、街镇政务服务大厅和步步高、奥克斯、阳光100凤凰街等大型商业广场大型电子显示屏滚动播放地方志宣传标语

（区档案馆供图）

长沙市岳麓区人民代表大会

综　述

【概况】2021年，区人大常委会始终坚持以习近平新时代中国特色社会主义思想为指导，深入贯彻习近平法治思想和习近平总书记关于坚持和完善人民代表大会制度的重要思想，深入理解把握发展全过程人民民主重大论断，紧紧围绕全区工作大局依法行使职权、积极开展工作。全年区第五届人大常委会召开主任会议19次，常委会议9次。10月，召开岳麓区第六届人民代表大会第一次会议，选举产生第六届人大常务委员会，第六届人大常委会召开主任会议3次、常委会会议2次，全年共计开展执法检查1次、视察调研28次，依法做出决议、决定13项，有效发挥地方国家权力机关的作用。

【强化政治学习】坚定不移以习近平新时代中国特色社会主义思想武装头脑、指导实践、推动工作。把深入学习贯彻习近平新时代中国特色社会主义思想作为首要政治任务，学深悟透习近平法治思想、习近平总书记关于坚持和完善人民代表大会制度的重要思想，认真学习贯彻党的十九大和十九届历次全会精神以及中央、省委、市委人大工作会议精神。始终将习近平总书记重要讲话和党中央重要会议、重要文件精神作为党组会议、常委会会议、主任会议第一议题进行传达和系统学习。

【助推经济社会发展】全面落实强省会战略，矢志推进“五城同建”。区第五届人大常委会视察58小镇建设等投资建设项目，在区域发展中发挥人大优势、展现人大作为、体现人大担当。听取和审议优化营商环境整改落实情况的报告，有效推动全区诚信体系建设、惠企政策落实落地、行政审批效率和企业家权益保护等各项工作再提升。听取和审议农村人居环境“五治”工作专项评议整改落实情况、2020年度岳麓区环境状况和环境保护目标完成情况等报告，多措并举推进全区污染防治和生态文明建设。在全市率先作出加快居家养老服务发展的决定，规范服务体系，推动养老服务全面进入法治轨道。组织对《中华人民共和国退役军人保障法》《中华人民共和国固体废物污染环境防治法》《中华人民共和国人民警察法》《中华人民共和国旅游法》《湖南省乡镇人民代表大会工作条例》等法律法规实施情况开展专题调研和执法检查，配合市人大常委会开展《岳麓山风景名胜区保护条例》修订工作调研，通过多种方式让法律法规“活起来、落下去”。区第六届人大常委会依法听取和审议审计工作报告，督促相关单位部门落实审计整改；开展乡村振兴工作调研，督促现代农业和美丽乡村建设。

【保障代表履职】召开区五届人大第七次会议代表建议交办会，有效推动代表建议高质量办理，合力解决关系人民群众切身利益的问题。持续开展人大代表“双联”“三讲三做当表率”活动，充分发挥人大代表联系群众、反映民意、集中民智、参与治理的重要作用。围绕建党百年开展走访代表、联系群众活动，常委会组成人员走访人大代表230余人，区人大代表走访群众1200余户，解决民生问题600余个。做好区第五届人大履职与探索《代表·力量与担当》编辑出版工作。区第六届人大常委会聚焦代表作用发挥，主任会议成员分别带队走访19个街镇代表联组，与代表面对面沟通交流，凝聚共识，形成合力。

【加强自身建设】锚定“自觉坚持中国共产党领导的政治机关、保证人民当家作主的国家权力机关、全面担负宪法法律赋予的各项职责的工作机关、始终同人民群众保持密切联系的代表机关”“四个机关”新定位新目标新抓手，自觉在思想上政治上行动上同以习近平同志为核心的党中央保持高度一致。始终坚持党的全面领导这一最高政治原则，把讲政治、讲大局贯穿于人大工作全过程、各方面。始终坚持全面从严治党，严格履行党风廉政建设主体责任，严守中央八项规定和廉洁自律各项要求，营造风清气正、干净干事的良好环境。狠抓区委巡察反馈问题整改，提高两级党组民主生活会质量，确保全面从严治党若干要求在常委会及机关建设中落实落细见成效。区第六届人大常委会自觉落实全过程人民民主，修订完善《区人民代表大会常务委员会议事规则》等制度、程序和机制，畅通人大监督和党内监督、监察监督、司法监督、社会监督的联系。科学谋划2022年工作。

10 月 21—24 日，长沙市岳麓区第六届人民代表大会第一次会议第一次全体会议在区机关 13 栋会议中心召开　　（区委办公室供图）

重要会议

【区第五届人民代表大会第七次会议第一次全体会议】2月2—4日，长沙市岳麓区第五届人民代表大会第七次会议在区机关13栋会议中心召开，263名人大代表出席会议。会议通过区人民政府工作报告；通过区人民政府关于2020年国民经济和社会发展计划执行情况与2021年国民经济和社会发展计划草案的报告；通过区人民政府关于2020年预算执行情况及2021年预算草案的报告；通过区人大常委会工作报告；通过区人民法院工作报告；通过区人民检察院工作报告；通过区国民经济和社会发展第十四个五年规划和二〇三五年远景目标纲要；通过区第五届人民代表大会有关专门委员会主任委员名单。

2 月 2—4 日，长沙市岳麓区第五届人民代表大会第七次会议第一次全体会议召开　　（区委办公室供图）

【区第六届人民代表大会第一次会议第一次全体会议】10月21—24日，长沙市岳麓区第六届人民代表大会第一次会议召开，308名人大代表出席会议。会议通过区人民政府工作报告；通过区人大常委会工作报告；通过区人民法院工作报告；通过区人民检察院工作报告；选举彭利芝为区第六届人大常委会主任，选举蔡锋为区人民政府区长，选举王长陵为区监察委员会主任，选举张帅为区人民法院院长，选举袁征为区人民检察院检察长（提请11月23日市第十五届人大常委会第四十四次会议批准），选举王剑、喻英姿、江南、张淳、万千为区人大常委会副主任，选举张永久、王海潮、彭迟平、彭首志、李群素、李鸿、刘振乾、朱兵为区人民政府副区长；选举产生区第六届人大常委会委员，选举产生岳麓区出席市第十六届人民代表大会代表。

【人大常委会会议】1月23日，长沙市岳麓区第五届人大常委会召开第四十次会议。听取和审议《长沙市岳麓区人民代表大会常务委员会工作报告（草案）》《长沙市岳麓区人民政府工作报告（草案）》《长沙市岳麓区人民法院工作报告（草案）》《长沙市岳麓区人民检察院工作报告（草案）》《关于长沙市岳麓区2019年国民经济和社会发展计划执行情况与2020年国民经济和社会发展计划草案的报告（草案）》《长沙市岳麓区2019年预算执行情况及2020年预算草案的报告（草案）》《长沙市岳麓区国民经济和社会发展第十四个五年规划和二〇三五年远景目标纲要（草案）》；书面审议《长沙市岳麓区人民代表大会各专门委员会工作报告（草案）》；听取和审议并表决通过《长沙市岳麓区第五届人民代表大会常务委员会代表资格审查委员会关于代表异动及补选代表的代表资格审查报告（草案）》；听取和审议《长沙市岳麓区第五届人民代表大会有关专门委员会主任委员建议名单（草案）》。

3月12日，长沙市岳麓区第五届人大常委会召开第四十一次会议。听取和审议并表决通过《长沙市岳麓区第五届人大第七次会议至第六届人大第一次会议期间常委会工作要点（草案）》。

4月29日，长沙市岳麓区第五届人大常委会召开第四十二次会议。听取和审议《关于农村人居环境“五治”工作专项评议整改落实的情况报告》，表决通过《长沙市岳麓区人大常委会关于农村人居环境“五治”工作专项评议整改落实情况报告的审议意见》；听取和审议《关于〈中华人民共和国固体废物污染环境防治法〉执法检查整改落实情况报告》，表决通过《长沙市岳麓区人大常委会关于〈中华人民共和国固体废物污染环境防治法〉执法检查整改落实情况报告的审议意见》；听取和审议《2020年度岳麓区环境状况和环境保护目标完成情况报告》，表决通过《长沙市岳麓区人大常委会关于岳麓区环境保护工作情况审议意见的报告》；听取和审议并表决通过《长沙市岳麓区人大常委会关于加快居家养老服务发展的决定（草案）》；听取和审议《关于优化营商环境专题询问整改落实情况的报告》，表决通过《长沙市岳麓区人大常委会关于优化营商环境专题询问整改落实情况报告的审议意见》。

6月23日，长沙市岳麓区第五届人大常委会召开第四十三次会议。听取和审议《关于提请接受周凡同志辞去长沙市岳麓区人民政府区长职务的议案》《关于提请决定蔡锋同志为长沙市岳麓区人民政府代理区长的议案》，表决通过《长沙市岳麓区人大常委会关于接受周凡同志辞去长沙市岳麓区人民政府区长职务的决定（草案）》《长沙市岳麓区人大常委会关于提请决定蔡锋同志为长沙市岳麓区人民政府代理区长职务的决定（草案）》；听取和审议《关于贯彻实施〈中华人民共和国退役军人保障法〉情况的报告》，表决通过《长沙市岳麓区人大常委会关于〈中华人民共和国退役军人保障法〉执法检查情况的报告》；听取和审议并表决通过《关于〈湖南省乡镇人民代表大会工作条例〉实施情况的执法检查报告》；听取和审议并表决通过《长沙市岳麓区区、镇两级人民代表大会换届选举工作实施方案（草案）》；听取和审议并表决通过《关于提请设立长沙市岳麓区选举委员会的议案》；听取和审议并表决通过《关于提请任命长沙市岳麓区莲花镇、雨敞坪镇选举委员会组成人员的议案》；听取和审议《关于〈中华人民共和国旅游法〉执法检查整改落实情况报告》，表决通过《长沙市岳麓区人大常委会关于〈中华人民共和国旅游法〉执法检查整改落实情况报告的审议意见》。

7月20日，长沙市岳麓区第五届人大常委会召开第四十四次会议。听取和审议《关于长沙市岳麓区2020年决算草案和2021年1—6月预算执行情况的报告》，表决通过《长沙市岳麓区人大常委会关于批准2020年决算的决议（草案）》；听取和审议《关于长沙市岳麓区2020年国有资产管理情况的报告》，表决通过《长沙市岳麓区人大常委会关于〈长沙市岳麓区2020年国有资产管理情况的报告〉的初审意见》；听取和审议《关于长沙市岳麓区2020年及2021年1—6月债务工作情况的报告》，表决通过《长沙市岳麓区人大常委会关于〈关于长沙市岳麓区2020年及2021年1—6月债务工作情况的报告〉的初审意见》；听取和审议《关于岳麓区城乡规划工作情况的报告》，表决通过《长沙市岳麓区人大常委会关于岳麓区城乡规划工作情况报告的初审意见》；听取和审议《关于区人大常委会专项评议垃圾分类工作整改落实情况的报告》，表决通过《长沙市岳麓区人大常委会关于评议全区垃圾分类整改落实情况报告的审议意见》；听取《关于确定岳麓区区镇两级人民代表大会换届选举日的情况说明》《关于确定雨敞坪镇人民代表大会代表名额的情况说明》。

8月20日，长沙市岳麓区第五届人大常委会召开第四十五次会议。听取和审议有关人事议案，表决通过接受李雪龙辞去长沙市岳麓区监察委员会主任职务的请求，接受谢勇辞去长沙市岳麓区人民检察院检察长职务的请求，任命王长陵为长沙市岳麓区监察委员会副主任，决定王长陵为长沙市岳麓区监察委员会代理主任，任命彭迟平为长沙市岳麓区人民政府副区长，任命袁征为长沙市岳麓区人民检察院副检察长，决定袁征为长沙市岳麓区人民检察院代理检察长（由长沙市岳麓区人大常委会和长沙市岳麓区人民检察院分别报长沙市人大常委会和长沙市人民检察院备案），任命陈利华为长沙市岳麓区人大常委会选举任免联络工委主任，任命王艳为长沙市岳麓区教育局局长，任命雷云飞为长沙市岳麓区交通运输局局长，任命皮广林为长沙市岳麓区监察委员会副主任的任免事项；听取和审议《关于2020年度长沙市岳麓区本级预算执行和其他财政收支情况的审计工作报告》，表决通过《关于2020年度长沙市岳麓区本级预算执行和其他财政收支情况的审计工作报告的初审意见》；听取和审议《关于〈中华人民共和国人民警察法〉执法检查整改落实情况的报告》；书面审议《长沙市岳麓区人民政府规范性文件合法性审查工作落实情况报告》《长沙市岳麓区人民法院关于规范性文件备案审查工作的情况说明》《长沙市岳麓区人民检察院关于开展规范性文件备案审查工作的情况报告》，表决通过《长沙市岳麓区人大常委会关于规范性文件合法性审查工作情况报告的审议意见》。

8月31日，长沙市岳麓区第五届人大常委会召开第四十六次会议。听取和审议并表决通过《关于长沙市岳麓区第六届人民代表大会代表的代表资格审查报告》；听取和审议并表决通过《关于提请任免许伟等同志职务的议案》《关于提请谭金灿等同志职务任免的议案》；听取和审议《关于长沙市岳麓区2021年1—7月国民经济和社会发展计划执行情况的报告》，表决通过《关于长沙市岳麓区2021年1—7月国民经济和社会发展计划执行情况的审查报告》。

9月24日，长沙市岳麓区第五届人大常委会召开第四十七次会议。听取和审议《关于〈中华人民共和国退役军人保障法〉执法检查整改落实情况报告》，表决通过《长沙市岳麓区人大常委会关于〈中华人民共和国退役军人保障法〉执法检查整改落实情况报告的审议意见》；听取和审议并表决通过《长沙市岳麓区第六届人民代表大会第一次会议筹备工作方案（草案）》《长沙市岳麓区人民代表大会常务委员会关于召开第六届人民代表大会第一次会议的决定（草案）》。

10月15日，长沙市岳麓区第五届人大常委会召开第四十八次会议。听取和审议《长沙市岳麓区人民代表大会常务委员会工作报告（草案）》《长沙市岳麓区人民政府工作报告（草案）》《长沙市岳麓区人民法院工作报告（草案）》《长沙市岳麓区人民检察院工作报告（草案）》；听取和审议《关于长沙市岳麓区2021年1—9月预算执行情况的报告》；听取和审议《选举办法（草案）》；书面审议《长沙市岳麓区人民代表大会各专门委员会工作报告（草案）》；听取和审议《关于加快岳麓区文旅高质量融合发展的调研报告》；听取和审议《长沙市岳麓区第六届人民代表大会各专门委员会主任委员、副主任委员、委员建议名单》；听取和审议并表决通过《长沙市岳麓区人大常务委员会关于接受段海波同志辞去长沙市第十五届人民代表大会代表职务的决定（草案）》。

11月15日，长沙市岳麓

区第六届人大常委会召开第一次会议。传达学习党的十九届六中全会精神；听取和审议并表决通过《长沙市岳麓区人民代表大会常务委员会议事规则（修订草案）》；听取和审议《2020年度区本级财政预算执行和其他财政收支审计工作报告指出问题整改情况的报告》，并开展整改满意度测评；听取和审议《长沙市岳麓区2021年预算调整方案（草案）的报告》，表决通过《长沙市岳麓区人大常委会关于批准岳麓区2021年预算调整方案的决议（草案）》。

12月24日，长沙市岳麓区第六届人大常委会召开第二次会议。听取和审议并表决通过《关于提请接受许望兴等同志辞去岳麓区第六届人民代表大会代表职务的议案》；听取和审议有关人事议案，表决通过任命杨军为长沙市岳麓区人民政府办公室主任，任命苏文斌为长沙市岳麓区发展和改革局局长，任命王艳为长沙市岳麓区教育局局长，任命余亚锋为长沙市岳麓区科学技术局局长，任命向成承为长沙市岳麓区工业和信息化局局长，任命刘志军为长沙市岳麓区民族宗教事务局局长，任命李思远为长沙市岳麓区民政局局长，任命李明清为长沙市岳麓区司法局局长，任命彭浩为长沙市岳麓区财政局局长，任命唐南沙为长沙市岳麓区人力资源和社会保障局局长，任命许望兴为长沙市岳麓区住房和城乡建设局（人民防空办公室、城市人居环境局）局长，任命雷云飞为长沙市岳麓区交通运输局局长，任命谢茂华为长沙市岳麓区水利局局长，任命唐凯为长沙市岳麓区农业农村局局长，任命李曼为长沙市岳麓区商务局局长，任命李玲艳为长沙市岳麓区文化旅游体育局局长，任命王洪为长沙市岳麓区卫生健康局局长，任命张武强为长沙市岳麓区审计局局长，任命刘勇为长沙市岳麓区退役军人事务局局长，任命周波为长沙市岳麓区应急管理局局长，任命吴卫为长沙市岳麓区市场监督管理局局长，任命邓爱武为长沙市岳麓区统计局局长，任命吴君为长沙市岳麓区城市管理和综合执法局局长，任命王华为长沙市岳麓区行政审批服务局局长，任命廖曦为长沙市岳麓区信访局局长，任命吕瑛为长沙市岳麓区医疗保障局局长的任免事项；听取和审议并表决通过《长沙市岳麓区人大常委会主任会议关于提请戴迪等同志职务任免的议案》；听取和审议并表决通过《关于长沙市岳麓区第六届人大常委会代表资格审查委员会组成人员建议名单》；听取和审议并表决通过《长沙市岳麓区第六届人大常委会选举任免联络工作委员会新任人员建议名单》；听取和审议并表决通过《长沙市岳麓区人民法院关于提请郭庆军等同志职务任免的议案》；听取和审议《长沙市岳麓区人民法院关于申请增加选任人民陪审员的议案》，表决通过《长沙市岳麓区人大常委会关于同意长沙市岳麓区人民法院增加选任人民陪审员的决定（草案）》；听取和审议并表决通过《关于提请依法补选长沙市岳麓区第六届人民代表大会代表的议案》。

长沙市岳麓区人民政府

综　述

【概况】2021年，岳麓区深入贯彻习近平新时代中国特色社会主义思想，全面落实党的十九大和十九届历次全会以及习近平总书记对湖南重要讲话重要指示批示精神，筑牢“稳”的基底，保持“进”的态势，把握“高”的要求，展现“新”的作为，矢志推进“五城同建”，全年实现地区生产总值1502亿元，税收规模居全省（区县市）前列，产业发展、城乡建设、宜居环境、民生保障再上新台阶。岳麓区被评为“全国五个百强区”。

【综合实力】经济发展喜人。全年实现地区生产总值1502亿元，同比增长7.8%。固定资产投资1075亿元，同比增长9.3%，总量居全市中心城区首位。地方一般公共预算收入67.5亿元，同比增长22.7%，全口径税收173亿元，税收规模居全省（区县市）前列，财政管理成效获省政府真抓实干督查激励。规模以上工业增加值235.2亿元，同比增长5.4%。社会消费品零售总额599.6亿元，同比增长12.3%。市场量质齐升。引进佑湘科技等投资亿元以上项目33个、外企德科等“三类500强”企业15家。新增市场主体超3万户，其中企业1.58万家，新增企业总量领跑全市。全区市场主体总量达15.4万户、企业总量达6.8万家，均居全市中心城区前列。开展“个转企、企升规、规改股、股上市”行动，新增纳税过千万元非房地产纳税人40户、“四上”企业123家、高新技术企业151家，达嘉维康登陆创业板，实现本土培育主板上市企业零的突破。增长动能强劲。完成铬盐厂生活区、谷山藕塘等30个项目征拆腾地，拓延战略空间6000余亩。市级重大新建项目全部开工，长沙智能驾驶研究院等41个项目建成达效，完成投资373.9亿元。宜家荟聚、世茂希尔顿投入运营，王府井等传统商业综合体革新消费场景，阳光100凤凰街获评首批国家级夜间文旅消费集聚区，限额以上社会消费品零售总额增长12.2%。积极应对国际疫情影响，高效畅通国际循环通道，精准服务麓山国贸等外贸平台发展，外贸进出口总额增长27%。

【产业发展】科技创新，年内新增省级以上工程研究中心、新型研发机构10家，岳麓山工业创新中心、半导体研究院、新材料研究院加快建设，省级以上研发及服务平台总量居全省（区县市）首位。全省唯一“专精特新”股权融资服务平台、中国技交所成果转化平台成功落户，引进院士领衔项目6个，发布科技攻关“揭榜挂帅”项目3个，原始创新与成果落地有序衔接，完成技术交易合同2193件，实现成交额46.4亿元。年内全区新增院士1人，驻区科研单位取得国家级科技创新奖励5项、省级奖励89项。岳麓山大学科技城新增科技型企业2733家，全区入库科技型中小企业总数达338家，赛恩斯、天云软件获评省级以上“小巨人”企业。建设“五好”园区，提速产城融合步伐，园区行政审批制度改革取得新突破。引进江河华晟等检验检测关联企业35家、东华软件等人工智能关联企业43家，中通智慧产业园等13个产业项目竣工达效，东山湾国际新城启动建设，岳麓高新区创新发展成效居全省（省级园区）前三。招商银行大厦投入运营，湘江基金小镇、“金融沙龙”品牌唱响，引进恒丰银行等金融及配套机构115家，进驻机构共380家，实现金融业税收55.5亿元，占全区税收32%。成立楼宇经济发展联合会，“楼长制”与楼宇工作站效力彰显，引进楼宇企业650家，其中蓓康僖等区域总部企业30家，湘江财富金融中心、中盈广场税收过亿元，全区重点楼宇税收58.3亿元。文旅融合，以文促旅，以旅兴文。提质岳麓山、橘子洲景区管理服务，完成新民学会旧址、肖劲光故居、曾国藩墓修缮保护，祗园纳入省级非遗传承名录，《古塘湾1930》红色话剧获好评。“三馆一园一中心”成为“长红景点”，华谊电影小镇晋级国家级AAAA级旅游景区。建设麓山景区西大门，健全完善全要素文旅产业链。建成岳麓智慧文旅平台，开展“百年风华·青春岳麓”、红色文旅年等十大文旅活动，打通城乡旅游要素联动通道，高品质建设全域旅游示范区，全年接待游客总人数突破1600万人次。

【城乡建设】麓景路隧道建成投入使用，地铁6号线试运行，地铁2号线西延线二期、湘雅路过江通道建设加快，观沙路等5条骨干道路建成通车，打通彩虹路等瓶颈路6条，重点区域交通拥堵指数下降。完善功能配套。新建5G通讯基站2701个，5G信号覆盖率位居全省（区县市）首位。完成智慧电网主网项目53个、配网项目460个，区域日供应电量180万千伏安。新增公共停车位7029个，城市无障碍设施改造稳步实施。高标准实施观沙岭城市单元、新湘雅健康城城市更新，麓山国际二小、谷岳路加快建设，金岭小区、湘雅三医院周边环境改善，“两校四院”扩容医疗研学空间。融城发展，产业融合。开展园区“一体三互”合作，与株洲、湘潭园区形成战略联盟。放大湖南金融中心资本辐射效应，举办金企对接活动6场，助力长株潭70家企业获得投资2.2亿元。服务科技创新和人才引进，融城科技小镇加快建设，“红枫计划”惠及融城科创项目70个，引进各类人才3000余人。设施互联。暮坪湘江特大桥、通航小镇、白庭路建设推进顺利，完善潇湘大道南延线、潭州大道配套设施，提质融城村组公路，内联外畅交通格局加速成型。服务共享。与湘潭雨湖区开展司法行政领域全方位合作，共建教育网络研修共同体，推动资源充分共享。开设政务服务“跨域通办”线上线下专区，75项事项实现通办。乡村振兴，发展都市农业。培育龙溪湖现代农业有限公司等市级以上农业产业化龙头企业3家，新增阡陌等市级示范合作社3家，韭菜、无花果等8个农产品获得“两品一标”认证，莲花月亮湾民宿走廊声名鹊起，集体经济收入过100万元的村有24个。乡村建设全面推进。实施八曲河河道治理工程，打造靳江河水文化长廊，完成新华、玉华水库除险加固，获评省级深化小型水库管理体制改革样板区。提质通村通组公路100千米，改造龙洞桥等危桥3座，许广高速莲花互通基本建成，新增农村自来水用户2000户。开展农村“五治”，推进移风易俗，管护小微水体，提升改厕成效，健全垃圾“分转运”链条，完成危房改造，创建市级美丽宜居村庄43个。

【宜居新城】污染防治。加强大气污染防治信息化监测与管控，升级餐饮油烟处理工艺，实行工地扬尘污染分级、分环节治理，全区空气优良天数达307天、优良率84.1%。压实“河湖长”责任，实施龙王港流域综合治理、“一狱三所”管网改造等治污项目，提质改造农村污水处理设施3处，全区监测断面水质达标率100%。长效管控土壤环境风险，修复受损山体，治理铬盐厂污染土壤，受污染耕地安全利用率和污染地块安全利用率超91%。管理提标。开展“百日奋战，靓丽河西”整治行动，主次干道、背街小巷、重点区域维护、清扫水平持续提升，望月湖等开放小区实行市场化专业管理，打造“洁净街区”示范道路26条。“撤桶并点、定时投放”，垃圾分类成为全市示范。开展“园林绿化品质提升年”活动，提质云栖路、含光路等4条主干道路绿化。实施湘江西岸亮化工程，提质岳麓大道照明，扮靓岳麓山山脊亮化。推进“一环一带三纵六横一城”全要素空间提质，实施省委党校周边、渔人码头综合整治，改造老旧小区44个。执法规范。加强城市界面梳理和建筑立面管理，拆除违法建设5万平方米，打造阜埠河路等户外招牌示范街区，城市形象整洁有序。应急水平提升。整治环湖路节庆桥等内涝易渍点24处，应对极端天气的应急能力明显提升。疏浚地下管网289千米，新建雨污水管道32.1千米，推进南园路、咸嘉湖等区域雨污分流改造。全省首个“六级联动”应急指挥中心投入使用，中心消防站即将入驻执勤，健全区级应急物资储备体系，应急救援队伍总人数700余人。开展“安全生产百日大会战”，杜绝较大以上安全生产责任事故，获评全省安全生产和消防工作先进单位、全省安全发展工作示范城区（县）。强化食品安全监管，提升信息化管控水平，国家食品安全示范城市创建成效显著。积极应对国内局部疫情反弹，28小时完成核酸检测151.2万人次。

【民生保障】公共服务升级。新改建博才西江等中小学校7所，新增学位1.1万个，新建、改转公办幼儿园25所，新增园位10668个，落实教育“双减”，规范校外培训，岳麓教育更加优质均衡。区公卫中心投入运行，新、改建社区卫生服务中心3家，建立雨敞坪镇卫生院与湖南航天医院等医疗联合体54个，获评全国健康促进区。区社会福利中心（养老中心）正式运行，新增基层综合养老服务中心4家，提质改造市级儿童之家5家，多层次抚幼养老体系加快建立。区图书馆、文化馆顺利开馆，新建市级标准化社区（村）综合文化服务中心5个，推广24小时“智慧书柜”，获评全省公共文化服务体系高质量发展建设优秀单位。社会保障提档。新增城镇就业8827人。发放兜底保障补助资金4700余万元，农村低保、特困人员享受一站式结算服务。开展养老保险待遇核查“回头看”，核查城乡居民参保和待遇人员44万余人，养老保险基金安全运行。坚持“房住不炒”，保持房地产业平稳健康发展，健全多层次、多类别住房保障体系。弘扬双拥传统，提升军人尊崇感。强化医疗保障，优化医保关系转移接续，推进大病医疗保险异地结算，人民群众幸福感持续提升。基层治理创优。加大社会综合治理力度，连续15年获评全省平安区。稳妥化解信访积案，加强初信初访办理，获评全省信访工作先进集体。强化“12345”市民热线工单和网格内民生问题办理，解决群众身边问题6.9万余个。完成全国文明典范城市测评验收，涌现全国道德模范刘习明等先进典型。

【自身建设】坚持依法行政。开展“八五”普法。自觉接受人大及其常委会和政协监督，办理人大代表建议51件、政协提案94件，见面率、办复率均达100%。推行行政执法“三项制度”，开展“双随机、一公开”监督，保护企业家合法权益，维护“亲清”新型政商关系。审查政府规范性文件5件、政府合同33件。提升服务效能。持续优化营商环境，率先全省推出“零收费+上门办”服务，深化“三集中三到位”“综合窗”改革，群众和企业办事便捷。开展“四为”行动，推动政务服务、惠企政策便捷直达市场主体，新增减税降费8.8亿元，兑现产业扶持资金2.3亿元。数字政府建设成效明显，一体化办公系统上线运行，智慧岳麓大数据管理平台服务功能丰富。强化作风建设。开展党史学习教育，锤炼干部务实担当作风、创新创业能力，拼搏进取精神。从严治党，聚焦政府采购、项目招标、工程建设等领域，发挥审计“经济体检”作用，严肃查处违纪违法问题。

重要会议

【第五届人民政府常务会议】1月11日，岳麓区第五届人民政府第64次常务会议，研究全区安全生产工作和疫情防控工作（与区安委会例会套开）；审议《长沙市岳麓区2020年国民经济和社会发展计划执行情况与2021年国民经济和社会发展计划草案的报告（送审稿）》、《长沙市岳麓区国民经济和社会发展第十四个五年规划和二〇三五年远景目标纲要（送审稿）》、《岳麓区2021年建设项目投资计划（送审稿）》和《岳麓区2021年市重大项目建设实施方案（送审稿）》、《长沙市岳麓区省级创新型区培育建设专题实施方案（送审稿）》；研究岳麓山大学科技城代管岳麓山大学科技园岳麓分园创业服务中心及两家公司委托管理事宜；研究青山路项目建设相关问题；研究东华（新基建）智慧产业园全国研发总部基地项目入园事宜；研究深圳拓普联科高速连接器研发生产基地及产品检测实验室项目入园事宜。

2月19日，区政府召开第65次常务会议，审议《2021年岳麓区推进“三强四融”暨产业发展提质年实施方案（送审稿）》；研究全美世界日化用品全国总部项目相关事宜；研究美团交通湖南省运营总部落户岳麓区相关事宜；研究麓山控股集团参与长沙银行定向增发项目相关事宜。

3月16日，区政府召开第66次常务会议，研究成立、撤销相关区级议事协调机构工作；研究全区统计工作；研究岳麓区卫片违法用地图斑整改工作；研究全区农村村民住宅建设管理工作；研究全区重点水域禁捕工作；研究粮食生产工作。

3月31日，区政府召开第67次常务会议，研究全区生态环境保护工作；审议《长沙市岳麓区贯彻落实湖南省生态环境保护督察"回头看"及城乡环境基础设施建设专项督察反馈意见整改工作方案（送审稿）》等文件（与区环委会2021年第1次会议套开）；研究防汛、岳麓区市府北片城市更新（旧城改建）项目实施合作协议、长沙铬盐厂公房搬迁工作、森林防火等工作。

4月21日，区政府召开第68次常务会议，研究全区安全生产相关工作（与区安委会例会套开）；审议岳麓区乡村振兴相关文件；研究岳麓区2021年交通问题顽瘴痼疾集中整治工作；研究打击治理电信网络新型违法犯罪工作；研究"12345"政务热线工作；研究"放管服"和"一件事一次办"改革工作；研究食品安全工作。

5月13日，区政府召开第69次常务会议，研究合并成立长沙市岳麓区防汛抗旱指挥部事宜；审议《健康岳麓行动实施方案（送审稿）》；研究大科城PPP项目相关事宜；研究岳麓区"四街两镇"地区学校、幼儿园校车和保安服务公开招标相关事项。

6月18日，区政府召开第70次常务会议，传达学习《李克强总理在国务院第四次廉政工作会议上的讲话》并传达省政府主要领导批示精神；传达学习习近平总书记关于湖北十堰燃气爆炸事故重要指示和李克强总理批示精神及省、市领导相关批示精神，研究全区安全生产工作；研究全区禁毒工作；研究落实《湖南省人民政府关于行政复议体制改革的实施意见》；研究2021年教师招聘工作。

7月25日，区政府召开第71次常务会议，传达学习习近平总书记在庆祝中国共产党成立100周年大会上的重要讲话精神和近期系列重要讲话精神；研究"放管服""一件事一次办"改革工作；传达上级指示精神，研究安全生产工作（与区安委会例会套开）；研究岳麓区促进软件产业高质量发展奖补资金拟兑现工作。

8月7日，区政府召开第72次常务会议，审议《岳麓区真抓实干争先创优推进高质量发展工作方案（送审稿）》。

8月27日，区政府召开第73次常务会议，组织区政府党组中心组（扩大）学习（"碳达峰、碳中和"专题讲座）；传达学习习近平总书记关于建立以国家公园为主体的自然保护地体系重要指示批示精神和国家、省、市相关文件精神，集中学习《中华人民共和国行政处罚法》《法治政府建设实施钢要（2021—2025年）》《中华人民共和国土地管理办法实施条例》；审议《长沙市岳麓区营商环境优化工程2021年行动方案（送审稿"）》《岳麓区2021年推进长株潭一体化发展工作方案（送审稿）》；研究全区打击治理电信网络新型违法犯罪工作；研究关于湘江智谷东山湾国际新城P01-A77、P01-A76、P01-A74、P01-A70地块股权投资及岳麓高新区望江路北片医院用地P01-B30/B32地块划拨工作。

9月27日，区政府召开第74次常务会议，集中学习《岳麓区抢险救灾工程管理办法（试行）》《关于进一步加强区本级政府投资项目审批和概算管理有关事项的通知》《长沙市政府投资建设项目管理办法》；审议《政府工作报告（送审稿）》；研究应急管理工作；审议《岳麓区特殊群体"上门办"实施方案（送审稿）》《岳麓区重点企业"上门办"实施方案（送审稿）》；审议《长沙市岳麓区生态环境保护工作责任规定（送审稿）》《长沙市岳麓区一般生态环境问题（事件）责任追究办法（送审稿）》；研究全区重点民生实事工作。

【第六届人民政府常务会议】 11月6日，区政府召开第1次常务会议，集中学习习近平总书记关于统计工作重要讲话指示批示精神和《关于深化统计管理体制改革提高统计数据真实性的意见》《统计违纪违法责任人处分处理建议办法》《防范和惩治统计造假弄虚作假督察工作规定》《防范和惩治统计造假弄虚作假重要文件选编》《湖南省统计局关于2020年以来统计执法检查情况的通报》；研究全区安全生产工作；审议《长沙市岳麓区国企改革三年行动工作方案》；研究全区消防安全工作；研究2021—2022年冬修水利建设工作；研究2021年拟成立及拟筹备社区工作；研究玉赤河PPP项目相关工作；研究合作办学相关工作。

11月27日，区政府召开第2次常务会议，审议《长沙市岳麓区财源建设工程实施方案（送审稿）》《关于明确街道（镇）财政管理体制的通知（送审稿）》；研究招商引资工作；研究锐意资环全国总部暨环保装备制造基地项目相关事宜；审议《长沙市岳麓区对口帮扶龙山县洗洛镇巩固拓展脱贫攻坚成果助力乡村振兴工作方案》。

12月18日，区政府召开第3次常务会议，研究区2022年项目征拆计划编制工作；研究区2022年项目编制工作。

12月24日，区政府召开第4次常务会议，研究2022年全区经济发展主要预期目标及区委经济工作会议有关事宜。

政府办公室工作

【政治建设】2021年，区政府办公室坚持把党的政治建设摆在首位，深入学习贯彻党的十九大精神和十九届历次全会以及习近平总书记对湖南重要讲话重要指示批示精神，坚决维护以习近平同志为核心的党中央权威和集中统一领导，增强“四个意识”、坚定“四个自信”、做到“两个维护”，在思想上政治上行动上与以习近平同志为核心的党中央保持高度一致。主动自觉将讲政治讲规矩落实到工作各方面全过程，充分运用新思想新理论新要求武装头脑、指导工作、推动实践。规范党内政治生活。以创建模范机关为抓手，充分发挥党建引领和示范带头作用，突出抓好政治学习和教育，从严从实落实党内政治生活制度，规范开展“三会一课”、组织生活会、民主评议党员、谈心谈话等党内政治生活，增强组织生活质量和活力。严格落实意识形态工作责任制，牢牢掌握意识形态工作领导权。开展党史学习教育。采取线上学习与线下学习相结合、室内学习与现场教学相结合、自主学习与集中研讨相结合方式，推进党史学习教育所思、所感、所悟融入工作。到古塘湾党支部，聆听河西第一个党支部的斗争和建设历史。以实际行动践行初心使命，深入开展我为群众办实事实践活动，推进肖劲光故居、岳麓书院周边等景点提质改造，推动红色景点串珠成线，让红色阵地焕发新时代的新魅力。

【中心工作】严格落实区政府公文处理规则，规范文电会务办理程序，切实提高政府系统工作运行质量和效率。全年共办理各类文件7600余件，整理档案1618件，用印50000余次。统筹区政府重要会议、重大活动，区政府领导出席上级会议、活动100余次，服务保障区政府各项重大活动顺利有序开展。充分发挥以文辅政作用，高效地完成各类文字综合任务，领导讲话、汇报材料等重要文稿共285篇，撰写调研报告1篇，发表领导署名文章和区政府署名文章2篇。加强政务信息采编，聚焦全区经济社会发展的重点、城市治理的难点、群众关切的热点等，深入开展调查研究，完成调研报告100余篇，为上级科学决策、制定措施、推动工作提供重要基础和依据。紧紧围绕市委、市政府和区委、区政府重大决策部署，以及重要文件、重要会议、领导批示、人大代表建议、政协提案等重点督办内容，分层分类拟定督查计划开展督查督办，确保各类督查事项落地落实。全年督导办理市、区政府领导批示交办件30余件，重点跟踪督办区政府常务会议、区长办公会议的议定事项20余件。迎接省市专项督查10余次，组织集中专项督查20余次，印发督查通报1期、督查通知12期、督办函10件。办理人大代表建议51件，政协提案94件，见面率100%、办复率100%。

【廉政建设】严格执行《党委（党组）落实全面从严治党主体责任规定》，明确党组书记履行本单位全面从严治党第一责任人职责，重要工作亲自部署、重大问题亲自过问、重点环节亲自协调、重要案件亲自督办；领导班子其他成员根据工作分工对职责范围内的全面从严治党工作负重要领导责任，按照“一岗双责”要求，领导、检查、督促分管科室全面从严治党工作，对分管科室和单位党员干部从严进行教育管理监督，构建一级抓一级、层层抓落实的工作格局。健全廉政风险防控机制，全面深入查找岗位风险点，明晰岗位职责、行政职权规范，构建“横向到边、纵向到底”廉政风险防控网。严格落实中央八项规定和省、市、区相关规定及实施细则，持续加强公务用车管理，严格落实公务接待活动有关规定，认真开展不作为及“懒散拖”问题专项整治。坚决反对腐败，全力支持和保障纪检监察机关履行监督责任，严肃查处发生在群众身边的不正之风和“微腐败”问题，坚决同消极腐败作斗争。2021年未发生党风廉政建设方面的违规违纪情况。针对党员干部在廉洁自律方面存在的苗头性、倾向性问题，以“咬耳扯袖”“红脸出汗”为方式进行谈话提醒，提前廉洁预警，筑牢廉政思想防线，有效发挥教育在廉政建设中的基础性作用。

【服务民生】牢固树立全心全意为人民服务的宗旨意识，积极推动解决群众关心关注的急难愁盼事项，做实做细为民服务各项工作，积极为群众排忧解难。用心服务项目建设。开展“四为”行动，区政府办党员干部率先响应、深入项目、深入现场，开展靠前服务、精准指导、跟踪办理，及时帮助项目破解要素瓶颈制约，形成强大工作合力，促推投资充分挖潜、充分释能。用情抓实社会治理。稳妥化解信访积案，获评全省信访工作先进集体。扎实开展安全生产专项整治集中攻坚、百日大会战、道路交通专项整治执法行动，获评省级安全生产和消防工作优秀单位，成功创建省级安全发展工作示范区。统筹协调处置各类突发事件19件，精准有效履行好社会管理和公共服务职能，保障群众的生命财产安全，维护社会改革发展稳定的大局。用力抓好疫情防控。积极组织党员干部投身防疫一线、践行初心使命的先锋号，把党的政治优势、组织优势、密切联系群众优势转化为疫情防控工作的优势，凝聚起众志成城抗击疫情的磅礴力量。据统计，全区完成新冠疫苗接种267万剂次，核酸检测数量超260万人次。积极应对国内局部疫情反弹，28小时完成核酸检测151.2万人次，动员能力、实战能力得到检阅和提升，筑牢外防输入、内防反弹防线。

行政审批服务

【概况】2021年，岳麓区行政审批服务工作以习近平新时代中国特色社会主义思想为引领，深入贯彻落实党中央、省委、市委、区委重大决策部署和指示精神，持续深化简政放权，提升服务质效，规范政务公开，提高热线效能，夯实数据资源，各项工作迈向更高水平。政务服务大厅全年接待办事群众255216人次，办结各类许可、服务事项245680件；“12345”政务热线办结热线工单81914件，满意度达99.13%，综合排名长沙市前列；区政府门户网站发布信息44460条；全年办理“一件事一次办”事项18万余件。市对区绩效考核年度排名全市第一名。2021年获评长沙市“文明标兵单位”。

【党建工作】开展学习教育。坚持习近平总书记重要讲话指示批示精神作为学习的“第一议题”，全年开展中心组学习15次、主题党日12次，班子成员带头讲党课5次，召开党员大会4次。开展党史学习。聚

区行政审批服务局获评长沙市“文明标兵单位”

（区行政审批服务局供图）

2021 年 1 月，召开全区“放管服”和“一件事一次办”改革工作会议

（区行政审批服务局供图）

焦学史“明理、增信、崇德、力行”四大主题，时间上保障“四个一”，形式上突出“四个字”（学、悟、赛、践），安排每天一小时自主学习、每周一次集中学习、每个月一次讨论交流、每季度一场主题活动；创新《百年党史·一起学》《百年党史·集中学》《党史故事展播》《百日红歌展播》等特色栏目，举办“颂党恩·跟党走”红歌快闪&诗歌朗诵活动。2021年6月被中共长沙市岳麓区委评为“先进基层党组织”。

【**简政放权**】2021年年初，岳麓区召开“放管服”和“一件事一次办”改革工作会议，明确向岳麓高新区赋权事项55项，承接市级下放权限48项，并组织相关职能部门与岳麓高新区做好行政权力交接。梳理明确区直部门权责清单2323项、街道（镇）权责清单150项、公共服务事项368项、行政审批中介服务事项61项。

【**打造政务服务体系**】全区以“放管服”改革为总抓手，拓展政务服务内涵建设，构建以区级政务服务中心为龙头，3大片区特色服务中心，17个街镇、22个楼宇工作站，168个社区（村）便民服务中心为支撑的“1+3+17+22+168”多层级多站点大政务服务体系。在长沙市召开的“放管服”和“一件事一次办”改革经验交流会，常务副区长张永久代表岳麓区作典型发言。《长沙要情》（2021年第161期）推介岳麓区打造政务服务体系的经验。

【**审批服务管理**】全区有序部署52个第三批“一件事一次办”区级权限事项，共办理“一件事一次办”事项18万余件。与赣江新区永修组团（永修县）签订政务服务“跨省通办”协议，第一批7个事项实现跨省通办；与株洲市天元区、芦淞区，湘潭市雨湖区签订协议，第一批75个事项实现跨域办理，《长沙要情》予以推介，省市多家媒体宣传报道。推进“三集中三到位”“综合窗”改革，全面优化政务服务，提升网办、自助办、就近办水平，线上线下同质办理。区政府政务大厅全年接待办事群众255216人次，办结各类许可、服务事项245680件，满意率达到99%以上，2021年1月，湖南经济电视台《经视观察》专题报道《营商新高地，服务不打烊》。

2021 年 11 月，常务副区长张永久（左一）在长沙市“放管服”和“一件事一次办”改革经验交流会议上作典型发言　（区行政审批服务局供图）

区委书记周凡（中）参加长沙市"12345"政务热线"领导接听日"专项服务（区行政审批服务局供图）

【回应民生诉求】2021年，进一步健全完善各项工作机制，坚持月调度、季分析、年总结，有效发挥政务热线"总客服"作用，签收、办结热线工单8万余件，满意率达99.13%，年度排名全市第二。2021年6月，区委书记周凡以普通话务员身份，在政法频道参加市政府组织的"领导接听日"长沙市"12345"政务热线专项服务。

【政务公开规范】年内，区政务服务着力规范"三大公开"，政务公开更加规范。做好主动公开。提质改造区政府门户网站，突出岳麓特色，科学配置专栏，区政府门户网站共发布信息44460条。做好依申请公开。下发《关于进一步规范政府信息依申请公开回复工作的通知》，确保政府信息依申请公开答复按时、合法、依规、严谨。共收到政府信息依申请公开112件，全部在时限内回复申请人。全年因政府信息依申请公开引起的复议及诉讼共4件，无一例败诉。做好标准化公开。动态调整基层政务公开事项目录4000余条。统一区本级、18个街道（镇）政务公开专区建设，实现标识标牌、公开内容、载体配置、服务功能、管理机制"五统一"。政务公开工作被国务院办公厅《政务公开工作交流》（2021年第3期）推介，并上传中央政府门户网站。

【打造系统化服务模式】2021年，岳麓区在全省率先打造系统化"零收费+上门办"服务模式，以"要我办——我要办——上门办"的服务理念升级，构建起"更有高度、更有力度、更有温度"的政务服务体系，实现政务服务便利化水平升级、改革成效升级，为岳麓人共享改革发展成果、营商环境优化增添新动力。11月19日举办"上门办"启动仪式，至2021年12月31日，为720余名特殊人员群体、164家企业提供"上门办"服务，被国家、省、市媒体报道推介。

【政务数据资源】全年落实"四大举措"，数据支撑更加智能。结合实际，编制并正式对外发布《长沙市岳麓区新型智慧城市"十四五"区域规划》。建设"智慧岳麓"大数据平台，整合区级"智慧楼宇"等7个子系统，与市级数据资源管理平台互通，推送74万余条业务数据。完善"一网通办"。市级"互联网+政务服务"平台覆盖全区32个区直单位、17个街镇、168个社区

11月19日，常务副区长张永久主持区"上门办"工作启动仪式（区行政审批服务局供图）

（村），平台累计完成办件54.6万件，高频电子证照标准化应用深入推进，区本级17.4万多条合规证照信息通过市级审核并成功录入市级证照库。打造具有岳麓特色的“我的长沙”App岳麓专区，建设政务服务专区、老年人专版专区、岳麓文旅专区、岳麓租房专区，推动各类政务服务、公共服务功能向“我的长沙”App聚集。

信访工作

【概况】2021年，岳麓区信访工作深入贯彻习近平总书记关于加强和改进人民信访工作重要思想，严格按照“一打造三当好”和“高转补统新”工作要求，系统打出党建引领、教育引导、依法治理、服务下沉、深度融合“组合拳”，围绕“去存量、控增量、严防极端恶性事件”工作目标，压实责任、精准施策，全区信访工作持续稳定向好。区信访局被评为湖南省信访工作先进集体。

【夯实信访基础】强化建章立制，形成闭环管理。进一步完善信访工作长效机制，从严压实“领导、属地、治访、联动、统筹”五类责任，实现问题搜集、反馈、处置、化解全流程链条，推动信访工作权责清晰、齐抓共管，形成闭环管理，提升工作效率。强化源头预防，抓实初信初访。将信访工作的重心下移，切实落实首办责任制，强化初信初访办理工作，及时、就地化解矛盾问题，从源头上预防和减少重复访、越级访、非正常访发生。强化攻坚意识，推动积案化解。以“集中治理重复信访、化解信访积案专项工作”为抓手，全面落实区级领导包案制度，强化统一调度，统筹资源力量。针对不同类型的信访问题，因人施策、因案施策，科学谋划、领办推动，最大程度争取案结事了。

【法治宣传】 深入学习贯彻习近平总书记关于加强和改进人民信访工作的重要思想，总结、宣传、推广《湖南省信访条例》修订实施15年来全省信访制度改革和信访法治化建设经验、成果，围绕“以习近平法治思想为指引坚定不移走中国特色社会主义法治道路”为主题，于5月12日、12月2日开展法治宣传活动，通过悬挂宣传横幅、摆放宣传展板、发放宣传单（册）、现场答问等多种形式，广泛宣传《中华人民共和国宪法》等法律法规知识及信访工作法规制度，重点宣传诉访分离、分类处理等信访改革、法治建设和推动“枫桥经验”湖南化等成果，改变群众“信访不信法”等错误观念，树立办事依法、遇事找法、解决问题用法、化解矛盾靠法的良好法治导向，增强全民依法信访的意识。

【志愿服务】切实加强和改进志愿服务工作，使志愿者在推进社会进步、提升文明水平中发挥积极作用。1月9日，岳麓区信访志愿服务团队与长沙市暖心社工综合服务中心携手在宁乡市道林镇河东新村开展“爱在冬日　暖在心田”关爱失母儿童志愿服务活动。9月28日，岳麓区信访志愿服务团队与岳麓街道云麓园社区联创共建活动正式启动，标志着全区133个志愿服务体验点正式开启。50余名志愿者参加活动。

【疫情防控】2021年，全局机关工作人员响应区委组织部和区直机关工委号召，持续落实在职党员到社区报到服务，参与社区疫情防控志愿活动，主要领导带头履职尽责、党员干部积极参加，深入联点网格开展排查劝导等工作。认真完成区新型冠状病毒疫情防控工作领导小组的各项措施，重点加强接访大厅、调解室等场所的监测防控工作，每天对办公区域开展清洁消毒工作。

【信访会议】2月25日，岳麓区召开“集中治理重复信访、化解信访积案专项工作”暨全国“两会”信访维稳特护期工作调度会。区委副书记、区长周凡主持会议，区委书记周志凯出席会议并讲话。会议传达中央、省市相关会议精神，通报全区信访工作情况，并就集中治理重复信访、化解信访积案专项工作等作了具体安排部署。

机关事务

【概况】2021年，岳麓区机关事务中心以“围绕中心、服务大局”为宗旨，以机关后勤“科学化、规范化、社会化”为原则，以“精细的管理、坚实的保障、完善的服务”为目标，抗击新冠疫情，做好垃圾分类，加大节能改造，加强公务用车管理，保障后勤服务，圆满完成各项工作任务。

【疫情防控】督促物业公司做好机关大院、湘麓金座和公卫中心公共区域的消杀工作，做好来往人员体温检测，确保进出机关大院人员的安全。做好隔离酒店的选定和后勤保障工作。岳麓区共有隔离酒店4家，为做好隔离酒店的各项保障工作，及时与区卫健、疾控中心协调联动，保障隔离酒店后勤工作正常开展。做好大型会议的疫情防控。会议前，督促物业公司提前对会议室进行2~3次喷雾杀毒，对与会人员检测体温，督促佩带口罩，有效保障大型会议疫情防控。

【垃圾分类及节能】认真做好区直机关、湘麓金座垃圾分类及节能工作。加大对区机关大院、湘麓金座和区公共卫生中心垃圾分类的指导，对垃圾分类进行视频宣传、海报和展架宣传、培训宣传、印制“垃圾分类指导手册”。每周对垃圾分类情况进行检查，每日对垃圾分类进行抽查，发现问题及时提出，及时整改。机关大院全年处理垃圾总量约229吨，其中餐厨垃圾73吨，其他垃圾148吨，有害垃圾0.04吨，可回收垃圾8吨，垃圾分类稳步推进。开展节能宣传，利用电子显示屏、板报等进行节能宣传，机关干部节能意识明显提高。加大节能改造，机关大院自来水管网改造，节约用水500吨/天。机关大院、湘麓金座、公共卫生中心人均综合能耗和人均用水量下降3%，单位建筑能耗下降2%，公务用车油耗人均下降2%，基本达到上级节能要求。

【公务用车服务】加强对公务用车标准化规范化管理，改善公务用车管理平台性能，实施网络化派车，网络化维修报修等。规范公务用车维修、保险和加油。加强驾驶员管理。加强考核力度，平时考核与安全相结合，聘请区交警大队专业人士对驾驶员安全进行培训、授课，提高驾驶安全的意识，有效减少事故发生。加强公务用车制度建设，完善制定《岳麓区社会化车辆租赁管理试行办法》，规范社会车辆租赁的管理，节约财政资金。

【物业监管】严格按照《机关物业考核办法》对两家物业公司进行量化考核，每周对物业服务情况进行打分，每月按照考核办法得分多少进行物业费发放，考核得分低于95分者，从物业费中扣除相应比例。通过加强检查力度，两家物业公司加大清扫保洁、人防技防力度，充实安保力量，完善机关大院、湘麓金座监控系统，做到人防、技防和物防三到位。加强会务服务管理，选用素质较好的会务人员，会务服务水平明显提高。两家物业全力协助做好信访工作。区机关各部门及广大干部职工对物业工作满意度提升。

【后勤保障】为确保机关大院、湘麓金座、公卫中心设备完好，确保各类设施设备运转正常，中心后保部加大检查力度，督促物业公司加大对设备设施的维护维修力度。全年共维修重大项目13个，包括机关大院自来水改造、机关北面喷泉改造，区人大办、区政协办公用房改造，10栋3楼多功能厅改造等。设备维保项目18项，包括机关大院、湘麓金座、公卫中心办公楼电梯维保、机关食堂货梯维保、有线电视收视维护、机关大院安防监控系统维保等。零星维修项目54个，确保机关大院、湘麓金座和公卫中心设备运行正常。合理调整机关大院办公用房，调整单位14家，较好地解决机关大院办公用房拥挤状况，机关干部办公环境得到改善。按照公安部门的要求，为区直机关干部职工办理集体户口证明，认真做好机关办公电话新装移机等通信业务，对机关国有资产情况进行清理、统计。

【队伍建设】加强党史教育，重视理论学习，认真落实党组主体责任，按照“谁主管、谁负责”的原则和“一岗双责”的要求，实行“分工负责制”，突出中心主要领导的责任目标，强化班子成员责任意识，进一步强调领导班子成员党风廉政建设责任分工和责任内容。全年召开支委会12次、党员大会6次、开展党课4次、主题党日活动12次以及结对共建志愿服务活动2次。班子成员按照“一岗双责”要求，从严管好自己分管的工作和联系的部室，做到不回避矛盾，不推卸责任，不计较个人得失，有力推进各项工作的开展。进一步制定完善各项规章制度，严格控制“四费”开支，做到包干管严、专项管好，最大限度发挥各项资金的使用效率。

应急管理

【概况】2021年，岳麓区应急管理工作坚持人民至上、生命至上的安全发展理念，扎实推动安全生产专项整治三年行动，全力以赴强宣教、严执法、防事故。坚持抓好安全生产，坚持有法必依，执法必严。人防、技防、心防相互补充，全方位夯实城乡安全基础，不断提升全区应急管理能力。岳麓区被评为湖南省安全生产和消防工作优秀单位、湖南省安全发展工作示范区。

【健全体制机制】坚持把抓好安全生产作为头等大事，健全机构、完善机制、齐全制度，形成齐抓共管工作格局，做到守土有责、守土担责、守土尽责。强化履职尽责。全年召开区委常委会和区政府常务会18次、区安委会例会4次、区消安委联席会议3次、专题会议19次，研究部署安全生产与消防工作，做到重要理论及时学习、重要工作及时部署、重要问题及时研究。落实区级领导带队检查常态化机制，全体联点街镇区级领导和部门负责人坚持每季度带队检查安全生产，对安全隐患问题现场督办整治，共检查企业139家，交办整改问题967条。压实工作职责。调整优化区安委会、区消安委会成员单位和人员组成，明确安委会、消安委会工作规则。12个专业委员会履职尽责，定期会商解决行业领域的重点、难点问题。成立岳麓高新区地区安全生产联合委员会，理顺园区与属地街镇的安全监管职责，有效发挥地区联动效能。制定完善《岳麓区安全生产监督管理职责规定》《工贸行业安全监管责任清单》等，分类明晰32个区直部门和街镇、园区、景区安全监管职责，健全“横向到边、纵向到底”的安全监管责任体系。出台《关于进一步加强重型运输车辆道路交通安全管理的实施办法》，推动重型车辆管控由“单向管理”向“多方共治”转变，凝聚齐抓共管工作合力。注重考评问责。建立安全生产与消防职责述职报告制度，将工作开展情况纳入各级党委政府领导班子述职报告重要内容。对标上级文件精神，将安全生产纳入区委政治巡察内容，定期开展安全生产巡查，组成联合督查组进行现场检查、交叉互检，邀请人大代表、政协委员进行专项督查，重点考评部门、街镇专项行动开展、重大隐患督办、安全事故防控等成效，并与干部评优评先、经济社会发展考核等挂钩，明确约谈、扣分、问责等鞭策手段，向42家街镇、部门提出专项整改要求，实现工作压力有效传导。

【加强监管执法】按照“全覆盖、零容忍、严执法、重实效”的要求，坚持有法必依、执法必严，排查和有效化解各类安全生产风险，提高安全生产保障水平。推进隐患治理。坚持问题导向，扎实推进专项整治三年行动，全年在危化、工贸、消防安全、校车安全、燃气安全等方面建立问题隐患清单25个、制度措施清单74项，累计排查整改各类隐患1.8万条。严格执行重大隐患“一单四制”管理，湖南精彩无限环球物业管理有限公司、熊家湾小区等14处重大安全隐患得到彻底解决，其中3处市安委办挂牌督办的重大隐患按期销案。针对消防、建筑施工、道路交通、仓储物流和工贸等重点领域，开展安全生产专项整治百日攻坚行动。成立由区委书记任政委，区长任指挥长的攻坚行动指挥部，设立17个街镇分指挥部，从两个台账（企业监管台账、问题隐患台账）、三个机制（隐患排查机制、执法惩戒机制、讲评通报机制）、四个责任（领导责任、监管责任、属地责任、主体责任）等方面着力，强力推进百日攻坚行动，消除重点行业领域问题隐患5285个。开展执法整治。以“三比三严”为导向，建立“联合打、重点盯、源头追、群众防”工作机制，持续推进“强执法防事故”，实现打非治违常态化。全年累计罚款1175万元，责令停产整顿57家，取缔关闭50家，移送司法64人，办理行刑衔接案件2起，媒体曝光25起，形成打非治违高压态势。危化品领域，查处非法储存汽油案件2起，没收汽油1750升、柴油2000升，立案1起，罚款2万元，治安拘留2人。燃气领域，共计开展燃气整治执法行动46起，暂扣燃气钢瓶895个、违规经营工具车7辆，停业整顿16家，取缔关停4家，罚款52.1万元。消防领域，紧盯居民住宅、“多合一”场所、高层建筑、小型宾馆酒店、中职院校、民办高中和艺培机构等火灾高风险场所，对发现的消防安全隐患及违法行为铁腕整治，共检查社会单位1044家，下发《责令改正通知书》171份，临时查封54家，责令“三停”13家，罚款200万元，警告2人，拘留1人。住建领域，统筹全区建设项目一体执法，抽调专干完善城建监察大队，共开展执法检查448人次，下达《建设行政执法调查通知书》29份、《装饰装修工程停工通知书》6份、《建设工程停工通知书》1份，立案12起，罚款10.8万元。压实企业责任。持续推动“一会三卡”制度全覆盖，落实“班前会”重安全文化、“危险作业卡”重预防、“应急明白卡”重处置、“体检卡”重日常管理要求，开展“最美班前会”评比活动，促进企业提升自我安全管理能力。按照“先期培育指导、后期考察推荐”的原则，定期推选10家标准化班组重点企业参与市级评选。针对重型运输车辆闯禁、闯红灯、超速、超载等各类顽瘴痼疾违法违规行为，积极探索建立信息互通共享机制，由交警、交通、住建、环卫、应急等部门联合开展约谈、警示、惩戒，全区共开展警示约谈30余次，约谈268家货运、物流企业，通过安全教育、警示约谈、联合惩戒等系列措施，倒逼企业主体责任落实。

【夯实基层基础】突出硬件与软件统筹结合，人防、技防与心防相互补充，全方位夯实城乡安全基础，织密、织牢人民群众生命财产安全防护网。细化“人防”。区政府每年从财政预算中安排专项资金用于购买专业技术服务，建立“企业自查、专家暗查、政府督查”的工作机制，各街镇、部门采取政府购买服务的方式，聘请第三方安全技术机构、专家参与隐患治理全过程，确保各类隐患查得准、改得实。全年新增工作经费140万元，聘请3家专业技术机构，分片区开展隐患动态巡查、暗访督查，截至12月末，共排查生产经营单位39家，交办整改问题隐患488条，发出工作简报34期，通报工作开展不力单位15家，推广典型经验5期，有效传导压力，推动安全责任落实。依托网格化服务平台，构建“一网多格、一格多员、全员参与、责任到人、逐级负责”的动态管理模式，实行社区（村）会商、街镇甄别、分类处置、闭环管理，累计办结群众反馈的安全生产问题362条，切实将安全隐患化解在基层。推进“技防”。运用物联网、人工智能、大数据等信息化科技手段，加快“互联网+安全监管”建设。全省率先推进智慧电梯建设项目，通过互联网“黑科技”，对电动自行车进入电梯轿厢进行精准识别，电梯管理实现由粗放式向精细化、事后故障处置向事前预防“两个转变”，全区已安装智慧电梯物联网设备3000多台。在久富购物广场、机关大院等场所推广使用电气火灾智能运维管控系统，25家重点企业完成智慧用电系统建设；在宾馆酒店、娱乐场所及机修场所安装治安管理信息系统，实现安全生产情况实时动态管理。开展“心防”。将习近平总书记关于安全生产、应急管理的重要论述纳入党委理论中心组学习内容，向全体区级领导和部门、街镇主要负责人员发放《领导干部安全生产工作手册》，组织集中观看《生命重于泰山》《不可逾越的红线》电视专题片，累计组织500余场，参与人数达6万余人，“人人话安全、事事讲安全”的良好氛围日益浓厚。持续提升全区整体安全宣传效果，与《湖南安全与防灾》、红网、《长沙晚报》、星辰在线签订战略合作，开设《三年行动》宣传专栏，建立重大活动及时报道、工作动态和安全知识定期宣传的工作机制，各主流媒体正面宣传和报道累计1000余篇次。区政府投资2.2亿元打造莲花示范性综合实践基地，构建集知识性、安全性、科技性、趣味性、互动性于一体的消防安全宣传教育阵地，充分发挥主题实践活动平台的辐射作用，累计接待20余万人次学习培训、参观考察，荣获第五届全国119消防先进集体称号。

【提升应急能力】以“实战化”为目标，坚持专业队伍、社会公众共同参与，不断提升全区应急管理能力，确保关键时刻拉得出、冲得上、救得了。充实应急力量，推动人员配备向应急管理领域倾斜，明确应急事务中心为副科级机构，全区专职应急管理基层干部和社区工作人员达210人。区级、各街镇、各社区（村）分别建立专业应急救援队伍、综合应急救援队伍、应急响应队。按照统一指挥、协同作战、分级负责的原则，将5支专业救援队伍、46支社会救援队伍纳入全区应急救援体系建设，并进行统一管理。岳麓蓝天救援队作为应急管理体系中的社会辅助力量，先后参加各类应急搜救与抢险行动、大型活动医疗与安全保障任务近200次，圆满完成驰援河南抗洪抢险等重大任务。对标市级文件要求，及时补充各类消防救援器材装备，完善莲花、雨敞坪乡镇消防队伍建设，补足基层消防安全管理漏洞。推动大型物业小区和新建住宅小区微型消防站建设，建成各类基层微型消防站517个，有效增强基层初起火灾扑救力量。应急演练务实。各街镇、部门、企业累计组织开展防汛、森林防灭火、消防、企业生产安全事故应急救援演练活动462次，通过模拟实战，积累突发事件应急处置经验。9月26日，省森防指办公室、省应急管理厅以森林火灾应急救援为背景，采取“盲演真练”形式，在梅溪湖桃花岭公园组织开展首次“全实战”森林火灾应急指挥演练。省、市、区三级森林防灭火救援力量共同参与（专业队伍286人，半专业队伍789人），积极配合，妥善应对处置“火情”，有效增强专业救援、精准救援、机动救援等应急处突能力，演练评审得到省应急管理厅肯定。应急体系扎实。建立全区应急物资储备总库，在17个街镇设立分库，与相关企业签订代储协议，储备各类应急物资100余种，有效提升物资储备能力。推动街镇应急能力建设，坪塘街道、咸嘉湖街道、学士街道、含浦街道，莲花镇等第一批街镇建设通过验收。在全省率先建成可实现六级联动的综合应急指挥中心，接入“天网”“雪亮”“水利”等视频资源，打通信息共享通道，增强应急响应速度和决策指挥能力。坚持应急预案、应急机制、应急救援相统筹，对全区各单位应急预案进行检查和修订，严格落实24小时应急值班备勤制度。针对极端降雨风险点和应急救援装备情况进行细致摸排，制定《应对极端降雨天气应急处置方案》，编制洋湖片区、滨江片区、梅溪湖片区等重点区域内涝风险分析图，全面补齐极端天气应急处置体制机制短板。救灾减灾夯实。健全灾害信息员队伍体系建设，组织全区59名灾害信息员开展业务培训，提升救灾业务能力。组织开展“5·12”“10·13”防灾减灾宣传日活动，累计发放宣传手册、宣传资料2万余份。及时推进受灾群众倒损住房重建和冬春生活救助工作，完成11户受灾倒房重建资料审核，下拨房屋重建资金33万元，成功救助困难人口521人，发放救助资金49.46万元，维护灾区社会稳定。扎实推进全区第一次自然灾害综合风险普查工作，成立自然灾害风险普查领导小组和办公室，制定工作方案，安排工作经费600余万元，完成数据调查上报，开展数据核查与入户调查工作。

【区安委会例会】1月11日，区委副书记、区长、区安委会主任周凡主持召开2021年第1次安委会例会。会议通报宁乡“1·7”燃爆事故、“12·29”包茂高速交通事故情况，传达学习省、市安全生产电视电话会议、1月9日全市推进打非治违暨紧急电视电话会议精神，区安委办汇报全区安全生产工作情况，提出下一阶段工作建议，与会单位汇报安全生产工作情况。会议要求各部门明晰责任，织密安全网；强化举措，推进专项整治；突出重点，紧绷安全弦，守住安全生产底线，切实维护人民群众生命财产安全。

4月21日，区委副书记、区长周凡主持召开第68次政府常务会议暨2021年第2次安委会例会。会议听取全区安全生产工作情况汇报，通报宁乡“4·18”交通事故，传达学习长沙市安全生产紧急电视电话会议精神，听取与会单位相关工作建议，部署下一阶段安全生产工作，会议要求认真做好事故防控，切实抓好安全生产工作。

6月10日，区委常委、常务副区长蔡锋组织召开2021年第3次安委会例会暨端午、七一期间安全防范工作会议。会议传达学习全省、全市安全生产专项整治三年行动集中攻坚推进会议精神，区交警大队、消防救援大队、安委办分别汇报道路交通顽瘴痼疾整治，消防安全专项整治，全区安全生产工作情况，提出下一阶段工作建议。会议强调认清形势，以更高认识抓安全生产；对标对表，以更实举措抓安全生产；压实责任，以更强合力抓安全生产。

7月25日，区委副书记、代区长蔡锋组织召开2021年第4次安委会例会。会议传达习近平总书记以及省、市各级领导关于防汛救灾和近期安全事故的指示批示，听取全区安全生产工作情况汇报，通报湖南师大咸嘉湖校区综合楼项目“7·17”事故和雨花区井湾子“7·18”火灾事故，部署下一阶段安全生产工作。会议要求各单位要认真分析研判安全形势，坚持问题导向，找准风险分布的重点部位、安全管控的薄弱环节，采取有效措施，全力做好事故防控工作；狠抓监管执法，倒逼企业落实安全生产主体责任；认真落实长沙市委书记的批示精神，制定应对极端性突发事件的应急预案，查找薄弱环节，完善应急救援措施，提高预防和应对突发事件能力。

【举办基层安全监察员培训班】7月20—21日，长沙市岳麓区举办2021年基层安全监察员培训班。各街道（镇）、社区（村）安全监察员共180余人参加培训。邀请市安委办主任、市应急管理局局长胡春山专题授课，区安委办主任、区应急管理局局长周波作动员讲话。安全体验馆实操体验是此次培训的突出特色，场馆设立多个以在安全事故中生存为主题的体验项目，包括高楼逃生、暴风雨、汽车落水、救护培训等。让参培人员走进应急救援模拟场地，了解事故发生现场，识别潜在危险、掌握求生方法、体验逃生技能，增强大家的安全意识，提高自救和互救能力。

【“全实战”森林火灾应急指挥演练】9月26日，岳麓区桃花岭公园突发“森林大火”，1000余名救援人员投入到持续7小时的火灾扑救工作中。长沙市应急管理局、岳麓区森林防火指挥部、区应急管理局相关负责人迅速抵达现场指挥救援，岳麓蓝天救援队以及森林消防、区消防救援、梅溪湖街道等相关单位迅速组织人员赶赴现场开展救援。

此次湖南省森林防火指挥部组织的长株潭三市森林灭火实战演练与以往应急演练不同，盲选演练地点及时间。在长沙随机选择桃花岭景区模拟发生“森林火灾”场景，并完全根据火情发展，随机设计演练科目，要求长沙市、岳麓区森林防火指挥部即时决策，据情研判，组织指挥，及时处置，“盲演真练”。本次“火灾”是因烟头引发，灭火共出动救援人员1000余人，其中出动省、市、区专业消防救援队伍200余人，动用2架直升机、13台消防车、25台其他救援车辆、4台无人机。演练调度村、镇、区、市、省、外地各类力量。直升机吊桶灭火，大功率排水车远距离供水，高压水枪灭火，均为首次投入实演。与用传统拖把、风力灭火机等近距离入火场高风险灭火相比，科技赋能应急，更加安全有效。“灾害难以预知，此次盲演有效提升长沙应急指挥扑火的组织协调、扑救森林火灾的能力，及时补短板，严阵以待，应对各种风险考验。

【湖南省安全发展工作示范区创建验收反馈会】12月17日，岳麓区召开湖南省安全发展工作示范区创建验收反馈会。省安委办副主任、省应急管理厅、副厅长、省安委办调研验收组组长喻树长，市安委办主任、市应急管理局党委书记、局长胡春山，区委书记、湘江新区管委会副主任（兼）周凡，区委副书记、区长、区安委会主任蔡锋，区领导屈志峰、张永久、彭迟平及各部门、街镇主要负责人参加。与会人员观看岳麓区创建省级安全发展工作示范区专题片。蔡锋介绍全区创建工作情况。喻树长指出，作为全省人口最多的区（县市）、长沙市行政区域面积最大的城区，岳麓区集景区、校区、园区、城区于一体，是长沙市经济建设的主战场、旅游休闲的主阵地。多年来，岳麓区委、区政府高度重视安全发展工作，坚持统筹安全与发展两件大事，通过示范创建工作提升全区本质安全水平，增强人民群众的安全感、幸福感，为经济社会高质量发展奠定基础。喻树长强调，认真总结、精心提炼示范创建工作中的特色亮点和好经验好做法，在全市、全省乃至全国进行推广。结合区情实际，充分认识全区安全工作的特殊性和敏感性，对验收组反馈的问题做到立行立改。示范创建坚持不懈。要以此次示范创建为起点，坚持“一二三四五”的工作思路，久久为功，形成制度化、常态化的工作机制。以对党和人民高度负责的态度，着力抓好打非治违、执法检查等工作，严格落实企业主体责任，切实做好岁末年初安全生产工作，履行好促一方发展保一方平安的政治责任。

政协长沙市岳麓区委员会

综　述

【概况】2021年，岳麓区政协坚持以习近平新时代中国特色社会主义思想为指导，认真贯彻中共十九大和十九届历次全会精神，全面贯彻落实中央和省委、市委、区委政协工作会议精神，充分发挥好专门协商机构作用，不断提高政治协商、民主监督、参政议政水平，广泛凝聚社会共识，努力为全面建设社会主义现代化新岳麓贡献政协智慧和力量。

【加强政治建设】始终把坚持党的领导作为最高政治原则和最大政治规矩，切实把党的领导贯穿于政协工作各方面、全过程。把深入学习贯彻中共十九届六中全会精神和习近平总书记考察湖南重要讲话指示精神作为当前和今后一个时期的首要政治任务。充分发挥政协党组理论学习中心组的引领作用，通过专题辅导、座谈交流、理论研讨等形式，切实推动政协委员深入学习党的创新理论，进一步筑牢团结奋斗的共同思想政治基础。全年共召开政协机关党组理论中心组学习10次。坚持以党的政治建设为统领，全面提升新时代政协系统党的建设水平。探索开展具有政协特点的党建工作新方式、新路径，充分发挥中共党员委员模范带头作用，不断强化政协党组织在政协工作中的政治领导力、思想引领力、群众组织力、社会号召力，更好推动政协工作干在实处、走在前列。按照岳麓区委统一部署，扎实开展党史学习教育。结合政协实际，参观湖南省美术馆、古塘湾党史陈列馆、肖劲光故居、秋收起义文家市会师纪念馆等红色景点，接受党史教育和初心洗礼，完成4次党史学习教育专题研讨会议。发挥党员的先锋模范作用，调动广大党员干部创先争优的主动性和积极性，发动组织政协委员开展“我为群众办实事”植树活动。

【聚焦协商主业】围绕“乡村振兴”认真开展重点调研。坚持目标导向和问题导向相结合、立足当前与着眼长远相结合、外地经验与岳麓区实践相结合，在实地走访调查、深入分析研究、广泛征求意见的基础上，形成《用好用足三大抓手　推动乡村全面振兴》的调研报告。区委常委会会议专题听取关于重点调研工作的情况汇报，对报告提出的意见建议进行认真研究，对落实有关意见建议作出安排部署。该调研报告得到省、市政协充分肯定，获省政协优秀调研报告三等奖。围绕湘江基金小镇机构引进、新型村级集体经济培育发展和重点提案办理工作等议题开展专题协商。围绕科技企业孵化平台建设、医联体建设、社区戒毒和律师参与化解涉法涉诉信访等工作组织界别协商。围绕岳麓山大学科技城产业发展、全区重大产业项目建设、水利工程建设、公共文化建设、配套学校建设和未成年人检察工作、宗教团体“五进五好”工作等议题开展专题视察。切实改进提案工作，进一步做好提案信息公开、提案办理协商等工作，召开提升提案质量现场交流会，出台提高提案质量实施办法，不断提升政协提案工作的质效和水平。认真落实“区委书记、区长批办重点提案”制度，在确定的10件重点提案中，书记、区长带头批办领办，分管副区长领衔主办、经常督办，相关单位积极承办，提案办理工作更有力度、更富成效。区政协五届六次会议以来共立案、交办并办复提案94件，切实发挥政协提案服务民生的重要作用。积极反映社情民意信息。全年共收集社情民意信息80多条，全国、省、市政协共采用15条，其中《社区（村）干部男女性别比例失衡问题值得重视》等4篇信息被全国政协采用，《关于提升公共法律服务效能》等信息得到省、市领导重视和批示，相关意见建议转化为加强工作的具体举措。反映社情民意信息工作继续保持全市前列。

【把握中心环节】认真贯彻落实全国政协《关于加强和促进人民政协凝聚共识工作的意见》要求，坚持把加强思想政治引领、广泛凝聚共识作为中心环节，充分发挥人民政协“重要阵地、重要平台、重要渠道”作用。务实做好政协组织凝聚共识工作，探索建言资政和凝聚共识双向发力的程序机制，把凝聚共识有机融入视察考察、调查研究、协商议政等各项履职活动中，在建言成果、思想收获上一体设计、一体落实。持续做好面向社会传播共识工作，组织引导委员深入基层、深入群众，宣传党和国家方针政策。以深入学习习近平总书记的重要讲话为重点，认真组织开展中共十九届六中全会精神的宣讲工作，在及时组织政协常务委员会会议专题学习的基础上，由区政协主席会议成员带队，分成6个小组，组织各界别开展学习座谈，深入各街（镇）政协联络组进行现场宣讲。积极参与省市政协开展的理论研讨征文活动，组织委员提交理论研讨成果3篇，其中董彦宏委员撰写的《充分彰显我国新型政党制度的独特优势》获省政协理论研究优秀论文二等奖。建立健全委员联系服务界别群众工作制度，研究出台《委员联系服务界别群众工作实施办法》，切实加强委员联系服务界别群众工作，组织引导广大政协委员自觉投身凝心聚力、决策咨询、协商民主、国家治理第一线的具体实践，做实做细协调关系、化解矛盾、理顺情绪、凝聚人心的工作，努力为党委政府推动工作凝聚最广泛的共识，团结最广泛的力量。

【夯实履职基础】深化机制制度建设。建立健全以协商制度为骨干，覆盖政协党的建设、履职工作、组织管理、内部运行等各项制度，更好适应新时代对人民政协的发展要求。突出抓好委员队伍建设。2021年是政协换届之年，加强对新任政协委员的培训力度，通过政治学习与业务辅导，线上自学与线下实践，专题辅导与现场教学相结合的培训方式，不断引导新任政协委员提升履职能力，不断涵养协商民主精神，提升协商民主专业能力，教育引导广大政协委员切实担负起人民政协制度参与者、实践者、推动者的政治责任。加强政协机关思想政治建设和党风廉政建设。围绕区委第四巡察组反馈意见提出的问题和建议，先后召开区政协机关党组巡察整改动员会议、整改工作推进会议等5次专题会议布置整改工作、跟进整改进度，巡察反馈问题全部整改到位。组织开展巡视整改“回头看”，巩固深化前期整改成果，持续推动有关具体问题整改和规章制度落实，逐步形成常态长效。深化政协信息化建设。按照省政协统筹推进《政协云》履职栏目运用的要求，规范有序推进委员工作室线上线下联动，实现“街道（镇）委员工作室全覆盖、各级政协委员参加委员工作室全覆盖、线下实体委员工作室与线上委员云工作室同步建设全覆盖”的要求。积极推进智慧提案工作，提案提交采取线上提交与线下提交同步进行的方式，进一步推进政协信息化建设与履职工作融合发展。扎实有序做好政协换届相关工作。按照早谋划、早部署、早准备的要求，准确把握换届政策精神和相关程序、要求，强化政协换届工作的组织保障，严把政协委员提名和考察的素质关、程序关、审查关“三道关口”。严肃换届纪律，明确责任要求，确保换届工作依法、依规，按照政协章程有序开展。科学研判形势，统筹做好疫情防控，全面落实常态化疫情防控各项措施，深入细致做好工作预案，区政协换届选举工作圆满完成。

重要会议

【政协全体会议】2月1—2日，中国人民政治协商会议长沙市岳麓区第五届委员会第六次会议召开。会议审议通过《区政协第五届委员会第六次会议关于常务委员会工作报告的决议》《区政协第五届委员会第六次会议关于五届五次会议以来提案工作情况报告的决议》《区政协第五届委员会第六次会议政治决议》；会议协商讨论《岳麓区政府工作报告》《岳麓区国民经济和社会发展第十四个五年规划和二〇三五年远景目标纲要（草案）》《岳麓区人民法院工作报告》

《岳麓区人民检察院工作报告》《岳麓区人民政府关于2020年国民经济和社会发展计划执行情况与2021年国民经济和社会发展计划草案的报告》《岳麓区人民政府关于2020年财政预算执行情况与2021年财政预算草案的报告》。

10月19—22日，中国人民政治协商会议长沙市岳麓区第六届委员会第一次会议召开。会议审议批准袁精华代表政协长沙市岳麓区第五届委员会常务委员会所作的工作报告，审议批准刘平代表政协长沙市岳麓区第五届委员会常务委员会所作的提案工作情况的报告。委员们列席岳麓区第六届人民代表大会第一次会议，听取并协商蔡锋所作的政府工作报告，协商讨论区人民法院工作报告、区人民检察院工作报告及其他报告。

【政协常委会会议】2月2日，政协长沙市岳麓区第五届委员会常务委员会第二十四次会议召开。会议听取各组协商审议区政协五届常委会工作报告、提案工作报告，协商讨论区人民政府工作报告、国民经济和社会发展第十四个五年规划和二〇三五年远景目标纲要（草案）、国民经济和社会发展计划草案报告、财政预算草案报告、区人民法院工作报告、区人民检察院工作报告的情况；审议《区政协第五届委员会第六次会议关于常务委员会工作报告的决议（草案）》《区政协第五届委员会第六次会议关于五届五次会议以来提案工作情况报告的决议（草案）》《区政协第五届委员会第六次会议政治决议（草案）》。

3月26日，政协长沙市岳麓区第五届委员会常务委员会第二十五次（扩大）会议暨集中学习召开。会议邀请中央党校哲学博士、中共湖南省委党校、湖南行政学院哲学教研部教授、硕士研究生导师杨振闻教授作《开启全面建设社会主义现代化国家新征程——党的十九届五中全会报告解读》专题辅导报告。会议传达学习全国“两会”精神和市委主要领导来岳麓区调研讲话精神；审议通过《区政协委员联系服务界别群众办法(试行)(草案)》。

7月12日，政协长沙市岳麓区第五届委员会常务委员会第二十六次（扩大）会议暨集中学习召开。会议邀请长沙市人大常委会委员、研究室主任于安全作《解读习近平总书记“七一”重要讲话精神》专题辅导报告。会议传达学习习近平总书记在庆祝中国共产党成立100周年大会上的重要讲话精神；传达学习岳麓区委书记周凡调研区政协工作讲话精神；审议通过《政协长沙市岳麓区委员会关于提高提案质量的实施办法（征求意见稿）》；协商决定有关人事事项。

10月22日，政协长沙市岳麓区第六届委员会常务委员会第一次会议召开。会上，杨利成对在区政协六届一次会议选举产生的政协主席、副主席、秘书长和常务委员表示热烈祝贺，并就如何加强区政协常委会自身建设提出意见建议。

12月20日，政协长沙市岳麓区第六届委员会常务委员会第二次（扩大）会议暨集中学习召开。会议邀请中央党校哲学博士、中共湖南省委党校、湖南行政学院、哲学教研部教授、硕士研究生导师杨振闻作《牢牢把握党百年奋斗的重大成就和历史经验——党的十九届六中全会精神解读》专题辅导报告。会上，4名区政协委员围绕学习中共十九届六中全会精神，结合自身工作实际，进行交流发言。会议通报区政协主席会议成员分工情况，审议通过《政协长沙市岳麓区委员会常务委员会工作规则(草案)》《政协长沙市岳麓区委员会对口协商工作暂行办法（草案）》《政协长沙市岳麓区委员会主席会议成员联系常务委员、常务委员联系委员工作制度（草案）》《政协长沙市岳麓区委员会委员履职工作暂行办法（草案）》。

中共长沙市岳麓区纪律检查委员会 岳麓区监察委员会

综　述

【概况】岳麓区纪委监委在市纪委监委和岳麓区委的双重领导下进行工作，履行党的纪律检查和国家监察两项工作职能。2021年，全区各级纪检监察组织增强“四个意识”、坚定“四个自信”、做到“两个维护”，以高质量发展为引领，一体推进不敢腐、不能腐、不想腐，党风廉政建设和反腐败工作取得新成效。

【落实全面从严治党主体责任】贯彻落实习近平总书记“守护好一江碧水”重要指示精神，开展“洞庭清波”专项行动，查处生态环境领域问题线索7条，第一种形态处理失职失责党员干部19人次。开展违建别墅、乱占耕地建房、工程建设项目招投标突出问题专项整治，受理违规占用耕地问题线索4条，处理4人次；工程建设项目招投标领域立案查处5起，处罚违规企业3家。开展安全生产专项整治百日攻坚专项监督检查，切实防范各类事故风险。坚持“帮忙不添乱、鼓劲不泄气、压实不加码”原则，动态组建疫情防控督查队伍，先后开展两轮疫情防控工作专项监督检查，努力战“疫”33天，检查各类重点场所2151批次，下发督查通报27期，督促问题整改375个，查处违反疫情防控工作纪律案件7件11人次。始终坚持挺纪在前，严把廉洁审查关，出具党风廉政意见3388人次，其中否定性意见11人次。严格落实中央“十个严禁”和省委“八不准”等纪律要求，扎实开展会风会纪监督，确保区、镇、村（居）三级换届工作圆满完成。协助区委制定《区委落实全面从严治党主体责任清单》，着力推动党委（党组）主体责任、纪委监督责任、党委（党组）书记第一责任和班子成员“一岗双责”四个责任有效衔接，突出加强对“一把手”和领导班子监督，做好政治生态分析和政治画像工作，对履行管党治党职责不到位的单位“一把手”进行约谈。

【纠治“四风”问题】持之以恒纠治“四风”问题，严肃查处区农业农村局含浦林业站违规吃喝典型案件，对岳麓山风景名胜区“呷铺呷铺”问题整改不力的相关单位领导干部进行问责。全年共查处违反中央八项规定精神问题82件，处理处分137人次。持续纠治民生领域腐败问题，开展惠民惠农财政补贴资金“一卡通”问题专项监督，处理党员干部24人次，追缴违规发放资金8870元。开展社保基金管理防风险堵漏洞专项监督检查，重点查办湖南炬森人力资源有限公司违规一次性补缴社保问题。做细做实信访举报，全年接收信访举报件613件，同比下降11.8%，省级以上越级访、重复访同比下降22.5%。

【抓实政治巡察】对五届区委开展的12轮常规巡察、2次村级党组织交叉巡察情况进行“回头看”，梳理总结巡察成果，全面完成上届区委巡察全覆盖任务。围绕省、市部署的2021年重点民生实事和人民群众“急难愁盼”的重要民生领域，扎实开展“学位”“车位”“厕位”“梯位”民生项目建设专项巡察，发现突出问题39个，下发立行立改通知书6份，移送问题线索6条。探索巡察整改方案联审机制，助推整改工作进一步做实做细。推动巡察问题线索严查快办，2021年移交问题线索20件，已办结18件。巩固巡察整改成效，区委第十一、十二轮巡察发现问题353个，督促整改到位344个，整改率达97.5%，建立健全制度172个，追回清退各类资金142万余元。

【深化惩贪治腐】通过谈话提醒加强对“关键少数”的日常监督管理，全区科职党员领导干部开展谈话提醒12359人次，推动实现以上率下、以上促下的良好效果。用好“两书一函”，向区卫健局、区住建局、银盆岭街道等单位出具纪律检查建议书、监察建议书和工作提醒函20份，督促职能单位堵塞风险漏洞，推动建章立制。全年共发现群众身边腐败和作风问题线索139条，处理处分100人次。发现公职人员疑似违规领取各类资金和去世人员家属继续领取养老金等问题线索702条，第一种形态处理10人次，追缴各类违规发放资金13.16万元。建立小微权力“监督一点通”平台，助推“小微权力”改革试点健康运行。全年全区各级纪检监察组织共处置问题线索354条，立案154件，挽回经济损失934.39万元。运用“四种形态”处置406人次，一、二、三、四种形态分别处置277人次、88人次、22人次、19人次。坚持“一案双查”，办理违反党风廉政建设责任制案件8件，给予组织处理16人次。深入剖析违纪违法典型案例，督促各部门、街镇扎实开展警示教育和“以案促改”工作。针对党员干部酒驾醉驾频发多发问题，下发2期典型案件通报，督促加强对党员干部的教育、管理和监督。

【推进清廉建设】出台《关于推进清廉岳麓建设的实施意见》，形成布局完整、路径清晰、有效衔接的“1+8”工作体系，以行业主管部门为主体，以清廉单元建设为载体，积极探索清廉建设特色做法，陆续推出20多个清廉单元样板，构建区委总揽、部门协同、街镇力推、村居跟进的三级联动格局。主动加强与驻区单位的沟通联系，积极征求共建建议，通过搭建平台促共识、建章立制促共通、扩大外延促共融，进一步凝聚共建共识，形成“理念共筑、品牌共树、资源共享、制度共建、队伍共育、环境共营”的“六共”理念，推动61家驻区单位加入共建队伍。着力打造“湖湘廉脉·岳麓赓续”清廉品牌，录播《廉来讲》专题访谈栏目13期，在全区反响强烈。举办首期“清廉岳麓大讲堂”，近20家共建单位派员参训。与中南大学联合开展清廉岳麓共建体专题研讨暨案件警示教育活动。联合10家共建体成员单位开展2022年元旦期间纠治“四风”监督检查，切实推动区域共建深度融合。

【锻造纪检铁军】搭建进步成长平台，培养使用优秀年轻干部，持续优化年龄、学历结构，提拔重用干部20名，选调充实干部13名，聘用安全员4名、书记员1名，抽调街镇纪检监察干部跟班学习11名，不断激发干部队伍“一池活水”。加强学习培育，以党史学习教育为抓手，强化实务培训、跟班学习、轮岗交流，增强法治意识、提高业务素养。加强业务指导，围绕办案安全、办信质效、审查调查和案件审理等方面工作对17个街镇进行督导，着力提升基层业务能力，确保基础工作有序推进。以提速、提质、提效为中心，从机制、程序、流程入手，规范工作程序，创新工作机制，改进工作方法，先后出台《检举控告澄清正名工作办法（试行）》《查处诬告陷害行为工作办法（试行）》等制度性文件10份，不断提升纪检监察工作规范化、法治化、正规化水平。

【六届纪委一次全会】2021年7月30日，中国共产党长沙市岳麓区第六届纪律检查委员会召开第一次全体会议，选举产生第六届区纪委常委、书记、副书记。

区委巡察

【概况】2021年，岳麓区委巡察工作，根据中央、省市委关于巡视巡察工作的决策部署和《岳麓区委巡察工作规划（2018—2021年）》要求，全力完成区委五届任期内巡察全覆盖。五届区委共组织开展12轮常规巡察、2次村级党组织交叉巡察，配合完成2次市委提级交叉巡察，组队参与3次市委提级巡察。共巡察区管党组织70家、村（社区）党组织163家，共发现“三个聚焦”方面问题2278个，移交问题线索145件，立案29人，党纪政务处分26人（移送司法机关1人），督促建立健全规章制度258项。启动六届区委“四位”民生项目建设专项巡察，主动回应群众关注的问题。

【队伍建设】强化素质提升，按照政治过硬、本领高强的要求，打造忠诚干净担当的巡察干部队伍。2021年组织开展12次集中学习，重点学习习近平新时代中国特色社会主义思想、习近平总书记有关巡视巡察重要讲话精神以及中央、省市区委关于巡视巡察工作新部署、新要求。充实人员力量，做好人才招录，根据编制空余情况，面向全国公开招录4名巡察专干，已完成面试考察等工作。5月，区委巡察机构全体工作人员赴浏阳市委巡察办开展学习交流，着重学习兄弟区县在巡察整改、信息化建设、人才库和档案管理等方面工作经验，形成5篇调研及工作报告。

【党建引领】2021年，巡察机构党支部以“五化”建设为抓手，注重党员党性培育，全面加强党支部建设，扎实开展党史学习教育，认真推进主题党日活动，持续规范组织生活，党支部建设更上台阶。落实“党建+巡察”工作模式，坚持巡察巡到哪里、党支部“战斗堡垒”就建在哪里。巡察期间，临时党支部与巡察组同步成立、巡察组长与党支部书记同步授权任命、党建与巡察工作同步推进。规范组织生活，提升党员干部纪律规矩意识，发挥党员先锋模范作用，彰显巡察力量。

【制度建设】2021年7月，总结五届区委巡察工作经验，系统梳理巡察工作制度，结合工作实际提出废改立建议。更新《巡察底稿查询制度》等7项制度，逐步推动完善内容协调、程序严密、有效管用的巡察制度体系。健全问题线索与相关纪检监察室会商机制，问题线索定性更准、查办更快；建立健全问题底稿查询机制，接受12批次区纪委监委派驻纪检监察组和纪检监察室的底稿查询。加强与组织部门在人员抽调、整改日常监督上的贯通融合，强化与其他职能部门的监督联动，提升监督合力。

【宣传报道】拓宽宣传渠道，在清廉长沙、岳麓新闻网和指尖岳麓公众号等平台，及时报道巡察工作动态，全面解读巡察工作政策法规，报道巡察工作开展情况，累计发布各类信息10余篇，其中《长沙岳麓区：把百姓“扎心事”办成“扎实事”》一文被人民网刊发。巡察时，在被巡察单位及其下属二级单位的集中办公点、大型活动场所、公共交通要点等人流集中区域张贴巡察公告，设立巡察工作意见箱；在岳麓新闻网、指尖岳麓微信公众号、被巡察单位微信公众号发布巡察公告和巡察动态，公示各巡察组举报电话、举报邮箱和电子信箱，畅通群众反映问题的渠道。

【聚力巡察】2021年，区委书记专题会议2次听取区委巡察综合情况汇报；召开区委十一轮巡察整改集中通报暨整改工作动员会。区委书记认真履行第一责任人责任，坚持单独听取各巡察组情况汇报3次，围绕推动巡察工作高质量发展、市县巡察上下联动等工作作出3次批示。区委巡察工作领导小组先后召开6次会议，深入学习贯彻习近平总书记关于巡视巡察工作重要论述和有关巡视巡察新要求、新部署，听取巡察工作情况汇报，研究部署巡察工作。区委巡察工作领导小组成员各司其职，积极参加巡察工作动员会、反馈会等，全过程了解把关。区委巡察办认真落实“统筹协调、指导督导、服务保障”工作职责，区委各巡察组认真履职、主动作为，确保巡察工作稳步推进。牢牢把握政治巡察定位，全力推进巡察全覆盖进程。五届区委圆满完成一届任期巡察全覆盖任务，巡察利剑作用充分彰显。六届区委第一轮巡察暨区委“四位”民生建设项目专项巡察迅速推进，主动回应群众关切，亮出巡察震慑帝一剑。

【巡察一体化】认真落实市县巡察上下联动工作要求，支持配合做好巡察上下联动一体化工作，提升巡察工作质量。按照市委巡察办《关于开展巡察工作现场指导督导的通知》，及时向区委和区委巡察工作领导小组报告指导督导工作要求和相关事宜，制定配合指导督导工作方案，从组织领导、政治巡察、监督质量、成果运用和基础建设五个方面，积极自查，通过先查一步，全面梳理区委巡察工作中存在的问题；自觉先改一步，全面对标中央省市要求提升工作标准。针对市委巡察指导督导组现场指导督导反馈的5个方面16个问题，区委和区委巡察工作领导小组对此高度重视，坚决以高度的政治自觉和强烈的责任担当抓好整改落实，制定整改措施25条，建立完善巡察工作相关制度7项，14个问题立行立改并长期坚持，2个问题基本完成并持续整改中。对标做好省委巡察指导督导整改工作。7月6日至21日，省委第三巡察指导督导组对长沙市委巡察工作开展指导督导并反馈意见，对照指导督导反馈的4个方面主要问题、3个方面意见建议，结合岳麓实际，细化成16条整改清单、10条落实举措。针对每一个具体问题明确牵头单位、配合单位和完成时间，实现责任一一对应、整改精准有力，确保“件件有着落、事事有回音”。支持配合做好省委巡视整改专项巡察工作。8月30日至9月15日，市委第七巡察组对岳麓区委落实省委巡视整改情况开展专项巡察。巡察期间，区委巡察机构配合做好省委巡视整改专项巡察工作，派出巡察办副主任参与对其他区县的专项巡察，通过以巡代训，积累丰富经验，进一步提升巡察业务能力。同时，派员参加支持配合市委第七巡察组巡察岳麓区工作，在办公阵地、后勤服务等方面做好优先保障。11月12日，长沙市委巡察工作领导小组印发《关于专项巡察岳麓区委落实省委巡视整改情况的反馈意见》。根据区委安排，区委巡察办拟定《关于做好市委专项巡察整改工作的安排建议》，就做好整改工作向区委提出意见建议，对反馈的4个方面10项26个具体问题，逐一分解责任，草拟《关于专项巡察岳麓区委落实省委巡视整改情况反馈意见的整改责任清单》，并经区委常委会会议审议通过，各责任单位迅速落实整改。

【**整改监督**】坚持巡察反馈意见向纪检监察室和派驻纪检监察组通报机制，纪检监察机构派员参加被巡察单位专题民主生活会；健全问题线索与相关纪检监察室会商机制，问题线索定性更准、查办更快；建立健全问题底稿查询机制，接受12批次区纪委监委派驻纪检监察组和纪检监察室底稿查询。加强与组织部门在人员抽调、整改日常监督上的贯通融合，强化与其他职能部门的监督联动，提升监督合力。加强移交督办，探索实施整改方案纪检监察部门和区委巡察办联审机制，推动巡察整改方案进一步做实做细。全年重点审查方案20余份，复审建议30余条。在区委第十一轮和第十二轮巡察整改中，巡察发现353个问题，整改到位344个，整改完成率97.5%，建立健全制度172个，追回清退各类资金142.98万元。推动巡察问题线索严查快办，全年移交问题线索20件，办结18件，其中函询了结5人，诫勉谈话、批评教育、通报批评等组织处理13人，立案审查2人。深入贯彻落实党中央和省市区委关于巡察工作的决策部署，根据《关于推动新时代市县巡察工作高质量发展的指导意见》《关于深化市县巡察上下联动的实施办法》等文件精神，结合岳麓区实际，制定下发《关于推动区委巡察工作一体化建设的实施方案（试行）》，从组织领导、巡察任务、巡察整改、成果运用、队伍建设5个方面，推动区委巡察工作规划化、科学化，建立健全全区巡察工作一体化格局，推动新时代巡察工作高质量发展。

民主党派·工商联

中国国民党革命委员会长沙市岳麓区工作委员会

【概况】2021年，民革岳麓区工委紧紧围绕省、市、区中心工作，服务经济发展大局，用心履职，重视组织建设，积极参政议政，开展社会服务活动，为岳麓“五城同建”贡献力量。

【组织建设】加强理论学习，坚定政治信念。组织全体党员认真学习贯彻中共十九大精神、十九届六中全会精神，用习近平新时代中国特色社会主义思想武装头脑，将习近平总书记重要讲话精神特别是考察湖南讲话精神贯彻落实到实际工作中。重视组织建设，培养、发展新党员。在党员吸收、锻炼和培训上，对讲政治提出更高要求。在中国共产党成立100周年之际，组织党员开展多次线上线下学习讨论活动，并撰写心得体会。

【参政议政】关注民生，推动社会健康发展。撰写集体与个人建议、提案近20份，促成长益立交桥隔音屏立项建设、岳麓书院北侧游步道加装护栏、岳麓书社居民停车难和长沙市第四医院家属楼天然气管道建设等问题得到逐步解决。建言献策，开展专题调研。主委谢芳主持的知识产权证券化课题内容被纳入省政府工作报告。岳麓工委“课后三点半主题调研”，探索课后服务政策实施的具体现状，并撰写调研报告。阳芬报送的社情民意《关于建立红色文化纪念标识促进党史学习教育》被民革湖南省委采用。参与民主监督，做好特约监督员。许米娜等多位党员被政府各级机构聘请为特约监督员，在司法、民政、住建等领域积极参与各项民主监督工作。

【社会服务】疫情期间，民革岳麓区工委赴梅溪湖街道、望岳街道组织抗疫慰问活动，捐赠口罩、纯净水等防控物资，助力全员核酸检测的后勤保障。一支部帮助学士街道学华村农户销售上千斤葡萄，为受到疫情影响的农户解决燃眉之急；积极联系博爱医院、长沙宏朗医院调入40名医护人员前往支援望月湖街道的核酸检测、定点采样工作。党员彭欢欢主导建设的8台核酸检测移动方舱实验室投入长沙抗疫一线，让长沙全市检测机构单日单管最大检测能力达到48万份；党员宋超向社区捐献口罩1500个、饮用水20件。二支部组织慰问望岳街道社区卫生服务中心、八方社区卫生服务中心工作人员。助力“防汛抗洪驰援河南”，组织捐赠活动。

【活动开展】开展活动，凝结集体力量。“暖冬之约系列慰问”“关爱老兵”“关爱孤残”等品牌活动常年开展。邹昕伦等四位党员获岳麓区委统战部主办的“月明星灿”主题展览优秀奖。许米娜等多名党员获“心中有话向党说”主题征文奖。朗诵视频《我们与祖国命运与共》被长沙民革公众号选登，获“最佳人气奖”，朗诵视频《英雄》被长沙民革公号选登，获“优秀搭档奖”。

中国民主同盟长沙市岳麓区工作委员会

【概况】中国民主同盟长沙市岳麓区工作委员会（以下简称民盟岳麓区工委）成立于1997年12月16日，是中国民主同盟长沙市委员会（以下简称民盟市委会）的派出机构，受民盟市委会委托，推动和指导所在区域内各支部开展调研、考察、参政议政、社会服务、横向联谊及推荐骨干盟员等工作。民盟岳麓区工委设主委1名，副主委3名。下设10个支部，共有盟员327人，主要分布在教育、科技、经济、法律等部门行业。

【组织建设】2021年，岳麓区工委共发展盟员20人，其中8

人具有中级以上职称，15人为文化教育及相关科技界别，民盟重点界别比例为75%。工委组织盟员开展专题学习。采取集中宣讲、专题学习、座谈交流讨论等形式，深刻领会习近平新时代中国特色社会主义思想的精神实质和丰富内涵。组织观看“庆祝中国共产党成立100周年大会”，聆听习近平总书记在大会上的重要讲话，学习贯彻十九届六中全会精神，学习《中国共产党统一战线工作条例》，在思想上政治上行动上同以习近平同志为核心的党中央保持高度一致。学习长沙市第十四次党代会和岳麓人大、政协两会精神，凝聚盟员力量建设新岳麓。组织参加各类主题活动，增强盟员对中国特色社会主义的“四个自信”，切实承担作为中国特色社会主义事业亲历者、实践者、捍卫者的政治责任。区工委代表民主党派在全区各界人士中秋茶话会上发言，组织盟员参加区“同心向党、众星拱月—奔向实事求是思想路线策源地活动”和“铭记百年奋斗历程，创建同心美丽乡村”教育活动，助力乡村振兴和同心美丽乡村建设。提升盟员素质，组织盟员参加省、市、区学习培训活动。推荐4名盟员参加全省新盟员暨青年盟员培训班、3名盟员参加民盟市委会青年骨干座谈会、1名盟员参加市各民主党派新成员培训班和全省第18期党外中青年干部培训班，组织区工委全体委员参加区委统战部组织的2021年统一战线培训班。新区工委主委班子履职后，区工委主委、副主委明确分工，确保责任上肩，建立主委、副主委联点支部制度，增强区工委与支部的沟通联络和工作对接。进一步完善区工委工作制度、财务管理制度和活动组织制度。

【参政议政】政治协商有力推进。区工委围绕中共岳麓区委、区政府中心工作，积极为岳麓经济社会发展建言献策。列席区第六次党代会，听取区政府工作报告，参与民主党派意见会，参与区委、区政协召开的征求意见会3次。推荐优秀盟员参政议政。有9人担任新一届市政协委员，8名盟员担任新一届区人大代表和政协委员。参加区政协第六届委员会第二次会议和区第六届人民代表大会第二次会议，盟员人大代表、政协委员认真参会、积极履职，共提交提案、建议12篇，大会发言《把握天时地利人和，奋勇建设创新名城》受到广泛关注。组织开展调研，调研课题成果丰硕。盟员罗汉果与人联合撰写的论文《科技创新领域中“揭榜挂帅”机制的发展现状与思考》获评2021民盟科技论坛优秀论文。余亚锋撰写的《发挥天时地利人和，助力乡村振兴建设》调研报告获湖南省社会主义学院实践教学调研成果二等奖。区工委撰写的《聚焦六大工程，建设创新名城》入选2021年各民主党派参政议政调研课题。盟员中的人大代表、政协委员认真履行监督职责，充分利用人大视察、政协视察、议案提案办理会、大会发言等形式有效开展民主监督，在文化教育、科技创新、城市交通方面发挥推动作用，为促进岳麓的经济发展、社会进步、民主政治建设尽心尽责。

【社会服务】在长沙疫情期间，区工委向恒华社区、天马社区和观裕社区一线抗疫人员捐赠防疫物资，文化支部获评民盟市委会抗疫先进支部，张湘华获评抗疫先进个人。利用盟员楹联专业优势，举办“平安喜乐送春联”活动，为社区群众送去文化温暖。春节期间，慰问社区困难群众，组织盟员参加民盟市委会关爱事实孤儿社会服务活动，慰问贫困学生。韩颖被评为湖南省“逆风飞翔·关爱事实无人扶养儿童爱心大使”和湖南省大爱无疆青少年公益发展中心首席劝募官和爱心大使。

中国民主建国会长沙市岳麓区工作委员会

【概况】民建岳麓区工委下设5个基层支部，有会员200多名，其中省、市、区人大代表、政协委员26名，会员遍布湘江新区、岳麓区和高新区，会员企业经营领域涵盖综合商业地产、医疗软件、环保产业、文创科创，农业科技、工程咨询、建材装饰、汽车服务、高新技术等行业。2021年，民建岳麓区工委组织委员认真学习习近平新时代中国特色社会主义思想，学习《中国共产党统一战线工作条例》，全面完成民建市委会和中共岳麓区委统战部交办的各项任务，全区5个支部均建立“会员之家”，提前完成民建市委交办的任务，成为长沙市率先全部建成“会员之家”的区工委。

【思想建设】工委各支部围绕庆祝中国共产党成立100周年这个主题开展系列活动，组织学习全国两会精神、中共党代会精神、民建历史及民建中央、省、市会议精神，开展各项主题活动。一支部和高新支部组织会员到汝城沙洲村“半条被子的温暖”陈列馆、桂东“第一军规”发源地开展红色教育实践学习活动。三支部组织会员到浏阳市胡耀邦故居和秋收起义纪念馆，开展中共党史学习教育主题活动。二支部组织“学党史、跟党走”系列活动：支部会员共读一本书《论中国共产党历史》，参观红色教育基地中共第一所党校——船山学社，开展红色讲座“毛主席如何交朋友”及“学党史、感党恩”读书分享会。会员的学习热情、政治觉悟明显提高，会员之间的凝聚力明显加强。

【组织建设】换届选举新一届工委班子。民建岳麓区工委新班子上任后，认真制定年度计划和未来五年规划。全体会员同心同德，尽心尽力完成区工委安排的各项工作任务。区工委注重人才梯队的培养，注重新会员的学习教育。在发展新会员时，注重质量，优中选优。组织会员参加民建市委会和岳麓区委统战部开展的各项活动，并取得可喜成绩。在岳麓区委统战部举办的“庆祝中国共产党成立100周年”的庆祝会上，李万安等4人表演的节目获得好评。在民建市委会组织的“学党史、筑同心、跟党走”演讲活动中，周平英等3人的精彩表演赢得全场喝彩。一支部举办的两期“奋进新时代、阅读好时光”读书会，发出民建好声音，展现书香民建好形象。

【参政议政】民建岳麓工委各支部组织会员参政议政。一支部组织举办“如何撰写社情民意”讲座，会员欧智祯承接民建湖南省委课题《推进农产品地理标志战略，引领农业品牌化发展》，其研究成果获得好评。二支部会员任志撰写的《道路运输车辆卫星定位装置利国利民，别让执行走样打了政策折扣》被民建中央单篇采纳。会员任已任撰写的关于“互联网+”成为行政审批制度改革的“抓手”的建议等12篇建言献策被民建中央采用。三支部主委吴慧的《加强陶瓷废弃物再利用提升生态发展水平的建议》被民建中央采用，《城市相对贫困群体应予关注》《关于持续优化后湖营商环境的建议》被省政协采用。支部委员、区人大代表谭宇《关于靳江河中海国际社区河段堤提质改造的建议》得到相关行政主管部门认同，社会反响良好。高新支部组织力量，参加民建市委、区工委、区政协、区统战的课题调研。邀请专家讲解“如何撰写社情民意与提案”，提交“关于解决老百姓就医难的提议”“关于加强对长沙共享电动车、单车规范管理的建议”“关于‘软件再出发’行动计划政策的建议”“关于加大检察院民事抗诉监督力度的建议”等。

【社会服务】社会服务工作是民主党派的一项重要工作。民建岳麓区工委的联点单位是望月湖街道岳龙社区。多年来，区工委积极开展各项服务得到社区居民一致好评。2018年至2021年，组织“珍爱健康生命关注妇儿老人”活动，邀请长沙市红十字会专家进行急救知识教学与现场演示，深受社区群众欢迎。2021年11月，二支部会员湖南师范大学马克思学院教授李风华送课到社区，受到社区居民热烈欢迎。8月，岳麓区工委、各支部分别为望月湖街道岳龙社区、天顶街道尖山社区、滨江社区、诚兴社区、桔洲新苑社区、金线巷社区、锦绣社区等社区的一线抗疫人员捐赠物资，助力社区疫情防控。高新支部常年帮助湘西凤凰县残疾人农户销售有机红心猕猴桃，2021年销售1.5万斤。整合中华慈善总会及社会资源，帮助救治郴州和湘西自治州近100名先天性心脏病患儿。对接社会资源，为湘西州慈善总会捐赠2000件波司登羽绒服及价值40万元的福田急救车，为郴州永兴金龟镇捐赠200件波司登羽绒服，捐建“老年儿童关爱中心”及“老年食堂”。募集捐助50万元作为“幸福家园”村社互助工程款。在湖南省株洲禄口区，帮助2名先心儿童到湘雅附二医院手术治疗。

中国民主促进会长沙市岳麓区工作委员会

【概况】2021年，中国民主促进会岳麓区工委（简称“民进岳麓区工委”），以习近平新时代中国特色社会主义思想为引领，学习贯彻习近平总书记考察湖南重要讲话精神和《中国共产党统一战线工作条例》，紧扣民进全会“反映社情民意信息主题年”，围绕岳麓区“十四五”规划确定的目标任务，矢志推进“五城同建”。开展调查研究，积极建言献策，在建设示范区的征途上，谱写新时代多党合作新篇章。民进一支部、高新支部被评为“长沙市反映社情民意信息先进集体”，岳麓区工委获民进长沙市“综合考评一等奖”。

【组织建设】2021年，工委争创书香班子、书香支部，建立理论学习中心组学习制度。坚持一月一学习，全年工委班子成员召开6次会议，学习中共中央全会、全国“两会”等重要会议精神，下发《中国共产党统一战线工作条例》。各支部组织学习“四史”“民进会史”“多党合作历史”等。工委班子成员参与市委会“书香”班子建设，书写读后感。一月一分享，通过线上微信群分享党和国家治国理政重要会议、文件精神，线下以支部为单位组织会员学习，5月19日工委主委为四支部会员讲党课。开展理论研究，撰写理论文章，全年在《长沙民进》《民进公众号》《同心长沙》等刊物上刊发理论文章近10篇。参加民进长沙市委会举行的“学党史、颂党恩、跟党走”主题演讲比赛，赵晓旸荣获特等奖，彭清荣获一等奖。参加岳麓区委统战部“同心向党、众星拱月”岳麓区统一战线庆祝中国共产党成立100周年系列活动：“向实事求是策源地出发”红色行走活动，《众星拱月》合唱比赛等。

工委推举“优才入会”，发展新会员9人，优才2人次。推荐优才参政，年内推荐区人大代表1名、区政协委员10名，市人大代表2名、市政协委员3名。推荐提拔晋升干部5人。

【参政议政】工委形成“一体两翼”的参政议政格局，坚持“不调研、不建言”原则，发挥会内骨干领航作用，壮大参政队伍，提升人大代表、政协委员的履职能力。2021年，工委承担省委会课题2个、市委会课题3个、区委课题1个，孙中民的课题《脱贫攻坚与乡村振兴有机衔接的调研启示与建议》荣获省委会调研成果一等奖，课题成果均转化成提案或社情民意。2021年，市、区两级代表、委员提交10篇个人提案，4篇集体提案，刘良春的《加强区块链技术在“AI+教育”中学生学情数据建设的建议》、孙中民的《关于建立健全农村留守老人关爱服务体系的提案》获评市优秀提案，周燕的《关于打造岳麓区区域性人才高地的建议》被评为岳麓区重点提案。年内，民进工委递交65篇社情民意和统战信息，民进中央采纳4篇，省政协采纳2篇，市政协采纳3篇。杨文静、周燕、许怡、闫双双、施天国等被市政协评为“反映社情民意先进个人”。

【社会服务】2021年，聚焦公益服务，为社会发展做出新贡献。持续打造“育苗同心送教”品牌活动，先后到浏阳市张坊镇白石小学、岳麓区含浦镇大坡小学送教，通过送艺术课，提升乡村学生美育素养。民进高新支部、二支部部分会员共捐赠助学金3.26万元、书籍价值15000元、学习用品价值3000元，助力乡村教育优质均衡。深化“同心社区”共建活动，开展”同心公益讲堂“，区工委组织公益课堂“影像与教育”主题分享会，莲花镇中心小学200多名家长和学生参与。开展结对共建，工委与含浦镇之字港社区结对，深入社区调研建言献策，并捐赠3万多元抗疫物资。高新支部与麓景社区结对，捐赠4万元抗疫物资。二支部与望月湖社区结对，慰问社团老人，捐赠慰问品。8月，王海文的书法作品义拍1380元，善款捐至河南卫辉市慈善协会。疫情阻击战中，政协委员、人大代表、爱心会员、会内企业家纷纷施以援手，共计捐赠善款及物资价值65万多元，用于河南赈灾和张家界、岳麓区抗疫。特教支部开展“翼之梦”送教上门志愿服务项目，获评湖南省“最佳文明实践志愿服务项目”。罗乐被评为“全国农村留守儿童关爱保护和困境儿童保障工作先进个人”。

中国农工民主党长沙市岳麓区工作委员会

【概况】中国农工民主党长沙市岳麓区工作委员会（以下简称农工党岳麓区工委）成立于2002年。2021年工委下设1个总支（市四医院总支）、5个支部，党员153人。其中市、区人大代表5人，市、区政协委员8人。2021年，农工党岳麓区工委坚持走中国特色社会主义道路，牢固树立“四个意识”，坚定“四个自信”，切实做到“两个维护”，各项工作取得较好成绩。

【思想建设】农工党岳麓区工委组织党员开展庆祝中国共产党成立100周年系列活动。5月，组织参观岳麓书院；6月，开展“同心向党 砥砺前行”中共党史学习教育活动，与沙田乡政府签订“乡村振兴”共建协议，聚焦长沙生态环境发展战略，助力“美丽长沙”建设；接待农工党市委主委黄梁一行调研指导；7月，农工党岳麓区工委与各总支及支部签订党务工作承诺书；审议通过《农工党长沙市岳麓区工委班子工作职责分工及联系服务总支、支部工作方案》；组织党员到“半条被子”故事发生地汝城县沙洲村和湘南起义纪念馆参观，开展“学党史庆百年 传承红色基因”党史学习教育活动，传承“半条被子”精神，感悟初心使命，推进党史学习教育走深走实。与中共汝城县文明瑶族乡签订“乡村振兴”共建协议，发挥区工委生态环境技术专业优势，助力沙洲村生态振兴。11月，市委常委、统战部部长何朝晖，常务副部长刘映群一行到岳麓区民主党派之家调研，对农工党区工委做出的贡献予以表彰并提出更高要求。

【参政议政】2021年，区工委把促进长沙市特别是岳麓区的发展作为参政议政的第一要务，围绕党委、政府的中心工作、深入开展调查研究，积极建言献策，切实履行好参政议政职能，报送信息、社情民意百余件。提交建议和提案50余件，获得优秀建议和提案20余件，获重要领导批示督办提案5件，完成课题研究报告8篇，报送统战信息、社情民意30条，撰写理论研究文章5篇。其中探索社会养老新模式（参政议政课题），“关于加强餐饮行业管理 引导健康绿色发展的相关提议”“关于加强电视媒体引导少儿教育的建议”（社情民意）等，均得到党委和政府的重视和采纳。

【社会服务】2021年，农工党岳麓区工委依托党派特色组织开展医疗义诊、法律援助、爱心捐赠、爱心助学、扶贫帮困、环保健康行、健康咨询等社会服务活动，把为民办实事落到实处。开展“精准医疗送医下乡”惠民义诊活动。8月4日，区工委组织慰问市四医院、咸嘉湖社区卫生服务中心基层一线抗疫人员，捐赠近3万元医用防护服、医用口罩和清凉消暑物资。同月，组织党员及沃邦环保公司全体人员发扬团结互助、迎难而上的精神，先后向湖南省工商联、张家界市、益阳市、宁乡市、岳麓街道、麓谷街道、坪塘街道兴合村村民委员会等机构，捐赠医用口罩、医用防护服、消毒药剂等价值30余万元的疫情防控物资，用实际行动为疫情防控工作尽力，以勇于担当的责任使命助力打赢防疫阻击战。8月6日，农工党长沙市生态环境支部慰问麓谷街道、麓景社区抗疫一线工作人员，捐赠医用口罩、84消毒水、酒精、王老吉、湘栀凉茶等防疫消暑物资。市生态环境支部组织党员保护环境和技术指导及宣传活动，传递爱心，传播文明，促进社会和谐。长沙市高新二支部关注群众生活、联结共创“四和”社区，与麓谷街道锦绣社区签订《联结共创“四和”社区协议》，在锦绣社区帮扶重点人群，创建“四和”（和睦、和乐、和美、和谐）社区治理新模式试点。长沙市第四医院总支坚持每月安排1天时间为白鹤咀社区居民提供免费义诊，并与岳麓区工委、白鹤咀社区签约3年，聚合三方资源，打造“民医堂”社会服务品牌；成功申报年内长沙市唯一一家心血管疾病市级重点学科，成功举办长沙市肾病专业委员会年会、内痔微创治疗诊疗学习班。李畅带领的服务团队荣获“长沙市巾帼文明岗”称号，个人荣获“长沙市青年岗位能手”称号。综合支部法律服务党政机关和企事业单位17家，化解社会矛盾200余件，为辖区企业挽回经济损失1.2亿余元。该支部在洋湖街道开设“湖南律畅律师事务所”，面向全区服务党政机关和企事业单位40余家，接受当事人委托案件80余件，法律普及和讲课20余次，接待法律咨询200余人次，为岳麓区经济社会发展献计献策。

【开展活动】2021年，农工党岳麓区工委组织开展“青山绿水我的家”之“岳麓农工在行动”；举办湖南生态环境新技术论坛；送医送药医疗公益（岳麓农工的公益品牌）进社区和养老院；农工党史岳麓区工委与长沙市四医院和白鹤咀社区联合签约“聚合力”共建协议活动，打造全市“民医堂”特色品牌示范；成立大科城生态环境产学研用联合体；党员钟仁华还与长沙市院士专家服务中心、长沙市企事业科协联合会共同承办“2021年长沙市科学技术年会暨长株潭环境治理技术创新论坛”活动；垃圾分类宣讲、法律咨询进社区、与乡镇共建“乡村振兴”、勇夺流动红旗、陈祥光成立湖南省科创检验检测研究院等特色品牌活动赢得社会广泛赞誉。

中国致公党岳麓区工作委员会

【概况】 致公党岳麓区工委成立于2003年，现有党员200名，下设8个支部。2021年，致工党岳麓区工委认真学习贯彻习近平新时代中国特色社会主义思想和习近平总书记考察湖南重要讲话精神，贯彻落实《中国共产党统一战线工作条例》，围绕岳麓区十四五规划确定的目标，加强组织建设，提高履职能力，参政议政，建言献策，同心共建，各项工作稳步发展。

【组织建设】 2021年，致工党岳麓区工委向岳麓区人大、政协和致公党市委推荐优秀党员参政议政。推荐担任省、市、区政协委员、人大代表37人。近30名党员任省委、市委各专委会主任、副主任、委员职务。以主题教育为统领，提升理论水平。深化“不忘合作初心、继续携手前进”主题教育活动，高举习近平新时代中国特色社会主义思想伟大旗帜，突出“学党史、筑同心、跟党走”主题，引导广大党员深入开展中共党史学习教育，从中国共产党百年奋斗历程中汲取继续前进的智慧和力量，增强“四个意识”、坚定“四个自信”、做到“两个维护”，提高政治判断力、政治领悟力、政治执行力，始终做中国共产党的好参谋、好帮手、好同事，引导全体党员始终与中国共产党同心、同向、同行。在致公党中央中共党史学教领导小组副主任、致公党中央宣传部部长钱叶用率队到长沙调研督导致公党员学习中共党史教育及党员思想建设工作座谈会上，党员刘帅、滕云、罗特结合自身学习教育和党员思想建设等工作做主题发言；在岳麓区政协六届二次常务委员会（扩大）会议暨中共十九届六中全会精神集中学习会上，工委主委饶艳结合自身工作实际交流发言。以专题讲座为载体，锤炼党性修养。9月，联合省直岳麓区工委开展主题为“百年大党的历史经验与实践开拓”的中共党史学习教育，区侨联主席曾琼柳传达岳麓区党代会精神，勉励大家学好中共党史，结合本职工作为岳麓发展贡献力量；致公党员湖南大学马克思主义学院教授丁军强从中国共产党百年大党的历史进程与历史经验、知史阅世的重大意义与学思悟践两方面作深刻阐述，加深参加培训人员对坚持真理、坚守理想、践行初心、担当使命等伟大建党精神的具体认识，引导大家在实践中学习，在学习中实践。10月，联合区侨联开展“学党史——乡村振兴新化行”调研活动，在中国工农红军第二军团司令部旧址，区侨联主席曾琼柳和区工委副主委蒋海华分别进行中国共产党党史、致公党党史的专题讲授。11月，联合区侨联邀请新一届区政协委员、湖大马克思主义学院教授丁军强以“牢记初心使命，开启伟大征程——学思悟践十九届六中全会精神”为主题开展讲座，采取“线上+线下”形式，100余名党员参与学习，党员中的人大代表和政协委员现场进行热烈讨论。以培训活动为抓手，提高履职能力。组织党员参加多层级、宽领域、全方位的主题教育学习，通过微信群组织大家学习领会一系列重要会议精神，发放党史学习书籍100余册；组织各支部开展“学习党章、重温入党誓词”活动，聚党员、学党性、温誓词、忆初心；各支部开展形式多样的主题教育学习活动：枫林支部联合市妇委会组织开展“观影《长津湖》致敬革命先烈”爱国主义教育活动，组织党员到雷锋纪念馆参观学习，参加致公省委六届十七次常委（扩大）会议，学习《中国共产党统一战线工作条例》；滨江支部组织党员到“日军侵华厂窖惨案”纪念馆，开展“不忘国耻、铭记历史、奋发图强”纪念活动；岳麓支部结合党史学习教育，联合省委党校和省委深改办在麓枫社区开展“半条被子”的故事和“湖南为什么这么红”宣讲，有300余名群众参加，新湖南、华声在线、红网等转载推广；金星支部组织开展深入贯彻十九届六中全会精神主题学习，坚定理想信念，强化思想意识。在党员发展和服务上求突破。年初，工委制定党员发展计划，严格党员发展条件，提高组织整体素质，全年发展党员12名。陈旻、饶艳等多名党员被提拔到重要岗位履职。工委副主委滕云带队考察岳麓山大科城龙头企业——凌波科技，对接优秀人才；桔洲支部组织走访湖南驿派科技公司。4月至12月，工委组织走访党员所在企业，就党员企业在发展中遇到的困难和瓶颈问题全力予以解决。如：为云栖路新能源汽车城，协调解决24亩土地租赁等问题；为“速医康”项目，与岳麓街道卫生服务中心对接，达成在该卫生服务中心进行测试试点意向，区卫健局大力支持；为杨春生企业发展，区科技局、大科城科创服务中心同意将其纳入大科城高企培育的专业服务机构中；工委组织党员赴湘潭走访党员企业湖南万利隆食品有限公司，加强长株潭党员企业的联系沟通，岳麓支部和湘潭九华支部拟结成友好支部。9月，区工委到麓山外国语实验中学和麓山滨江实验学校开展教师节慰问活动，慰问20余名教师党员。

【参政议政】立足“参政议政、建言献策”职能职责，围绕民生保障、经济发展、社会问题，察民情、献良策、建净言，党员执笔提案、社情民意信息共计20余条。政协界别工作连续五年获第一名，集体提案获评重点提案和优秀提案。致公党界别撰写的集体提案《加强文旅营销，助力岳麓实现文旅强区》被列为重点提案，由区委书记亲自领办。黄锋、欧阳明提交的《关于进一步深化户籍制度改革壮大我市人口规模的提案》和郭昊巍提交的《关于以“智”引领用“数”赋能，加快建设智慧长沙的提案》被评为长沙市政协优秀提案。归侨党员邓泽平在湖南省引进和留住海外人才回湘创业发展专题座谈会上的发言，得到湖南省政协主席李微微高度评价。工委副主委李楠、区政协委员饶艳等10多位党员撰写提案10多篇，分别被省、市、区政协采纳，得到相关部门高度重视积极回应。工委定期召开研讨会，组织代表、委员，参政议政，交流经验，提高参政议政能力。组建专家团队撰写致公党省委调研课题《大科城与长株潭一体化联动》，完成区委调研报告《关于加快建设海归小镇先行区及洋湖国际社区的调研报告》，党员谭笑丹被区司法局聘为民主监督员。湘江支部组织党员参加“亲”“清”新型政商关系座谈会，参加科技与知产专委课题研讨会；组织党员到益阳南县肖家湾小学开展乡村文化教育发展存在问题调研；在“4·26”世界知识产权日，湘江支部联络长沙知识产权法庭与中电软件园就高新企业知识产权保护进行座谈；9月，区工委联合区侨联和党内部分专家到娄底、新化进行乡村振兴调研，为新化乡村建设和全域旅游建言献策；参与“大数据知识产权保护”课题调研。参与湖南省第一个适用企业刑事合规经营案件听证，呼吁小微企业合法合规经营，避免企业负责人犯罪。

【社会服务】8月，张家界突发疫情，工委组织各支部党员筹集善款物资4万多元，开展“致力为公 抗疫有我——岳麓致公在行动”系列帮扶活动，为张家界、岳麓区同心社区、党员企业送去防疫物资，带动其他各界参与爱心行动。疫情防控期间，四医院支部带头做好新冠疫情防控工作，积极参与医院各项活动，充分发挥模范带头作用。10月下旬，疫情反弹，岳麓区铺排全员核酸检测，区工委在岳麓街道调度指挥设置19个采样点，28小时完成辖区核酸检测14.89万人次，确保一方平安。岳麓区工委和八个支部分别与荷叶塘、岳龙、望麓、麓景、麓枫、长华等社区共建同心社区，帮扶社区弱势群体,开展节日慰问，送医、送药、送法律、送包点进社区。端午节前夕，与荷叶塘社区的残疾人，共同举办“话端午·感党恩”庆祝共产党成立100周年助残活动，为残障人士送上关爱与关怀。12月，组织四医院、三医院支部党员，邀请致公党湖南省委老龄委、省委法律委员会党员和三诺医院职工共15人到长华社区开展送医赠药普法进社区活动；参加致公品牌“爱心妈妈”活动捐赠书籍。湘江支部在党员何蓉的企业“家点爱”成立志愿服务基地，长期帮扶望麓社区困难残疾群众，安排就业岗位，开展节日慰问。滨江支部联合省委文化与艺术委员会在益阳南县厂窖镇肖家湾小学开展第二届“致公智慧助学”公益活动。岳麓支部联合暖心社工公益组织开展“致公暖心妈妈，带着孩子看世界”，陪伴15位失母儿童到农耕文化园体验生活，多位党员携带家属共同参加；岳麓支部助力金融沙龙的开展，共有11名党员授课，党员及党员家属近100人参加。

【重大活动】4—6月，工委组织50余名党员参加岳麓区统一战线组织的“同心向党　众星拱月”七个系列活动；李乐意撰写的征文《写在执政党中国共产党建党一百年的点滴小事》获得佳作奖；罗特参加区委统战线“凝心聚力新时代”演讲比赛获得好成绩；饶艳等表演的《众星拱月》《我的中国心》获得好评。5—10月，区工委组织气球、排球及啦啦队，在校长赵玮和世界冠军张稳带领下，坚持训练，顽强拼搏，最终获得致公党市委会首届“反正酱酒杯”气排球联赛总决赛冠军。组织参与省、市、区政府的海外洽谈、接待、慰问活动，宣传中国文化，搭建沟通平台，发挥归侨优势。联系、服务基层群众，提升履职能力，滨江支部联合枫林支部，与望月湖街道岳龙社区开展共建活动，联合区侨联开展“感党恩、守国法、聚侨心”活动。创业园支部组织参加省、市、区“侨界代表人士座谈会”，表达侨界诉求，为侨界发声，争取权益。

九三学社长沙市岳麓区工作委员会

【概况】2021年，九三学社长沙市岳麓区工作委员会（以下简称“九三学社岳麓区工委”）建立工作考核机制，加强工委班子建设，发展新社员，不断增强组织力量。积极参政议政，开展社会服务。各项工作均取得较好成绩。

【组织建设】九三学社岳麓区工委组织社员观看庆祝中国共产党成立100周年大会，聆听习近平总书记在大会上的重要讲话，学习贯彻十九届六中全会精神，深刻领会习近平新时代中国特色社会主义思想的精神实质和丰富内涵；组织社员参加区“同心向党、众星拱月——奔向实事求是思想路线策源地活动”，参加“铭记百年奋斗历程，创建同心美丽乡村”共识教育活动，助力乡村振兴和同心美丽乡村建设；组织社员参加2021年全区统一战线培训班，进一步强化统战工作意识和提升统战工作水平。

【参政议政】九三学社岳麓区工委围绕省委“三高四新”战略，助力岳麓区委“五城同建”，对全区中心工作和社会热点积极建言献策，鼓励社员申报调研课题，开展调研活动，组织工委成员和社员代表形成《增进民生福祉，理顺物业管理机制，加大新建商品房交付品质》的调研报告。

【社会服务】九三学社岳麓区工委积极响应九三学社长沙市委的号召，贯彻落实社市委关于疫情防控的要求部署，对区内部分社区开展防控物资捐赠和慰问社区工作人员活动。8月6—8日，为岳麓区西湖街道龙王港社区、咸嘉湖社区、观沙岭街道滨汇社区3个基层单位送去消毒液、消毒酒精等防疫物资，共计12000余元。

【重大活动】10月，九三学社岳麓区工委开展重阳节慰问活动。工委班子成员为退休社员带去党史、社史等学习书籍和生活慰问品，向他们致以节日问候，并介绍了社市委和岳麓区委的重点工作，认真听取退休社员意见建议。通过走访慰问，工委班子成员充分认识到，退休社员是社组织的宝贵财富，要多关心退休社员，及时向他们通报社务工作，开展丰富多彩的敬老活动，增强社组织的凝聚力。

岳麓区工商业联合会

【概况】2021年，长沙市岳麓区工商业联合会认真贯彻落实习近平总书记关于做好新时代民营经济统战工作的系列指示精神，强化责任担当，优化营商环境，调研走访企业，为企业办实事、解难题，取得良好效果。岳麓区工商业联合会被评为湖南省“五好”县级工商联。年内，全区共有街道、镇分会17个，行业商会、协会4家，共有会员1305名。

【法规宣讲】区工商联领导班子重视优化营商环境工作，认真研究文件精神，采取走访调研、座谈会等形式进行宣讲和解读。6月召开基层商会会长座谈会，宣讲《优化营商环境条例》《长沙市优化营商环境规定》，并对岳麓区营商环境优化工程2021年行动方案征求意见和建议。畅通政企常态化沟通渠道。12月，邀请不同行业、不同产业的企业家代表参加区民营企业家座谈会。组织民营企业家代表列席区委经济工作会议，促进企业家与区领导面对面进行交流，及时了解全区经济工作重大部署。

【走访调研】深入民营企业，开展走访调研，全年共走访企业105家。诚邀企业监督员，分行业、产业推荐优秀会员企业家担任市、区两级营商环境特约监督员，定期组织召开全区特约监督员座谈会，请监督员“揭短”谈问题，并对监督员反映的问题进行梳理交办。建立岳麓区民营经济统战工作协调机制，整合职能部门力量，实实在在为民营企业办实事、解难题。邀请15名企业家代表参加区纪委监委组织的专题座谈会，对有违营商环境和政商关系政策的行为进行反馈。

【换届选举】区工商联成立换届工作领导小组，集中力量，广泛摸底、深入发动，充分调动会员企业家对区工商联选举换届的积极性；统筹协调、周密部署，换届选举的各项工作严格标准，规范操作，确保换届质量。5月21日，第七次会员代表大会召开，选举产生区工商联（总商会）第七届执行委员会。新一届领导班子和常务委员共59人，其中领导干部4人、非公有制经济代表人士55人；中共党员31人、党外人士28人；男性47人、女性12人；平均年龄43.46岁。领导班子和常委平均年龄下降，结构进一步优化，干部素质进一步提高，年轻优秀、高学历的企业家进入领导班子。新班子成立后指导基层商会创建“四好商会”，营造学先进、争先进、创先进浓厚氛围。

【服务基层】重视行业商会、协会优势，引导行业商会、协会加强行业自律、创新社会治理，制定《装修行业安全生产规范》，成立装修行业纠纷调解中心，全年共调解纠纷69起，成功率70%。参与老旧小区无障碍改造、孤寡儿童“爱心小屋”等工程建设，在社会综合治理中发挥重要作用。建立企业问题台账，以企业满意为标准，坚持每周询问问题解决情况，对解决不力的问题向区有关部门反馈。在每月28日“企业家服务日”，走访企业，收集、梳理分析涉企问题并及时调度、跟踪督办，切实为企业纾难解困。聘请湖南天地人律师事务所为商会法律顾问，指导化解企业矛盾纠纷，提供常年法律咨询与培训。

【光彩事业】7月，河南多地发生洪涝灾害。区工商联（总商会）向岳麓民营企业家转发河南灾情，发出支援河南的倡议，建立捐赠与需求对接机制，做好物资捐赠工作。安排专人联系河南郑州、新乡、周口等地慈善总会，收集河南各地需求情况，将情况反映给爱心企业，架接捐赠企业与灾区慈善组织直通桥。湖南碧缇福贸易有限公司、湖南俏皮羊生物科技有限公司等企业捐赠

7月26日，区工商联与岳麓民营企业家向河南捐赠物资

（区工商业联合会供图）

12月22日，区委统战部、区工商联联合承办岳麓区"卓越企业家"表彰暨民营经济统战工作和民营经济高质量发展大会

（区工商业联合会供图）

物资600余万元。全区爱心企业捐赠事迹在岳麓融媒体中心专题报道，在总商会执委微信群进行宣传，树立岳麓企业勇担社会责任的优秀典型。

【疫情防控】支援一线抗疫。面对疫情反复的情况，区工商联（总商会）倡议民营企业支援一线防疫工作。湖南妇女儿童医院有限公司、湖南星灿医疗投资有限公司、湖南比扬医疗有限公司等民营医疗机构迅速响应号召，组织支援团队分赴疫情村（社区）开展核酸检测工作。爱心企业一方面严格落实疫情防控措施，克服种种困难，有序组织生产；另一方面，大力弘扬企业精神，勇担社会责任，通过志愿服务、捐赠物资等方式，为岳麓疫情防控工作贡献民营企业力量。

【表彰先进】强化正面宣传引导，注重发现、培养和宣传优秀典型。12月，召开岳麓区"卓越企业家"表彰暨民营经济统战工作和民营经济高质量发展大会。区委书记周凡出席会议并讲话，会议传达学习习近平总书记关于做好新时代民营经济统战工作的指示精神，授予30名民营企业家为岳麓区"卓越企业家"称号。其中获杰出贡献奖5名、行业领军奖11名、产业新锐奖14名。将他们的优秀事迹编印成"卓越企业家"宣传册，在广大会员企业中学习宣传。

【培训工作】组织培训，提升能力。12月1—3日，岳麓区企业家管理素能提升高级研修培训班开班。在课堂教学中，董晓明等教授主讲"基于行为风格的领导力提升"、"中华人民共和国民法典——全生命周期生活指南与制度体系"等课程，授课内容深入浅出、案例鲜活，以培养企业家的国际视野、创新意识、经营能力、社会责任为主要内容，立足实践讲理论、讲思路、讲方法，引导企业家探索企业经营的规律和本质，全面提高战略思考能力、经营管理能力和创新发展能力。区工商联与中南大学商学院签订合作意向协议，建立合作伙伴关系，探索校企合作人才培养模式，促进产学研全面合作。

【岳麓区总商会商事调解中心成立】12月20日，岳麓区总商会商事调解中心在岳麓区法院正式挂牌成立。区人民法院党组书记、院长张帅，区政协副主席、区工商联主席谢俊，区检察院、区司法局等相关部门负责人及民营企业代表出席揭牌仪式。该中心将为当事人提供权威、专业的平台，当事人可自愿选择调解方式解决商事纠纷。该中心主要业务面向岳麓区片区内的企业和机构，对他们在生产经营中所产生的涉及贸易、投资、房地产、知识产权等领域的商事纠纷予以调解，并提供相关的咨询服务。

群众团体

岳麓区总工会

【概况】2021年，岳麓区共有工会组织3422家，工会会员80183人，有61个区直机关单位、17个街道（镇）、4个行业工会。全年新增工会组织134家，涵盖企业364家，发展农民工会员2758人。2021年，区总工会以习近平新时代关于工人阶级和工会工作的重要论述为指引，贯彻落实区委和市总工会工作要求，奋勇担当“一打造三当好”新使命，矢志推进“五城同建”，担当作为、创新实干。弘扬劳模精神、劳动精神和工匠精神，发挥先进典型的示范引领作用，挖掘典型、宣传先进。全年推荐评选全国五一劳动奖章1名，全国工人先锋号1个，湖南省五一劳动奖状1名，湖南省五一劳动奖章1名。区总工会连续两届保持“长沙市文明标兵单位”荣誉。

【基层工会组织建设】根据市总工会文件精神，摸底全区八大群体分布情况，重点摸清全区快递点建会入会情况。对接市总蹲点调研，实地走访部分外卖、快递点及货运公司。开展新就业形态建会入会。在人员相对集中的银盆岭街道、观沙岭街道分别组建外卖快递行业工会联合会，在梅溪湖街道金茂社区、橘子洲街道后湖新村、西湖街道茶场村、洋湖街道白鹭府社区、望城坡街道望新社区分别组建八大群体联合工会委员会。共有76家涉及新就业形态群体的企业组建工会。推荐莲花镇长沙运吉运输有限公司为“司机之家”典型申报单位，发展会员3000人。开通“岳麓工会”微信公众号，制作《企业加入工会好处多》宣传片、宣传手册，发至全区中小微企业，扩大工会影响力，提高工会知名度。截至12月底，新建企业工会785家。

【企业民主管理】全年完成工资集体协商企业1193家。其中单独企业60家，区域性企业工资集体协议59份，包含企业1093家。签订行业性工资集体协议1份，包含企业40家。选报长沙王府井购物中心有限责任公司、中大检测（湖南）股份有限公司为长沙市工资集体协商典型示范企业。

【工会维权】区总工会与湖南天地人律师事务所签订合作协议。湖南天地人律师事务所每周二下午安排专职律师在区政务中心坐班接待区内职工来信、来访，提供法律咨询服务。截至11月底，共接待处理问题（含咨询）158人次，畅通区内职工诉求表达渠道，妥善化解一批劳动关系矛盾。邀请湖南天地人律师事务所专职律师以重点解读《中华人民共和国民法典》内容，在17个街道（镇）分片组织开展8期“普法宣传进街镇、法律宣讲进企业”宣讲活动。

【工会服务】困难帮扶慰问。与区人社局联合，全年组织专场招聘会27次，提供免费就业服务2562人次。开展“金秋助学”活动，实地走访了解困难职工家庭实际情况，为符合条件的12名困难职工发放7.4万元“金秋助学”补助金。筹措资金25.3万元，为因病致困职工、因公牺牲职工家属等1100余名帮扶对象开展“元旦、春节”送温暖活动。建立困难职工建档立卡动态档案。每季度对建档立卡人员走访慰问，全年共慰问困难职工74人次，送去慰问资金8.35万元。开展“夏送清凉”慰问。全年开展“清凉一夏　关爱同行”、“高温抗疫　关爱有我”高温慰问活动。共筹措物资（价值41.42万元）慰问17个街道（镇）从事城市市政、园林、环卫维护作业的一线职工、建筑行业工地的一线建筑工人以及外卖快递小哥、建档立卡困难职工、全区抗疫医务人员及一线工作者共计8694人。

【工会改革】构建“四动机制”，强化责任担当。联点推动。下发《关于建立工会干部、工会工作者联系联点制度的通知》，发放工作联系手册，要求全体工会干部、社会化工会工作者每季度走访1次企业和社区（村），了解情况、听取意见、收集诉求，区总工会进行分类指导、分类施策，促进工会工作开展。讲评驱动。下发《2021年度街道（镇）、行业工会联合会主要工作考核实施方案》。区总工会每季召开1次工作讲评会，对任务完成情况、存在的困难和问题，进行一季一讲评，在全区工会系统营造时不我待、你追我赶、争先创优的工作氛围。引导带动。根据全区部分社区（村）及企业工会号召力、凝聚力、影响力相对薄弱的现状，区总工会选择组织体系较为完善、工会工作基础较好、活动开展较好的21个社区（村）、26家企业，作为全区“小三级”工会第一批工作重点引导帮扶的单位，起到“点亮一盏灯，照亮一大片”的示范引领作用。考核促动。下发《长沙市岳麓区社会化工会工作者绩效考核管理办法（试行）》，对28名社会化工会工作者进行一季一理论业务考试，并将成绩纳入年底目标考核，把政治素质高、业务能力强、工作办法多的优秀工作者，安排到最能创造工会特色亮点的岗位上去，以实绩论英雄，努力营造能进能出、不进则让的用人选人工作导向。提升工会干部整体队伍素质。4月，在湖南兰天研学实践教育基地举办全区工会工作者能力素质提升培训班，各街道（镇）、行业工会共78人参加为期 3 天的封闭培训，全方位、多角度提升工会干部的业务水平和履职能力。

【**开展职工文体活动**】7月，区总工会联合区文旅体局共同举办“百年奋斗路　唱响新征程”岳麓区干部职工红色经典歌曲大合唱比赛活动。共有19支队伍参加初赛。通过网络投票评选“最佳人气奖”，此次投票共有406058人次浏览量，选出10支队伍参加决赛。长沙市人大常委会副主任、市总工会主席芮英姿，市总工会党组书记、副主席彭鉴西，岳麓区委书记周凡，区长蔡锋等区领导现场指导。周凡在致辞中勉励区总工会继续弘扬光荣传统、赓续红色血脉，践行劳模精神、工匠精神，引导全体职工群众共同奏响“全面建设现代化新岳麓”的大合唱。

7 月，区总工会联合区文旅体局举办“百年奋斗路　唱响新征程”岳麓区干部职工红色经典歌曲大合唱比赛（初赛）。　（区总工会供图）

开展“一麓有你”2021 年长株潭大型优秀单身青年联谊活动。为当好推进长株潭一体化的先行军，实现人才互通、资源共享。12 月 18 日，岳麓区总工会、株洲市荷塘区总工会、湘潭市岳塘区总工会联合举办“一麓有你”2021 年长株潭大型优秀单身青年联谊活动在湘江基金小镇举行。长沙、株洲、湘潭共 143 名各行各业单身青年精英参与活动，现场有 13 对青年男女牵手成功。此次联谊活动报名发布三天内，社会关注度 1.2 万人次，参与报名的青年职工来自 385 家企事业机关单位，共 625 人。

【**全国工人先锋号**】长沙岳麓山风景名胜区桔子洲景区管理处（长沙市桔洲公园管理处）游客中心作为重要接待窗口班组，现有职工17名，平均年龄为31岁，是一支充满活力、开拓进取的年轻队伍。几年来，中心先后被评为“全国五一巾帼标兵岗”“湖南省芙蓉标兵岗”“湖南省工人先锋号”“湖南省青年文明号”等。2021年被授予“全国工人先锋号”称号。圆满完成重要接待9882批次，18万余人次。咨询服务52.3万次，免费寄存9.3万次，为游客解困3628起，提供医疗服务3771次，优质接待游客量约

76.13万人次。突出红色文化传承和党的理论宣讲，打造“谁主沉浮——在橘子洲领略一代伟人毛泽东仰天长问的永恒魅力”“毛泽东诗词找初心”等多堂精品党课，为各级党政机关、企事业单位开展党性教育现场教学活动。其中党课“谁主沉浮——在橘子洲领略一代伟人毛泽东仰天长问的永恒魅力”荣获湖南省委组织部“党课开讲啦”比赛特种奖。突出弘扬雷锋精神。与周边高校合作，打造“景校共建大学生道德基地”学雷锋志愿服务品牌，彰显文明青春。

共青团岳麓区委员会

【概况】2021年，团区委用实干回应期望，用奋斗书写担当，坚持把围绕中心、服务大局作为工作主线，认真履行引领凝聚青年、组织动员青年、联系服务青年的工作职责，在服务中心大局、服务青年成长、加强基层组织建设等方面取得较好成效。5月，团中央书记贺军科在调研中给予高度肯定，参与社会治理的经验做法在《三湘团讯》推介，党史学习教育等3篇材料在《中国共青团杂志》刊发。

【服务中心大局】深度激活高校资源为群众办实事，争取大科城管委会支持，面向驻区重点高校学子选拔120名志愿者领头雁，通过规范培训、精准对接、常态指导，开展城市管理、文化宣讲、民生实事、科创服务等志愿活动超200场次，高校志愿力量一呼百应。实施“区校共建”大学生暑期实习项目，为42家区直机关、驻区重点企业定向输送200余名实习生，全面构建校地共育人才的培养体系。组织科技金融、人工智能、检验检测等领域青年人才召开青年企业家座谈会，为青年人才施展才华、建功立业链接资源。常态化开展青年品牌创建活动，推荐26名青年竞逐“湖湘青年英才”、长沙市“青年岗位能手”、“最美青年企业家”、十佳农村“领头雁”等，鼓励青年岗位建功。组织“团团带你看岳麓”高校学子体验交流活动，联合开展人才政策系列宣讲，引导和鼓励优秀青年扎根岳麓、建功岳麓。疫情期间，招募120名防疫青年志愿者分批次赶赴45个社区（村）开展宣传引导、生活帮扶等志愿服务。全力推进“社区青春行动”，重点打造学堂坡社区等一批基层团支部参与社会治理的示范样板，充分调动青年居民“走出家门、融入社区”。建立岳麓区青年志愿者联合会，组建50支青年志愿者队伍在核心商圈、主次干道、小区楼道等重点区域定期开展生态环境治理服务，用“志愿红”点亮城市。

【思想政治引领】开展“实践型+体验型”宣讲活动，让党史学习“活”起来。充分用活岳麓区本土红色资源禀赋优势，通过报名、选拔、培训等环节，在全区少先队员培育聘选50名红色小小讲解员，推动学校与红色教育基地定期定点服务机制，开展志愿服务132场，直接服务游客3万余人次，活动获《长沙晚报》头版推介。持续擦亮“麓山青年说”品牌底色，定向邀请12名博士组建高学历思政讲师团，开展“微团课”“国旗下的讲话”等内容丰富、形式生动宣讲活动30场，激励和引领广大青少年坚定不移听党话、跟党走。打造“嵌入式+渗透式”仪式教育，让信仰领航“立”起来。集中开展“红心向党、薪火相传”系列主题团队日活动，依托离队入团、推优入党团员表态等仪式，嵌入情景剧、课本剧、诗朗诵等教育形式，强化党团队红色基因血脉传承。组织全区各级团支部以主题团日、专题学习会为主要形式开展4次以上党史学习教育，覆盖率达100%，累计参与青年近2万人次。实施“立体化+全方位”云端引领，让思想引领“热”起来。开展“青年大学习”主题团课，把个人自学、专题学习、竞赛评比贯穿始终，覆盖团员青年超14万人次。举办“新时代岳麓青年榜样”风采展和岳麓“向上向善好青年”寻访活动，面向各行各业和基层一线选树25名优秀青年，用“急难险重”中的青春故事感召鼓舞青年。

【服务青年成长】依托“团团送温暖”系列活动，帮扶89名困难青年团员，组织团干部“点对点”走访，送去慰问金、爱心物资共计5.4万元。实施“希望小屋”关爱行动，通过公开募捐和定向发动的方式募集资金近11万元，帮助7名困境青少年改造升级学习生活环境。整合社会资源启动新一期圆梦行动“晚安学子”公益助学活动，设立励志奖学金60万元对口资助30名优秀大学生。举办以青少年心理健康为主题的“共青团与人大代表、政协委员面对面”交流座谈会，倾听了解青少年普遍性利益诉求。打造“青益小课堂”心理健康教育品牌，开展主题宣讲50场，构建家庭、社区和志愿者三方联动的青少年心理健康服务体系。开展青少年法治宣传教育28场。举办禁毒宣传海报大赛，活动成果获《中国禁毒报》刊发。开展“共创食安长沙”校园短视频大赛，获得22万人次大学生关注、支持、点赞。打造青年“第一触点”，持续加强阵地建设，31个省市区级“青年之家”活跃度不断提升，开展特色品牌活动近200场次，服务超5000人。在洋湖水街、湖南金融中心、检验检测园举办3场青年联谊活动，推动建立岳麓高新区、洋湖国际人才驿站，不断增强青年人才扎根岳麓的认同感和归属感。

【基层组织改革】圆满完成168个社区（村）团组织换届选举，团支部书记全面实现由“两委”班子成员“应兼尽兼”，其中党员占比85%，平均年龄30岁，本科及以上学历142人。以改革试点为契机，积极争取将团建、队建纳入党建工作部署和年度考核，纳入区委巡察监督内容。完善团代表联络站建设，吸纳50名新兴青年力量成为基层团组织挂兼职团干。举办4期共青团工作专题研讨培训班，通过技能培训、理论宣讲、实地观摩、现场考察等方式，培训基层团干部200余人次。加强对社区、村团支部深入指导，全面开展座谈调研，解决基层团组织困难。新建区级教育团工委，切实履行全团带队职责，推荐区少先队总辅导员获评全国优秀少先队辅导员。19个集体和个人在“两红两优”、少先队评选展评中获市级荣誉。持续推进全团带队，全区少先队组织建设规范，组织召开岳麓区第一次少代会，新建10个社区少工委。

【小小讲解员活动】岳麓区开展小小讲解员活动。充分用活橘子洲头、新民学会等岳麓区本土红色资源禀赋优势，通过宣传发动、报名选拔、培训指导、集中授聘等环节，在全区少先队员培育选聘50名红色小小讲解员。建立学校定点联系服务红色教育基地的值班机制，开展志愿服务132场次，直接服务游客3万余人次，带动全区青年儿童从身边的党史故事中铭记革命历史、弘扬革命精神，活动获“学习强国”学习平台、《长沙晚报》头版等媒体推介。5月，共青团中央书记处第一书记贺军科在湖南检查共青团工作时，现场聆听红色小小讲解员讲述党史故事，并予以高度肯定。

【纪念五四运动102周年活动】岳麓区开展党史学习教育之“红心向党、薪火相传”纪念五四运动102周年主题活动。集中开展“红心向党、薪火相传”系列活动，依托离队入团、推优入党团员表态等仪

3月5日，岳麓区小小讲解员实地讲解“传承红色基因　讲好红色故事”活动　（团区委供图）

4月30日，开展“红心向党、薪火相传”纪念五四运动102周年主题活动（团区委供图）

式，嵌入情景剧、课本剧、诗朗诵等形式新颖的党史学习教育内容，强化党团队红色基因血脉传承，增强共青团员、少先队员的光荣感和使命感，引导全区少年儿童、团员青年牢记总书记教导，努力成长为堪当民族复兴重任的时代新人。

岳麓区妇女联合会

【概况】2021年，岳麓区妇女联合会以习近平新时代中国特色社会主义思想为指导，全面贯彻落实党的十九大和十九届历次全会，以及习近平总书记关于妇女儿童工作的重要指示精神，团结带领全区妇女干部及群众立足岗位跟党走，不忘初心建新功，奋勇担当“一打造三当好”的新使命，积极投身于“五城同建”的各项事业，圆满完成全年各项工作任务。岳麓区妇女联合会下辖15个街道妇联，2个镇妇联、20个机关妇委会、48个村妇联、120个社区妇联、8个新经济组织妇联。

【理论学习】区妇联运用“学习强国”平台开展学习宣传教育活动，在妇联执委和街道（镇）妇联主席、副主席（兼）、社区（村）妇联主席、区直部门妇委会主任、区妇联机关干部职工两个层面分别组织“建设学习型的队伍·向建党100周年献礼”“学习强国”学习平台“学习之星”评选活动，评选“季度学习之星”50名。区妇联理论学习中心组，围绕“学史明理”“学史增信”“学史崇德”“学史力行”四个专题开展每月1次集中学习、专题研讨，进一步加强单位党员干部群众党史教育和党性教育。将党史学习教育作为各街道（镇）、社区（村）妇联领导班子建设和妇联干部教育培训的重点内容，组织全区妇联系统50余名妇联干部开展党史学习教育宣讲、“书记讲党课”、红色观影等党史学教活动，全年共组织开展81场巾帼领头雁培训，参训人数4271人。区妇联组织开展“巾帼心向党　真情颂党恩”主题征文活动，全区广大干部和家属热情参与、大力支持，共收到征文36篇。评选出“一等奖”2篇、“二等奖”4篇、“三等奖”6篇、“优胜奖”24篇，进一步激发全区广大妇女学党史、感党恩、跟党走的信心和决心。“三八”妇女节期间，组织女领导干部开展插花讲座和游园活动；组织区直部门女干部职工200余名在桃花岭公园开展健行寻宝活动；组织基层妇联干部、政协妇女界别委员50余人赴含浦街道和欢乐雪域参观美丽乡村，开展滑雪体验活动，进一步增进各级妇联干部职工间的交流与互动，亲身感受岳麓区日新月异的建设成果。

【家庭文明】家庭文明建设。区妇联认真落实“颂党恩　传家风”的要求，组织开展“潇湘巾帼心向党”群众性朗读比赛暨岳麓区第三届家庭亲子朗诵大赛活动，经层层筛选，来自各街道（镇）的24组家庭分别以亲子诗歌朗诵、展演形式聆听红色经典，感受党的历史，进一步深化家庭文明建设。家风家教宣讲。贯彻落实《习近平关于注重家庭家教家风建设论述摘编》和《湖南省家庭教育促进条例》，“六一”儿童节前后，邀请湖南农业大学副教授胡楚迎为80余名儿童和家长开展“颂党恩·传家风”主题宣讲；带领40名儿童参观肖劲光故居、中南大学实验室，开展红色科学启蒙教育活动，多项举措推进家庭家教家风建设，促进家庭文明。联合谷桥心苑家庭教育公益服务中心，深入岳麓区阳明小学、岳南路小学、师大附中梅溪湖中开展5场家庭教育促进条例宣讲活动，为1639名学生及家长送去新时代家庭观，推动在全社会形成重视支持家庭、家教、家风的浓厚氛围。推选妇女典型。推选含浦街道肖云家庭、天顶街道杨大文家庭等6户家庭为2021年长沙市最美家庭；推选梅溪湖街道龚芳玲等2户家庭为2021年长沙市绿色家庭；推选咸嘉湖街道凡素琼等2户家庭为2021年长沙市五好家庭；推选区妇联兼职副主席李蜜心、咸嘉湖街道荷叶塘社区石沙等4人为2021年长沙市最美执委；推选湖南力得尔智能科技股份有限公司董事长金卉等2人为长沙市“奋斗新征程 闪耀她力量”优秀妇女典型。通过集中推选宣传展示，激发榜样力量，弘扬巾帼正能量。

【创建活动】组织开展示范“妇女儿童之家”创建活动。全年全区成功创建市级示范“妇女儿童之家”3家；创建区级示范“妇女儿童之家”11家；组织开展“巾帼文明岗”系列创建活动。成功推荐巾帼建功标兵2人，巾帼建功集体1个，巾帼文明岗2个。围绕服务大局、服务妇女、服务基层，在全区新经济组织、新社会组织、新媒体行业中新建妇联组织54个。联合农业农村局开展申报市级“最美庭院”创建工作，有10家庭院获评市级“最美庭院”。开展2021年岳麓区“平安家庭”创建考核工作。通过对17个街镇妇联“平安家庭”创建工作保障、婚姻家庭矛盾纠纷化解、反家庭暴力工作及日常信息报送情况等进行考核评估，着力推进基层平安家庭建设工作。

【普法宣传】区妇联贯彻落实习近平总书记指示精神，以《中华人民共和国宪法》《中华人民共和国反家庭暴力法》《中华人民共和国未成年人保护法》《中华人民共和国婚姻法》《中华人民共和国民法典》等法律为重点，做实“法制宣传进社区、进校园”和“男女平等法进万家”普法宣传活动。强化法治宣传“覆盖网”。开展全区妇联系统“建设法治长沙·巾帼在行动”法治宣传教育活动，通过制定全年各街镇妇联普法维权工作计划，在重要节点、集中宣传中及时了解掌握妇女群众的诉求，正面引导舆论发声，扩大妇联组织在普法宣传和维权服务中的社会影响力。开展各类法律宣传活动238场，覆盖人数121055人，进一步增强广大妇女群众知法懂法、学法用法的意识和能力。健全学法答题“宣传网”。借助“岳麓女性”公众号、微信工作群等渠道进行广泛宣传与发动，向全区各级妇联组织和广大妇女群众发出妇女儿童权益相关法律法规的号召，开展线下法治宣传教育和维权服务，动员3000余名岳麓女性关注“长沙女性”公众号，参与“学法答题”栏目的知识竞答，答题总分约15万分。以禁毒宣传为着力点，联合区禁毒办、区社会禁毒协会和“妈妈禁毒分会”召开2021年妈妈禁毒工作联席会议，总结回顾妈妈禁毒工作前期情况，研究部署下一阶段工作重点。联合区妈妈禁毒分会在长沙航天学校、咸嘉湖街道咸嘉新村社区分别开展“6·26”禁毒知识宣传进校园、进社区活动，通过现场直播方式连线全年级师生共400余人参与，发放禁毒宣传资料共计近400份，线上线下参与学习近2000人次。

【调解婚姻纠纷】重视婚姻家庭矛盾纠纷调解工作，坚持以构建“和谐社会”为目标，充分发挥婚姻家庭矛盾纠纷调解的“第一道防线”作用，倡导建立法治、平等、和睦、文明的婚姻家庭关系，把大量婚姻家庭矛盾纠纷化解在第一时间。2021年1月开始，区妇联携手开福区鑫晨婚姻家庭服务中心持续开展婚调服务，每周一、三、五安排调解员全天在区民政离婚大厅现场帮助离婚夫妻进行婚姻调解和修复，全年共接待婚姻家庭矛盾纠纷调解、咨询84件，调解成功47件，调解终止37件，从源头上预防和减少婚姻家庭矛盾纠纷的产生。

【扶贫帮困】区妇联以“我为群众办实事解难题”为主题扎实开展各类帮扶活动。为岳麓区28名贫困患病妇女争取到2021年度低收入妇女“两癌”专项救助金（中央专项彩票公益金）28万元，将组织的关爱和温暖送到贫困妇女身边。联合区卫建局为3172名适龄妇女开展农村和城镇低保适龄妇女“两癌”检查，把党和政府的关怀和关爱送给每一位妇女、每一个家庭。动员全区妇女干部群众及社会人士为贫困母亲、残疾母亲、重病母亲、留守母亲、困难女性老党员及女干部等特殊困境妇女群体筹集爱心善款96769.85元，缓解特殊困境妇女群体的生活压力。春节期间，入户走访慰问37名特困妇女及单亲母亲，为她们每人送去慰问金1000元，共计发放救助金3.7万元。动员爱心企业——中国人寿保险公司岳麓支公司赠送大米37袋、食用油37桶、面粉37包、糖果礼盒37份、挂历37份，给她们送去党和政府的关爱以及社会各界的温暖。入户走访慰问11户困境儿童家庭，并赠送书包11个、书籍44本、文具11份和学习用品11份。组织各街道（镇）妇联、社区（村）妇联开展135场“把爱带回家”2021寒假儿童关爱服务“四送”活动，结对帮扶孤儿、留守儿童和困境儿童数518人，受益家长和儿童数共2233人，参与“四送”活动志愿者人数共1251人。“六一”儿童节期间，结合“党史学习教育”开展“传承红色基因·守望科学天空”2021年庆“六一”特困家庭儿童亲子关爱慰问活动，对全区40名困难儿童进行慰问，发放慰问金4万元，爱心企业——长峰电力有限公司主动为困境儿童捐赠慰问金8000元，书包40个、球鞋40双、文具用品40份、粽子礼盒40份，让困境家庭的孩子们度过一个愉快而又有意义的节日。

【公益培训】联合湖南妇女儿童医院对辖区内的社区（村）、幼儿园、学校、企事业单位的妇女儿童开展公益培训讲座进社区、中小学生社会实践走进医院、草莓妇瘤公益俱乐部、关爱社区·健康义诊、儿童在园免费体检、模范女性免费体检、女驾驶员定点免费体检等公益活动，助益广大妇女儿童身心健康。年内，共开课191次，线下签到3330人，线上开课57次，参与人数达83929人，开展32场公益讲座、4场中小学生社会实践活动；为35位妇科肿瘤患者提供项目复查；开展21场健康义诊；为1137位育龄女性提供孕产礼包；为10032位儿童提供在园免费体检；为67位模范女性提供免费体检、为85位女驾驶员提供定点免费体检。

【《长沙市岳麓区妇女儿童发展规划（2021—2025）》印发】2021年初，区妇联部署岳麓区新一轮妇女儿童发展规划编制工作，对指标任务较重的单位逐一召开座谈会，研讨指标及策略措施。区妇联在多次征求各相关单位意见的基础上，拿出新一轮妇女儿童发展规划初稿，经多次讨论修改，岳麓区人民政府于12月末，以岳政发（2021）3号文件，印发《长沙市岳麓区妇女儿童发展规划（2021—2025年）》，该《规则》的印发，将有力推动全区妇女儿童事业与经济社会协调发展。

【换届选举】2021年，区妇联全面落实新时代党的建设总要求和新时代党的组织路线，坚持党建带妇建，不断规范妇联组织架构、优化妇联队伍结构、精心挑选优秀女性人才。2021年3月，完成全区17个街道镇、168个社区（村）妇联换届选举工作，把“想干事、能干事、干成事”的优秀妇女吸纳到妇联队伍中来。区各级妇联将继续发挥群团独特作用，传承优良家风，促进社会和谐，在全面建设社会主义现代化新岳麓的征程中贡献“半边天”力量。

岳麓区残疾人联合会

【概况】2021年，岳麓区残疾人联合会下辖17个街道（镇）残疾人联合会、51个专门协会、168个社区（村）残疾人协会，有基层残疾人专（兼）职委员185名、助残队伍42支、服务基层助残志愿者1780名，有各类持证残疾人9133人。2021年，岳麓区残联以习近平新时代中国特色社会主义思想和党的十九届历次全会精神为指针，脚踏实地，埋头苦干，积极回应残疾人需求。全区上下形成“政府主导、部门联动、社会参与、残疾人受益”的工作格局。全年举办残疾人专（兼）职委员业务培训班8期，培训480人次，有效提升工作人员业务能力和服务水平。组织开展“长沙市新时代学雷锋扶残助残善行四十佳”创建活动，长沙市岳麓区活力自闭症康复中心获长沙市“十佳扶残助残爱心机构”称号。区残疾人工作委员会荣获“全国残疾人工作先进单位”称号。

【基层基础工作】运用法律、政策、经济、行政等手段，切实解决涉及残疾人生活、就业、医疗等方面的突出问题。全力助推残疾人脱贫攻坚。围绕“两不愁三保障”目标，将持证残疾人纳入全区社会保障体系。为1601名残疾人代缴医疗、养老保险，发放两项补贴1177万元，1494名残疾人享受最低生活保障，困难残疾人年终慰问标准由每人600元提到1000元，覆盖面由0.9%提高到4.45%，慰问3512人次、175万元，为164人提供居家和机构托养服务。全力满足残疾人康复需求。为623名残疾儿童提供康复服务，为87名白内障患者实施复明手术，装配假肢11例，配发轮椅、助听器168件，培训康复教师500余人次。开音儿童发展中心获评全省四星级残疾儿童康复救助定点服务机构，湖南妇女儿童医院新增训练场地2227平方米、康复人员44人，康复水平和设施处于全国先进行列。全力实现残疾人就业愿望。发放创业扶持补贴12.68万元、助学补助95.8万元，培训残疾人学员530人次，为317人次提供灵活性就业岗位，召开残疾人专场招聘会，85人达成就业意向。审核残疾人按比例就业企业179家，累计征收就业保障金4070万元。上善助残服务中心成为全省第一批残障人士就近就便就业试点单位。

【党建工作】坚持党建引领业务，加强党建工作同业务工作深度融合，将落脚点放在执行落实上。党支部牵头组织开展“联村联户、四帮四促”、残疾人专场招聘会、全国助残日活动、国际残疾人日活动、“扶残助残　爱在岳麓”党建助残暨爱心分享会、走访慰问困难残疾人等重大活动。加强结对共建建设。与望麓社区、上善助残服务中心开展结对共建活动，强化党建助残志愿服务、重点节点值班、“双联双百”等系列活动。办好民生实事。“儿童康复救助、残疾人家庭无障碍改造”两项省重点民生实事工程的完成率分别为147%和100%，各项惠残政策全面落实。“党建+扶贫帮困”“党建+精准康复”等特色工作取得成效。

【信访工作】建立“区、街（镇）、社区（村）”三级联动体系，及时答复和办理来信来电来访，畅通信访渠道，接访（电）14件次，办结“12345”服务热线工单41件。采取政府购买服务方式，进一步发挥残疾人法律救助站和湖南高新律师事务所作用，依法维护好残疾人的合法权益，落实律师工作日值班制度，实施法律救助37件。加大无障碍改造，建成1个无障碍社区，改造50户残疾人家庭无障碍设施，完成15千米主干道无障碍提质改造。勘查设施306处，增设缘石坡道284个，修补盲道1120平方米，更换盲道条3600余根，公交站引入盲道25处。办理公交“爱心卡”85张，为119人发放轮椅车燃油补贴。

【扶贫帮困】开展“联村联户，四帮四促”活动，为含浦街道芝字港村10户特困残疾人家庭提供生活物资帮扶10万元，制定帮扶计划，明确一对一帮扶人员，结合业务工作，为残疾人提供个性化服务，做到量体裁衣，一户一策。为100户贫困残疾人无偿提供鸡苗资金10万元。开展春节慰问走访活动，全年慰问走访困难残疾人3512人，发放慰问金175.375万元。联合长沙市残疾人联合会开展“残健同心向党，共享全面小康”残疾人就业专场招聘会，招聘会吸引32家企业参与，提供564个适宜残疾人就业的岗位，有210名残疾人参加招聘会，现场达成招聘意向85人。加强残疾人就业保障金核定工作，共审核企事业单位179家。

【文化宣传】推动文化建设，提升生活品质。承办湖南省残障人士集体婚礼和长沙市残联“助残手拉手，永远跟党走”第三十一次全国助残日主题活动；开展第三十次国际残疾人日主题活动、“扶残助残　爱在岳麓”党建助残暨爱心分享会；开展残疾人运动员选拔和训练，2名残疾人运动员在十一届全国残疾人运动会荣获2金1铜的好成绩。培育助残风尚，丰富生活内涵。扎实开展市级文明单位创建，营造担当作为、比学赶超的生动局面。全年开展助残活动30余场，引导社会爱心人士帮扶残疾人800余人次，在政府门户网站发布助残信息152条，发现培养扶残助残、自强模范先进个人和集体4个。

【举办第31次全国助残日活动】5月14日，开展由长沙市

5 月 14 日，举办“助残手拉手　永远跟党走”——残疾人共产党员专业能手风采展示活动

残联、岳麓区残联、岳麓区文明办主办，西湖街道、坪塘街道、含浦街道、长沙市上善助残服务中心承办的“助残手拉手　永远跟党走”——残疾人共产党员专业能手风采展示活动。活动在西湖公园58小镇党群服务中心举行。活动中，由长沙市十佳残疾人共产党员、岳麓区云麓园社区的周芳洲与其他9位来自各区县（市）的长沙市残疾人共产党员专业能手分享自己的故事。他们既是普通的共产党员，也是身残志坚的残疾人。在平凡的日子里，他们用自己的实际行动诠释共产党员最朴实最高尚的品德，激励着更多残疾人朋友热爱党、热爱祖国，以永不服输精神和坚忍不拔意志，实现人生价值，共创共享美好生活。

2017—2021 年，岳麓区通过完善体制机制，夯实基层组织，激发社会活力，全力打造“党委领导、政府主导、部门联动、社会参与、残疾人受益”的工作格局。全区共培育扶贫、康复、托养、社工服务等机构（基地）38 个，成立志愿者队伍 42 支，注册助残志愿者达到 1780 名，17个街道（镇）全部设立社工站，为残疾人提供就业岗位、走访慰问、扶贫帮困等系列活动。

【举办国际聋人节活动】10月21日，岳麓区聋人协会登山活动在岳麓山风景名胜区举行。9点25分，活动开始，区聋协主席李坤奇用手语告知大家活动中的注意事项，鼓励所有聋人伙伴们克服天气不便的困难。此次活动评选出一等奖2名，二等奖4名，三等奖6名，此次活动得到长沙市聋协主席徐志的高度赞扬。

【举办第30次国际残疾人日活动】12月3日是第30次“国际残疾人日”，为展示在中国共产党的领导下残疾人自强、自立、乐观向上的精神，动员人们支持维护残疾人的尊严、权利和幸福，让残疾人朋友感受到社会和政府的关爱。12月14日，在长沙金麓郁锦香酒店由岳麓区残疾人联合会主办，长沙市上善助残服务中心承办“同心向党，全民运动”岳麓区残联2021年国际残疾人日主

10 月 21 日，岳麓区聋人协会登山活动在岳麓山风景名胜区举行

题活动。岳麓区各街道残联理事长及代表、协会代表、助残机构代表共同参与，活动共设20个比赛小组，参与者个个热情高涨，秉持着友谊第一比赛第二的宗旨，相互加油打劲。通过此次运动会，不仅培养了残障人士的团队合作、沟通协调的能力，也让社会各界看到残疾人努力拼搏、奋发向上、突破自我的顽强精神，进一步营造了理解、尊重、关心、帮助残疾人的良好氛围。

【举办“扶残助残，爱在岳麓”党建助残暨爱心分享会】 12月16日，“扶残助残，爱在岳麓”党建助残暨爱心分享会在湖南省首批助残组织党性教育基地长沙市上善助残服务中心举行。此次爱心助残分享会由岳麓区委组织部、岳麓区文明办主办，岳麓区残联、岳麓区坪塘街道办事处承办。会上，5名残疾人向长沙市残联、岳麓区相关部门党员干部及残疾朋友代表分享在党和政府关怀下实现蜕变的人生经历。岳麓区相关单位代表分享党建助残的工作成果；湖南师范大学学雷锋志愿者代表宣读《党员积极投身志愿服务倡议书》，共同打造“党建+助残”品牌。

法 治

政法委及综治

【概况】2021年，岳麓区政法工作坚决贯彻中央和省、市、区委决策部署，抓好党史学习教育，抓好政法队伍教育整顿，把政法各项工作落到实处。全区政法系统全体干警以忠诚奋进、实干担当的良好精神状态，以敢斗善斗、克难制胜的实际行动，圆满完成庆祝中国共产党成立100周年大会期间，安保维稳任务，承办全市市域社会治理创新工作推进会，平安岳麓、法治岳麓建设取得新成效。岳麓区以全省第一名的成绩获评2021年度湖南省平安建设考核评估先进县市区，连续15年保持全省“平安县市区”称号，获评全市平安建设红旗区县。

【安全维稳】坚持把维护全区社会大局稳定作为政法工作不可动摇的底线，防范化解各类风险，实现“五个不发生”目标。防控政治安全风险，统筹推进政法领域维护国家政治安全“三大工程”，严防境外势力、敌对分子的渗透和邪教破坏活动。在西湖街道建立区级“关爱之家”，在望月湖、咸嘉湖、天顶等街道建立“关爱工作站（室）”，全区教育转化工作得到中央政法委抽查组的肯定和省委政法委调研验收组的高度评价。防控社会稳定风险，坚持源头治理，落实《长沙市重大决策事项风险评估办法》，开展重大项目风险评估12次，组织维护性施工行动5次，保障全区项目有序推进。全力做好全国“两会”、庆祝中国共产党成立100周年大会等特护期间的安保维稳工作，实现“五个严防、一个确保”和“五不”“三零”目标，创历年来最好效果。加大依法治访力度，推进矛盾问题化解，加强矛盾纠纷常态化排查调处，2021年共收集影响较大的矛盾问题81个，针对恒大文旅城和建发央著楼盘问题、“双减”政策的群体性问题，区委主要领导多次召开专题调度会，明确区级领导包案化解；及时跟进骑龙大街、财富岳麓、指南针等项目遗留问题处理，协调有关部门解决项目手续办理、融资引资、环境保障等事项，提供项目所需司法服务，促进问题化解。

【平安建设】突出治安问题治理，加大侦查打击力度，强化重点地区治安整治，开展治安整治“百日会战”专项行动，全区侵财犯罪案件同比下降34.41%；依法打击电信网络违法犯罪，破获电信网络诈骗案件968起，刑事拘留涉电诈犯罪嫌疑人658人。创新基层社会治理，学习发扬新时代“枫桥经验”，在各街镇和园区设立诉源治理工作站，努力将矛盾纠纷化解在萌芽、化解在诉前。开展以居民零上访、安全零事故、治安零发案为内容的“三零”社区（村）创建工作，建立健全蹲点负责、下沉指导等机制，研究制定问题摸排、通报讲评、预警挂牌等9项工作制度，突出创建工作的指导性、规范性和可操作性，截至11月底，全区发案率同比下降30%的社区（村）达44个，“三零”创建成效明显。推进“二化三中心”建设，在综治中心、网格化指挥中心的基础上，2021年启动区应急指挥中心建设。探索在网格化“智慧岳麓”平台中增设平安建设功能模块，融合“天网”、“雪亮”、水利、住建、教育安防等，推动资源共享。开展“平安楼栋”创建，在桔子洲街道学堂坡社区试点建立“党支部+党小组（社会组织）+楼栋理事（志愿者）+楼栋居民”自治模式，广泛调动居民群众参与社会治理的积极性，试点成效显著。

【扫黑除恶】常态化推进扫黑除恶斗争，破获利用网络招嫖进行敲诈团伙3个、暴力涉黄团伙1个，经省公安厅认定涉恶犯罪集团4个。全力推进“三贷三霸”打击行动，已成功打掉一个利用公民信息犯罪团伙。持续深化重点行业整治，以信息网络、自然资源、交通运输、工程建设四大行业领域为重点开展整治攻坚战，同时带动十大行业领域整治持续深入开展，一些行业领域的乱象得到及时有效整治。

【法治建设】推进政法改革，区法院、区检察院内设机构改革全部到位，案件繁简分流机制、“捕诉合一”机制全面推广。区法院与相关街道（镇）开展诉源治理专项行动，一站式诉讼服务中心全面建成；区公安分局实施“四个大抓”警务战略，构建与现代治理体系相适应的县域警务新模式。推进执法监督，结合政法队伍教育整顿，抓实“三个规定”落地落实。抓好涉法涉诉信访工作，2021年以来全区政法各单位共接待上访群众600余人次，上级交办的65起涉法涉诉信访案件已全部办结；组织对涉法涉诉信访案、群众反映强烈的重点案件开展集中评查活动，全区政法机关共评查案件12700余件，有效提升了政法各单位的办案质量；落实司法救助政策，2020—2021年共救助12案16人，发放救助金42万元。

【优化营商环境】依法打击各类扰乱市场经济秩序经济犯罪，依法排查化解经济领域的矛盾纠纷，牵头开展企业家合法权益保护行动，切实维护企业家人身和财产权利。严格按照“三个区分”“四个慎重”的相关要求，加快涉企案件的侦办、移送、审判、执行工作；加强知识产权和著作权法律保护，加强对老字号、本土知名商标的保护，推动品牌战略的实施。着力服务大局，全区政法各单位全体班子成员每人联系1~2个重点项目、企业或楼宇，开展“我为群众办实事”实践活动，服务群众2358人次，出台便民利民举措40余项。开展涉项目维稳问题隐患排查，及时调处矛盾，提供法律保障；严厉打击涉项目建设违法犯罪，净化项目建设外部环境。

【队伍教育整顿】围绕“五个过硬”，突出“四项任务”，抓实“三个环节”，全力推进政法队伍教育整顿。坚持以政治教育为引领，“一把手”讲党课7场次，举办廉政教育报告8场次，举办习近平法治思想专题讲座9场次，开展政治轮训20场次，召开警示教育大会12场次，选树政法英模20人。深入开展思想发动、广泛谈心谈话、专题民主生活会（组织生活会）等，开展政策宣讲，教育引导干部打开心结、消除顾虑，主动查找问题。全区947名干警分多轮填写《个人自查事项报告表》共1728份，填报问题4967条，经甄别研判后，运用第一种形态批评教育303人，第二种形态处理3人，第三种形态处理2人，第四种形态处理1人。线索清查清仓见底。上级交办线索165件，已全部核查办结，教育整顿期间共倒查涉黑涉恶（线索）99件，评查重点案件3890件，其中涉法涉诉信访案件64件，开展法律监督专项检查，共自查案件5430件，智能化数据排查2200余人，排查信息300余条，经甄别核实1人违规参股；开展全员涉毒毛发检测，未发现干警涉毒问题；开展队伍建设专项巡查，整改问题35个。抓源治本长效常治。坚持查改结合、即查即改，治建并举、标本兼治，全区共完善平安建设、政治建设、执法司法制约监督、干部队伍建设等方面制度机制66个。开展教育整顿“回头看”，对查否办结的案件线索，全面复核评查，确保案件线索办理质量。

【“二化三中心”建设工作推进会】12月8日上午，全市“二化三中心”建设工作推进会在岳麓区召开，就市域社会治理现代化试点工作进行调度，推进“二化三中心”建设。市委常委、市委政法委书记张敏出席会议并讲话。岳麓区委书记周凡致欢迎词。相关市直部门分管领导，各区县（市）委常委、政法委书记，各区县（市）政法委副书记（平安办主任）、应急局局长，高新区分管政法工作领导、综治局局长（平安办主任）参加。会上观看了岳麓区“二化三中心”建设工作视频及演示项目，市数据资源局、市应急管理局、天心区、岳麓区、浏阳市等相关负责人先后作交流发言。

公　安

公安工作

【概况】2021年，岳麓公安坚持以习近平新时代中国特色社会主义思想为指导，主动担当岳麓区“一打造三当好”“五城同建”新使命，全力推进县域警务、专项警务、节点警务，着力服务经济社会高质量发展，维护社会和谐稳定，保障人民安居乐业，为落实强省会战略，全面建设现代化新岳麓保驾护航。全年立刑事案件5753起，打击处理2028人，同比上升73.40%，其中刑事拘留侵财犯罪嫌疑人同比上升95.68%；逮捕直诉1929人，同比上升73.16%；行政拘留1835人，同比上升43.70%。侦破传统侵财案件、电信诈骗案件同比分别上升18.85%；命案连续5年全破，八类恶性案件、100万元以上电信诈骗案件破案率100%；刑事案件总量和传统侵财案件降幅达到7.87%、27.13%；全区污水涉毒成分检测指数平均值排名全省第120位，创历史最好成绩。

【队伍建设】始终突出从严管党治警，聚焦“四个铁一般”和“三能民警”标准，坚持政治引领、情感激励、考核导向、杠杆调节多措并举，不断激发队伍活力，提高警务实战能力，切实担负起新时代党和人民赋予的职责使命。巡警大队被公安部荣记集体一等功，警务评议在全省38个城区分局排名第9，10名中层正职、4名90后干部得到提拔，职级晋升263人次，任命警长56名，火线入党11人，表彰奖励97人次。加强优抚慰问，传递组织温暖，发放慰问金457人次147.3万元。将全面从严管党治警工作与业务工作同部署、同考核，开展队伍教育整顿和党史教育活动，召开全警警示教育大会、岗前警示、专题培训、专题党课共计19次，切实筑牢廉政“防火墙”。高频率开展监督检查，全年组织各类督察210余场次，发布督察通报64篇，核查问题66个。受理涉警投诉200余件，立案查处违法违纪民警12人，运用“第一种形态”处置98人次。

【维稳安保】始终把维护政治安全和社会稳定作为强化“四个意识”、践行“两个维护”的实际行动，坚持在实战中完善机制、在斗争中提升本领，坚决维护国家安全、制度安全、意识形态安全。强化重点人员管理，打好维护稳定组合拳，对全区八类风险群体综合评估、分类施策，全年依法取缔非法宗教活动23处，破获邪教反宣案件15起。成立反恐怖大队，完善内设机构职能设置，将反恐工作纳入平安建设重要内容，全区暴恐案事件“零发生”。抓实38个重要节点警务，圆满完成“6·30”橘子洲焰火燃放、2021湘江马拉松赛、2021互联网岳麓峰会等大型活动安全保卫383场次。特别是在中国共产党成立100周年安保维稳、全国“两会”、十九届六中全会等重要节点中，真正做到牢牢确保“五个不发生”，实现进京非访“零登记”，辖区治安形势稳中向好，岳麓区连续获评省平安建设先进县（市）区。

【刑侦工作】坚持“打击开路、打防协同”，做大做强侦查作战中心，坚持打合成战、攻坚战、系统战，更新侦查工作理念，围绕“专案牵引、类案合成、小案快侦”运行机制，强化线索核查和专案攻坚，深入开展严打整治“百日会战”“冬春攻势”专项行动，打处效能大幅上升，全年抓获违法犯罪嫌疑人4481人，同比上升49.57%；破案2578起，同比上升35.76%；副市长刘新良《每日警情》批示案件93起，侦破83起，破案率89.24%。严格落实省厅扫黑除恶“六个常态化机制”，始终保持对黑恶势力严打高压态势，聚焦社会领域突出问题，紧盯农村、网络、民生等重点区域，开展滚动排查，打击整治。核查办结省、市扫黑办下发线索13条，打掉李某保、李某睿等涉恶犯罪集团4个，破获九类涉恶犯罪案件129起，刑拘163人。

【打击电信网络诈骗】面对电诈犯罪给社会稳定、经济发展、人民群众合法权益带来的严重冲击和严峻挑战，岳麓公安统筹部署，组建做强反电诈中心，坚持“以打开路，打防结合，标本兼治，综合治理”，“警力跟着警情走”，健全完善研判打击、预警劝阻、两卡核查、快速封堵、外协等工作机制，通过技术反制深挖犯罪线索，组织通讯运营商、金融单位、网信部门、快递物流开展联防联控，查清洗钱通道、查清上下线链条、查清关键犯罪窝点、查清全案犯罪人员、查清黑灰产业源头。秉持“接报即反查、反查即预警”，重拳打击与广度预警、深度劝阻相结合，全年破获电诈案件1003起，同比上升116.63%；刑拘806人，同比上升266.36%；止付冻结637.65万元，返还被骗资金307.76万元，预警劝阻案件3.84万起，为群众挽回经济损失62万余元。深入社区、学校、园区、楼栋，掀起“全民行动·无诈星城”行动宣传高潮，最大限度控压发案。

【治安管理】以“加强社会治安防控体系建设，扎实推进示范城市创建”为导向，坚持“大抓基层，大抓基础”，着力开展智慧单位、校园、小区、村庄建设，坚持群众工作路线，“百万警进千万家”，发扬新时代“枫桥经验”优良传统，努力将矛盾化解在初始阶段、萌芽状态。含浦派出所作为县域警务示范单位，创新警务模式，纵深推进“三区”警务，实现社会治理创新“融合”，相关工作经验被《人民公安报》等多家媒体广泛报道。落实单位内部安全责任制，围绕影响社会稳定的重点领域，加强重点行业管理，严防严控枪爆危险物品，严打严治违法犯罪。侦办黄赌案件428起，抓获违法犯罪嫌疑人1355人，成功侦破“3·01”网络赌博案、“9·11”“10·15”组织协助卖淫案。强化涉枪涉爆涉危物品各个环节安全监管，对全区129家相关单位进行全面排查风险隐患，对检查中呈现问题的36家单位，狠抓整改落实。侦办食药环烟及非法采砂采矿、非法捕捞案件50起（其中省厅挂牌督办9起），刑事拘留77人。

【优化营商环境】开展服务“三高四新”、建设“平安湖南”、彰显岳麓担当实践活动，着力优化营商环境，主动担当岳麓区“一打造三当好”“五城同建”新使命。以“产业发展提质年”为契机，走访调研企业312家，对口联系企业132家，服务企业项目202个，梳理阻碍经济社会发展风险隐患，依法严厉打击煽动闹事、强揽工程、恶意阻工、垄断经营等涉黑涉恶犯罪，全区排查企业181家，开展员工背景审查3600余人，发现各类风险隐患78个，约谈隐患企业29家，下发隐患整改通知书29份，集中整治涉企执法、管理服务、安防建设等突出问题154起。建立打击涉企犯罪“绿色通道”，全年共侦办经济类案件58起，刑拘127人，先后破获部督“MBI”组织领导传销案、玖玖富达岳麓分公司非吸案等一批重大案件。面对两次新冠疫情反弹局面，充分发挥公安职能作用，研判数据2.6万余条，出具《流调溯源报告》34份，侦办涉疫案事件5起，高效阻断湘江欢乐城疫情传播链，真正做到“疫情当前，公安向前”。

【禁毒工作】按照省、市关于禁毒工作部署和《长沙市禁毒工作责任制规定》要求，加强组织领导，强化责任落实。开展“净边2021”“集群打零”专项行动，成功侦破省内首例贩卖合成大麻素类新型毒品案，抓获涉案人员234人，集群打零成效明显。侦破各类涉毒案件380起，缴毒量折合海洛因6.4公斤，抓获涉毒违法犯罪嫌疑人412人。

全面整合社会力量，突出以人为本群防群治，大力推进“防风险、强治理、创示范”行动，健全禁毒宣传“六进”机制，先后成立岳麓区大学生禁毒联盟、岳麓区禁毒讲师团等公益团体，上线岳麓禁毒抖音，公布典型案例，以案说法、以案普法，形成强大震慑效应，切实营造“全民参与、人人有责”的宣传攻势。以创建全国禁毒示范城市为契机，深入开展“无毒社区”“无毒校园”“无毒家庭”创建工作，全区评定“无毒社区”39个、区级禁毒示范校区4个。强化禁毒宣传阵地建设，由财政投资约1000万元，建成集禁毒宣传预防教育、缉毒打击指导、社戒人员管控、吸毒人员管理筛查职能为一体的岳麓区禁毒管控教育服务中心，并于9月正式投入使用。

【规范执法】紧紧围绕规范执法、案件监督，开展“有案不立、压案不查、有罪不究”专项整治，加快案件流转和办结时效，按照“谁办案、谁负责”“谁审批、谁负责”原则，明确案件办理各执法环节责任制，全年共评查案件1117件，下发核查线索1920件，发布执法监督通报37期，对警务评议不满意样本进行认真分析查摆，推送追责通报12期。组织旁听案件庭审，召开公检法联席会议暨开展法制培训，法制“微课堂”，召开法制工作会、案件研判会、着力提升民警服务法治建设能力水平。

【基层基础建设】积极探索县域警务风险群防群治、联防联控新路径，深度融合网格化服务管理，在社区、学区、园区警务领域开拓创新，务实进取。稳妥处置梅溪湖中塘变电站阻扰施工、建发央著楼盘业主聚集、北京御园物业纠纷等群体性事件，“温斯顿”“伯明翰”“树童”等教培机构事件。为推动建设更高水平“平安岳麓”“法治岳麓”，整合资源要素，新建“天网”高清视频、智慧村庄监控探头，联网重点单位内部视频。风险智能防控机制，升级换代单警装备500余套、执法记录仪191台、车辆25台，基层装备焕然一新。全面推进咸嘉湖、新坪塘、新洋湖、新含浦派出所建设，岳麓公安基础建设不断跃上新台阶。

交通管理

【概况】2021年，岳麓区交警大队践行习近平总书记关于公安队伍“对党忠诚、服务人民、执法公正、纪律严明”总要求和训词精神，抓实抓牢领导干部“一岗双责”六项工作制度和政治建警集中论训学习制度，努力锻造“铁一般理想信念，铁一般责任担当，铁一般过硬本领，铁一般纪律作风”的公安交警队伍。在交通秩序整治、交通事故预防及处理和交通警保卫等工作均取得较好成绩，得到上级领导和广大群众的表扬及好评。

【交通秩序整治】遵照省、市公安机关工作部署，结合岳麓区道路交通实际情况，全面开展道路交通安全集中整治工作，全年累计投入警力1.4万余人次，出动警车3900余台次，先后开展酒驾专项整治、文明创建专项整治、噪声扰民整治、电动车违法整治等一系列行动1200余次，累计现场查处各类交通违法行为50余万起，其中现场查处酒驾违法1302起、客车违法1821起、农村面包车违法391起、电动车违法169132起、摩托车违法7305起、货车违法16790起、车辆未年检807起、校车违法38起。全区实现摩托车、电动车“戴帽率”90%工作目标，最大限度预防和减少道路交通事故的发生，确保辖区道路交通环境安全、畅通、有序。

【交通事故预防及处理】2021年全区共排查道路交通安全隐患275起，交办治理到位268起，整治完成率超97%，余下7处隐患正在治理中。受常驻人口、驾驶员数量上升和疫情复工复产等多方因素影响，岳麓区交通事故警情大幅上升，事故类警情达到87976起，同比2020年上升约40.9%，求助类警情为64122起（不完全统计），同比上升25.15%，直接经济损失约1538万元。交通事故其他指数均有不同程度下降，其中，交通事故死亡人数下降2.08%。未发生死亡3人（含3人）以上的道路交通事故。侦破交通肇事逃逸案7起，破案率100%。全区总体道路安全形势平稳。

【重点车辆管理】2021年岳麓交警大队通过路面巡查、内网核查等方式，对辖区重点人员、重点车辆、重点运输企业开展隐患排查和整治。累计督促完成车辆年检660台、注销报废150台，对11台“营转非”客车实施淘汰处理，实现岳麓区“营转非”、57座以上大客车、卧铺车清零目标，并约谈重点车辆运输企业22趟次，督促解聘驾驶员30余人，向企业和行业主管部门发送抄告142份，下达整改35份。

【交通组织优化】2021年岳麓交警大队累计上报优化整改方案58个。在辖区施划标线约39874平方米，标识约4297平方米，除线7324平方米，新增

6月28日，岳麓交警七中队在潭州大道洋湖路口开展酒驾违法整治
（区交警大队供图）

彩色防滑路面2138.8平方米；新增人行横道灯45套、非机动车灯24套，铺设电缆线15235米，新装标志牌726套，更换标志324套。新增待驶区LED屏4套、爆闪灯10套、防撞柱139根、广角镜6块，拆除广告牌110块，完善55所学校门前交通安全设施。另新设置红绿灯管控路口1个，新增城市停车位6个。年内完成杜鹃路望岳路口、靳江路后湖路口、长望路潇湘北路口、丰顺路黄鹤路口、麓山路阜埠河路口、雷锋大道青山路口、雷锋大道尖山路口、雷锋大道谷丰园路口、银杉路北二环路口、银杉路岳华路口、银杉路北津城路口、银杉路长望路口、银杉路谷岳路口、银杉路佑母塘路口、银杉路茶子山路口、银杉路含光路口、银杉路观沙岭路口、银杉路岳麓大道桥下、银盆南路银双路口、枫林路爱民路口、枫林路麓山路口、枫林路滦湾路口、枫林路白云路口、枫林路财院路口、枫林路望岳路口等48个样板路口改造，有效规范路口通行秩序，提升路口通行效率。另城区信号灯路口渠化率、标线施划率，学校、医院周边交通安全设施设置率均同比提升。

【交通警保卫】2021年完成各类警保卫任务272批次410趟次。其中，二级警卫3批次10趟次，三级警卫21批次40趟次，其他警保卫248批次360趟次。出动警力11031人次，出动警车1194台次，警卫线路总长5403千米，全年警员加班240小时。每次执行任务时，大队严格遵循提前勘查线路，认真制定方案，合理部署警力，领导亲临督查工作程序，全年未发生一起警保卫责任事故，圆满完成各项警保卫任务。

【交通安全宣传】2021年坚持全面铺排、紧盯短板、重点发力的宣传模式，把线上、线下宣传模式有机结合，把城市、农村宣传重点分门别类，充分发动街道、学校等企事业单位打造联勤模式，并针对送外卖人员、共享单车企业、货运企业及驾驶员、老年人群、大中小学生开展宣传教育，全年累计开展“小教员”宣教活动352场次，发放宣传资料10万余份，悬挂宣传横幅218条，播放安全宣传教育片780余场次，推送安全提示信息20万余条，向媒体投递宣传稿件389篇，宣传纵深得到进一步拓展，宣传效果得到进一步提升。

【警务评议】2021年，岳麓交警大队围绕为民服务宗旨，通过网络、电话与群众“心连心”，累计受理12345工单11099件，办理区长信箱等信访件280件，办理省厅回访不满意样本621起，按期办结率均达100%，并完成对149884起122警情全覆盖回访，岳麓区交通管理服务群众满意度达到98.3%的年度历史新高。此外，涌现出一大批优秀服务典型。

【交通警察岗亭统一规范化建设】2021年，按照区委、区政府“在2021年对所有交警岗亭进行统一规划建设，结合城市规划和交管工作实际情况，以统一的标准、合理的结构、统一的外观，将岳麓区交警岗亭打造成一张靓丽的、有特色的城市名片”的工作要求，历时半年（3月到9月），岳麓区交警岗亭统一规范化、标准化建设改造项目全面完成，实现改扩建12座，提质改造6座，新建4座，将原来仅有的20座老旧狭小的岗亭变成现今宽敞明亮、统一规范的22座岗亭，工作和生活环境面貌焕然一新。

2021 年新建岗亭图示

【教育整顿】按照省、市“坚持政治建警全面从严治警”教育整顿工作要求，以中国共产党成立100周年为契机，以“学习教育、查纠整改、总结提升”为抓手，坚持学习党史党规党纪，践行初心使命担当，以“一岗双责”“第一议题”“三会一课”等制度为蓝本，累计完成问题自查943个，整改到位905个，常态化落实38个，完成一对一“跟班学”200余次，谈心谈话543人次，向辖区内22家企事业单位征集意见52条并完成反馈销号，圆满完成市局、支队党委交付的各项工作任务，获得上级领导和人民群众的一致肯定，为2021年岳麓大队工作深入推进打下坚实基础。

检　察

【概况】2021年，区检察工作以强化法律监督、强化自身监督，强化队伍建设为总要求，以司法办案为中心，深入推进平安建设、法治建设。全年审查提请逮捕案件1493件2412人，批捕1897人、不批捕447人；审查移送起诉案件2127件3232人，起诉2432人、不起诉406人。持续推进扫黑除恶专项斗争常态化，依法公诉涉黑涉恶案件3件11人，依法批捕抢劫、抢夺、盗窃、诈骗等犯罪612人、起诉713人。深入推进禁毒工作，依法批捕涉毒犯罪221人、起诉229人。严厉打击危害食品药品安全犯罪，依法起诉10人，守护群众“舌尖上”的安全。着力推进“检察护苗”品牌建设，深入相关中、小学和幼儿园开展防霸凌、防拐骗、防性侵主题法治讲座10次，受众达6440人次。区检察院先后获全国检察宣传先进单位、市“先进基层检察院”、市文明单位、区平安建设优秀单位等荣誉。

【刑事检察】强化诉讼活动监督，监督立案17人、撤案6人，纠正漏捕48人，追诉漏罪47条、漏犯29人，对不构成犯罪或证据不足的，决定不捕148人、不诉62人，纠正侦查活动违法26件，提出抗诉1件。持续落实宽严相济刑事政策，对犯罪情节轻微的，依法不捕297人、不诉342人；持续加大羁押必要性审查力度，建议改变强制措施24人；持续优化“案—件比”（注：“案”是指当事人所经历的一个具体案件，“件”是这个案件所经历的诉讼环节，比如审查起诉、延期、退侦等诉讼环节，经历的诉讼环节越多，“件”也就越大，“案件比”越高，办案质效也就相对越差），将比值牢牢地控制在1：1.16以内。深化社区矫正检察，开展判处实刑罪犯未执行刑罚专项监督等活动，建议收监监外执行条件消失的社区服刑人员，保障社区矫正依法公正进行，推动刑事执行监督不断深入。

【民事检察】办理生效民事裁判监督案件8件，民事审判程序违法监督案件16件，民事执行活动监督案件42件，支持起诉120件，对发现问题发出再审检察建议3件，提请抗诉2件。建立院内外多方参与线索移送机制，深化虚假诉讼监督（注：虚假诉讼是指当事人出于非法的动机和目的，利用法律赋予的诉讼权利，采取虚假诉讼主体、事实及证据的方法提起民事诉讼，）办理虚假诉讼案件2件。

【行政检察】办理行政审判监督案件5件、行政执行活动监督案件77件，成功化解行政争议4件，发出社会治理类检察建议85件，全部被采纳，确保案结事了政和。在办理许某行政处罚申请监督案过程中，通过公开听证的方式化解行政争议，依法建议行政机关免除对许某加罚的行政罚款1万元，该案得到省、市院充分肯定，并被《检察日报》专题报道。

【公益诉讼检察】主动向区委、区人大、区政府、区政协专题报告公益诉讼工作，推动公益诉讼工作扩大规模、提升影响。践行双赢多赢共赢理念，以诉前解决问题为重点，就主动履行行政职能、问题整改等向相关行政机关提出工作建议，为公益诉讼铺平道路。立案调查公益诉讼案件163件，发出检察建议93份，提起诉讼6件，支持社会组织提起公益诉讼1件，行政机关对诉前检察建议回复率达100%，起诉均获法院判决支持。全力建设岳麓山公益诉讼检察法治教育基地，大力加强公益诉讼法治宣传。落实“十年禁渔”专项行动，携手法院和行政机关开展增殖放流活动，倡导共同守护湘江生态平衡。

【政法队伍教育整顿】2021年3月到7月，区检察院开展为期4个月的政法队伍教育整顿工作。在此期间，区检察院坚持把政法队伍教育整顿作为重大政治任务，抓实学习教育、查究整改、总结提升三大环节的各项规定动作和自选动作。深入开展谈心谈话、自查自纠、组织查处等工作，落实从宽从严政策，核查交办案件线索8件，倒查、评查案件1504件，提醒谈话处理60人，通报批评处理6人。制定《司法办案廉政风险防控工作指引（试行）》《关于规范退回补充侦查和延长办案期限工作的办法（试行）》《关于在执法办案中加强听证工作的实施办法（试行）》等22项工作制度机制。

【推进检察听证工作】积极践行“阳光司法”，采取各项措施持续深化公开听证。广泛邀请人大代表、政协委员、人民监督员、专家咨询委员、当事人居住地的居民委员会工作人员等参与听证，深入了解当事人实际情况，认真听取听证员关于案件处理的分析意见和建议，主动接受来自各方面对检察工作的监督。区检察院举行公开听证15场，对72件案件听取并采纳听证员们的意见，取得良好的社会效果，真正让公平正义可感、可触、可见。

【岳麓山公益诉讼检察法治教育基地】2021年5月，区检察院在岳麓山爱晚亭广场附近建成公益诉讼检察法治教育基地，设置公益诉讼检察“好声音”“好故事”等5个篇章，通过陈列宣传展板、发放宣传手册、播放公益宣传片、检察官解说等方式介绍公益诉讼检察工作的职能、作用和成效，倡导社会公众“守护公共利益，从我做起”。该基地是湖南省首个综合性公益诉讼法治教育基地，基地建成以来区检察院依托基地开展主题宣传活动5次，发放宣传资料4000余份，接受现场咨询300余人次，最高检院检察长张军、检委会专职委员万春、湖南省人大常委会主任委员龙朝阳、市政法委书记张敏等领导调研，多家兄弟检察院和媒体参观。

【侦查监督与协作配合办公室成立】12月28日上午，区检察院与长沙市公安局岳麓分局、高新区分局侦查监督与协作配合办公室相继成立。经与岳麓区分局、高新区分局协商研究，决定在两个公安分局分别设立侦查监督与协作配合办公室，加强侦查监督与协作配合的组织协调、监督协作、督促落实和咨询指导等。

【“走近一线检察官”直播活动】12月30日，最高人民检察院新闻办、中央广播电视台《今日说法》、湖南省人民检察院和长沙市人民检察院、岳麓区检察院、长沙县检察院联合开展第67次“走近一线检察官”直播活动，以“检察助力打造世界级工程机械产业集群”为题。区检察院直播点设在中联重科股份有限公司，重点介绍区检察院推动企业合规改革。邀请参与企业合规监督评估的专家学者、行政机关负责人、企业合规管委会负责人畅谈该项工作给企业发展带来的好处。高检院新媒体及《今日说法》央视频同步直播，在线观看量49.6万次，再次突破《今日说法》视频直播纪录。

5月28日，岳麓区检察院未检检察官周萃在明德中学开展《检察官，期待你的加入》的专题讲座（区检察院供图）

【全省检察机关十大优秀案件】1月19日，区检察院与长沙市人民检察院联合办理的郝某某涉夫妻共同债务民间借贷纠纷检察监督系列案，被评为全省检察机关十大优秀案件。该系列案的改判，不仅纠正中央电视台曝光的“被负债”错案，而且促使同类十起案件彻底改判，让多名“被负债”的无辜者卸下巨额不当债务，为民间借贷滋生的夫妻共债乱象设立法律“路标”。

法院

【概况】2021年，区人民法院全年共受理各类案件50002件，办结45989件，法官人均结案639件，均创历史新高。2021年，该院以全省一类基层法院第三名的好成绩蝉联全省法院考核优秀单位，荣获最高人民法院第三十三届学术研讨会组织工作先进奖、全国优秀直播法院、全市普法工作先进集体等荣誉，多元化纠纷解决机制改革工作被最高人民法院表彰，莲花人民法庭工作接受最高人民法院党组成员、副院长贺小荣驻庭调研指导并获充分肯定，涌现出“全国优秀直播法官”“全省青年岗位能手”“全省巾帼建功标兵”等一批先进典型。

【主责主业服务大局】全面贯彻总体国家安全观，审结刑事案件1657件。常态化推进扫黑除恶斗争，针对漏人、漏罪、保护伞问题开展“回头看”。严厉打击毒品犯罪，审结涉毒案件96件。坚决保障公民人身财产安全，审结严重暴力犯罪、多发性涉众型侵财犯罪案件642件，高效审结人民群众关注度高的郑某某非法吸收公众存款案、汪某某电信网络诈骗案。助力优化营商环境，审结商事案件25205件。服务金融业健康发展，在湖南金融中心设立金融巡回法庭，审结金融民商事案件9531件。坚持服务创新驱动发展，审结知识产权案件1865件。积极践行绿色发展理念，审结环境资源案件8件。支持长江“十年禁渔”计划，联合多部门共同监督非法捕捞者龙某某向湘江水域投放万尾鱼苗。对非法采矿的罗某某等人判处刑罚，并责令公开道歉。判决非法滥伐、运输、收购林木的吴某某等人承担生态环境修复费用。

【公平正义司法为民】全面贯彻民法典，善用民法典维护人民合法权益、化解矛盾纠纷，审结民生领域案件9155件，通过依法审判“宠物猫丢失索赔案”等一大批案件，以小案例彰显大法治。更加注重对名誉权、隐私权等人格权的保护，审结案件49件。助推“双减”政策落地，1053案家长诉请校外培训机构退费获支持。全力攻坚执行难，持续压缩被执行人逃债空间，执结案件18617件，曝光失信被执行人774人，限制高消费8915人，司法拘留26人。率先在全市法院出台执行信用承诺和修复机制，对34家企业屏蔽失信信息。全速提质诉讼服务。切实履行“有案必立、有诉必理”承诺，当场立案率超过99%。依托人民法院网上诉讼服务平台，云间立案6285件、云间开庭825件、云间调解7813件，发送诉讼文书短信28900条。

【创新发展】深化司法责任制改革，多举措规范案卷流转、移送工作，促进工作高效化、优质化。强化诉讼制度机制改革，超八成刑事审判依法适用刑事认罪认罚从宽制度。全面推进民事诉讼程序繁简分流，40%以上民商事案件归口速裁团队要素式审判，有效避免人民群众“赢了官司、亏了时间”。合理拓宽司法确认程序适用范围，受理司法确认申请1293件，确认有效率达99%，实现“诉前调解+司法确认”无缝衔接。深化诉源治理，坚持把非诉讼纠纷解决机制挺在前面，分流调解纠纷15185件。深度参与社会治理创新，21个诉源治理工作站渐次落成，驻岳麓高新区诉源治理工作站系全市首个省级园区诉源治理工作站。充分发挥派出法庭桥头堡作用，在坪塘法庭试行“一社区一法官”机制，在莲花法庭试建“三个双联”机制，共指导协助村（社区）调解组织化解纠纷、应急处突40余件次。深化智慧法院建设。加强庭审智能化建设，部分刑事案件实现远程开庭。先行先试审判流程标准化工作，审判权力智能化监督水平明显提升。全面实现电子卷宗随案同步生成和深度应用，电子卷宗同步生成率100%。

【队伍建设】坚持党的绝对领

导，认真贯彻《中国共产党政法工作条例》。深入开展党史学习教育及队伍教育整顿工作，让广大干警始终绷紧意识形态这根弦。区人民法院着力人才培养，2人被评为全市审判技能竞赛十佳标兵。重视“以研促审”，4篇学术论文获国家级奖，1篇案例分析入选中国法院年度案例。加强廉政建设，坚持刀刃向内，强力推进“清廉法院”建设，部署庭审和诉讼服务窗口作风纪律专项整治活动，开展突击检查8次，发现问题，当场整改。自觉接受监督，向区人大常委会提请任免法律职务28人次，广泛征集代表委员、人民群众意见建议31条。持续深化司法公开，审判信息、裁判文书、执行信息公开率均达100%。

【司法改革】深化多元化纠纷解决机制改革。深度参与社会治理创新，揭牌成立驻岳麓高新区诉源治理工作站，系全市省级园区首个诉源治理工作站。推动司法力量重心下移、力量下沉，渐次建成21个诉源治理工作站，切实将矛盾纠纷解决在基层、化解在萌芽。以人民法庭为抓手，在坪塘人民法庭试行“一社区一法官”机制，在莲花人民法庭试建联动联调、联防联控、联点联建“三个双联”机制，共指导协助村（社区）调解组织化解纠纷、应急处突40余件次，做到“小事不出村、大事不出镇”。加强与人民调解、行政调解、行业调解、司法调解联动，以诉调对接中心为平台整合各类资源，共有55个调解组织、149名调解员入驻，积极引导当事人首选非诉讼解纷渠道。2021年以来，办理诉前调解案件15185件，成功调解案件8851件。在立案大厅新增立案窗口1个、自助立案设备5台，引导群众通过“湖南移动微法院”等网上诉讼服务平台进行诉讼活动。全面落实诉讼服务“一站一网一号”通办要求，全年网上立案6285件、跨域立案51件。在提升便民度上下功夫，强化对农民工、老年人、残疾人士等弱势群众的诉讼事务指引和辅助，开通“绿色通道”、无障碍通道。深化“分调裁审”机制改革，8名员额法官牵头实践“速裁团队+多元解纷”工作，“分调裁审”占比达73.16%，跑出执法办案“加速度”。完善律师参与诉讼机制，立案大厅、派出法庭均实现律师常驻办公。深化司法辅助事务集约化、社会化改革，将卷宗扫描、评估鉴定等具体事务性工作外包，充分利用专业社会资源承担法院的非核心业务，让法院工作迈上提质增效的快车道。

【庆祝中国共产党成立100周年暨“七一”表彰大会】7月1日，岳麓区法院召开庆祝中国共产党成立100周年暨“七一”表彰大会，回顾总结机关党建成果，安排部署今后机关党建工作，并向党龄50年以上、一贯表现良好的老党员颁发“光荣在党50年”纪念章，表彰先进基层党组织、优秀共产党员和优秀党务工作者，激励动员广大党员、全体干警不忘初心、牢记使命，团结拼搏、扎实工作。表彰大会由院党组副书记、副院长周丹主持。党组成员、机关党委书记李亮球，党组成员、政治部主任罗开颜分别在会上作党建工作报告、宣读有关表彰决定；老一辈党员代表和青年党员代表同台讲述“我的入党初心”，致敬党的百年华诞。该院原党组书记、院长刘少武以及全体院领导、全体党员干警参加会议。

8月12日，岳麓区法院驻长沙高新区诉源治理工作站揭牌仪式举行

【队伍教育整顿】队伍教育整顿开展以来，岳麓区法院深入贯彻习近平总书记关于加强政法队伍建设的重要指示精神，以党的政治建设为统领，围绕"五个过硬"要求，突出筑牢政治忠诚、清除害群之马、整治顽瘴痼疾、弘扬英模精神"四项任务"，狠抓学习教育、查纠整改、总结提升"三个环节"，确保教育整顿有力有序有效推进，干警的政治思想受到洗礼，政治生态进一步优化，公正执法司法理念进一步强化，能力素质进一步提升，纪律作风进一步好转，达到了预期效果。

【诉源治理工作站】1月12日，长沙市岳麓区人民法院驻岳麓高新区诉源治理工作站揭牌成立。岳麓区委常委、岳麓高新区党工委书记屈志峰和岳麓区法院党组书记、院长张帅出席揭牌仪式，并共同为工作站揭牌。8月12日，长沙高新区管委会副主任漆曙光，长沙市岳麓区人民法院党组书记、院长张帅在长沙高新区公共法律服务中心共同为长沙市岳麓区人民法院在长沙高新区诉源治理工作站揭牌。9月14日，岳麓区法院驻岳麓山大科城诉源治理工作站正式挂牌成立。岳麓山大科城是湖南省自主创新策源地、科技成果转化地、高端人才聚集地，亦是知识产权纠纷、高端人才劳务纠纷多发易发地。新技术、新领域、新业态，对人民法院司法保护提出了新要求、新期盼，驻岳麓山大科城诉源治理工作站由此而成立。岳麓区法院组建由员额法官牵头负责的专门工作团队，每月定期或不定期驻站开展工作，为人民群众提供家门口的"一站式"司法服务。工作站为支点，探索优化营商环境服务新模式，推动构建基层社会治理新格局。

【少年法庭成立】3月26日，岳麓区法院举行少年法庭揭牌仪式。院党组书记、院长张帅，党组成员、副院长罗中东共同为少年法庭揭牌。少年法庭审判团队是由经验丰富、熟悉未成年人身心特点、善做未成年人思想教育工作，且长期从事少年审判的员额法官和业务能力突出的司法辅助人员组成，将集中办理涉未成年人刑事、民事、刑罚执行变更案件，并根据案件实际情况，开展社会调查、法治宣传、心理疏导、家庭教育、司法救助、回访帮教等延伸工作。少年法庭的成立，标志着该院未成年人审判工作迈上新台阶。

【执行兑现大会】5月21日，岳麓区法院召开执行兑现大会。向11起金融借款合同纠纷执行案件的申请执行人共计发放1600万余元的执行款。执行兑现后，随即召开执行工作征求意见座谈会。区法院党组成员、执行局局长张卫东在座谈会上通报岳麓区法院队伍教育整顿开展以来执行工作情况，听取与会人员的意见建议，并重点介绍法院拟出台的关于执行工作的十项承诺，即"执行案件有案必立""财产线索及时核查、反馈""规范执行程序、实现执行效率提升""加强执行监督，避免超标的查封等现象""加强案款管理、杜绝案款超期发放""确保评估、拍卖程序公开透明""实现当事人有问必回""终本案件穷尽执行措施""拓展执行信访接待、切实解决群众诉求""牢固树立司法为民服务意识、强化责任担当"等。

【金融巡回法庭（诉源治理工作站）落成揭牌】12月2日，岳麓区人民法院驻湖南金融中心金融巡回法庭（诉源治理工作站）在湖南金融中心基金小镇正式落成。湖南省高级人民法院副院长杨翔，长沙市委常委、湖南湘江新区党工委副书记、管委会主任谭勇，长沙市中级人民法院党组副书记李立新，岳麓区人民法院党组书记、院长张帅共同为金融巡回法庭揭牌，岳麓区委书记、湖南湘江新区管委会副主任（兼）周凡致辞。湖南湘江新区党工委委员、管委会副主任罗社辉，湖南省高级人民法院民一庭庭长孙元清，长沙市中级人民法院党组成员、副院长邹剑钧，湖南湘江新区财政局（金融办）局长邱兵东，岳麓区委常委、区委办主任雷凌湘及金融机构代表等出席。岳麓区委常委、政法委书记潘旺明主持揭牌仪式。岳麓区法院金融巡回法庭设有立案、审判、执行、调解4个功能区域，落成后将开启辖区金融民商事纠纷案件"调立审执"一体化运转新模式，对金融民商事纠纷案件进行专业化、精细化、集约化审理，并积极探索开拓金融纠纷快速化解新途径，努力为金融民商事纠纷案件当事人提供

12月2日，岳麓区人民法院驻湖南金融中心金融巡回法庭（诉源治理工作站）落成揭牌

全业态、全天候和全流程的司法服务。

【区总商会商事调解中心揭牌】12月20日，长沙市岳麓区总商会商事调解中心在长沙市岳麓区人民法院正式揭牌。岳麓区政协副主席、区工商联主席谢俊与岳麓区法院党组书记、院长张帅共同为中心揭牌。商事调解中心的成立，是岳麓区法院进一步深化多元化纠纷解决机制改革，依法平等保护民营企业产权和企业家权益，服务保障民营经济高质量发展的重要举措，更是区法院与区工商联更深层次、更广领域合作的新开端，能更低成本、更高效率、更加稳妥地预防和化解商事纠纷，从而将大量商事纠纷化解在萌芽、化解在基层。中心特邀调解员将由区工商联挑选品行良好且调解经验丰富的工作人员担任。岳麓区法院副院长曾梦佳主持揭牌仪式，岳麓区委统战部副部长、区工商联党组书记李学军，区工商联党组成员、副主席刘成，岳麓区法院审判委员会专职委员谢澍，岳麓区检察院第四检察部主任邹甜及10名企业代表等参加揭牌仪式。

【优秀直播法院】2021年，岳麓区法院共计庭审直播案件13611场，在全国基层法院排名第22名，在湖南省基层法院排名第1，荣获“优秀直播法院”称号。刑事审判庭员额法官彭林霞在湖南省基层法院审理刑事案件的法官中排名第1名，荣获“优秀直播法官”称号。区法院始终坚持公开、公平、公正的司法理念，将庭审公开确定为法院重点工作，坚持执法办案与司法公开“两手抓”，积极进行庭审公开直播，向社会公众以可视化的方式展示庭审过程，社会反响较好。

司法行政

【概况】2021年，岳麓区司法工作坚持党的绝对领导，深入开展党史学习，服务大局，统筹推进全面依法治区工作，加强法治政府建设。着力打造覆盖城乡、便捷高效、普惠均等的现代公共法律服务体系，为民营企业提供法律咨询服务，为困难群体提供法律援助，为岳麓区的平安建设作出贡献。

【队伍建设】坚持党的绝对领导，旗帜鲜明讲政治，着力打造一支忠诚、干净、担当的司法行政铁军。建立党员志愿服务队和公共法律服务志愿者队伍，采用“网格长+党员+志愿者”的服务模式，扎实开展“四联四访　我为群众办实事”实践活动，积极参与疫情防控、文明创建等志愿服务。严格纪律要求，保持清正廉洁。扎实开展“严纪律、正作风、促廉洁”纪律教育学习月活动；积极推进廉政文化品牌建设，支部书记带头开展“法治岳麓我争先、司法行政我率先”主题活动。对标对表开展队伍教育整顿，结合党史学习教育，扎实开展政治教育、警示教育、英模教育，顺利通过学习教育、查纠整改、总结提升三个环节的验收。3人获评“岳麓区优秀政法干警”。2021年3月，湖南省委常委、省政法委书记李殿勋，省委常委、长沙市委书记吴桂英一行到岳麓区公共法律服务中心调研队伍教育整顿工作并给予充分肯定。

【法治政府】统筹推进全面依法治区工作，为岳麓实施“五城同建”战略提供法治保障。区委书记带头履行党政主要负责人推进法治建设第一责任人职责，全面落实党政领导班子集体学法制度，以专题讲座、理论中心组自主学习、集中研讨等形式，开展学习宣传，推动党员干部提高法治能力。服务中心大局，提升全面依法治区水平。积极参与全区重大遗留问题、重大信访问题及重点建设项目的处理及法治保障，协调解决湘江700、骑龙大街、梅溪青秀等疑难复杂问题，着力解决群众“急难愁盼”。优化营商环境，增强全面依法治区实效。建立全面推行“三项制度”工作联席协调机制，组织开展全区行政执法“三项制度”暨案卷评查规则培训。截至2021年12月31日，审查各类政府合同131件（其中以区政府为合同主体的合同30件），提出建议500余条，涉及合同标的额5.9亿元；全面梳理现行50个规范性文件，废止2件，公布失效31件，确认4件需要修改，为依法行政保驾护航。

【法律服务】坚持以满足人民群众日益增长的公共法律服务需求为导向，着力建设覆盖城乡、便捷高效、均等普惠的现代公共法律服务体系。全力抓好企业复工复产。开通“民营企业法律服务绿色通道”，明确专人接待、记录，为民营企业提供法律咨询，对民营企业获取法律顾问、法律援助、公证、司法鉴定、纠纷调处等法律服务事项进行优先审查、优先办理。开展《中华人民共和国民法典》以下简称《民法典》宣传，提升企业法治思维。全年共开展《民法典》宣传进社区、进企业100余场次，发放《民法典》宣传折页4万册。进一步宣传诚信经营理念，提高企业经营管理人员依法经营意识。大力优化法律援助机制。实行“容缺”受理机制，对情况紧急或者即将超过仲裁或诉讼时效的，先受理后补齐、补办手续。对农民工申请支付劳动报酬和工伤赔偿案件的，无需审查经济困难条件，直接给予法律援助。对老人、妇女、未成年人、残疾人申请法律援助的，开辟“绿色通道”，不受事项范围限制予以受理。全年容缺受理法律援助案件11件。积极推行“三零一”服务，在公共法律服务中心增设2名专职“办事引导员”，为办事群众解决方言表达、书写难、视力不好、听力不行、办事交流困难不对称等问题，实现接待服务“零距离”、服务流程“零障碍”、服务质量“零差错”、服务评价“一流满意”。“三零一”创新式公共法律服务10件。截至2021年11月30日，共计为城乡受援人群提供法律援助咨询3500人次；受理指派法律援助案件532件。建设大科城公共法律服务中心。坚持公益定位，围绕大科城近4000家科创企业知识产权保护，提供精准化、全程化一站式公共法律服务。在全省公共法律服务体系建设推进会中，这一举措被作为法治建设服务产业发展的典范进行考察学习。继续打造区校共建大学生法治联盟，定期组织大学生志愿者开展以“区校共建助力乡村振兴暨法治文化阵地建设及全域旅游作品设计创作活动”为主题的实地调研，推进法治乡村建设；开展主题为“宪法法律进网格　文明共创你我他”的“宪法宣传周”暨文明共创法治同行系列普法活动等。共开展各类宣传活动372次，其中宣传讲座160场次。

【平安建设】坚持底线思维，把安全发展贯彻司法行政各领域，全力维护辖区安全稳定。

岳麓区公共法律服务中心以贴心的服务让群众办事舒心

（区司法局供图）

2021 年 3 月 23 日，省委常委、省政府副省长、市委书记吴桂英（左二）在岳麓区公共法律服务中心调研　（区司法局供图）

建立健全矛盾纠纷多元化解体系。全区17个街镇169个村（社区）都成立人民调解委员会。截至2021年11月30日，全区共调处矛盾纠纷4072件，其中疑难复杂案件231件，排查纠纷507件，预防矛盾纠纷342件。加强诉源治理工作。在各街镇陆续挂牌设立诉源治理工作站或法官联点工作室。联合区人民法院成立诉源治理工作领导小组，由岳麓区联合人民调解委员会驻区人民法院调解室、驻大科城调解室参与化解诉前纠纷，依法开展诉调对接工作。加强重点人群管控，将社区矫正执法与法治宣传教育有机结合，深入贯彻落实社区矫正法，每月定期开展执法专项检查，提升矫正管理水平。截至2021年11月30日，共有在册社区矫正对象420人，另有刑释解矫人员 1137人，无一例脱管、漏管现象的发生。

【队伍教育整顿动员部署会】3月10日，岳麓区司法局召开队伍教育整顿动员部署会。会上，区司法局党组成员、政工室主任倪伟解读《岳麓区司法局关于开展队伍教育整顿的实施方案》，党组书记、局长李明清强调全区司法行政干部必须迅速把思想和行动统一到党中央决策部署上来，严格按照党中央和省市区委决策部署，积极履职尽责，敢于较真碰硬，严守纪律法规，合力打赢这场刀刃向内、正风肃纪的攻坚战，为谱写全面建设社会主义现代化新岳麓华美篇章贡献司法行政力量，以优异成绩庆祝中国共产党成立100周年。

【吴桂英在岳麓区司法局公共法律服务中心调研】3月23日，省委常委、省政府副省长、市委书记吴桂英在岳麓区公共法律服务中心调研。吴桂英强调，要创新实干，强化岳麓担当。抓好建党百年和党史学习教育、政法队伍教育整顿、集中换届等重点工作，激发内生动力，释放发展潜力。抓住“关键少数”，加强队伍建设，坚守廉洁底线，打造政治坚定、勤政为民、创新实干、担当有为、清正廉洁的干部队伍。保持定力，真抓实干，不折不扣地贯彻落实党中央和省委、市委的各项决策部署。统筹抓好安全和发展两件大事，落实疫情防控常态化各项措施，抓实安全生产、社会稳定等工作。

【党史学习教育】4月28日，区司法局全体干部深入学士街道

诉源治理工作站揭牌仪式　（区司法局供图）

9月24日，长沙市岳麓区司法局与湘潭市雨湖区司法局签订两地司法行政机关全领域合作框架协议　（区司法局供图）

联丰村开展“学史增信，明责力行”党史学习教育，由局网格领导和村网格长带队，一行40人开展“四联四访、我为群众办实事”暨党员志愿服务活动，为32户困难群众送去生活物资。

【“学史崇德”研讨活动】5月31日，党史学习教育区委宣讲团成员赵杰以《非常抉择的时代回响》为题进行“学史崇德”专题宣讲。随后，全体参会人员围绕立政德、明大德、守公德、严私德，学习习近平总书记关于思想道德建设的重要论述、中国共产党的精神锻造史和自我革命史，以及老一辈革命家的优良作风和革命精神等内容，开展集中研讨交流。8名党员干部代表结合自身工作、生活实际，围绕“学史崇德”作研讨发言。

【大科城公共法律服务中心诉源治理工作站挂牌】为加强诉源治理、进一步推进矛盾纠纷多元化解的工作要求，长沙市司法局、岳麓区司法局联合岳麓区法院在科创港设立岳麓山大科城公共法律服务中心诉源治理工作站。该工作站将立足为岳麓山大科城科创企业及高校师生群众提供便捷的法律服务，努力将矛盾化解在萌芽、化解在诉前，为岳麓山大科城营造更优的营商环境。9月14日，岳麓山大科城公共法律服务中心诉源治理工作站正式挂牌。诉源治理工作站成立后将进一步丰富大科城公共法律服务中心的服务内容，工作站遵循自愿、合法、中立、保密的工作原则，严格工作要求和程序，大力开展矛盾调解工作，为社会矛盾纠纷多元预防调处化解综合机制的探索发挥积极作用。

【岳麓牵手雨湖推进司法行政工作全领域合作】9月24日，长沙市岳麓区司法局与湘潭市雨湖区司法局签订两地司法行政机关全领域合作框架协议，促进两地司法行政机关交流学习，全面提升司法行政工作区域合作水平。会上，岳麓区司法局党组书记、局长李明清，雨湖区司法局局长王敏共同签署《长沙市岳麓区司法局　湘潭市雨湖区司法局关于司法行政工作全领域合作框架协议》。双方就推进区域合作具体事宜进行交流探讨。

【考察调研大科城公共法律服务中心】9月28日，湖南省司法厅召开全省公共法律服务体系

11月22日，长沙市委常委、政法委书记张敏（前排左二）一行调研大科城公共法律服务中心　（区司法局供图）

建设推进会。会后省司法厅领导及全省各市州司法局相关工作人员等一行100余人走进岳麓山大科城公共法律服务中心开展考察调研。岳麓山大科城公共法律服务中心是长沙市司法局和岳麓区司法局共同设立的具备司法行政职能的综合性服务中心，也是全省首个采用“政府主导、市场运作、社会参与、共建共享”创新模式的“一站式”公共法律服务综合平台。

【张敏调研大科城公共法律服务中心】11月22日，长沙市委常委、政法委书记张敏率队调研岳麓区政法工作。岳麓区委书记周凡，岳麓山大学科技城党工委书记刘亮，岳麓山大学科技城党工委副书记、管委会主任罗予武，区委常委、政法委书记潘旺明，副区长、区公安分局局长彭迟平等参加。

军 事

人民武装

【概况】2021年，区人武部在警备区党委和区委的正确领导下，带领全体人员埋头苦干、勇毅前行，在学习百年党史中坚定历史自信，在聚力备战打仗中坚定斗争精神，在争创一流人武部中坚定发展目标，全面建设迈出坚实步伐，取得新的进步。人武部被省军区表彰为“先进团级党委”“安全管理先进单位”，被长沙警备区表彰为“先进人武部”“军事训练先进单位”。

【政治建设】2021年，区人武部深入学习贯彻习近平新时代中国特色社会主义思想和习近平强军思想，跟进学习习近平主席最新重要讲话重要指示批示精神，落实经常性思想教育，干部职工、专武干部和民兵听党话、跟党走的思想根基更加牢固。扎实开展党史学习教育活动，组织干部职工、基干民兵、青年学生到新民学会旧址、岳麓书院、肖劲光故居等红色景点现场教学，观看《守岛人》《1921》等红色电影，进一步凝聚意志力量，经验做法在《中国国防报》头版头条刊发。认真贯彻《关于加强军队党的建设的意见》，加强基干民兵分队预建党组织建设，抗击雨雪冰冻灾害连党支部被省军区表彰为“先进民兵党支部”。加强国防教育，组织中小学生参观国防教育基地，发动广大青年学生积极参加“爱我国防”演讲比赛，湖南师大张以航同学获全国一等奖。

【战备训练】2021年，区人武部贯彻习近平主席训令和备战打仗重要指示，落实党委专题议战议训，积极参与国防动员重大理论和现实问题研究攻关。完成“三室两库”和军事职业教育场所规范化建设，配齐民兵装备器材，完成民兵训练基地改造，战备建设极大加强。组织民兵骨干对辖区内的重点防卫目标，逐一开展现地勘察，详细研究兵力部署，精准对接防卫任务。严格按纲施训、从严施训，组织应急和专业分队集训，抓好训练“四落实”，确保训练效果。精选参赛队员，集中强化训练，参加全市群众性练兵比武获1个单项第一、1个第二、3个第三。组织民兵参加防汛救灾、森林防火等应急演练，承办区委国庆升旗仪式，参加全市“七一”建党百年庆典活动维稳行动，民兵队伍遂行作战任务能力不断提升。

【国防动员】2021年区委将落实国防动员体制改革任务，巩固深化民兵工作调整改革成果纳入区委常委会年度工作要点。严密组织国防动员潜力统计调查、重点潜力核查和辖区新质动员潜力统计调查，摸清国防动员潜力底数。召开区国防动员潜力统计调查任务部署会，由区国动委“一综七专”办公室按职责分工统计潜力，按照“面、线、点”相结合的方式，“面”上从人员、装备、社会组织、行业系统、科研院所、高等院校、大型装备7个方面，进行普遍潜力调查，“线”上按照街道（镇）、社区（村）垂直部署，按级上报；“点”上对长沙高新区、岳麓高新区等单位进行重点调研，特别对气象水文、测绘导航、生物支援、网络防护等民兵新质力量，进行多次协调反复协商，切实把潜力摸准。对中联重科、景嘉微等60家重点企业，进行国防动员重点潜力核查。

【民兵整组】2021年，区人武部把人员编实编准作为重中之重，采取“三个逐一”的办法，对所有分队逐一点验，所有民兵信息逐一核查，所有人员档案逐一审定；对在25家企业编组的专业力量，采取上门对接核验的办法，帮助企业编实人员；对于民兵人员信息、退役军人身份、党员身份到公安分局、退役军人事务局、区委组织部反复核查，确保无一人信息错误。编建民兵连，民兵直属排。专业对口率超80%，所有比例要求全部达标，完成由普通民兵为主向专业队伍和新质力量为主转变，民兵力量结构一新、面貌一新。联合区委组织部、区委宣传部下发《岳麓区2021年度民兵政治工作计划》，编写民兵政治教育教案，将民兵预建党组织建设纳入基层党建工作，指导基层抓好工作落实。协调区委组织部，将社区（村）民兵组织纳入岳麓区社区（村）配套组织换届工作统一推进，从基本制度上确保民兵连长进村支“两委”。严格落实集中训练期间教育时间和内容，确保政治教育时间不少于10%。5月中下旬，采取部党委委员分片包干制，对所有分队现地集合检查点验，点验不能到现场的，采取电话联系等形式逐一进行核验，做到不漏一人。

【兵役征集】2021年，区人武部贯彻“一年两次征兵”改革部署，克服疫情影响，第一时间向区委、区政府主要领导汇报征兵形势；召开区征兵领导小组会议和征兵工作会议，科学分析研判形势，部署征集任务。第一时间调取辖区2016年—2018年被高校录取的学生信息并下发基层武装部，组织专武干部、民兵连长通过电话、微信等方式做好“一对一”精准发动，搞好线下宣传；加强与辖区高校协调对接，通过“校园网”、学校公众号等校内信息系统将征兵法规、优待政策、征集条件等推送到每名同学，同时联系联通公司通过技术手段将制作的宣传资料定向投入到辖区大学生的微信朋友圈，搞好线上发动，充分调动大学生入伍积极性。严格按照《应征青年综合素质考评及择优定兵暂行办法》，集中组织应征青年开展综合素质考评、填报入伍志愿，严格按照打分拉榜排名，为预定兵提供可靠依据。扎实开展役前教育训练，逐一组织谈心谈话，切实摸清应征青年的身体和思想底数，通过教育训练淘汰思想不稳定、身体存在潜在问题的青年。抓实廉洁征兵工作，组织征接兵工作人员开展廉洁教育树牢廉洁意识，全区遴选廉洁征兵监督员98名，为每名应征家庭发放廉洁征兵公开信，工作人员全部签订廉洁征兵责任书，全年未出现廉洁征兵问题。全年两季征兵“五率”量化考评位居全市第二。

【正规化建设】2021年，区人武部深入贯彻军委基层建设会议和国防动员系统基层建设会议精神，在警备区首长“一部一特色”理念指导下，推进区人武部全面过硬和鲜明特色融合建设。浓厚军营文化氛围，完成营院大型标语、办公楼军事宣传展板展示，树立军事机关形象；加强营院军事化管控，在营区大门加装车辆识别系统和人脸识别系统，在办公区安装指纹识别系统，升级视频监控系统，打造三层技防线。推进征集“高素质兵员”特色建设，在营院主道设置了大型宣传展架，特色鲜明地宣传征兵法规、征兵政策、征兵流程以及岳麓区大学生士兵典型代表，让来访人员感受到强烈的征兵氛围。加强与高校的常态化联系，指导辖区高校不断完善大学生士兵宣传发动、征集入伍、跟踪管理、退伍复学、作用发挥、培养成才全流程设计，中南大学“一人一档”做法在《中国国防报》头版头条刊发，全市专门发文推广。5月份，作为全省唯一的人武部代表，迎接全国人大宪法和法律委员会《中华人民共和国兵役法》调研，真实反映有关情况，受到调研组高度评价。承担省军区安全和正规化建设试点任务，通过一室一库抓改造、一机一线抓精细、一本一册抓规范，正规化建设水平得到跃升，广州警备区、河北承德军分区、广东佛山军分区等多个省外单位以及省内兄弟单位到区人武部观摩交流。推动基层武装部和高校武装部的正规化建设，打造望城坡街道武装部和长华社区民兵连的基层建设样板和中南大学高校武装部样板，得到上级领导和兄弟单位的一致认可。

【安全发展】2021年，区人武部坚持稳中求进总基调，把确保安全稳定作为党委保底工程来抓。认真组织学习上级关于安全稳定工作的指示要求，每次交班，都把安全稳定作为重要内容经常督促，第一时间传达学习事故案件通报；扎实开展“百日安全”活动，引领干部职工树牢安全意识。深入贯彻《军队安全管理条例》，落实安全形势分析制度，强化依法治军意识和能力；研究部署安全大检查实施方案，对安全隐患进行深查细纠。同步参加上级安全工作季度讲评会，落实安全教育，举一反三抓好问题整改。盯住“人车枪弹密、水火电钱网、酒油黄赌毒”等重点要素，突出预防车辆事故、训练事故，加强军车管理和驾驶员教育，不私自出车、不带故障出车、不开霸王车、不开赌气车。搞好所有人员政治考核，到地方公安机关审查个人信息，确保劳务派遣人员绝对可靠。抓好营院水电气线路常态巡查，落实避雷设施检测制度，严防事故发生。

【**党管武装**】2021年，区人武部认真落实双重领导、双向兼职、双重保障等制度，协调区委将民兵工作、兵役征集改革、国防动员、国防教育、双拥工作纳入年度工作要点；召开区委常委议军会，解决武装工作重难点问题；区政府常务会议将人武部宿舍纳入老旧小区统筹改造，区财政安排经费将民兵训练基地纳入区重点项目统筹建设。坚持融合推进全民国防教育和双拥共建工作，着力抓好国防教育融入基础教育和培训体系，区委党校将国防教育课程纳入青干班培训课程，组织部分街镇党政领导干部参加“军事日”活动。“八一”、春节慰问驻区部队，走访困难退役军人、基干民兵、军烈属，强化军政军民团结。

人防工作

【**概况**】2021年，区人防工作认真贯彻执行国家、省、市人民防空的政策法律法规，积极参与审核防空建设与城市建设相结合的规划。做好人防工程和设施的消防使用与维护工作，做好人防专业队伍建设，组织好防空防灾演练，各项工作均取得优异成绩。

【**推行三级管理模式**】推行区、街道、社区三级管理模式，共同抓好人防工程的维护管理工作。参加市办组织的指挥通信演练；配合科大天河公司，对全区防空警报器维护管理情况进行全面检查，针对在检查中发现存在的问题及时采取整改措施，确保全区警报器都处于安全、良好的运行状态，完好率达到100%。11月1日，警报试鸣鸣响率达到100%。按省市要求完成人防通信专网第二路由建设。自筹资金启动智慧人防信息系统建设。

【**人防宣传“五进”**】人防宣传教育力度进一步加强，人防知识的普及度和知晓率进一步提高。继续推进人防宣传“五进”活动，加强人防宣传阵地建设，结合“5·12”全国防灾减灾日和“11·1”湖南省警报试鸣日等组织大型宣传活动，提高全民人防意识，通过设立人防咨询台、摆放人防宣传展板、向路人发放宣传册等方式，对群众进行防空防灾知识宣传。在岳麓区西江小学组织开展教师、学生及家长300余人参加的人员疏散演练，取得较好的效果。

消　防

【**概况**】2021年，岳麓区消防救援工作围绕经济建设大局、社会和谐稳定目标，提高消防救援能力，加强消防安全管理，开展消防宣传工作，充实消防救援力量，以“防火、灭火和抢险救援”为主业，有效防范化解重大安全风险，及时应对处置各类灾害事故，推动各级各部门落实消防安全责任制，确保社会面火灾形势和消防队伍内部“双稳定”。

【**政治建设**】重视思想政治教育，开展“牢记领袖训词，永做忠诚卫士”“传承雷锋精神·不负时代重托”“缅怀纪念英烈活动”“条令纲要学习月”等一系列主题活动。开展“天天学、每周测、月月考”和复兴壹号学习考试活动，采取集中授课与个人自学相结合、个别交流与集中研讨相结合的方式，全面系统地学习党的十九届四中、五中、六中全会以及习近平总书记重要讲话和训词精神。全年组织集中学习17次、谈心活动120余次、推门听课12次，撰写心得体会108篇，发表调研论文2篇。与省消防救援总队开展“百年党旗红　追梦火焰蓝”健步走暨党史学习教育活动和“我为群众办实事、消防宣传进校园”活动，使每名指战员深入了解党的历史，提高党性认识，坚定爱国爱党信念。党风廉政建设，开展“强化底线思维·斩断非法利益”、“家风家训”主题教育和“告别过去，开创未来”收送红包礼金专项清退整治行动，班子自我净化能力显著增强，队伍廉洁意识和理念根植于心。坚持每日早点名“一分钟演讲”，培养大队机关干部和文员的表达能力；每月定期召开执法工作例会，查漏补缺相互学习，不断提升消防执法工作水平。

【**消防救援**】推进消防队、站建设。年内，政府加大基础建设投入，有序推进谷山中心站、含浦消防站和桐梓坡消防站建设。谷山中心消防站开工3个月完成主体工程建设，至12月31日全面完成室内外装饰装修和营区绿化工程；含浦消防站已完成主体施工、外墙装饰，内部装饰装修和营区绿化进入扫尾施工；桐梓坡站完成主体工程建设。壮大消防队伍。指导街镇安排专项经费，配齐配足消防器材，推动莲花、雨敞坪达标建设乡镇专职消防队伍，建成142个社区微型消防站，组建26个村志愿消防队和326个重点单位微型消防站，基层消防救援力量增强。提升救援能力。严格落实“两严两准”要求，以麓山门消防站为试点召开全省正规化建设现场会，持续推动队伍正规化建设。各消防站严格按照正规化管理和“九无”创建活动工作要求，落实管理、执勤、训练、生活秩序等工作制度，确保队伍规范有序运行。严格落实党委议训，始终把训练工作放在党委工作突出位置，明确组织领导，制定训练工作方案，加强队伍执勤岗位大练兵，各站针对体型较胖、体能较弱人员组建一对一帮扶小组，进行体技能强化训练，效果显著。组织远程供水系统实战演练、山岳救援专业队培训，参加大规模灭火救援实战演练暨装备灭火效能测试，切实提升灭火救援能力水平。全年全区所辖消防救援站共接处警情2067起，出动消防救援人员22095人次，消防车辆3592台次，成功扑救火灾557次，完成抢险救援任务454起、社会救助919起、公务执勤30起、其他救援107起，疏散抢救被困人员160人，挽回经济损失2800余万元。全年没有因疫情和复工复产等因素而发生较大或有影响的火灾事故。圆满完成节、假日和重大活动、节会的执勤保卫任务。

市消防救援支队支队长温国坤（中间左一）、区委书记周凡（中间左二）调研岳麓区消防站建设 （区消防大队供图）

【**消防管理**】全区消防工作坚持党委、政府牵头主导、行业部门齐抓共管、社会单位深度参与、群众百姓群防群治，持续健全完善区域消防安全责任体系。全面落实政府主导责任。在消防救援部门转隶改制的关键之年，消防安全备受关注。区委、区政府主要领导先后10余次研究调度消防工作，带队开展督导检查；区委将消防工作纳入“五城同建”，把消防站建设写入政府工作报告；编制《岳麓区“十四五”消防发展规划》，规划全区消防事业发展；将消防工作纳入区委、区政府绩效考核、日常检查、政务督查内容，提高考核分值占比。区消防安全委员会以绩效考核为抓手，依托“三零社区”创建，把消防安全网格化作为破解“小火亡人”难题的有效手段，纳入全区“网格化”管理；强化“消安委工作群”实时调度、警示、通报，建立火灾情况每周通报，工作情况每月汇报，定期研究会商、联合执法、工作交流、安全生产和消防工作考核等机制措施，推进消防安全委员会“实体化”运行，政府主导的社会化消防工作呈现新格局。压紧压实部门监管责任。督促指导行业部门扎实开展消防安全专项整治“三年行动”和百日攻坚，推动206家行业单位落实消防工作标准管理。区住建、城管、公安、消防、交警等部门建立消防车通道联合执法管理工作机制，每月定期开展活动；文旅、民政、消防部门建立健全文化旅游市场和养老服务机构消防安全联合工作机制，落实行业单位管理。督促落实社会单位主体责任。严格落实“双随机一公开”消防监管模式，实现对辖区重点单位、火灾高危单位的全覆盖和动态监管。严格落实优化营商环境的要求，提高消防行政审批效能，公开执法信息、窗口“一次性告知”等便民利企措施。督促指导区级消防安全重点单位深入开展“四个能力”建设，固化“三自主两公开一承诺”消防管理模式，单位自我管理水平得到提升。将消防安全纳入社会信用信息系统，加大联合惩戒力度。推动消防安全网格化管理，落实基层末端防控责任。全年全区以“三年行动”为主线，围绕消防车通道、电动自行车、高层建筑、居民住宅小区、老旧场所、“多合一”场所等15项重点工作，推动三年行动和百日攻坚工作。通过对消防安全责任人、管理人集中约谈、督导、整治等一系列措施，整治重大火灾隐患。共派出监督检查人员4762人次，检查社会单位2317家，下发《责令改正通知书》512份、《行政处罚决定书》373份，临时查封火灾危险部位115处，责令“三停”48家，依法对357家单位和个人实施行政处罚，罚款366.29万元，警告16人，组织调查火灾原因83起，移送公安机关案件6起；立案督办重大火灾隐患单位58家，整改销案44家；处理“96119”火灾隐患举报、“12345”市民热线受理隐患投诉1134件。

【消防宣传】以“5·12”全国防灾减灾日、“11·9”消防宣传日和重大节假日为契机，开展主题消防宣传活动；发动行业部门主管、基层网格员、重点单位责任人等7类重点人群开展集中培训，提高自防自救能力；利用微信、单位LED显示屏播放消防宣传公益电影、广告，宣传消防知识，提高老百姓消防安全意识；开展消防宣传“五进”活动和“敲门行动”，宣传、普及消防安全知识；在洋湖雅礼中学建成消防宣传教育馆，在晚安家具建成岳麓区示范性综合实践基地消防安全教育馆。全年，举办消防安全专场培训502场次，上门培训3万余家，警示约谈230余家次，开展各类场所灭火及疏散逃生演练380余场，发放消防宣传资料33万余份，放映消防安全电影175场次，辖区群众消防安全意识得到明显提升。

经济管理

发展和改革

【概况】2021年，区发展改革局深入学习贯彻习近平总书记考察湖南重要讲话精神，全面落实中央、省、市相关决策部署，紧紧围绕全区规划发展、项目投资、价格监管、能源管理、重点项目建设、优化营商环境、两型社会建设等中心工作，积极发挥部门职能，创新实干。2021年岳麓区深化“放管服”改革优化营商环境工作获长沙市表扬激励；获评2021年度长沙市社会信用体系建设优秀单位；固定资产投资、项目观摩两项市对区绩效考核指标获评内五区一类。

【服务经济社会高质量发展】强化区域规划编制与落实。完成《岳麓区国民经济和社会发展第十四个五年规划和二〇三五年远景目标纲要》编制，并经区第五届人民代表大会第七次会议审定通过；持续跟进16个重点专项规划编制进度，确保各重点专项规划按要求完成审查发布。强化年度计划制定与执行。编制《关于长沙市岳麓区2020年国民经济和社会发展计划执行情况与2021年国民经济和社会发展计划草案的报告》，经区第五届人民代表大会第七次会议审议通过。强化经济运行监测与研判，立足2020年全区经济社会发展实际，结合上级经济工作会议精神，提出全区2021年经济社会发展主要目标建议，分析面临的机遇与挑战，把握后疫情时代经济运行中存在的矛盾与问题，做到超前谋划，为区委、区政府领导科学决策提供参考。强化考核任务分解与调度，统筹市对区及区内绩效考核工作，制定《岳麓区学史力行为群众办实事、为企业解难题、为项目送服务、为基层添助力“四为”工作方案》；印发《2021年度岳麓区真抓实干争先创优推进高质量发展工作方案》，成立领导小组，推动牵头单位制定专班实施方案，落实表彰激励，完善评价方案。定期对19个重点任务工作专班重点任务摸底汇总，统筹日常工作调度。高质量推进现代服务业发展，印发《长沙市岳麓区2021年度服务业发展综合考核办法》，加强对服务业的发展情况、重点指标、项目建设及产业运行分析研判。

【项目建设】抓重点项目建设，2021年，纳入市重大项目85个，年度计划投资245.04亿元，完成398.44亿元，完成率162.6%，完成固定资产投资1062亿元，同比增长9%以上。预备项目转化率27.3%，超额完成20%的考核目标，31个新建项目上半年全部开工，开工率达100%，长沙智能驾驶研究院、中通智慧电商园、舍弗勒中国智能驾驶研究院、宜家荟聚等41个项目投产达效，新湘雅健康城、观沙岭城市更新片区等项目快速推进。助推融城项目建设，湘江融城科技小镇及机场联络线项目305户私房全面签约清零，湘江智谷·人工智能科技城一期、中通智慧电商园主体竣工，国网湖南电科院一期投入运营，暮坪湘江特大桥、长株潭城际轨道西环线一期等项目加速推进，融城步伐持续提速。重点抓项目建设服务，对项目建设过程22个步骤实行“红黄绿”三色管理，实施差别调度，优化“五个一”调度机制，坚持“一周一督查、半月一评比、一月一通报、一季一考核”制度，实行项目建设挂图作战、挂牌销账，聚焦解决好项目建设关键环节受阻问题，提前谋划，扎实推进项目建设。提前谋划，开年即铺排年底观摩项目，年中谋划来年项目编制与储备，提前2个月谋划前三个季度的项目集中开竣工活动和各项市对区重大项目绩效考核活动，对省、市各级重点项目的申报和管理，重大项目纪实等活动在规定动作2个月前已进行预判并进行准备。项目投资管理有重点。重点优化企业在线投资项目审批服务，全年共审批政府投资项目321个，总投资约37亿元元；备案社会投资项目136个，总投资约33.5亿元。在中介服务超市完成17个可研评审项目。办理工程项目招标备案134个，应招标工程招标率达100%，应公开招标工程招标率达到100%。

【**加快区域融合步伐**】成立岳麓区推进长株潭一体化发展领导小组，制定工作方案，专班推进市对区考核重点任务，13项重点工作均已完成，17个重点项目提前完成4个。深入对接湘潭市雨湖区，共同签署《岳麓区与雨湖区推进长株潭一体化区域合作框架协议》，多次开展跨区域交流座谈、实地调研，共谋、共建长株潭一体化发展。率先在全市推进长株潭三地园区“一体三互”合作签约；联合雨湖举办金融机构反向路演、专场融资路演等活动，助力70余家企业实现金企对接，达成意向融资金额2.23亿元；发布14条岳麓·雨湖红色文旅线路、岳麓—雨湖暑期文旅产品，促推产业同兴。举办“麓山杯”创新创业大赛，50个长株潭科创项目入选“红枫计划”，其中株洲5个、湘潭2个；开展大学生就业服务暨科技人才聚合行动，举办“青春岳麓，才聚湘江”企业人才招聘会暨长株潭“一体三互”人才互动活动，启动2021年科技企业服务季，联合湘潭雨湖区举办第一期国家技术转移专业人才培训；长株潭“一库一网三平台”上线运营，长株潭国家技术标准创新基地正式入驻岳麓高新区，5g加速港项目获批省级2021年长株潭一体化发展资金404万元，推动科创共建。联合雨湖签订两地司法行政机关全领域合作框架协议，率先开展跨域“校联体”网络研修合作，实现岳麓、雨湖名师教育课堂在线共享，实现与雨湖区、芦淞区、天元区首批75个事项“跨域通办”，推动公共服务共享。

【**争资争项成效明显**】精准把握国家政策和投资导向，积极为34个单位或项目争取专项资金共计1.37亿元，涉及科技创新高地建设、创新能力建设示范类项目、社会领域中央资金、现代服务业等15个类别；积极申报专项债，组织5个项目申报国家地方政府专项债，获批专项债11.97亿元，已发行的专项债项目的开工率100%。坚持月度台账管理，形成一套高效灵活的问题收集—处理—反馈—督办的工作机制，并深入项目现场，及时掌握进度，全力推进项目建设。做好已批准专项建设资金落实工作，确保贷款及时到位。积极储备项目，向上争取资金与平台等要素支持。针对地方政府专项债券项目优先支持在建工程的导向，重点围绕10个行业领域，储备长沙市岳麓区街道社区卫生服务中心建设项目、长沙市岳麓区联丰村和白鹤社区城中村改造等6个项目，总投资89亿元。

【**优化营商环境**】全区营商环境进一步提升，位居中心城区前列。深化“放管服”改革，依法依规向岳麓高新区赋权55项。推进第三批“一件事一次办”区级权限52个事项落地，微信小程序注册量居中心城区第一，在全市“放管服”和“一件事一次办”改革经验交流会上作典型发言。在全省率先打造“零收费+上门办”服务体系，服务625次。与赣江新区永修组团实现“跨省通办”。“互联网+政务服务”一体化平台办件量排名中心城区前列。基层政务公开标准化、规范化工作作为先进典型被《长沙要情》、国务院办公厅政务办宣传推介。制定《长沙市岳麓区营商环境优化工程2021年行动方案》《关于建立长沙市岳麓区优化营商环境指标长工作机制的通知》等文件，深入开展“双对标”“指标长”活动，统筹疫情防控和经济社会发展，实施营商环境优化工程，深入推进效能提速、实体经济降成本、政策落地、企业家合法权益保护、执纪执法监督等五大专项行动。严格落实减税降费政策，2021年新增减税降费11.4亿元。开展转供电价整治行动，检查转供电单位140余家，责令转供电主体清退多收居民电费300余万元。完成知识产权质押融资52742.58万元（岳麓区37221万元、长沙高新区15521.58万元）。岳麓区政府门户网设立营商环境优化专栏，明确惠企政策服务专员和就近办责任人。依托“长沙扶持通”开发建设“岳麓政策通”微信小程序，由“网上办”延伸至“掌上办”。全年通过“岳麓政策通”平台为15家企业兑现产业发展扶持奖励366.87万元，为29家企业“免申即享”兑现奖励221万元，发放发明专利授权补贴190.5万元。岳麓区全年新增市场主体3万余家，同比增长28.5%，其中企业1.58万家，同比增长26.1%。实施多元纠纷解决机制，共审结诉调案件13958件，同比增长63.96%。进一步提高破产审判质效，降低破产程序成本，结案率50%，接收比100%。开展打击违法犯罪和扫黑除恶专项斗争，建立打击涉企犯罪“绿色通道”，快侦快办涉企案件，共侦办经济类案件58起，刑拘犯罪嫌疑人127人。开辟民营企业法律服务绿色通道，对涉企法律服务事项进行优先审查办理。共办理人民调解案件958件，调解成功953件，调解成功率达98%。制定“双随机、一公开”监管执法计划，严格按照计划和方案组织抽查。开展各类专项整治40余项，发现各类问题2000余条，均已责成限期改正。截至2021年12月，立案487起，结案479起。开展知识产权、食品安全专项执法行动200余次。优化调整社会信用体系建设领导小组，建立由区委常委、常务副区长总统揽，64个相关单位在内的全区“一盘棋”推动机制，信用体系建设工作合力进一步凝聚。率先全市建设“新一代智慧信用管理服务平台系统”，共归集信息41万余条，全区双公示信息准确率、上报率、七天公示率和失信企业信用修复率居内五区前列。

【营造和谐价费环境】依法依规做好服务价格备案、认定。严格依法依规完成5个小区前期物业服务收费、14个社会停车场、122家中小学幼儿园的相关收费备案，未出现任何不满意而复议的问题，维护全区的民生价格和谐稳定；全年共办理各类价格认定案件429件，认定金额为387.59万元，有力支持司法机关和行政执法机关的办案工作。做好民生价费监管，全年处理“12345”价格求助166件、价格咨询1737件、区委交办件5件、信访件2件。按时办结率100%，群众满意度100%。坚持对70种重点民生商品和7种防疫药（用）品的日常价格监测，上报监测日报420期，为市区两级对市场价格的动态掌握提供详细真实的资料。为区属6家“菜篮子”农副业生产基地申请价格调控资金48万元，确保市民“菜篮子”丰富和蔬菜价格“亲民”。配合做好房地产价格监制，会同区住建局申报4批次13个项目的地产价格监制。根据防疫需求，与区卫健、中标供货单位沟通，按使用需求、保质期限进行送货和周转，确保供得上、不浪费，圆满完成新冠肺炎疫情防控两次价值450余万元物资采购工作。

【提升民生福祉】推动民生实事落在实处，强化节能管理，开展“节能降碳绿色发展”宣传周暨低碳日活动。摸底、督促和现场调研重点用能单位能耗在线监测端系统的建设。开展节约用电和温控专项检查；组织咸嘉新村社区创建绿色低碳试点工作；完成48个电动汽车充电基础设施项目备案，验收电动汽车充电基础设施项目29个。圆满完成市对区“十三五”能耗总量和强度“双控”目标责任评价考核。强化环境监管，对全区250家公共机构信息进行更新，下发《2021年度岳麓区公共机构垃圾分类工作方案》，明确公共机构垃圾分类工作的新目标、新要求。对13个区直单位（含学校）和13个街镇等公共机构生活垃圾分类工作开展50次督导。开展限塑行动，有序禁止部分塑料制品的使用，规范塑料废弃物回收利用。成立岳麓区禁燃区燃煤污染整治工作领导小组，形成区、局、街三级巡查机制，依托“88712345”热线电话，建立燃煤污染行为举报平台。完成区蓝天办交办任务1个，查处燃煤污染行为1例。强化安全生产监管，压实部门监管责任和企业主体责任，制定年度保护执法计划，明确执法监督检查内容。制定“年关守护”专项整治行动方案。扎实开展油气管道领域安全生产领导带队检查。全年区领导带队检查2次，局领导带队检查30次，协调解决油气管道历史遗留问题1处。认真落实“一月两督查”“一单四制”和隐患排查治理。开展“联巡联护　联防　联控”，严厉打击违法违章违规行为，确保安全生产形势稳定。强化应急管理，严格落实节假日、汛期等重点时段严格执行领导干部24小时带队值班制度，巡护和隐患排查整治，确保有效预防和提升应对油气长输管道突发事件能力。强化绿心保护监管。实行区、街道、村三级联动管理责任机制，全年开展联合巡查20余次，绿心区未发生一起违法违规行为。岳麓区在全市绿心地区乡镇（街道）生态考核中被评为“优秀”。全面推进绿心智能化界碑界桩设置和双湖村、兴合村、白泉村绿心生态建设项目。强化培育两型示范典型。对接市两型在岳麓区开展10余场两型宣讲。荣龙社区、九丰村、云麓园社区、师大附中博才中学4家单位获评市级两型示范创建单位，为全区两型社会发展提供可复制可推广可持续发展经验。

6月30日，区发展改革局组织开展节能宣传周活动

（岳麓区发改局办公室供图）

【举办岳麓区生态绿心保护主题宣传活动】11月30日，区发改局会同坪塘街道、白泉村在白泉小学联合举办“守护生态绿心 共建绿色岳麓”长沙市岳麓区生态绿心保护主题宣传活动，以“大手牵小手”的形式，引导绿心地区的村民们和孩子们树立树牢生态绿心的保护意识，让他们在享受绿色发展红利的同时，积极践行保护生态绿心的责任。

【油气管道突发事件应急演练】12月17日上午，在莲花镇三和村组织开展油气管道突发事件应急演练。演练模拟油气长输管道上方第三方施工现场因使用挖掘机进行挖土作业，盲目开挖造成管道破损引发管道油品泄漏。演练紧急停输、管道堵漏、现场灭火、污染处理等紧急处置和报警接警、指挥联动、群众疏散、交通管制、医疗救护、环境监测等应急措施。达到了检验事故应急救援预案、磨合政企联动机制、锻炼应急救援队伍、宣传油气管道保护的目的，有利于加深对突发事件应急响应的熟悉程度，提升各相关部门和管道企业突发事件应急协调联动能力，切实保障人民群众生命、财产和生态环境的安全稳定。

【“节能降碳，绿色发展”节能宣传周】8月23—29日节能宣传周期间，岳麓区根据本地区疫情防控工作实际，以“线上为主，线下辅助”方式，会同全区有关单位，开展具有行业特色的节能宣传活动。线上红网开辟答题专栏，市民可根据活动提供的网址进行答题，全面深入了解节能降碳知识，自觉践行简约适度、绿色低碳的生活方式。同时，活动发布线上主题宣传视频，通过岳麓融媒吉祥物“跃跃”“麓麓”，形象有趣地讲述加快形成绿色生产生活方式，推动生态文明建设，共建美丽岳麓。

【岳麓区优化营商环境暨长株潭一体化工作会召开】3月3日，岳麓区优化营商环境工作领导小组办公室组织召开岳麓区优化营商环境暨长株潭一体化工作会商会，区优化营商环境五大专项行动组牵头单位、“指标长”牵头单位分管负责人参加会议。会议传达省、市优化营商环境、长株潭一体化工作重点，讨论全区营商环境优化工程2021年行动方案，并结合企业调查问卷收集情况，研究助力长株潭营商环境一体化建设工作举措。

【重大项目集中开（峻）工仪式】3月1日，作为长沙市2021年一季度重大项目集中开工活动的组成部分，湘江新区、岳麓区联合举行重大项目集中开工仪式。当天，新湘雅健康城大河西中央商务区、绿地国际智创城、舍弗勒、中大检测等26个重大项目集中开工，总投资达216.25亿元。

6月28日，2021年二季度全市重大项目集中开竣工活动（湘江新区、岳麓区片区分会场）在长沙智能驾驶研究院产业园（二期）项目现场举行，33个项目集中开竣工，总投资89.2亿元，年度计划投资32.5亿元。33个项目涵盖产业发展项目12个、基础设施项目10个、社会民生项目10个、生态环保项目1个，具有体量大、质态好、结构优、带动强的特点，是产业提效、城市提升、民生提档、环境提质的重要支撑。项目建成投产后预计可实现年产值32亿元以上，带动就业8600人左右。

10月15日，长沙市重大项目集中开竣工活动（湘江新区、岳麓区片区分会场）在观沙岭城市更新片区（旧城改建）麓山国际实验二小项目现场举行。参加此次集中开竣工的项目有15个，总投资192.2亿元，其中年度计划投资42.6亿元。15个项目涵盖产业发展项目5个、基础设施项目6个、社会民生项目4个。13个竣工的项目结构优、拉动强，建成投产后预计可实现年产值15亿元以上，带动就业3600人左右。长沙市市长、湖南湘江新区党工委书记郑建新，长沙市委常委、湖南湘江新区党工委副书记、管委会主任谭勇，岳麓区委书记周凡，区委副书记、代区长蔡锋等先后参加或主持开竣工仪式。

统　计

【概况】2021年，岳麓区统计工作坚持以习近平新时代中国特色社会主义思想为指导，深入贯彻习近平总书记关于统计工作的指示批示和考察湖南时的重要讲话精神，对标统计现代化改革，聚力服务岳麓高质量发展，抓改革，强监测，优服务，求创新，推动各项工作迈上新台阶、实现新作为。区统计局获评湖南省第七次全国人口普查先进集体、市级文明单位，获评区内绩效考核一类单位及区级先进基层党组织。

【统计普查与专项调查】执行国家、省、市统计方法制度，组织实施好一、二、三产业30余项统计调查、10余项专项调查，联网直报率100%。组织开展报表数据审核、改错，反馈回复上级查询，每月对不少于5%的调查单位进行上门核实，提升统计数据质量。做好第七次全国人口普查行职业编码、审核修改及技术业务总结，整理汇总普查数据，编印发布《岳麓区第七次全国人口普查公报》，区统计局获评湖南省第七次全国人口普查先进集体，1人获评全国第七次全国人口普查先进个人，2人获评全省第七次全国人口普查先进个人。开展劳动力抽样调查，组织辅助调查员对3152户被调查户进行上门调查，每月安排区级陪访人员对20%的调查户进行入户陪访，做好数据上报审核，劳动力调查基础数据科学、样本详实。开展住户调查，加强记账指导，宣传记账工作意义，做好记账户的收入水平、消费状况和生活状况的采取工作。

【队伍建设】落实长沙市委、市政府《关于进一步加强新形势下统计工作的意见》文件精神，实行基层统计人员变动逐级备案制度，核定发放街道（镇）、社区（村）统计人员岗位补助，保持基层统计人员队伍相对稳定。面向全省公开选调（招聘）9名重点街道首席统计员，由区统计局和所在街道实施双重管理，充实基层统计力量。

【统计培训】组织统计系统人员开展月度培训，分别以2020年统计年报暨2021年统计定报、统计法律法规、各专业统计业务、月度劳动力调查、地区生产总值核算及Excel操作为主题组织培训11场次，全年培训超2000人次。通过“线上+线下”“一杆子到底”对600余名“四上”单位统计人员进行业务培训。对新任的街道（镇）、企业统计人员进行岗前培训指导，让统计新手熟悉统计方法制度，理解统计指标口径，掌握联网直报操作，知悉依法统计要求。组织开展统计基层基础资料规范化“大比拼”活动，对5个主要专业，18个街道（镇）、园区及50余家企业统计基础工作进行现场集中晒资料、比规范、评分数，以赛促学、以赛促干。

【统计管理】指导“四上”单位规范工作流程、健全管理制度，完善原始凭证，设置电子台账。规范建立近600家“四上”单位“一企一档”资料，全过程记录企业发展情况，形成单位概况、数据质量、数据变动、单位异动可溯源的完整资料。推行“流动观摩+现场交流+联点辅导”，打造先进品牌示范站，加强示范引领和经验推广。桔子洲街道、天顶街道统计站先后多次获国家统计局及省市领导现场指导和表彰，并作为省统计基层基础工作培训班现场活动教学点，迎接14个市州统计局相关负责人现场观摩，辐射带动17个街道（镇）基层统计工作积极、健康、有序发展。岳麓区统计基层管理工作，获国家统计局《中国信息报》推广报道。

【统计质量】对所有拟新增入库企业进行实地上门核查，查看企业办公场地，审核营业执照经营范围、单位性质，核对原始凭证、会计账目及增值税纳税申报情况等，确保企业符合入规要求。对123家新增“四上”企业，送达《统计法律事务告知书》，告知企业负责人要依法履行报表义务，保障报表条件，配备统计人员并依法如实上报各类统计报表。把好审核关。完善统计质量管理和控制办法，明确各专业质量管理办法的适用范围和方法，探索统计业务流程的标准化管理、规范化审核、科学化评估，真实反映区域经济社会发展情况。开展“千人进企业　服务提质效”专项行动，对辖区内500余家“四上”调查单位开展专项服务，指导企业建立健全统计台账，核实数据质量、规范统计基础等，完善“一套表”调查单位档案，夯实统计基层基础。

【统计监督】组织党组中心组学习、党组会议、班子会议、干部会议等学习贯彻中央关于统计工作《关于深化统计管理体制改革提高统计数据真实性的意见》《统计违纪违法责任人处分处理建议办法》《防范和惩治统计造假、弄虚作假督察工作规定》《关于更加有效发挥统计监督职能作用意见》等重要文件精神，贯彻落实统计督察立行立改十条措施。清理与《中华人民共和国统计法》精神相违背的文件和做法，落实领导干部违规干预统计工作记录制度。通过督查、检查、数据核查等方式排查统计违法违规线索，全年对50余家企业单位上门开展数据质量检查，发放统计法律事务告知书150余份，月均线上开展统计数据质量核查近10批次，涉及调查对象近100家。推进“统计法进党校”，在区委党校年轻干部培训班以《依法依规履职　确保统计数据真实准确》为题，组织统计法律法规专题培训学习。开展“9·20”统计开放日活动，以“赓续红色血脉　奋进统计未来”为主题，组织全区各街镇、园区通过悬挂横幅，张贴标语，摆放展板，播放宣传海报，开展统计法相关知识宣讲、问卷测试等形式广泛宣传。12月，在全区集中开展统计法治宣传活动，结合“12·4”国家宪法日和“12·8”统计法颁布纪念日等，宣传依法统计基本理念和统计法基础知识。

【统计监测】围绕省、市“三高四新”发展战略和区委“五城同建”工作部署，整理汇编《岳麓“一打造三当好”——相关行业统计分类标准》，协同探索建立岳麓山大学科技城统计监测制度，组织动态监测，发挥统计监测预警和决策参谋作用。选取每项指标排名岳麓区前20名重点企业和支撑项目，建立监测台账，跟进关注其生产经营、经济效益、企业发展等实际情况，开展预警分析。

【统计服务】完善经济运行预测预判预警机制，形成“初步预判—初步预计—初步统计—全面分析”动态监测体系，服务区域经济发展。加强统计数据发布解读，全力打造以《统计公报》《统计提要》为核心，《经济运行动态》和《季度统计分析》为品牌，《月度快报》、《专题预警》和《专题调研报告》为支撑的多元化统计产品体系，发布岳麓区经济社会运行情况，反映区域经济社会发展状况，引导社会预期。撰写《一季度经济开局运行良好》《上半年岳麓区经济运行情况分析》《前三季度岳麓区经济发展质量持续向好》《2021年岳麓区经济运行概况及2022年展望》《对岳麓区GDP的分析与思考》等统计分析报告，用数据讲清区域发展的“长板”、“短板”和“突破点”，分析经济社会发展“现在有什么”“未来靠什么”，充分发挥统计监测预警和决策参谋作用，多项对策建议获区委、区政府采纳，转化为决策部署和推动发展政策举措。

【国家发改委到岳麓区调研】7月4—5日，国家发改委副主任兼国家统计局局长、党组书记宁吉喆率队赴岳麓区调研。湖南省委副书记、省长毛伟明，省领导谢建辉、张剑飞、吴桂英、何报翔，国家统计局总经济师兼办公室主任毛盛勇，以及国家发改委、工信部、商务部、国家统计局、国务院台办相关负责人员，市领导郑建新、夏建平、谭勇，岳麓区委书记周凡，岳麓区人民政府代理区长蔡锋，区领导杨利成等参加相关活动。宁吉喆一行参观新民学会旧址暨蔡和森故居，参观新民学会史实陈列，听取关于“新民学会与中国共产党成立前的早期革命活动”专题讲解。毛盛勇到岳麓区桔子洲街道办事处统计站指导调研，与工作人员交流统计业务，翻阅有关统计资料，并对岳麓区基层统计工作表示肯定。

【统计基层基础工作】7月27日，湖南省统计基层基础工作培训班到岳麓区桔子洲街道、天顶街道统计站开展现场教学。湖南省统计局党组成员、总经济师颜宏晖率省统计局部分处室负责人、全省各市州统计局分管局长、负责统计基层基础工作科长及14个基层统计工作重点联系的区县统计局局长等一行50余人参加活动。区委副书记、代区长蔡锋，区委常委、常务副区长张永久，区委常委、副区长王海潮等陪同。

【统计基层基础建设观摩活动】12月25日，长沙市统计局开展乡镇街道统计站点流动观摩暨基层基础建设经验交流会，市统计局党组书记、局长张学峰带领由市统计局班子成员、区县（市）统计局主要负责人和分管领导、部分基层统计员共同组成的观摩团，观摩学习岳麓区桔子洲街道统计基层基础建设情况。

审　计

【概况】2021年，岳麓区审计工作依法全面履行审计监督职责，做好常态化“经济体检”工作，全年完成审计项目22个，审计促进整改落实问题金额1552万元，审计挽回（避免）损失530万元，核减投资额711万元，提出审计建议80条，移送案件线索3条，下达审计督促整改函5个。岳麓区审计局被评为岳麓区2021年度绩效考核优秀单位。

【预算执行审计】开展岳麓区本级2020年度预算执行和其他财政收支情况审计，岳麓区产业发展资金专项审计调查和岳麓区2019年至2020年度教育经费管理使用情况专项审计调查，以大数据审计为基础，对全区82个一级预算单位的预算执行情况开展专项审计调查，促进财政资金使用绩效提升。

【经济责任审计】对全区5个单位8名主要领导干部实施经济责任审计，密切关注领导干部在担当作为、规范用权、令行禁止、廉洁从政等方面的情况，促进领导干部依法用权、秉公用权、廉洁用权。开展含浦街道主要领导干部自然资源资产离任（任中）审计，推动领导干部切实履行自然资源资产管理和环境保护责任。

【政府投资项目审计】开展对岳麓区财政投资评审中心已完成项目抽查审计4个，重点关注项目财务管理、建设程序执行和工程结算评审质量等情况。另完成区内7个重大建设工作项目的跟踪审计，重点关注相关政策措施贯彻落实、项目建设及质量管理、资金筹集及管理使用情况。

【审计调查与联动】做好湖南省审计厅对岳麓区党政主要领导干部任期经济责任审计、长沙市2021年“10件民生实事”实施情况跟踪审计和长沙市审计局2021年第四季度对区县（市）重大政策措施落实情况跟踪审计的协调沟通和配合工作；抽调1名审计人员参加湖南省审计厅统一组织的县市区党政主要领导干部经济责任审计异地交叉项目，1名审计人员先后参加省委巡视和市委巡察工作，1名干部协助区委组织部做好区委换届、市区“两优一先”评选等工作，3名审计人员配合完成区纪委专项调查工作。

【内部审计工作指导与监督】开展内部审计统计工作，收集区内内部审计机构相关工作信息。举办2021年岳麓区内部审计人员业务培训会议，组织岳麓区内部审计工作人员参加长沙市内部审计师协会在重庆工商大学举办的业务提升创新班，不断提高内部审计人员能力水平，推进全区内审工作发展。

【区委审计委员会办公室工作】履行中共长沙市岳麓区委审计委员会成员和区委审计委员会办公室职责。4月25日区委审计委员会召开第四次会议，

1 月 22 日，召开长沙市岳麓区领导干部经济责任审计工作联席会议成员单位第一次会议　　（区审计局供图）

听取全区审计工作情况汇报，审议通过《长沙市岳麓区2021年度审计项目计划》《关于2020年度区管领导干部经济责任审计情况的综合报告》；8月11日，区委审计委员会召开第五次会议，审议通过《关于2020年度岳麓区本级预算执行和其他财政收支情况的审计报告》。

【岳麓区领导干部经济责任审计工作联席会议成员单位第一次会议】1月22日，长沙市岳麓区领导干部经济责任审计工作联席会议成员单位第一次会议召开。会议由区委审计委员会办公室主任，区审计局党组书记、局长，区领导干部经济责任审计工作联席会议召集人张武强主持。区纪委监委、区委组织部、区委编办、区教育局、区财政局、区人社局、区审计局、区金融事务中心等8个联席会议成员单位成员参加会议。会上听取岳麓区审计局关于2020年岳麓区管党政主要领导干部任期经济责任审计工作情况及2021年工作思路汇报，会议明确了岳麓区领导干部经济责任审计工作联席会议成员单位职责。

【中共长沙市岳麓区委审计委员会第四次会议】4月25日，中共长沙市岳麓区委审计委员会召开第四次会议，区委书记、区委审计委主任周志凯主持会议，区委副书记、区长、区委审计委副主任周凡，区纪委书记、区委审计委副主任李雪龙，区委审计委员会委员参加会议，区审计局班子成员列席会议。会上听取区委审计委员会办公室关于全区审计工作情况的汇报，审议通过《长沙市岳麓区2021年度审计项目计划》《关于2020年度区管领导干部经济责任审计情况的综合报告》。

【中共长沙市岳麓区委审计委员会第五次会议】8月11日，中共长沙市岳麓区委审计委员会召开第五次会议，区委书记、区委审计委主任周凡主持会议，区委副书记、区长、区委审计委副主任蔡锋，区纪委书记、区委审计委副主任王长陵，区委审计委员会委员参加会议，区审计局班子成员列席会议。会上听取区委审计委员会办公室关于2020年度区本级财政预算执行审计工作情况的汇报，审议通过《关于2020年度岳麓区本级预算执行和其他财政收支情况审计报告》。

市场监督管理

【概况】岳麓区市场监督管理

8 月 11 日，中共长沙市岳麓区委审计委员会召开第五次会议　　（区审计局供图）

工作坚持以新时代中国特色社会主义思想为指导，全面贯彻落实党中央、国务院关于市场监督管理工作的方针政策和决策部署，落实省、市市场监管工作会议要求，在履职过程中坚持和加强党对市场监管工作的集中统一领导，牢固树立“大市场、大质量、大监管”理念，强监管、优服务，恪尽职守，较好地完成各项工作任务，为岳麓区的改革发展稳定大局作出了积极贡献。

【培育市场主体】全面落实上级“放管服”“证照分离”改革的各项举措及要求，继续降低准入门槛、不断优化审批服务，持续巩固市场准入改革成果，同时积极加强与相关职能部门对接，深入17个街镇重点企业、重点楼宇，牵头开展市场主体培育行动，不断巩固全区经济发展基础。截至12月31日，全区共有市场主体153902户，其中企业67762户，个体86140户。2021年新增市场主体3万户，企业新增1.6万户，个体新增1.4万户，预计完成四上企业123家。区市场监管局聚焦市场主体需求，不断提升企业开办便利度。实行市场主体登记“24小时不打烊”，将办事窗口延伸至最基层，大力推行全程网办、零见面。全年全程电子化新设企业13045户，占新设企业总量的82.69%。整合业务流程，建设“智慧审批一张网”。优化市场主体登记、公章备案、发票申领、银行开户集成服务，采用导办、委托、流转等方式，统一整合至“市场准入”综合窗口。订制企业“服务包”，涵盖“营业执照、刻章、EMS邮寄件、发票、银行开户”，并实现企业自主选择，由综合服务区导办员提供专属订制式的服务，实行首问责任，全程跟踪，“一条龙服务到位”。进一步推进“一件事一次办”，逐项梳理、整合、编制办事指南，按“受审分离、并联办理”原则，将多个事项办理流程进一步简化优化，推行“前台综合受理、后台分类审批、综合窗口出件”工作模式，全面实现企业和群众办事“只进一扇门、只到一个窗、只交一次材料”。截至12月31日，岳麓区新开办企业16030户，刻章免费为企业节约开办成本超150万元，受理“一网通办”企业102户。全面落实“证照分离”改革举措。率先探索仅销售预包装食品许可改备案改革工作，2021年7月8日发布岳麓区仅销售预包装食品许可改备案通告，2021年7月13日颁发首张仅销售预包装食品营业执照，2021年9月18日出台《全面落实“证照分离”改革举措深化审批改革优化审批服务实施办法》文件，全面推进“证照分离”改革事项落地。拓宽告知承诺制适应范围。全面推进食品销售经营许可（除仅销售预包装食品外）、小餐饮（50平方米以下）经营许可和符合条件的大型连锁餐饮服务企业食品经营许可告知承诺制，不断扩大适用范围和适用企业。对申请开办只经营乙类非处方药的零售企业审批实行告知承诺制。符合法定形式的不进行现场核查，当场办理审批，事后按照属地原则由各市场监管所在30个工作日内进行核查。积极推进“政银合作”，2021年12月6日，岳麓区“政银通”企业开办一站式网点在工行长沙岳麓山支行正式启动。“政银通”企业服务专区提供免费代办营业执照、自助打印营业执照、便捷开立银行账户、申请融资结算等金融服务，将办事流程由原来的“串联”改为现在的“并联”，同步实现企业开办与银行开户。当好区委、区政府市场主体培育的参谋，每季度和年初根据全区市场主体新增情况，出具季度分析报告和年度分析报告，从市场主体发展、注册资本、注销等情况进行全方面数据统计，为全区经济形势分析和决策提供有力数据支撑。

【惠企政策】立足市场主体需求，实施精准服务，切实解决市场主体面临的“急难愁盼”问题，全面提升市场主体市场竞争力。一是用标准引领产业提升。2021年，区市场监管局代表岳麓区在全省标准化工作会议上就农业标准化示范建设工作作经验交流发言，并积极与商务局对接沟通，积极组织指导辖区企业参与国家、省级服务业标准化示范申报工作。普亲养老、长沙银行获国家级服务业标准试点单位；湖南致力工程科技有限公司获省级服务业标准化试点项目；省妇女儿童医院获省级标准化项目研究单位；9家单位获省级标准化项目奖励46万元；5家企业8个标准获市级标准化创新奖励（国际、国家、团体标准）40

万元。二是用知识产权推动产业升级。2021年，岳麓区有效发明专利拥有量19623件，发放各级各类知识产权资助奖励资补共计808万元，知识产权质押融资3.61亿元。加强“全域服务”，扩大知识产权服务覆盖面。2021年4月，召开岳麓区2021年知识产权宣传周启动仪式，同步开展知识产权保护论坛、知识产权进园区、进学校等系列活动，在全区主要路段、商场、建筑外电子显示屏滚动播放公益宣传片，累计播放6000多次，发放宣传资料10000份，使知识产权文化深入人心。提供“快捷服务”，提升知识产权服务效率值。在全区17个街道（镇）成立知识产权纠纷调解室，聘请17名专家律师任调解员，实现知识产权非诉纠纷解决机构覆盖面100%，及时畅通利益诉求渠道，依法、及时、有效预防和化解知识产权纠纷；同时结合区域产业发展需求，在岳麓科创港政务大厅挂牌成立岳麓区知识产权公共服务中心，面向中小微企业提供内容涵盖咨询、维权、贯标指导、专利预警、企业知识产权体检、公共项目申报等11个方面的知识产权综合服务。2021年8—12月，中心共解答知识产权咨询221次；定向服务企业78家，走访企业37家；开展企业知识产权体检30家、专利预警3家。三是推动企业品牌建设。组织区内4家企业参加“长沙品牌　你我共享”品牌故事会活动，岳麓区优秀企业晚安家居分享品牌发展故事，带动区内企业积极参与质量建设，创建优质品牌；组织区内2家企业参加市级质量诊断活动，对症整改，推动企业质量提升；制定区级产品质量监督抽查计划，严格落实产品不合格后处理程序，扎实有效开展产品质量专项整治工作，提高区内整体产品质量水平。

【严格监管执法】不断夯实食品药品安全、计量、价格、广告、特种设备安全等监管基础，探索以信用监管为基础的新型监管机制，牵头开展打击传销、质量强区、跨部门“双随机、一公开”等工作，为产业发展不断优化全区营商环境，守护全区产业发展。2021年开展各类专项整治40余项，发现各类问题2000余条，均已责成限期改正。开展国家食品安全示范城市和湖南省食品安全示范区创建工作，为品质长沙贡献市场监管力量。用严格执法守护市场发展秩序，全年共立案519起，办理全国首起水效标识不符合规定案件。共开展知识产权、食品安全专项执法行动200余次，累计检查转供电单位150余家次，责令转供电主体清退多收电费330余万元，对1家转供电主体立案处罚。积极推进“智慧电梯”管理，已安装“智慧电梯”物联网设备5000余台，实现电梯故障率、投诉率“双降”。组织打击传销行动共47次，流动人口、出租屋涉传线索摸排457次，查处窝点111个，教育遣返涉传人员308人，出动执法人员1267人次，流动人口清查共计237725人，出租屋清查共计62028户。用联合监管提升监管效能，区市场监管局、区税务局、区人社局组织联合行动分别对教育培训机构、健身行业、医疗美容行业、餐饮行业、劳力派遣五个领域随机抽查，共随机派发74户抽查对象，出动检查人员25人次，完成全部抽查任务并将抽查结果录入到抽查平台并公示。

商务管理

【概况】岳麓区商务工作坚决贯彻习近平新时代中国特色社会主义思想，在抗疫和发展经济的双重压力之下，不断攻坚克难、奋发作为，较好地完成了各项工作任务。2021年全区完成社会消费品零售总额614.94亿元（含长沙高新区，下同），同比增长12.3%；限上消费品零售总额完成316.05亿元，同比增长10.5%，完成新增限上企业54家；完成外贸进出口额11.5亿美元，同比增长42%，完成年度目标任务的120%；完成跨境电子商务交易额2420万美元，完成年度目标任务的110%；完成实际利用外资7580万美元，完成年度目标任务的126.3%，同比增长44.2%；完成实际到位内资229.4亿元，完成年度目标任务的132.8%，同比增长59.3%。引进三类500强关联项目15个，引进10亿元以上重大项目20个，部分指标排名全市第一。岳麓区在打造内陆开放高地、提升消费能级，扩大对外投资合作等方面措施有力，获评全省招商引资先进单位、全市商务工作服务外包先进单位、全市招商引资先进单位、全市商务工作促消费先进单位。

【促进消费升级】岳麓区商务局把稳增长促消费作为工作重点，全年举办节会活动30场，媒体宣传报道200余篇。在全区范围内广泛开展线上线下相结合、商贸文旅相融合的主题促销活动。提高区内百货、超市、餐厅、汽车4S店等重点企业销售额，拉动了社会消费品零售总额增长。制定提升消费能级专班工作方案，引进重点商贸企业，高水准建设桐梓坡中央商务区，全面推进宜家荟聚综合体、龙湖天街、京东超级体验店等重点项目建设，区属17家新增企业月度销售额9.98亿元，拉动区属社零增长6.8个百分点。努力打造消费新热点，阳光100凤凰街、中建梅澜坊商业街等4条街区获评长沙市夜经济示范街区；长沙荟聚、龙湖天街等8家商超、网红打卡地，秦皇食府、筷乐潇湘等21家餐饮、住宿及服务企业获评长沙市夜经济示范单位；阳光100凤凰街成功创建“省级示范步行街”，洋湖水街成功入围“省级示范步行街”范围。

【外贸增长显成效】坚持盯重点稳存量，牵住龙头企业这个“牛鼻子”，支持企业稳外贸订单、稳市场份额。全力支持服务企业对外投资合作，着力打造“湘企出海”的湖南名片。全年新增及变更外贸企业249家，拥有进出口实绩企业244家。全力服务外贸企业，做到外贸经营者备案登记当天备案、当天出证，实现企业“只跑一次”的服务目标；为炫烨电力、鹏达进出口有限公司等11家企业获得出口信用免费保单及低息融资贷款额度；积极为企业解决货物出口“一舱难求”的问题；推进通关贸易便利化，为外贸企业提供“一票免单”免费申报服务，促进全区外贸企业平稳健康发展。

【招商引资提质增效】制定《岳麓区推动招商引资提质增效实施意见》，组建现代金融、科技创新、文化创意和旅游体育等十个产业链招商组，推动全区招商引资工作大统筹、大提质、大增效。强化招商联动统筹，进一步加强与湖南湘江新区及各产业平台的统筹对接，发布“湖南湘江新区——岳麓区产业招商云平台”，全方位展示区域价值，推介优质营商环境，促成产业项目落地。新引进江河华晟医学检测项目、艾瑞特医疗器械检测基地等投资亿元以上10亿元以下项目13个，佑驾智能视觉感知研发生产基地、东华（新基建）智慧产业全国研发总部基地等10亿元以上项目20个，“三类500强”关联项目15个。涵盖软件和信息服务业、人工智能、高端商贸、检验检测等多个战略性新兴产业，越来越多的世界巨头和行业领军企业落户岳麓区。

【落实惠企政策】岳麓区联合湘江新区共同出台《关于支持岳麓区经济高质量发展的实施意见》。该政策以夯实产业基础能力为根本，注重锻长板、补短板、强优势、固底盘，为推进新区、岳麓区经济社会高质量发展提供重要支撑。区商务局涉企服务精准有实效，全年先后走访调研企业20余次，组织召开区内重点企业座谈会和相关惠企政策培训会，重点解读惠企政策。全程服务卓伯根、荷兰壳牌、德企外科邓白氏等重大项目、重要外资企业开展全程帮代办服务。“稳外资”工作获得省市“利用外商直接投资奖励”30万元。全年新注册外资企业40余家，其中注册资金1000万美元的外商投资企业3家，华润万象商业中心实缴到位1亿美元，湖南微步信息实缴到位600万美元，增资项目1个，为后续发展积蓄强大动能。政策兑付高效，为21家企业兑现奖励资金436.86万元；组织、协助区内共计90余家商贸流通企业、商协会、外贸外资企业申报省、市、区各级奖励资金共计1500余万元。

【民生福祉不断增进】安全生产持续稳定，制定并下发《2021年商贸行业安全生产工作方案》《长沙市岳麓区物流仓储领域专项整治百日攻坚工作方案》等文件，牵头开展商贸领域安全生产风险隐患大排查等多项整治行动，检查企业200余家，发现整改问题360余个，督促企业落实安全生产主体责任。完成市级4家加油站的三级油气回收任务，不定期对全区38家加油站进行150余次督查检查，发现整改问题200余处。疫情防控落实到位，班子成员带队下沉至32个大型综合体、超市指导督促商业企业落实疫情防控主体责任，做好“验码、测温、戴口罩”等日常防疫工作；对全区重点大型超市生活必需品及农贸市场展开监测，及时准确掌握市场供需和库存变动情况，指导企业经营、引导居民消费、稳定市场预期。稳步推进绿色消费，王府井购物中心申报2021年绿色商场已通过省商务厅初步验收；各大商场限塑工作稳步推进；完成240余家再生资源回收企业系统录入工作，对全区479家再生资源企业进行行业指导，可回收物体系建设工作全面铺开。扎实推进文明创建，根据文明创建细则制定《岳麓区商务局商超文明创建工作指导》，定人定点对5000平方米大型商超进行100余次面对面督查指导，压实工作责任。确保文明创建常态化、长效化。

【外贸培训会议】10月18日，岳麓区商务局举办中小微出口企业“单一窗口+出口信保”外贸培训会议，区内30余家企业代表参加。此次培训有效解决小微外贸企业在“单一窗口”申报中遇到的实际问题，指导企业充分运用信保平台和政策，破解在开发客户、选择订单、获得融资等方面遇到的难题，助力岳麓区小微外贸企业稳步健康发展。

【第二届汽车消费节】3月26日，“车行三湘　岳马扬鞭——春之约·2021年岳麓区第二届汽车消费节”在长沙岳麓区阳光100凤凰街正式启动。湖南省商务厅流通处副处长郑垚，长沙市政府副秘书长厉江华，长沙市商务局党委书记、局长高伟，长沙市岳麓区委书记周志凯等领导出席启动仪式。辖区内26家知名4S店携奥迪、宝马、凯迪拉克等品牌主力车型、首发新车闪亮登场。展会派送多重优惠大礼包，综合优惠最高达14万元。

【产业项目集中签约】3月30日，举行2021年湖南湘江新区、长沙市岳麓区开门红产业项目集中签约仪式，活动现场共签约项目23个，其中复星国际蜂巢城市群、华润高端综合体、美团交通事业板块华中区总部、中建国际湖南总部、星汉供应链鲤赞星球·长沙品牌基地等20个落户岳麓区的产业项目集中亮相签约，涵盖消费类电子、物联网、节能环保、智能制造、文化旅游等多个领域，总投资超400亿元。

市委副书记、市长、湖南湘江新区党工委书记郑建新，市委常委、湖南湘江新区党工委副书记、管委会主任钟钢，市政府副市长朱东铁，湖南湘江新区党工委委员、管委会副主任凌勤杰，湖南湘江新区管委会二级巡视员戴中亚，湘潭经开区党工委副书记、管委会主任黄韧，湖南湘江新区管委会副主任（兼）、岳麓区委书记周志凯，长沙市政府秘书长张能峰，岳麓区委副书记、区长周凡及相关单位负责人出席活动。

【家电家居消费市场调研】8月20日，省商务厅党组副书记谭平率队到岳麓区调研家电家居消费市场情况，调研组先后到苏宁易购麓山店、红星美凯龙岳麓商场进行现场调研，后在红星美凯龙进行集中座谈交流。通过走访和座谈，详细了解当前企业投资、商场运营、门店销售、渠道拓展等方面的情况，探讨后疫情时代家电家居行业如何转型升级实现良性健康发展的路径。省商务厅二级巡视员王峰、省商务厅流通处、省商务厅运行处、省家用

8月20日，省商务厅党组副书记谭平率队到岳麓区调研家电家居消费市场情况。
（区商务局供图）

电器行业商会、省家具协会负责人参加调研。长沙市商务局局长郑平、副局长黄立斌、岳麓区人民政府副区长刘振乾、二级调研员李平陪同。

现代服务业

【概况】2021年，区现代服务业发展中心全面落实“三高四新”战略定位和使命任务，奋勇担当“一打造三当好”新使命，矢志推进“五城同建”，紧扣产业发展和“真抓实干”工作主题，进一步擦亮岳麓楼宇经济品牌，全面推进楼宇经济发展迈上新台阶。全年引进楼宇企业650余家，新入驻区域性总部企业30家，商务楼宇去化面积达10万平方米。新增税收亿元楼宇2栋（湘江财富金融中心、中盈广场），新增税收5000万元楼宇2栋。全区重点商务楼宇平均入驻率81.5%，全口径税收同比增幅26%，企业注册率、企业满意率均在95%以上，楼宇经济贡献度稳步提升。

【制度建设优化】巩固提升重点楼宇“楼长制”工作成效。通过细化工作标准，强化团队建设，形成问题处置的闭环管理机制，全年共解决楼宇运营问题118个，帮助企业解决各类问题246个。进一步完善智慧楼宇大数据平台建设，动态更新楼宇运营问题清单，强力推进管理数据化，形成线上线下数据闭环机制，夯实楼宇服务站工作基础，使楼宇服务站数据更新及时、统计智能精准、服务便捷高效。街道抓楼宇经济工作的责任得到进一步压实，各职能部门服务楼宇经济的意识进一步增强，一批困扰楼宇运营达效的重点难点问题得到高效务实解决。

【营商环境优化】对标建设高标准的楼宇服务体系，各街道楼宇服务站发挥服务平台功能，进一步做优三大服务“政务服务+专业服务+环境保障服务”，围绕企业入驻和注册登记等做好政务服务，提供精细服务。组织楼宇企业开展疫苗接种、核酸检测进楼宇专场服务，为商务楼宇和楼宇企业提供防疫物资，100%完成全员核酸检测任务，为楼宇企业正常运转保驾护航。以需求为导向，做优做强专业服务，设立绿地楼宇服务站和金茂ICC楼宇服务站为“一件事一次办”的示范点，以点带面助推楼宇服务站提质增效。

【楼宇价值推广】以“岳麓向上　乘风破浪”为主题，开展楼宇价值系列推介，营造岳麓楼宇经济蓬勃发展氛围。“十四五”开局，岳麓特色楼宇和重点楼宇总量居全市第一，位列“十大活力城区”，获《湖南日报》点评，干事在岳麓氛围更浓厚；疫情期间“织密楼宇企业‘疫情防控网’”获新华社点赞，彰显岳麓楼宇“为企服务”的态度和决心；年末，人民网深度报道楼宇服务站工作实效，岳麓楼宇不断优化的营商环境再获肯定，创业在岳麓的信号更明确。成立岳麓楼宇经济发展联合会，以联合会为平台开展专业之研，编撰楼宇经济月度报告，提供楼宇最新动态及经济数据分析，汇集楼宇招商资源，定期专题采访楼宇企业和企业家，宣传报道典型事迹，弘扬优秀企业家精神，凝聚奋进力量。升级优化“岳麓楼宇”官方公众号，通过与全区重点楼宇营销号建立互动互联机制，打造岳麓楼宇整体推介形象。

【楼宇招商工作】以“五城同建”为核心，编制《岳麓区“十四五”楼宇经济发展规划》，围绕六大特色楼宇集聚区，以发展数字经济、人工智能、现代金融、健康医疗、文化旅游及高技术服务业为主攻方向，做好楼宇招商工作。按照全区真抓实干实施办法要求，完善楼宇经济评价指标体系，精准指导各街道以提升经济税收贡献度为目标抓楼宇企业服务，抓好楼宇企业注册和迁转落地，全年实现长沙金州律师事务所、长沙正茂日升工程咨询有限公司等52家异地注册企业迁转。以六大主导产业为重心，围绕强链、补链、延链，开展精准招商，成功引进包括FESCO Adecco、阿斯星控股有限公司在内的多家知名企业分公司落户，引进湖南卡罗德智慧钢琴有限公司、长沙蓓康僖营养品有限公司等一批区域总部30家，完成全年目标任务，为壮大岳麓特色楼宇提供有力支撑。

工业和信息化

工　业

【概况】2021年，区工业和信息化工作聚焦主业，积极落实“三高四新”战略部署，克服疫情，服务企业，推进工业和信息化健康发展步伐。2021年获工信部、财政部“第六届‘创客中国’中小企业创新创业大赛全国总决赛‘优秀对接服务单位’”，参赛企业湖南锐异资环科技有限公司获省赛一等奖，获全国总决赛优胜奖。区工信局获评2021年度全省工业经济运行监测协调工作先进单位，打造国家重要先进制造业高地工作获市级激励。

【工业经济】2021年全区规模工业增加值增幅达5.4%，其中区属43家企业上报产值55.08亿元，比上年同期增长12.8%。重点企业湖南湘江鲲鹏信息科技有限责任公司完成产值7.21亿元，是2020年同期的2.7倍。实现月度新增企业1家（长沙腾创新材料有限公司完成产值4096万元，增速69.9%）。新增规模以上工业企业9家。举办“专精特新”小巨人企业申报辅导及各级支持政策培训，将惠企惠才政策带给企业，全年新增工信部“专精特新”小巨人企业1家、省级“专精特新”小巨人企业2家、市级“专精特新”小巨人企业3家。吸引湖南省唯一的“专精特新”中小企业股权融资平台落户岳麓区，举办股权融资路演活动5场，帮助企业解决融资难、融资贵的问题；智能制造赋能加速推进。岳麓山大学科技城聚焦工程机械领域，组织开展首批核心技术攻关“揭榜挂帅”项目工作；盖勒普智能科技获评省级智能制造系统解决方案供应商；2021年湘江鲲鹏、捷西整体家居获评市级第八批智能制造试点企业。充分发挥中小企业公共服务平台和软件联盟作用，联合大科城开展政策讲座2场，组织100多家企业参加省市区各级活动12场，举办“周周路演”30余场。举办“创客中国”中小企业创新创业大赛区级初赛，持续开展赛前、赛后的企业跟踪服务，落实赛后优秀项目落地孵化、投融资对接和成果转化。

【软件经济】2021年岳麓区软件和信息技术服务类入统企业1631家，其中重点监测企业（营收500万元以上）101家。1—12月，区属企业涉软营收68.15亿元，同比增长26.58%；全年新增软件和信息技术企业819家，新增湖南磐云信息有限公司等6家规模企业。积极组织企业开展项目申报，助力产业转型升级。2021年，为湖南鲲鹏生态创新中心等50余家企业获得省市区各级奖补资金2000万元；中大检测、大科城5g加速港等4个项目成功入围湖南省数字新基建标志性项目。大力发挥软件联盟作用，促进企业交流发展。联合岳麓高新区及大科城分批次走访海信、58小镇等60余家优秀企业以及运营机构，了解其生产经营状况及发展遇到的问题和困难，及时将惠企惠才政策带给企业，通过电话、微信等形式为企业解答各类政策200余次；组织企业负责人参加类型丰富的学习交流活动，促进企企交流，加强政企合作。联合中南大学科技园举办软件联盟沙龙；组织区内的企业家参加“经理训练营”等省市各类培训班；组织50多家企业参加“2021企业数智话转型高峰论坛”“2021互联网岳麓峰会”等活动。联合科技局开展“麓山论件”活动，初赛评选出湖南思达软件等10个优秀项目及团队。

信息化建设

【概况】2021年，岳麓区数据资源工作紧扣数据资源主线，采取信息化、数字化和智慧化手段，全力推进全区数据资源建设与管理工作。全年数据机房运行稳定，网络体系进一步健全，数据共享资源完善，建设项目管理规范，跨域通办、一网通办、服务水平稳步提升。

【数据机房】岳麓区秉持“数据中心、网络中心、安全中心”于一体的机房建设理念，完善区级超融合虚拟化平台，搭建“托管服务”“智慧岳麓”集群，为区民政、财政、教育等10余个职能部门，近20个业务系统提供统一的虚拟化、精细化安全管理服务。托管区市政、人社、发改等20余个业务部门共80余台服务器。全年数据机房运行稳定，为全区各项业务开展及系统应用提供物理支撑。

【网络体系】岳麓区政务网络体系包括政务外网、专网及内网三套网络。政务外网（5条互联网出口，总带宽2.3G。覆盖区机关78个部门，17个街（镇）168个社区（村）。政务专网覆盖区治机关大院78个部门，17个街（镇）。政务内网覆盖区委、政府、人大、政协等10个单位。2021年，政务网络运行高效，为全区各项业务开展及系统应用提供网络支撑。

【数据共享】“智慧岳麓”大数据平台整合区级“智慧楼宇”等7个子系统，与市级数据资源管理平台互联互通。全区通过“智慧岳麓”大数据平台向市级数据资源管理平台推送各类业务数据74万余条。“智慧梅溪湖”“智慧望城坡”成功接入区级网格化平台，区本级网格化数据互联互通。区应急指挥中心平台与市级应急指挥中心互联互通。区应急指挥中心视频会议系统实现国家、省、市、区、街（镇）五级互联互通。

【网络安全】根据《国家网络安全法》及《国家数据安全法》规定，实施区政府网站集群（二级）、区电子政务外网平台（三级）、区超融合虚拟化平台（三级）等保定级备案测评工作。完成《电子政务外网安全防护设备采购集成项目二期》建设，实现互联网边界出口安全加固，政务外网安全运营防护体系构建，接入层终端用户安全可视及防护体系建设。采购运维外包服务提供运维巡检服务，率先全市实施网络安全运维驻点服务，搭建较为系统的网络安全防护体系。

【项目管理】依据上级政府投资信息化建设项目管理相关文件规定，严把技术关口。2021年，岳麓区先后完成政务服务好差评项目、“我的长沙”岳麓专区平台、妇幼所综合服务管理平台、“平安校园”智慧视频项目、上门办平台、政策通项目、车辆管理系统、财政专网项目等10余个信息化项目技术评审与建设指导，有效规范项目建设与管理，避免重复建设，提高政府投资效益。

【跨域通办】落实长株潭一体化融合发展要求，结合实际与天元区、芦淞区、雨湖区等相关职能部门就高频政务服务事项政务服务一体化专区建设工作进行对接。依托区政府门户网站后台功能开发政务服务一体化专区服务模块，逐步完善“全程网办”“异地代收代办”“多地联办”。完成长株潭（岳麓区、天元区、芦淞区、雨湖区）政务服务一体化专区办事服务专题搭建，公开办事服务数据75条。

【一网通办】年末，市级“互联网+政务服务”平台覆盖岳麓区32个区直单位、17个街镇，168个社区（村），平台运维保障有力，应用深入推进。据统计，平台累计完成办件54.6万件。推进高频电子证照标准化应用，区本级17.3万多条合规证照信息通过市级审核并成功录入市级证照库，完成6333万余条数据信息的导入和录入，核查及发放电子印章922个。

【服务水平提升】岳麓区政府网站（1个）及各部门子页面（53个）全部迁移至市级集约化网站平台。全区各单位统一通过区政府门户网站开展政务信息公开，政府信息公开全面、高效、及时、准确。2020年6月至2021年12月，区政府网站共发布政务信息12万余条，《区长信箱》等互动栏目累计收到有效信件3900余件，办结率100%。完成《数据开放》专栏搭建工作，专栏发布涉及教育、文化等14个民生保障服务领域，共1700余条政务数据。2021年，打造具有独具特色的“我的长沙”App岳麓专区，数据资源中心就全区各类自建政务、公共、社会端情况进行摸底调研。12月末，“我的长沙”App岳麓专区正式上线运行，根据实际需要接入区文旅、宣传、住保等业务版块，运行稳定。12月，岳麓区党政办公一体化平台建设项目竣工验收，实现市、区、街（镇）三级办公信息互联互通。该平台覆盖全区108个单位，发文7000件，收文10万余次，方便党政办公，提高办事效率。

【智慧城市“十四五”区域规划编制】12月，编制完成《长沙市岳麓区新型智慧城市“十四五”区域规划》，正式印发。该《规划》遵循“数据驱动、以人为本、需求导向”基本思路，按照“夯实基础、应用融合、全面普及”三阶段实施，重点以信息化、数字化和智慧化手段赋能岳麓新型智慧城市转型。

【疫情防控】岳麓区应急视频会议系统包括主会场1个（区网格化指挥中心），二级分会场4个（常委、常务会议室、十栋3楼、十栋4楼），三级分会场18个（街、镇、区防汛抗旱指挥部）。全年召开疫情视频调度会100余次。7月，疫情加重，及时增设2个应急智慧视频会场（1栋3楼和2栋3楼）。强化疫情防控大数据分析工作，据统计，2021年疫情防控工作开展以来，岳麓区共计收到市新冠防疫指挥部数据组下发高中风险人员数据110746条，核查110746条。

【电力设施建设】2021年岳麓区投入变电站、配套路由、线路塔基、老旧小区“专改公”等电力基础设施建设资金约8000万元。220千伏主变容量由原1080兆伏安提升到2520兆伏安，110千伏主变容量由原1315兆伏安提升到1950.5兆伏安，有效解决220千伏和110千伏主电网供电能力严重不足问题，为岳麓区“五城同建”提供坚强的电力保障。

【队伍建设】区工信局坚持中心组理论学习和“三会一课”制度，始终把思想教育作为一项重大政治任务，积极开展党史学习教育。采取多种形式组织学习习近平新时代中国特色社会主义思想、习近平总书记在庆祝中国共产党成立100周年大会上的重要讲话、《毛泽东邓小平江泽民胡锦涛关于中国共产党历史论述摘编》等。推动党建结对共建，岳麓区工信局党支部与学士街道白鹤社区党总支联合组织庆祝中国共产党成立100周年文艺会演；与银星社区结对文明创建联创共建单位，共同开展志愿服务活动。2021年获“社区共建先进单位”称号。

【国际工程机械展览】5月19日，第二届长沙国际工程机械展览会在长沙国际会展中心开幕。岳麓区长沙矿冶研究院、长沙矿山研究院、湖南潭兴精工机械、湖南美德克尔环境设备、赛恩斯环保股份有限公司、湖南润成机械等企业单位参展。矿冶研究院应急智能储能设备、潭兴精工十几类机械配件、美德克尔减速机等设备在现场展示。展会期间，岳麓区工信局组织工程机械相关专业观众200名、社会观众2000名观展，加强了行业交流及工程机械知识普及。

【专精特新中小企业股权融资对接会】5月31日，湖南省专精特新中小企业股权融资对接会在岳麓山大学科技城的岳麓科创港举行，推动专精特新中小企业股权融资，加强政府、中小企业、协会和融资服务机构的交流合作。湖南省工信厅积极探索产融合作的新模式，依托岳麓山大学科技城建设湖南省专精特新中小企业股权融资服务平台。重点聚焦战略性新兴产业、工业新兴优势产业链、工业“五基”创新、“新基建”等领域的专精特新中小企业，定期开展以股权融资为核心的集中授课、项目推介、融资辅导和路演等常态化专业化和规范化的系列融资服务，充分利用平台，统筹行业资源，提升工作实效，为中小企业和投融资机构搭建交流桥梁。

【中小微企业创新创业大赛岳麓区初赛完美落幕】7月12日，由岳麓区工信局承办的2021年“创客中国”中小微企业创新创业大赛岳麓区初赛，在岳麓科创港拉下帷幕，新锋科技、满缘红水等6家企业成功晋级市复赛。湖南省工信厅中小企业服务指导处处长肖洋扬、岳麓区人民政府二级调研员马运山、长沙市工信局中小企业处处长王笑笑、岳麓区工信局局长谢俊出席活动。现场经过各企业的精彩角逐，评委从项目

7月12日，由岳麓区工信局承办的2021年“创客中国”湖南省中小微企业创新创业大赛岳麓区初赛举办（区工业和信息化局供图）

的创新性、经济效益、社会效益、可推广性、可复制性等方面对参赛项目进行全方位的点评和打分，最终评选出企业组和创客组一等奖2位、二等奖4位、三等奖5位。此次大赛为区内中小微企业提供交流展示、产融对接、项目孵化平台，充分调动区内企业自主创新的主动性和积极性，加快推动中小企业转型升级和“专精特新”发展，支持大中小企业和各类主体融通创新，助力制造强省建设。

园区建设

岳麓高新区

【概况】2021年，岳麓高新区党工委认真学习党的十九届六中全会和省第十二次、市第十四次、区第六次党代会精神，贯彻落实“三高四新”战略定位和使命任务、市委“做强园区，建好发展主阵地”和区委“五城同建”工作要求，锚定“创建‘五好’园区”和“奋战十四五、挺进国家级”奋斗目标，持之以恒谋招商、抓项目、兴产业，强党建、优服务、促改革，园区各项年度目标任务圆满完成，在全省高新区创新发展绩效评价中排名第三，实现“十四五”良好开局。经济运行稳中有进，在全市重大项目流动观摩活动中斩获内五区优秀，预计全年完成固定资产投资139.3亿元、规上工业产值19亿元、规上服务业营收26亿元，同比分别增长3.9%、35%、23%；实现全口径税收26.69亿元，同比增长45%；完成外贸进出口1.86亿美元，实际利用外资直投1600万美元，外资完成进度和总额排名全省省级园区第一，主要经济指标均实现正增长，经济运行稳中有进、质效向好。

【基层党建】园区认真学习贯彻习近平新时代中国特色社会主义思想和习近平总书记考察湖南重要讲话重要批示精神。扎实开展党史学习教育，开展党工委中心组理论学习12次、专题研讨4次，扎实做到学党史、悟思想、办实事、开新局。成立机关党总支，完成支部换届选举，配齐园区企业党委委员，选派22名园区党员干部兼职非公企业党建指导员。开展“传承百年薪火，谱写园区新篇”党史学习教育专题党课暨“两优一先”表彰活动和“童心向党　礼赞百年”六一红色亲子嘉年华等系列党群活动8次。培养发展对象30名、入党积极分子40名，转正20名预备党员，党员队伍不断扩大。组织21名非公企业党支部书记外出学习先进地区党建工作经验，召开园区、街道、企业党建工作联席会4次。成立园区监察工委，开展“清廉园区”建设，首批聘任12名企业人士担任党风政风营商环境监督员，构建亲清政商关系。坚持正确的舆论导向，压实意识形态工作责任制，守住管好微信群、朋友圈、官方网站等主要意识形态阵地，筑牢意识形态安全屏障。

【招商引资】全年园区项目招引成果丰硕。组织外出招商25次，成功举办“湘粤未来·网联同行”岳麓高新区智能制造暨智能网联产业投资交流会，引入拓普联科高速连接器、中龙通通讯芯片模组等代表性智能制造产业项目。开展联合招商、平台招商、以商招商，招引江河华晟检测中心、广州禾信仪器股份有限公司等检验检测产业链企业35家。东华软件股份公司、阿斯星控股有限公司等人工智能产业关联企业46家，世界500强企业国检集团、中汽院和中国民营企业500强企业江河华晟检测中心、大汉电子商务有限公司落子园区。

【项目建设】全年园区铺排建设项目155个，计划投资123.02亿元，年度投资完成率超140%，40个涉市重大项目开工率达100%，鑫高益、美联医学等13个产业项目实现竣工；电都云、泛海统联等项目加速建设，国网电科院一期投入运营，二期三期完成主体建设；中通智慧电商产业园如期开园冲刺双11、双12，含浦大道4S城段改扩建工程加速建设，玉赤大道下穿长潭西节点工程、玉谷路、玉荷路建成通车，人工智能、白鹤、翰林苑3个安居工程一期建成分房。长沙智能驾驶研究院产业园观摩项目实现首台无舱式矿卡正式下线；国检集团华中区域总部项目完成主体封顶，计划打造成集区域智慧运营、创新实验、智检技术及智能检测设备研发为一体的“智慧中心”。

【产业培育】园区科学制定主特产业发展规划和配套政策，制定《岳麓高新区创建“五好”园区推进工作实施方案》，印发《国家级高新区创建工作执行方案》，编制《岳麓高新技术产业开发区“十四五”发展规划》《岳麓高新技术产业开发区智能网联汽车产业发展规划（2021—2025年）》，专项出台并全面启动《岳麓高新区开展“全员联企行”活动实施方案》等，主动融入省、市千亿级产业集群，依托测试区先后获批智能网联汽车国检中心和“双智试点城市”，获批省质量基础设施“一站式”服务平台试点。持续开展产业链强链延链富链升级行动，组织安博、通量与莱茵、必维等国际机构建立深度合作，成功举办检验检测数字化创新发展高峰论坛和第52届世界标准日——标准创新助力长株潭产业发展活动，国家技术标准创新基地（长株潭）落户园区，湘江智能获评智能网联汽车标准创新中心。全年兑现智能汽车产业生态“火炬计划”“135”工程升级版奖补、湘江智谷·人工智能科技城入园企业等产业政策2800余万元，惠及企业40余家。

岳麓高新区强链延链补链打造检验检测产业强军，以产业链专班为单位，靶向性、针对性开展择商选资，引进中国国检测试控股集团股份有限公司、中汽院智能网联汽车检测中心等2家世界500强企业、江河华晟1家中国民营企业500强，共集聚检验检测产业链企业机构165家。2021年检验检测服务业营收达20亿元，年增速达16%，全产业链产值预计达80亿元，同比增长18%。精细铺排检验检测产业链项目建设，突出“三类500强”项目、“专精特新”小巨人项目和具有带动效应的投资项目。发挥国家级平台的优势，园区率先实现国内构建智能网联汽车测试检验、研发认证、标准创新、应用落地的全过程闭环。2021年推动新增包括国家智能网联汽车质量监督检验中心（湖南）、国家市场监管技术创新中心在内的国家级平台10个，获批省级平台125个。

【企业服务】园区全面启动“全员联企行”，建立“一企一策”服务机制，辅导爱威科技股份有限公司、湖南达嘉维康医药有限公司、泛海统联科技集团、湖南力得尔智能科技股份有限公司成功上市，助推赛恩斯环保股份有限公司获批国家级“专精特新”小巨人企业、希迪智驾冲进国内最具投资潜力独角兽企业前50强、湘江智能获批国家技术标准创新中心、锐异资环荣获湖南省科学技术奖、致力工程获评长沙市院士专家工作站。深入推进“放管服”改革，正式启用“智谷云”信息化平台，开通“好差评”系统，与赣江新区实现政务服务跨域通办，推行“容缺受理”“拿地即开工”审批改革，大幅提高工业投资项目落地效率。主动提供“帮代办”服务和特色金融服务。组织园区优质企业赴长株潭高校开展“青春岳麓·才聚湘江”招才引智活动5次，达成人才异地就业515人。邀请长株潭三地园区、企业、高校和人社部门负责人举办首届三地人才交流沙龙活动，畅通园区、企业、高校人才互动供需通道，组织检验检测企业对接长株潭千亿产业集群，开展产销路演，拓展外检需求27项。在省级园区中率先建设“青年人才驿站”“人才公寓”，免费提供住宿服务，暖心服务深入人心。园区企业（党群）服务中心获评长沙市巾帼文明岗。以高质量的政务公开助力营商环境优化，在全省省级园区中唯一获省政务管理服务局通报表扬，多举措打造服务型园区。

【平台提级】园区坚持稳住三资盘活“基本盘”。强化预算约束，建立“预算编制有目标、预算完成有评价、评价结果有应用”的预算机制，预算收入执行率达100%。加强财源建设，完成专项债券发行8.12亿元，智谷集团10亿元非公开公司债券成功簿记发行。防范债务风险，有效化解债务8.49亿元。推进土地出让，东山湾国际新城首开区、白鹤4S城西片等7宗商住地块和艾瑞特、拓普联科2宗工业地块成功出让，实现土地收入19.99亿元。打出资产运营“组合拳”。稳步推进浦洋节能项目工业用地产权过户和商业用地前期摘牌工作，盘活检验检测园和孵化器物业资产1.49万平方米，新增租售合同金额1182万元，实现经营性收入5504万元、物业收入586万元。智谷集团与社会资本方合作进军土地二级市场，引进明德智谷中学，与湖南中医附一完成岳麓院区项目供地签约，片区价值不断提升。蹚出市场拓展“新路子”。鼓励智谷集团多维拓展业务板块，新引进新能源充电桩项目和屋顶光伏发电项目。成立湖南智融供应链管理有限公司，进军供应链市场，实现合同金额超6000万元。湘江智谷母基金投决达晨、明势等8支子基金，投资2300万元参股安卓公司，对长沙智能驾驶研究院进行基金投资9000万元，实现部分投资收益286.29万元，投资回报率达10%，借力资本反哺园区主特产业发展。

【平安园区】园区深化“平安园区”创建，扎实开展信访、土地征拆、项目建设、环境保护、安全生产及交通顽瘴痼疾专项整治等工作。完成园区全体员工涉毒筛查工作；制定《2021年“平安园区”创建工作计划》《“平安企业”创建活动实施方案》等；开展“平安创建”宣传月活动，大大提升群众对平安建设工作的知晓率、支持率；创新组建地区联合安委会，构建片区联动的“大平安”监管机制，加强企业安全生产警示教育和工地施工、楼宇消防、电梯安全等重点领域安全隐患排查整治，排查隐患2300条，整改1950条，实现全年无安全事故发生；推选园区企业湖南省晚安家居实业有限公司和湖南智谷投资发展集团有限公司为年度“平安创建”先进单位培育对象，指导企业落实平安各项工作要求；完成清表扫尾项目12个，面积65.9公顷；新启动集体土地拆迁项目6个，面积达40余公顷，其中3个项目已完成私房拆除，3个项目正在办理前期手续；完成结算拆迁项目6个；统筹发展与安全，成功化解浦洋节能烂尾、汀湘十里小区门楼违建、春光药业、白鹤“两安”用地征拆等重点历史遗留问题，确保园区发展和谐稳定。深入推进大气污染防治和水环境治理，完成学士路高排口、橡树湾高排口和玉赤河排口的污染源排查溯源调查，靳江河、玉赤河截污装置安装到位，玉赤河全程密布抽样监控点76个，园区污水处理厂建设有序推进。严把“两高”项目准入关口，加快推进产业结构，推动淘汰落后产能。推行绿色低碳生产方式，全面提高资源利用效率。

【疫情防控】在2021年疫情突发期间，严格按照“外防输入、内防扩散”的工作要求，立即叫停园区内所有线下教育培训机构，对重点楼宇、重点企业、重大项目等实行封控管理，严格执行“三看一洗一问”最严门岗制度，推广工地防疫“小喇叭”，拍摄发布工地防疫操作指南小视频，累计走访企业项目380个，排查人员18366人，督促疫苗接种15740人。同时全力解决企业防疫物资短缺、用工人员不足、疫苗接种困难等问题，成功交出经济发展和疫情防控双胜利的合格答卷。

【诉源治理工作站揭牌】1月12日下午，“长沙市岳麓区人民法院驻岳麓高新区诉源治理工作站”和“岳麓高新区企业家权益保护法律服务工作站”正式揭牌，这在全市省级园区中是首创，将推进公共法律服务体系向广度和深度发展。岳麓区委常委、园区党工委书记屈

1月12日，“长沙市岳麓区人民法院驻岳麓高新区诉源治理工作站”和“岳麓高新区企业家权益保护法律服务工作站”正式揭牌

（岳麓高新区供图）

4 月 13 日，召开岳麓高新区地区安全生产联委会成立暨“春夏攻势”誓师大会 （岳麓高新区供图）

志峰，岳麓区人民法院院长张帅共同为工作站揭牌。

【长沙智能网联汽车集齐三块国家级牌照】1月29日，国家智能网联汽车质量监督检验中心（湖南）（简称“国检中心”）正式获得国家市场监督管理总局的批准，这意味着长沙继获批国家智能网联汽车（长沙）测试区和国家级车联网先导区之后，成为智能网联汽车领域全国唯一获得三块国家级牌照的城市。

【地区安全生产联合委员会成立】3月24日，长沙岳麓高新区地区安全生产联合委员会正式成立，这是长沙市首个地区安全生产联合委员会，也意味着园区安全生产工作监管机制进一步创新，通过“2+1”的叠加模式，改变以往职能多权分立、效能反复浪费和动能拖累企业的不良现象，实现安全工作领域的园街融合，让企业履行主体责任、部门监管和属地管理并向而行。

【三大园区结盟立约，为融城提供园区先行示范】4月15日，根据《长株潭一体化发展2021年行动计划》，岳麓高新区、株洲金山科技工业园、湘潭雨湖高新区三大园区相关人员相聚株洲，签订《长株潭区域一体化园区“一体三互”先行战略合作框架协议》，率先布局“规划、产业和服务三位一体”和“产销互供、招培互补、人才互动”的“一体三互”战略举措。三大园区将继续开展人才服务汇智行动，与高校签订就业服务协议，促进高校与企业达成实训基地及定向培养合作；打破政策壁垒，形成人才及企业均可享受的一体化政策圈；开通信息化平台，建立沟通协同机制，线上服务企业；协同招商，定期举办三地企业产销互供会。

【人才服务汇智系列行动走进湘潭大学】4月15日，岳麓高新区“以产聚才、以才兴产”长株潭一体化人才服务汇智系列行动2021年春季校园招聘走进湘潭大学。岳麓高新区充分发挥“长株潭”区域人才服务合作协同优势，组织园区15家优质企业走进校园，面向高校毕业生提供需求岗位64个，招聘人数280余人。需求专业包括环境工程、化学分析、食品检测、工艺设计、计算机等理工

4 月 15 日，岳麓高新区、株洲金山科技工业园、湘潭雨湖高新区三大园区相关人员相聚株洲，签订《长株潭区域一体化园区“一体三互”先行战略合作框架协议》 （岳麓高新区供图）

9月13日上午，长沙江河华晟医学检验实验室有限公司开业庆典暨校企战略合作签约仪式于长沙江河华晟医学办公楼前坪盛大开幕

（岳麓高新区供图）

科岗位，同时也包括会计、行政、销售、文秘等文科岗位。

【从严治党工作推进大会暨清廉园区建设工作会议召开】5月20日上午，岳麓高新区党工委召开落实全面从严治党工作推进大会暨清廉园区建设工作会议，深入贯彻落实十九届中央纪委五次全会和十一届省纪委六次全会、十三届市纪委六次全会、五届区纪委六次全会精神，深入推进清廉园区建设，推动园区全面从严治党、党风廉政建设和反腐败斗争向纵深发展。区委常委、园区党工委书记屈志峰出席会议并讲话。园区管委会、智谷集团全体干部职工，园区党风政风（营商环境）监督员代表共计140余人参加会议。会议由园区党工委副书记、管委会主任罗政主持。

【长沙江河华晟医学检验实验室有限公司开业】9月13日上午，长沙江河华晟医学检验实验室有限公司开业庆典暨校企战略合作签约仪式于长沙江河华晟医学办公楼前坪盛大开幕。长沙江河华晟医学检验实验室是公司在江苏省外投资建设的首家实验室，全面投产后，预计年产值可达1.5亿元，可解决就业300余人。该项目填补了湖南省区基层医疗检验的空白，通过运用先进的检验诊断技术和互联网数智驱动手段，推进医疗资源布局的整合优化，有效提升区域医疗服务保障能力，满足基层老百姓预防重大疾病和就近看病的医疗需求。该项目将致力于打造医疗检验技术攻关和产学研综合基地，有利于推动“健康中国”和中部地区医疗中心的建设。

【国家技术标准创新基地入驻岳麓高新区】10月14日，2021年第52届世界标准日标准创新助力长株潭产业发展活动在湖南省检验检测特色产业园举行。国家技术标准创新基地（长株潭）正式入驻湖南省检验检测特色产业园，并为中联重科股份有限公司、湖南湘江智能科技创新中心有限公司等10家获批“国家技术标准创新中心”的企业进行现场授牌。长株潭国家技术标准创新基地于2019年9月正式获得国家标准化管理委员会批复成立。基地成立长株潭基地理事会，吸纳三市120多家企业参与，并与国家标准化权威单位和省内标准、计量、检测、认证等机构签订战略合作协议。

【第四届“青春岳麓·才聚湘江”企业高校人才交流活动】活动于11月23日开幕，分别走

12月14日上午，岳麓高新区“青春岳麓·才聚湘江”暨“有你更青春”长株潭人才交流沙龙活动举行

（岳麓高新区供图）

12月7日，湖南达嘉维康医药产业股份有限公司首次公开发行A股上市仪式（岳麓高新区供图）

进湖南工业大学、湖南农业大学、湖南科技大学开展校园招聘，同时还举办重点人才和重点群体专场招聘会，共有55家企业积极参与，发布岗位400余个，近4000人参加，达成就业意向300余人。12月14日上午，岳麓高新区“青春岳麓·才聚湘江”暨“有你更青春”长株潭人才交流沙龙活动举行。活动现场，岳麓区人社局、雨湖区人社局、荷塘区人社局共同签订长株潭“人才互动”就业服务一体化合作协议。三地将建立协调互联、就业互动、培训互补、业务互通、权益互维、人才互流六大机制，共同推进长株潭一体化进程。“青春岳麓，才聚湘江”企业高校人才对接会历经四载积淀，现已成为岳麓高新区创业热土上破解企业用人难题，缓解高校就业压力，连接校企间的一道坚实桥梁。

【岳麓高新区迎首家本土培育上市公司】12月7日，湖南达嘉维康医药产业股份有限公司（以下简称“达嘉维康”，股票代码“301126”）在深交所创业板成功上市，这是长沙新增的第8家A股上市公司。全市A股上市总数达到78家，占全省的60%，数量居全国省会城市第5，中部省会城市第1。省委常委、长沙市委书记吴桂英，副省长何报翔等出席活动。达嘉维康成立于2002年12月，总部位于岳麓高新区，是一家以药品批发和零售业务为核心、产业链延伸业务为补充，集产学研一体的综合性创新型医药企业，是湖南省民营企业100强，湖南省医药行业龙头企业之一。

岳麓山大学科技园岳麓分园创业服务中心

【概况】2021年，岳麓山大学科技园创业服务中心按照区委、区政府的工作部署，充分发挥桥梁纽带作用，聚焦大科城产业发展，紧盯企业需求、紧盯产业发展，强化原始性创新、基础性创新、应用性创新的服务保障，践行“一打造三当好”新使命，推进岳麓“五城同建”，在实施“三高四新”战略、统筹推进创新主体培育与科技成果转化中彰显新作为，作出新贡献。

【在“学”字上下功夫，提升党建引领力】切实发挥领导班子的头雁效应，旗帜鲜明讲政治，勇担当、做表率，不断加强领导班子自身建设。将学习贯彻党的十九届六中全会、习近平总书记重要讲话精神和省第十二次党代会、市第十四次党代会精神作为首要政治任务，参与大科城党工委理论学习中心组集体学习36次，带动全体干部职工形成比、学、赶、超的干事氛围。参观肖劲光故居、新民学会旧址、橘子洲等红色景点，重温革命历史，传承革命精神；全员参与党史巡回指导组调研、党史学习心得分享、党史知识抢答竞赛等活动，自觉从党的百年奋斗史中汲取前进动力。坚持以学为先打造学习型机关，不断提升干部职工理论水平与业务能力。

【增强创新驱动力】2021年，科技园创业服务中心秉持“教育兴城、打破围墙、创新创业、久久为功”的发展理念，助力岳麓山大学科技城高质量发展，在建设“最美大学城、领先科技城、一流创业城”上精准发力。大科城新增1个国家级创新平台（中南大学国家科技园）；完成技术交易合同1501件，同比增长71%；技术合同交易额16.07亿元，同比增长30%；新增专利授权4832件，同比增长29%；新增科技成果转化数量511件，同比增长67%；新增注册企业2631个，同比增长32%，科创企业总数达6685个。

【聚焦平台建设】持续推动重大科研平台建设。联合大科城重点高校和科研院所，全力打造半导体研究院、新材料研究院。统筹引导大科城16个园区（主体）产业定位，配合完成政策调研，出台管理办法激励园区产业发展。大科城已新增2个省级技术转移示范机构（湖南大学科学技术研究院、中南大学知识产权中心）、1个省级科技企业孵化器（前行58小镇）、1个省级众创空间（德必岳麓山人工智能创新工场）、1个省级专家工作站（湖南创瑾技术研究院有限公司）、1个博士后流动站（湖南磁浮技术研究中心有限公司）。

【科创服务平台建设】岳麓科创港作为大科城的服务枢纽，政务大厅已入驻工商、税务、人社、金融、政策等窗口，已实现能为企业开办一站式服务，全年累计办理各类事项1500余次；已入驻专业服务机构18家，服务范围涉及知识产权、技术转移、人力资源、法律咨询、仪器共享、国际合作、科技金融等方面，基本形成“一站式、全周期”的服务链条。粤港澳科创产业园成功挂牌。市科技局、大科城管委会与香港城市大学深圳研究院达成合作，共建香港城市大学（长沙）创新中心，获科技部门专项资金支持。湖南省专精特新中小企业股权融资服务平台成功落地。通过项目路演，成功促成华芯医疗、超能机器人、小钴科技、融健基因、麦可思等项目完成天使轮、A轮融资与银行授信。潇湘科技要素大市场大科城分市场荣获湖南省科技金融示范网点优秀服务机构。积极探索科技金融服务新模式，加速金融资源和科技企业全方位对接，有力促进科技金融融合发展。长沙市各民主党派实践基地成功落地。聚焦统一战线非公经济资源与智力资源，各民主党派市委会、各民主党派投融资及金融领域专家学者将形成持续合力，推动区域技术转移和成果转化。

【优化科创服务】政策服务全程有温度。以服务到家为理念，大科城范围内各园区分别配备一名服务管家，定期开展政策咨询、需求收集等服务工作，已解决企业诉求130余件，为200家以上企业提供政策咨询与解答并做好项目推荐，累计为企业争取上级资金达1000万元。开展高校服务日活动、建立科技孵化转化平台月碰头制度，协调解决涉及高校问题33项、平台诉求43项。开展大科城科技成果转化政策兑现申报工作，两批约70个项目进行申报，通过初审、复审、领导审议、公示等阶段，首批兑现资金400万元，第二批拟兑现资金约300万元。

【路演活动】常态化举办岳麓山大学科技城周周路演。2021年累计已举办37场次，征集180余个项目团队进行路演展示并提供后续跟踪辅导及资源对接。主办“红枫计划”暨“麓山杯”创新创业大赛。宣传发动1582个项目报名参赛，其中30余家企业已完成洽谈并签订投资协议。主办岳麓山大学科技城“科创金融+人才聚合”行动。提供应届生岗位2153个，现场简历投递1272份，企业现场洽谈人数共计893人，当场发放录取通知27份。

【抓好成果转化】扮好桥梁角色。持续精准对接院士项目需求，柴立元、王耀南等院士团队项目落子大科城。开展“两单两库一平台”建设，配合制定大科城重点人才信息表及人才数据清单，收集成果1481项、技术需求757项、专利42009项、共享仪器设备735台。抓好技术攻关。配合开展“揭榜挂帅”，联合高校、科研机构与供需双方企业共同攻关。瞄准省市布局的“十大攻关项目”，以工程机械“卡脖子”技术为突破口，全面助推液压元器件和数字样机等重大技术攻关。

农　业

农业农村

【概况】2021年，区农业农村工作深入贯彻落实中央和省委、市委、区委农村工作会议和相关文件精神，坚持把解决好“三农”问题摆在重中之重位置，努力提升农产品稳产保供能力，深入推进农产品质量安全监管，积极开展美丽乡村示范村创建，优化农村人居环境。区农业农村局以“五城同建”为总抓手，多措并举，精准施策，在“十四五”开局之年全力推进相关工作，为实现全域乡村振兴奠定坚实工作基础。

【疫情防控】成立疫情防控工作领导小组，制定《关于进一步做好农村地区新冠肺炎疫情防控有关工作的通知》《长沙市岳麓区农业农村局落实新型冠状病毒感染的肺炎疫情防控工作职责实施方案》《岳麓区农业企业复工复产疫情防控指导意见》。建立干部联企包线、坐班值班和信息报送等工作制度，做好常态化疫情防控工作。指导涉农企业做好疫情防控，主动履行防疫责任和义务。配合市场监管部门，严厉打击哄抬农产品物价、散发虚假信息等扰乱市场流通秩序行为，保障市场秩序总体平稳。开展重大动物疫病“大清洗、大消毒”专项行动，累计发放消毒药13吨，消毒213.5万平方米，出具检疫票证398张。

【产业发展】通过“稳政策、稳面积”举措，提升农产品供给能力。全年粮食播种面积9.8万亩，蔬菜播种面积7.7万亩，秋冬种植1.7万亩。加大财政“涉农涉粮”资金统筹力度，2021年发放耕地地力保护补贴1130.72万元，发放稻谷目标价格补贴265.49万元。全区现有新型农业经营主体280余家，国家级标准化示范生产基地2个，农业部水产健康养殖示范场7家，省、市级示范家庭农场13个、示范合作社8家，市级以上农业产业化龙头企业13家，9家企业27个农产品获得绿色食品认证。区农业农村局通过各种举措培强经营主体，农业产业得到持续发展。深入推进质量监管。开展蔬菜水果农残速测1948批次、瘦肉精速测3015批次，农产品定量检测300批次，综合抽测合格率100%。对规模种养企业督查78人次，对农兽药经营门店检查92人次。全面推进“两证+追溯”制度。为全区4个农产品质量安全监管站和22家规模农业生产企业配备检测设备，将61家规模生产基地纳入岳麓区食用农产品合格证监管系统平台并列入国家农产品质量安全追溯平台管理。

【乡村环境持续提质】创建美丽宜居村庄，含浦街道九丰村成功创建省级美丽乡村示范村。以实现生态美、村庄美、产业美、生活美、风尚美“五美”为目标，积极开展以自然村落（屋场）为主体的美丽宜居村庄创建活动，成功打造市级美丽宜居村庄38个。优化农村人居环境，完成改（新）建农村公共厕所4座并投入使用。完成28636户农村厕所问题摸排整治，确保改厕后期维护管护。开展“迎五一”“庆中秋迎国庆”等主题村庄清洁行动，提升村容村貌。

【对口帮扶】落实省、市有关要求，年平均投入千万元资金，对龙山县洗洛镇全方位开展产业扶贫、教育扶贫、科技扶贫，做强龙山百合、灵芝等特色品牌，开展专业技能培训，持续巩固当地脱贫攻坚成效。

【农村改革】积极推进农村集体产权制度改革，完成全区69个村（社区）2021年度清产核资任务，其中村集体经济组织50个，涉农社区集体经济组织19个。完成3个股份经济合作社的股权证发放工作，共计发放12926本。努力壮大村级集体经济，24个村收入突破100万元，全区村级集体经济收入达1.63亿元。全面规范土地流转，培育和发展岳麓区统一规范的农村产权流转交易市场，实现农村产权流转交易从无形走向有形，从无序变为有序。采购土流集团有限公司开发的“岳麓区农村产权交易中心”软件平台及运营服务，搭建岳麓区农村土地经营权流转规范化管理服务体系，至2021年12月31日，已有历史备案162笔，挂牌5笔。强化农村“三资”监管，将全区集体经济组织纳入全省“互联网+监督”平台管理。与中国建设银行达成意向协议，合作推广由中国建设银行总行搭建的农村“三资”监管平台。推进信息进村入户。建成信息进村入户区级运营中心，全区50个行政村已完成益农信息社建设任务，培训村级益农信息社信息员150人次。湖南农民伯伯电子商务有限公司为各益农信息社产品销售提供信息发布和物流服务。严格涉农资金监管，全年通过湖南省财政惠民惠农补贴“一卡通”系统发放的补贴项目共计71个，累计发放358184户，累计发放金额1.6亿元。安排村级运转经费2525万元，“一事一议”财政资金奖补项目19个，农民筹资59.45万元。

【农村平安稳定】森林防火常抓不懈，加强队伍建设、应急演练和物资储备，实行24小时值班制度。新制作20块不锈钢森林防火宣传牌，发放宣传资料20000份，张贴宣传标语5000条，出动宣传车辆300台次。2021年，全区未发生重大森林火灾。重大动物疫病严防死守，精心组织春秋季动物集中免疫，做好春秋季狂犬病集中免疫；对非洲猪瘟等重大动物疫病防控工作做好严密部署，开展清洗消毒；对全区规模养殖场进行监督检查，并对辖区内登记备案的52家动物诊疗场所和5家兽药经营店开展专项整治行动。禁捕退捕宣传到位，印发《长沙市人民政府关于长沙市重点水域常年禁渔的通告》《关于严厉打击非法捕捞水产品违法犯罪的通知》。组织开展禁捕、禁钓专项宣传10余次，发放告知书、宣传折页3793份。以“3·15”国际消费者权益日现场宣传为契机，开展《中华人民共和国长江保护法》宣传活动。在城区农贸市场等区域悬挂宣传横幅50余条，张贴禁渔宣传资料1000余份。严厉打击非法捕捞，共开展巡查295次，出动人员1349人次，出动车辆232台次，出动执法快艇63艘次，开展联合行动180次；配合市农业综合行政执法局抓获6起非法捕捞，移送公安机关6起；联合区公安分局及相关派出所抓获7起非法捕捞，移送非法捕捞案件线索14起。农机安全防微杜渐，深入开展农机安全生产和农村道路交通安全“大排查、大体检、大整治”行动。抓好牌证管理和年检年审。2021年，拖拉机登记业务注册上牌登记7台、联合收割机3台，拖拉机转移登记23台，清查注销拖拉机联合收割机66台，办理拖拉机和联合收割机检审151台，办理拖拉机和联合收割机驾驶证检审45本，发放农机安全宣传资料5000余份，悬挂农机安全宣传横幅180余幅，购机补贴共办理9台。

【森林管护】持续推进林长制，出台林长制方案。印发岳麓区林长制实施方案和11项配套制度。划定责任片区，全区划分为岳麓山片区、谷山片区、坪学洋片区、雨莲含片区4个片区，明确联点副林长。构建“一长三员”体系。区级设立2名林长、5名副林长；镇（街）级设立35名林长、65名副林长。全区划分44个网格，配备44名护林员，设立24名监督员，明确47名（协助）执法人员。设立公示牌。全区共有涉林行政村70个，设立林长公示牌91块，其中，区级1块，乡级18块，村级72块。加强森林资源管理，森林覆盖率稳定在42.06%，森林蓄积量增长率3.8%以上，森林督查图斑整改到位率100%。做好绿心区林相改造工作。2021年在坪塘街道绿心区内完成封山育林总面积362.93公顷，针叶纯林改造14.2公顷。做好生态廊道建设工作，在坪塘街道完成6个小班4公顷省级生态廊道建设任务。开展国土绿化试点示范工作，编制《岳麓区2021年市级公益林规划数据》，生态公益林优化定界提质。2021年10—12月对全区原2016年规划确定的8892.4公顷市级公益林按规定进行重新规划，优化后总面积为7536公顷，共计3788个小班。

【特色农产品品牌】制定全区特色农产品品牌建设提升方案，实施农业区域公用品牌振兴战略，大力开展优质农产品品牌推介，提升“众益羊肚菌”“湘润韭黄”等区域品牌知名度和影响力。强化基地建设，着重打造国家级、省级园区和标准化基地，做好圣峰果业（水果）、众益农业（羊肚菌）、湘润农业（韭黄）等特色产业品牌基地建设，引进中联智慧农业园、美食流智慧农业（水培蔬菜）等项目。

水 利

【概况】2021年，区水利局针对新时期水利工作出现的新特点、新要求、新任务，贯彻习近平总书记提出的“节水优先、空间均衡、系统治理、两手发力”治水方针，围绕“水利工程补短板、水利行业强监管”总基调，在水利工程建设、水旱灾害防治等方面均取得较好成绩，推动水利事业高质量发展。

【水旱灾害防治】2021年，全区共迎战19轮较强降雨过程，区领导专项调度督查防汛工作34次，各重点部位、薄弱环节防汛责任人履职尽责，汛情总体平稳，未出现较大灾险情，辖区内山塘、水库、堤垸均正常运行，无人员伤亡。在全市内五区，率先通过省级深化小型水库管理体制改革样板县验收。从健全组织机构、落实防汛责任、组织预案预演、强化应急保障、狠抓隐患排处、推进长效管护等方面，夯实水旱灾害防御各项举措，圆满完成2021年防汛保安工作目标。

【水利工程建设】2021年，完成泉水冲水库溢洪道防渗等水利重点工程16处、含浦街道九丰村等美丽河流及小微水体建设项目10处、雨敞坪镇泉宏村大坪组滴水岩山塘治理等骨干水毁项目19处、设施维修维护项目9处等水利工程。出台《岳麓区农村供水运行管理办法》，制定农村自来水供水价格相关政策，完成雨敞坪镇西湖村、泉宏村、雨敞坪社区等区域近2000户自来水入户任务。全区水利行业安全生产态势良好，获评长沙市水利系统年度安全生产考核一类单位。

【水环境保护与治理】2021年，以河湖长制为抓手，全面推进水环境保护与治理，河湖面貌大幅改善，水生态环境持续向好。全区国控、省控（国控2个、省控4个）水质监测断面水质优良率达100%。从强化各级河长履职、“一江两河”流域综合治理任务清单、高频次督查暗访、打造示范亮点等方面，解决各类涉水问题600余个，处置群众投诉河湖问题20余起，在全市率先打造靳江河水文化长廊，实施龙王港河道保洁一体化服务外包，守护好岳麓“一江碧水”。

【水资源管理】积极推进节水工作，完成2家水利行业节水型单位创建和2家节水示范载体建设。开展形式多样的节约用水宣传进学校、进机关、进社区活动。落实取水许可和水资源费征收制度，推进取水许可电子证照推广使用，区内34家自备水源取水单位全部实现取水许可电子证照管理，全年征收水资源费28.59万元。

【成功创建全省深化小型水库管理体制改革样板县】岳麓区创新小型水库管理体制，坚持以政府主导、社会共同参与，高质量推进小型水库专业化管护，确保工程安全运行、效益正常发挥，已创建长沙市放心满意水库18座，成功入选湖南省第一批深化小型水库管理体制改革样板县。

城乡建设

综　述

【概况】2021年，岳麓区住房和城乡建设工作认真贯彻落实区委、区政府的各项决策部署，紧紧围绕年度既定工作目标，凝心聚力干事业、创新思路谋发展，担当作为，圆满完成各项目标任务，荣获2021年度长沙市政府创新实干推进高质量发展工作成效明显地区，被湖南省住房和城乡建设厅评为建筑垃圾管理和资源化利用工作成绩突出单位。全年商品房销售450万平方米，同比上涨15.4%；成交金额581亿元，同比上涨20.5%，超额完成年度目标，两项指标均位居全市第一；岳麓区建筑企业完成产值443.8亿元，同比增长16.4%。

【物业管理】绿地中央广场、未来城、阳光丽城等113个小区成功创建市级物业管理和服务标准化小区。中铁城建集团城市运营服务有限公司、中盈广场、湘腾琴岛等3家物业企业（项目）被评为“长沙市2021年度党建引领优秀物业服务企业（项目）”。全面推进物业小区生活垃圾分类工作，湘腾琴岛、八方小区、万象府台、洋湖景园等4个小区被评为“长沙市2021年垃圾分类示范小区”。2021年，全区完成业委会备案169家，其中新成立业委会备案14家，换届15家；全年办结物业维修资金项目281笔，拨付资金1130万元。

【人居环境改善】完成145户棚改任务计划，强力推进观沙岭片区、新湘雅健康城两大更新片区城市更新工作；完成204台既有多层电梯增设，发放补贴600万元；完成魏家坡和花纸厂宿舍老旧小区周边微改造5个；完成岳银三村1处C级危房加固，13处D级危房排危工作；完成第一次全国自然灾害综合风险普查工作；完成38个停车场建设，新增泊位28500个。申报15个“精美长沙”示范项目，开展既有小区品质提升三年行动计划，完成湘许嘉园二期等10个既有小区品质提升。

【污水治理】根据岳麓区委、区政府的统一部署，岳麓区以“河畅、水清、岸绿、景美”为整治目标，岳麓区住建局迅速制定“六治”的治理思路，金星路污水干管工程建设，总投资约5209万元。采用非开挖顶管施工工艺，从枫林路至梅溪湖核心泵站新建2.2千米管径为1.0米的污水干管，替代原河道中的临时截污管，收集片区约4.2平方千米的城市污水至梅溪湖核心泵站，再通过泵站提升至雷锋水质净化厂处理。2021年12月完成竣工验收，通过该项目的实施，解决了河水倒灌污水系统，完善污水管网收集功能，改善龙王港水质，为下一阶段片区开展雨污分流改造创造条件。

【严守安全质量底线】区住建局组织召开建筑施工安全生产培训会和进行建筑领域安全生产警示教育，深入开展安全生产专项大检查，对24个区监工地进行常态巡查和重点排查，消除安全隐患150余处，安全形势稳定向好。其中，人工智能科技园安居工程等3个项目组织开展省、市级建设工程质量管理和安全生产标准化现场观摩活动，荣获“长沙市建筑施工质量管理和安全生产标准化示范观摩工地”称号。积极创建标准化示范工地，中南大学科技园总部建设项目获得“长沙市优质工程橘洲杯”“湖南省优质工程”“湖南省建设工程芙蓉奖”等荣誉。5个项目获得“长沙市建筑施工绿色示范工地”称号，8个项目获得“长沙市建筑施工绿色工地”称号。

【房地产调控】岳麓区克服宏观调控和经济下行的双重影响，统筹推进风险防控和复工复产，扩大有效供给，促进住房消费，实现房地产业平稳健康发展。2021年，岳麓区新建商品房成交450万平方米，同比增长15.4%；成交金额581亿元，同比增长20.5%，两项绝对值居全市第一位。

【建筑业管理】建筑行业持续发展，全年共完成建筑业产值443.88亿元，同比增长16.4%，外拓产值306.27亿元，占总产值的69%。精准帮扶全区注册建筑企业，全年对7家企业进行奖励政策兑现，共计兑现240万元；加强混凝土企业管理，严控搅拌车辆的超载超限，对混凝土搅拌运输车辆始发和终点场内的超载超限进行源头监管，实行混凝土车辆运行申请备案和报备制度，对区属16家混凝土企业535台混凝土搅拌车进行备案登记；加强农民工实名制管理，对17个区属在建项目农民工实名制情况进行专项检查，并对项目违反《保障农民工工资支付条例》的行为，按照职责责令限期改正。

【混凝土质量检测暨安全生产会议】1月7日上午，岳麓区住房和城乡建设局召开混凝土质量检测讲评暨安全生产会议，区属10余家混凝土企业负责人及实验室主任共30余人参加此次会议。会议传达上级安全生产会议精神，第三方检测机构湖南高科建设工程质量检测有限公司对2020年岳麓区范围内预拌混凝土企业原材料抽样检测及管理情况进行讲评；通报岳麓区混凝土场站第四季度产品质量和安全生产检查情况和存在的问题；对岁末年初安全生产工作和整治搅拌车交通顽瘴痼疾工作进行再部署，再加压。会上，各混凝土企业负责人进行表态发言，将严格落实相关工作要求，以更加有力的措施持续抓好各项工作，确保无混凝土质量安全问题发生。

1月7日，岳麓区住房和城乡建设局召开混凝土质量检测讲评暨安全生产会议（区住房和城乡建设局供图）

【城市更新工作现场调研】2月26日，长沙城市人居环境局局长周飞、副局长卢军率长沙市征收办、长沙市城市更新投资公司、国家开发银行、建设银行等相关领导现场调研市府北片城市更新项目征拆及前期建设相关工作。座谈会上，市领导一致肯定岳麓区城市更新工作成绩，对后续工作提出更高要求。

【停车场建设工作调度会】为破解停车难问题，完善城市功能，方便市民生活，缓解周边停车压力。2月26日，由岳麓区住房和城乡建设局组织召开《岳麓区解决停车难治理停车乱之停车数据采集行动培训会》，各街道城建线主管领导参加。会上，明确2021年建设38个停车场、完成28500个新增泊位的计划任务，同时对智慧平台录入提出要求。

【老旧小区改造工作会议】3月2日下午，区人民政府副区长张永久、区人民政府二级调研员汪世震组织区住建局、区政府办、区发改局、区财政局、区公建中心、麓山控股集团分管负责人和望城坡街道、区人居环境事务中心主要负责人在区政府召开2021年老旧小区改造工作调度会。会上，张永久强调老旧小区改造工作要遵循以下原则。一是尊重民意、合理规划。既量力而行，又要尽力而为，区分轻重缓急，优先实施安全隐患突出、设施严重落后、筹资有保障的小区、居民改造意愿强烈、居民参与积极性高的小区优先纳入改造范围。二是统筹推进，分类施策。按照“一区一策”的原则，坚持“任务集成、政策协

长沙城市人居环境局局长周飞（前排左三）一行现场踏勘观沙岭片区更新项目施工进度（区住房和城乡建设局供图）

调、空间统筹”的方针。能联动改造的，通过跨小区打捆，将片区内与老旧小区改造有关的道路及停车设施、供排水等专项设施同步改造。三是注重品质，提升形象。按照建设品质长沙的要求，遵循“适用、经济、绿色、美观”的方针，更加注重建设质量，更加注重集约高效，更加注重地上地下统筹建设。四是完善功能，建管并重。加强项目建设管理，科学合理控制成本，严格质量安全监督，同步引导居民自治或招标有资质的物业企业承接小区后续物业管理，实现物业管理全覆盖，巩固维护改造成果。

【房地产业发展专题调研会】 4月13日下午，岳麓区委书记周志凯率队就全区房地产业发展工作进行专题调研。区委副书记、区长周凡，区领导秦梅骞宗、蔡锋、张铁炎、杨利成、张永久等参加。周志凯一行先后来到新城·观山印、滨江府1913房地产项目现场，分别听取项目整体规划布局、建设进度、楼盘销售等情况，详细询问项目建设中遇到的问题。周志凯充分肯定区住建局近年来各项工作取得的成效，并对全区房地产业下一阶段的发展提出具体要求。要坚持房住不炒的总体定位，以人民为中心的发展思想，坚持新发展理念，促进全区房地产业健康平稳发展。既要立足当前，又要着眼长远，稳销售保目标，同时要推动房地产业和健康业、家居业、租赁业等上下游关联行业深度合作。既要优化服务，又要强化监督，不断优化营商环境，同时又要寓监管于服务之中，把好工程质量关，把好项目销售关，把好物业管理关。区住建局要对全区的房地产业进行纠纷预测，总结新经验，解决新问题。其他相关部门要密切合作，形成推动全区房地产持续健康发展的合力。

【老旧小区改造工作调研】 4月26日，长沙市城市人居环境局副局长潘宏带队调研岳麓区2021年老旧小区示范项目、岳银三村17＃栋危旧房屋改造项目工作。市人居环境局老旧小区和危改房屋管理处副处长从培江、危旧房改造管理处副处长龙小军等领导参加调研，区人居环境局和人居环境科、人居环境事务中心及相关街道、社区工作人员陪同调研。

现场调研结束后，潘宏一行到人居环境事务中心组织召开座谈会，会上黄雅玲对岳麓区的老旧小区改造、危房改造、街区微改等相关工作进行了汇

4月13日下午，岳麓区委书记周志凯（左三）率队就全区房地产业发展工作进行专题调研（区住房和城乡建设局供图）

长沙市城市人居环境局副局长潘宏一行在茶山村、岳银一、二村老旧改造示范项目现场听取情况介绍　　（区住房和城乡建设局供图）

报，潘宏肯定了岳麓区几项工作的强力举措，对今后工作提出建议。

【保障农民工工资支付工作会议】5月13日下午，岳麓区住房和城乡建设局组织召开建筑工地保障农民工工资支付工作培训调度会，局质安站、行业科、区监建筑工地建设单位负责人、施工单位负责人及劳资专干共80余人参会。会议传达市住房和城乡建设局关于根治拖欠农民工工资工作会议精神，从5月中旬开始对区管在建项目落实农民工工资支付情况进行全覆盖检查；对不达标的项目逐一督促整改到位；对限期未整改到位的按相关规定处罚，全力确保项目《保障农民工工资支付条例》落地见效，切实维护住建行业农民工合法权益，为农民工办实事。

【媒体宣传】7月15日，国家住房和城乡建设部办公厅三级调研员白雅童、住房和城乡建设部一级主任科员沙金及中央广播电视总台、《中国建设报》等多家中央媒体的记者们走进长沙岳麓区，探访住房和城乡建设部的城市体检工作。白雅童一行及媒体记者们调研采访后湖城中村及麓山南路。提质改造工作后湖城中村没有大拆大建，而是对230余栋民居和70多公顷土地进行统一租赁，通过有机更新改造，发展新兴产业。后湖从早前的黑臭水体到如今湖水清澈，环境优美，后湖成为市民休闲的网红打卡地，后湖原住民实惠满满，不仅解决了社保、医保问题，每年户均还可获10万余元租金收入。麓山南路是贯穿湖南三所知名高校的城市道路，过去沿路违章搭建众多，强弱电线密布如蛛网，沿路房屋老旧，交通拥堵。2017年7月启动麓山南路有机建设，经过近一年的改造，麓山南路焕然一新，成为“大科城”内一道亮丽风景。白雅童一行及记者们对两处的更新改造给予高度评价。

【建筑施工安全生产培训】7月20日上午，由岳麓区住房和城乡建设局主办、中国人民财产保险股份有限公司长沙市分公司承办的“岳麓区建筑施工安全生产培训活动”在茉莉花国际酒店举行。长沙市岳麓区应急管理局副局长尹异凡、湖南省建工集团教授级高工熊君放、长沙市岳麓区建设工程质量安全监督站全体人员及区监项目建设、施工、监理单位安全管理相关负责人共计190余人参加。

此次安全生产培训活动通过集中授课方式，邀请业内专家从建筑施工安全生产专项整治三年行动实施方案、建筑施工安全生产案例分析、建筑施工行业安全生产责任保险承保与理赔

5月13日，岳麓区住房和城乡建设局组织召开建筑工地保障农民工工资支付工作培训调度会　　（区住房和城乡建设局供图）

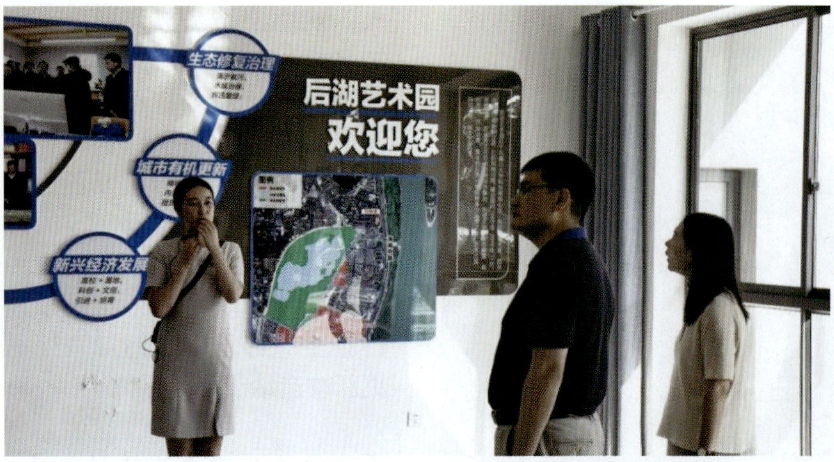

中央广播电视总台、《中国建设报》等多家中央媒体采访团一行听取后湖项目讲解　（区住房和城乡建设局供图）

等方面内容进行解读学习。

【**信用体系建设信用修复培训会议**】8月27日下午，长沙市岳麓区住房和城乡建设局组织召开社会信用体系建设工作暨信用修复培训会，会议由长沙市岳麓区住房和城乡建设局党组成员向军主持，岳麓区城建监察大队工作人员、湖南省长沙市绿盾信用服务有限公司工作人员以及企业代表共计21人参加会议。会上，湖南省长沙市绿盾信用服务有限公司信用管理专家罗仁舟主要对《国家发展改革委办公厅关于进一步完善“信用中国”网站及地方信用门户网站行政处罚信息信用修复机制的通知》《“信用中国”网站行政处罚信息信用修复指南》等文件进行详细的讲解，并围绕信用修复的必要性、如何开展信用修复、信用修复的工作流程等内容进行专题培训。

【**混凝土搅拌车运输管理警示约谈会**】为有效遏制预拌混凝土搅拌车辆非法超限超载现象，围绕预拌商品混凝土搅拌车方面存在的交通顽瘴痼疾问题，深刻吸取近期混凝土搅拌车事故教训，10月22日上午，岳麓区住房和城乡建设局组织召开混凝土搅拌站运输交通管理警示约谈会，岳麓区应急局、岳麓区交通运输局、岳麓区交警大队、岳麓区交通运输综合行政执法大队相关负责人及区属十六家混凝土企业及外包运输企业主要负责人参加此次会议。会上，区住建局副局长杨映红首先通报近期两起混凝土搅拌车交通事故案例及省整治督查原材料超载超限现象，并就如何加强混凝土搅拌车辆交通管理进行了相关部署；混凝土企业及物流运输企业代表就今后如何加强交通管理，落实搅拌车辆交通行驶安全作表态发言。区应急局、区交通运输局、区交警大队、区交通运输综合行政执法大队相关领导提出工作要求。

【**农村建筑工匠培训**】为进一步提高农村建筑工匠的从业水平，加强农村建筑工匠队伍的建设管理，引导农民规范建房，确保农房建设工程质量和安全。12月31日，由长沙市住建局牵头，区住建局负责组织实施，联合长沙市中等城乡建筑职业技术学校举行岳麓区首届工匠培训，岳麓区100余名农村建筑工匠参加。经过培训、考核合格后，学员将获得相关培训证书，并录入建筑工匠库，各镇（街）在农村建房管理中将优先推荐工匠库内人员承接相关业务。

8月27日，长沙市岳麓区住房和城乡建设局组织召开社会信用体系建设工作推进暨信用修复培训会　（区住房和城乡建设局供图）

12月31日，举行岳麓区首届工匠培训开班仪式

（区住房和城乡建设局供图）

住房保障服务

【概况】2021年，岳麓区住房保障服务工作以“三高四新”战略为指引、以“一打造三当好”为使命，按照市、区住建局相关要求，有效承接行政管理权限下放、强化住房保障政策宣传、统筹推进住房租赁市场培育、加强公租房提质提档智慧改造，积极创新，真抓实干，主动谋划，圆满完成区委、区政府交办的各项工作任务。岳麓区住房保障工作被《人民日报》、《新湖南》、《长沙晚报》及湖南卫视、湖南经视、湖南公共频道等主流媒体专题报道。

【项目建设】1月，岳麓区金溪湾二期公租房项目572套住房全面交付使用，有效满足住房困难群众和“新市民”住房需求。岳麓区2019—2021年筹集租赁住房房源任务为6000套，下达中央政策性租赁住房奖补资金2.12亿元。共筹集租赁住房项目26个、房源7519套（间），拨付奖补资金1.85亿元，已正式投入运营18个项目、4274套（间）。另有6个项目1941间正在备案中，超额完成市级下达的筹集任务。2021年岳麓区已完成保障性租赁住房项目5个、1017套，面积4.34万平方米。制定《岳麓区住房租赁市场发展试点住房租赁项目奖补资金拨付和后续监管办法》，明确专项资金使用范围，申报条件和奖励标准，通过和企业、银行签订三方协议，分步进行奖补资金的前置冻结、专业审核及后续解冻，切实防止套取奖补资金挪作他用，这一举措获8月23日《人民日报》社会栏目重点推介。6月，区住房保障服务中心联合街道、社区、公安、市监、第三方信息采集员，全面铺开租赁房源摸底工作，完成楼盘（小区）基础数据采集835个，完成楼栋基础数据采集9027栋；完成户室基础数据采集458652户其中有产权（已发证）户室信息315156户，未发证户室信息61550户，无产权户室信息81946户。至2021年12月31日，房屋信息采集已覆盖全区95%的住宅小区。

【登记审批】2021年，办理各类住房保障对象资格审核1594户，其中经适房购房资格48户，非定向公租房216户，非定向公租房租赁补贴2户，半边户329户，公益性岗位住房困难职工公租房租赁补贴999户。为2404名公益性岗位职工发放租房补贴，共发放公租房租赁补贴资金707.427万元。对岳麓区街（镇）、企业、重点片区进行实地走访和宣传10余次，现场接待、解答群众问题2000余

1月16日，金溪湾二期公租房项目集中交付　（区住房保障中心供图）

人次，发放政策宣传资料15000余份。拍摄住房保障政策宣传片，通过直观的方式将住房保障申请、审批、配租过程进行全面展示，并在指尖岳麓、政务大厅等多个平台播放，扩大住房保障政策知晓率。对年老体弱、行动不便、符合公租房审批条件但不愿意主动办理的对象，区住保中心购置指纹仪、笔记本电脑等设备，对申请对象提供上门信息采集服务加快申请办理进度，将政府的关怀送到群众家中。12月份，全面启动岳麓区房屋租赁信息化工作平台建设，在“我的长沙”政务App上线“岳麓租房”栏目，为市民提供房源信息发布、信息审核、租赁需求信息发布服务，助力实现租户由线下向线上自主备案的新局面。

【住房管理】2021年，办理公租房实物配租入住560户，经济适用房资格解控40户，收缴公租房租金及保证金共计481万元，持续开展公租房的违规整治工作，共整改283户，助力实现“以房等人”新局面和住房困难家庭的“安居梦”。

2021年先后在金溪湾小区和谷山乐园小区启动公租房信息化建设项目，累计完成安装智能门禁1600多把。对恶意欠缴水费、物业管理费、租金、转租转借、非正常空置或不按规定腾退房屋的对象，通过远程授权，后台控制门禁，快速纠正违规问题。公租房智慧信息化建设走在全市前列，包头市住建局、衡阳市住保中心一行学习考察后，均给予高度评价。利用公租房安居工程专项资金对所管辖的公租房小区进行局部提质改造，完成金溪湾、桔洲新苑小区的电摩车棚安装工作，可供197台电摩车停放充电，新建阳光晾晒棚120平方米、晾衣杆170多米，解决居住群众电摩车停放充电及晾晒衣服难的问题。加固小区楼栋外墙、安装防高空抛物摄像头进行道路硬化，提升居民居住品质。定期组织消防安全宣传及应急演练，强化居民的安全意识，提升租赁住房对象安全使用租赁房意识，全年未出现一起安全事故。

【《人民日报》推介岳麓区住房保障工作】8月23日，《人民日报》社会栏目重点推介岳麓区住房保障工作经验。文章提到，区住房保障服务中心加大对奖补资金的监管力度，与企业、银行签订三方协议，由银行冻结企业账户内的奖补资金。企业上报相关发票、付款凭证，并由专业的律师事务所审核后，再由中心通知银行，解除对奖补资金的冻结。

城市房屋征收和补偿管理

【概况】2021年，岳麓区征收办及各项目指挥部征收人员充分发挥主观能动性，谋深谋细，狠抓落实，国有土地房屋征收工作取得较好成绩。

【征收管理】区征收办始终秉持“公平公正公开”原则、“依法依规”的工作态度、“阳光透明”的征收模式，高效推进国有土地房屋征收工作。2021年，涉及国有土地征

10月28日，岳麓区住保中心在湘仪社区举行政策宣传活动
（区住房保障中心供图）

收项目共7个，其中新征项目4个，扫尾项目3个，共涉及征收6户私房、5家单位，完成3户私房、4家单位签约。另外，完成罗家湖泵站棚改、蓝山路、铬盐厂生活区棚改、铬盐厂生活区补征地块棚改等4个项目腾地。

【安全生产】区征收办采取定期巡察和随机抽查相结合的方式对全区国有土地征收范围内的房屋拆除工地进行监管，严格督促各项目房屋拆除施工企业按照安全生产的相关要求实施拆除工作，2021年共对2家拆除企业发出《督查整改通知》，要求拆除施工企业规范施工、安全施工。另外，2021年安全拆除建筑物2.1万平方米，既保证项目的顺利腾地，也保证人民群众的生命财产安全。

【业务培训】区征收办立足征收工作的新形势、新发展、新要求，着力打造一批业务能力强、综合素质高的征收队伍。一方面，通过积极搭建学习平台，适时组织业务交流学习，提升办内业务人员的整体业务水平；另一方面，在提升全区一线工作人员业务上下功夫，结合新项目启动，组织业务知识培训、考试，全年共组织专项业务培训会4次，培训人数54人次，进一步提高了一线人员的征收业务素养。

【廉政建设】深入贯彻落实党风廉政建设主体责任，强化担当意识，年初，区征收办主任与各科室签订《廉政承诺状》4份，进一步强化廉政责任担当。班子成员通过不定期对科室长进行廉政谈话，做到廉政自律警钟长鸣。全年班子成员开展谈心谈话提醒16人次，真正做到“人人知责，人人尽责”，确保每个人都能把廉政纪律和廉政规矩挺在前面，做到前面。

人居环境事务工作

【概况】2021年，岳麓区人居环境事务工作以习近平新时代中国特色社会主义思想为指导，在区住建局及相关部门的大力支持下，着重聚焦“三高四新”战略，坚持新发展理念，以“四精五有”为标尺，统筹推进全区人居环境各项工作，并顺利完成各项目标任务。

【机构改革】根据2020年7月24日中共长沙市委机构编制委员会办公室文件《关于长沙市岳麓区城市建设开发公司更名的通知》，将长沙市岳麓区城市建设开发公司更名为长沙市岳麓区人居环境事务中心，中心于2021年4月完成挂牌。机构改革完成后的区人居环境中心完成湖南长欣房地产开发有限公司、长沙吉景房地产开发有限公司专项审计；完成下属滨江物业公司资产清查；完成金麓项目土地增值税清算及资产清查基础工作；完成区城建开发公司事业单位法人证书注销工作；积极稳妥地清退分流编外聘用人员，制定出台《长沙市岳麓区人居环境事务中心聘用人员解除劳动关系补偿办法》，至2021年12月31日，已有11名聘用人员平稳解除劳动合同。

【民生实事】聚焦群众“急难愁盼”，全力化解居民住房产权历史遗留问题。成立工作专班，建立台账，分类实施，推进产权办证工作，全年完成不动产权证办理180户。

【资产运营】采取清查、评估、监督等措施强化国有资产管理，以司法诉讼的方式签订三方协议书解决金麓项目2-1栋项目承包经营的结算，确保湘城公司经营性国有资产有效盘活。

【主责主业】中心挂牌成立后，中心积极与区住房和城乡建设局对接城市人居环境相关工作，以组织集中学习，开展业务培训等方式，形成强大合力。各部门对准目标，扎实推进城市有机更新和棚户区改造、城中村改造、危旧房改造、老旧小区改造、微改、历史文化名城和历史文化街区及近现代建筑（历史建筑）保护和修缮等工作。聚焦“品质岳麓”建设，2021年5月，中心组织各街道布置城市体检社会满意度调查，取得圆满成功，相关工作方法和经验在《市人居报》推广；高度重视人大代表议案建议和政协委员提案办理工作，确保人大代表议案建议和政协提案办理工作落到实处；按时完成省住建厅部署的2021—2025老旧小区数据库系统标点上图及项目录入工作，完成2022年度岳麓区老旧小区改造计划的申报工作、民生实事项目选取、提前一步进行

2022年计划项目的居民意愿调查及初步改造方案和投资估算工作。

征地服务工作

【概况】2021年，岳麓区征地服务中心始终保持和发扬集体土地征拆优良传统，主动服务街（镇）项目一线、履职尽责、积极担当作为，科学统筹调度，高效强力推进征拆工作，严格按照年度工作计划，切实开展拆迁安置。2021年，岳麓区实施集体土地拆迁项目55个（含扫尾12个），征地面积779.3公顷（含扫尾167.2公顷），实现全面清零项目21个（含扫尾4个），腾地面积415.2公顷（含扫尾159.8公顷）。启动签约的新拆项目24个，涉及1831户，签约率100%，创历年新高。

【扫尾项目存量创新低】经过多年来的大征拆、大开发、大建设，至2021年初扫尾项目共12个，涉及面积167.2公顷，未签约27户，未拆除442户、单位（企业）拆除任务9家。但经过近年的不断攻坚，加之2021年对扫尾项目的强力推进，实行“一户一方案、一户一专班”，思想工作与司法程序同步发力，取得良好成效。全年完成私房签约6户、拆除402户，拆除企业9家，全面清零项目4个，腾地面积159.8公顷。扫尾剩余未签约21户，未拆除40户，创历年新低。

【新拆项目签约率创新高】围绕时序清单及时调度、围绕任务清单精准调度、围绕责任清单务实调度，有力有序推进项目拆迁，取得已启动签约项目全部清零好成绩。2021年，岳麓区实施集体土地新拆项目43个，征地面积612.1公顷，其中启动签约项目26个，涉及私房1831户，签约率100%，实现全面清零项目17个，腾地面积415.2公顷。望岳街道谷山片区、坪塘街道融城小镇一期、观沙岭街道城市更新片区麓山国际二小、西湖街道新湘雅健康城一期（双塘路）、岳麓街道湘江科创基地三期等省、市重点项目均在短时间内完成签约清零，频频刷新岳麓征拆“新速度”。

【安置社保审批到位】始终坚持“拆安同步”，做到安置社保精准服务、快审快批。全年审批货币补贴安置指标591.5人、保障住房安置指标6774.5人；社保报批项目51批次3757人，已完成审批工作，待新社保政策明确后，可迅速完成纳入工作。全年收缴社保资金5.85亿元，累计收缴83.5亿元，社保资金足额到位。

【拆迁资金管理规范】严格规范拆迁资金使用和管理，做到按规收缴、按需拨付，确保不提前、不延时。对历年来重点工程往来款项进行系统清理，整理出预拨、借支拆迁款明细表。同时，进一步规范拆迁资金拨付流程及点对点资金支付管理，简化工作程序，保障拆迁补偿资金及时拨付到位，点对点资金全面到户。

公共工程建设

【概况】2021年，区公共工程建设中心（以下简称区公建中心）全面落实中共湖南省委“三高四新”战略定位、奋勇担当“一打造三当好”新使命、矢志推进“五城同建”，为全面建设社会主义现代化新岳麓站排头、担主力、做表率，持续推进全区征收拆迁、路网建设、财政性投资项目建设和省市重点工程协调等工作，为“十四五”良好开局打下坚实基础，圆满完成全年工作任务。

【征地拆迁】科学铺排年度征拆任务，牵头组织编制《岳麓区2021年项目征拆计划》《岳麓区项目建设和征拆领导小组及专项指挥部工作方案》，及时掌握全区征拆工作进度和存在的困难问题，全年共发布拆迁周统计信息数据通报83期、月督查通报12期，确保全区征拆工作依法依规稳步推进。2021年征拆工作呈现出以下特点：一是项目铺排体量大。2021年全区共铺排征地拆迁项目104个，总面积1239公顷。截至12月31日，全区共有63个项目启动征拆，其中，32个项目实现签约清零，24个项目实现腾地，腾地总面积417.87公顷，累计私房签约1820户、拆除1495户，单位（企业）签约21家、拆除27家（其中新拆18家，扫尾9家）。二是扫尾项目存量低。扫尾项目中长沙铬盐厂生活区棚改、大科城科创服务中心一期等5个项目腾地清零，腾地面积161.3公顷。扫尾剩余未签约25户，未拆除45户，剩余数创下历年新低。三是新拆项目签约高。截至12月31日，启动新拆项目44个，预备项目1个，征地面积580公顷。其中26个项目完成签约清零，签约私房1808户，签约率100%，签约企业18家，取得已启动签约项目全部签约清零的可喜成绩，签约率创历年新高。

【**建设管理**】严把规划设计、工程质量、建设进度、施工安全、成本控制、廉政建设等关口，全力推进财政投资项目建设，坚决做到程序到位、手续到位、资金到位、管理到位，有效发挥政府性投资项目稳增长、调结构、惠民生作用。2021年，区公建中心负责实施建设项目21项，往年竣工项目5项，总投资13.06亿元（不含往年竣工项目），2021年完成投资7.11亿元。截至12月31日，天马路、科韵路、爱民路微循环改造和老咸嘉湖路微循环改造等4个项目已完成结算审核；望藕路项目正在办理结算审核；6个交警岗亭提质改造和12个示范性交警岗亭建设等2个项目已于10月底完成；观沙路、彩虹路南段、坪塘派出所、桃花变电站配套10千伏电力埋管等4个项目已于12月底完成建设；谷岳路、桐梓坡S片L-3、月华街南段、西站输变电配套路由、银盆北路（三汊矶变电站）10千伏电力埋管等5个项目计划2022年春节前完成建设；望岳学校扩建项目已于9月份开工建设，X083县道拓改、润德路项目已于12月份开工建设；矿山路、猴子石南二环辅道绿化工程计划春节前开工建设；银安路、桐梓坡片I-1、含浦派出所、天顶变110千伏电力埋管、双塘路等5个项目正加快办理前期手续，计划2022年上半年启动建设。

【**项目协调**】牵头申报长沙市“瓶颈路、断头路”和市政基础设施项目计划，并牵头做好市、湘江新区和岳麓区基础设施项目征地拆迁和施工环境维护等工作，随着一批批基础设施建设项目的落地建成，区域交通路网体系逐步完善。涉市市政基础设施项目加快建设。2021年共铺排涉市基础设施项目47个（续建10个、新建18个、预备19个），截至12月31日，共有含浦大道（第四段）、罗家湖泵站重建改造及桃子湖治污项目（一期）、谷丰路南段、谷岳路、观沙路等30个项目（含智义路和花园路等2个预备项目）顺利开工建设，完成年度目标任务，其中，青山路（西二环—青城路）、金星路污水干管工程、观沙路等15个项目已完成建设。断头路瓶颈路改造项目逐个拉通。岳麓区范围内列入2021年度市断头路、瓶颈路改造项目共6个，由岳麓区负责建设的3个，分别为青山路（花园路—青城路）、谷岳路（观沙路—岳华路）和观沙路。

积极协调解决轨道6号线、2号线西延线二期工程征拆及轨道3、4号线相关遗留问题，做好湘雅路过江通道、长株潭城际轨道西环线、人工智能科技城、长望路、岳华路、坦山路、麓景路南延线等省、市、湘江新区重点工程施工环境维护，为全区重点项目建设作出积极贡献。

牵头做好观沙岭及新湘雅健康城两个城市更新片区城市体检、项目立项、协议签订、成本测算、计划编制、规划调整、司法处遗、征拆安置、项目建设、观摩筹备等各项工作。观沙岭城市更新项目首开区已于9月底实现腾房交地，麓山国际二小于10月15日正式开工建设，观沙路已完成建设，预计春节前完成长望路以南集体土地拆

麓景路南延线建成通车照片　　（区住房和城乡建设局供图）

迁签约、观沙小区金岭小区提质改造及谷岳路项目建设；新湘雅健康城城市更新项目湘雅三医院提质改造、双塘路集体土地拆迁和湘雅制药厂征收工作等工作推进有力，双塘路集体土地拆迁已于12月底完成签约。同时，牵头开展岳麓高新区片区征拆指挥部、望岳（谷山、藕塘）片区征拆指挥部办公室工作，统筹协调推进项目征拆。其中，岳麓高新区片区项目共启动芝林中加医药采销中心电子商务港等7个项目拆迁工作，涉拆面积52.7公顷，私房65户企业2家，分两批次启动签约，已实现签约清零。第一批启动的4个项目已完成腾房拆除，第二批启动的3个项目正在进行腾房拆除工作；望岳（谷山、藕塘）片区共启动万科谷山等新拆项目2个，涉拆面积75.3公顷，涉拆对象531户，已全面完成签约和腾房拆除工作。

【综合管理】2021年区公建中心共接到领导批示件72件，“12345”市民热线、区长信箱、问政湖南交办件210件，主要涉及民生实事、产业项目服务、道路修建、轨道交通建设等问题。区公建中心对每项交办工作都高度重视，专人负责、科学调查、按期完成，获得群众和领导的认可和好评。全力落实上级交办重点工作任务，牵头协调肖劲光故居周边提质改造管线迁改。牵头开展青山路（青城路—望青路）道路项目前期研究、调查摸底和规划设计优化。做好清水路周边交通优化和省委党校周边交通优化。配合开展汉长沙国考古遗址公园建设前期规划设计和调查摸底。

常务副区长张永久（左三）和副区长李鸿（左一）对清水路周边交通优化情况进行现场踏勘 （区住房和城乡建设局供图）

区公建中心2021年共接到区政府办转交的人大建议和政协提案承办件4件，其中，市人大主办件1件，市人大会办件1件，区人大主办件2件。这些建议提案主要涉及矿山路、银安路道路建设和观沙岭片城市更新。接到人大建议交办件后，区公建中心高度重视，召开党组会议专题研究，并明确牵头领导和负责人，多次组织现场查勘，与代表沟通座谈，并积极争取上级支持，确保人大建议得到采纳并付诸实践。观沙岭片城市更新片区已启动建设；矿山路已完成招投标工作，即将开工建设；银安路正在进行挂网招标，春节前将启动建设。

【党风廉政】坚决落实中央八项规定，严格落实“一岗双责”，坚持党风廉政建设工作与中心工作同部署、同落实、同检查、同考核。主动做好春节、中秋、国庆等时间节点的提醒，并做好中心实施的财政性投资项目建设等重要环节的监督工作，经常性开展扯扯袖子、咬咬耳朵，相互提醒等有关谈话。2021年共召开9次专题会议部署党风廉政工作，上党风廉政教育党课1次，开展廉政谈话101人次，不断筑牢干部思想防线。进一步完善《“三重一大”事项监督管理制度》、《财政性投资项目施工单位和监理单位履约情况的考核办法》和《限额以下政府投资项目中介机构库管理办法》等文件，与各项目施工单位签订党风廉政责任协议书，严格落实五方主体责任，确保中心负责的建设项目廉洁健康有序推进。

【审计检查】积极配合区审计局开展对中心主要领导经责审计和观沙路、谷岳路道路建设项目跟踪审计工作，区公建中心主动对接，全力配合派驻审计组开展审计工作，以经责审计和跟踪审计作为推动中心工作的重要契机，虚心向派驻审计组请教学习，狠抓审计过程中发现

6 月 11 日，观沙岭城市更新片区（旧城改建）项目签约仪式

（区住房和城乡建设局供图）

的问题，认真采纳审计意见，立行立改，确保高质高效完成经责审计和跟踪审计工作。

【**服务群众**】一是积极开展帮扶关怀活动。2021年春节期间走访慰问英才园和银桥社区困难群众12人，“七一”开展走访慰问困难党员12人，累计为社区困难党员和群众送去慰问金和慰问物资1万余元，把党的温暖和关怀送到群众心中。二是扎实开展我为群众办实事活动。以支部结对共建活动、在职党员进社区活动和“联学联创”活动为契机，先后开展结对共建活动6次，组织党员开展志愿服务活动23次，与新区供电公司开展“联学联创”活动3次，网格日接待来访群众200余人次，拨付联点的英才园社区专项工作经费2万元，积极解决滨江金座电梯故障、老鸦冲路灯报修，路灯不亮存在安全隐患等群众诉求24件，真正做到为群众办实事，为百姓谋福利。

【**观沙岭城市更新片区项目签约**】6月11日下午，岳麓区政府与市城市更新公司签订观沙岭城市更新片区（旧城改建）项目实施合作协议，总投资约360亿元。观沙岭城市更新项目是全市首批8个重点城市更新项目之一，项目东至银杉路、西至金星路、北至北二环、南至茶子山路，总面积约367公顷。项目将采用“多改合一”模式，按照“留、改、拆、补、建”的更新手法，实施总体片区更新。片区拟新建4所学校，新建17条道路，建设13处公园，新建1所综合医院，新建6处社会停车场，新建2处公交首末站，并对区域内街道、道路及6个社区实施提质改造，完善城市配套、优化交通循环、提升城市品质、改善人居环境，打造服务一府一心的“长沙配套服务引领示范区”“教城融合”活力未来社区典范。

【**麓山国际二小项目开工**】10月15日上午，长沙市重大项目集中开竣工活动（湘江新区、岳麓区片区分会场）在观沙岭城市更新片区（旧城改建）麓山国际实验小学二小项目现场举行，市委副书记、市长、湖南湘江新区党工委书记郑建新，市委常委、湖南湘江新区党工委副书记、管委会主任谭勇出席并致辞，参加此次集中开竣工的项目15个，麓山国际二小项目为此次集中开工项目之一。由中建五局三公司承建的麓山国际实验小学二小项目是观沙岭城市更新片区首开项目，也是领导关心、群众期盼的重点项目，市区两级政府已正式承诺2022年9月招生开学。

10 月 15 日，2021 年全市重大项目集中开竣工活动湘江新区、岳麓区片区分会场现场

（区住房和城乡建设局供图）

麓山国际二小项目建筑面积约5.19万平方米，建成后规划办学规模为48个班，将新增2400个小学学位，满足片区市民不断增长的就学需求。

自然资源和规划

【概况】2021年，岳麓区自然资源和规划工作贯彻党中央以及省委、市委、区委的决策部署，凝心聚力，履职尽责，全力践行“三高四新”战略，主动担当“一打造、三当好”使命，矢志推进“五城同建”，在资源保护、规划实施、发展保障、权益维护、社会服务等方面积极探索、务实作为，在持续推进岳麓区经济社会更好更快发展的事业中，作出应有的积极贡献。

【基层党建】2021年，长沙市自然资源和规划局岳麓区分局坚持以习近平新时代中国特色社会主义思想为指引，以深化落实“不忘初心、牢记使命”主题教育为主线，推进“学史明理、学史增信、学史崇德、学史力行”党史学习教育活动，增强党员“四个意识”、坚定“四个自信”、做到“两个维护”。组织集中观看庆祝中国共产党成立100周年活动，贯彻落实习近平总书记在庆祝中国共产党成立100周年大会上的重要讲话精神，组织多场专题学习活动；落实“三会一课”、主题党日等组织制度，开展中心组学习12次、书记讲党课5次、全局党员学习活动6次；组织党员观看红色电影、参观党史馆、雷锋纪念馆，邀请市委党校专家讲授庆“七一”专题党课，全体在职党员积极参加市局机关党委组织的集中轮训学习活动。落实党风廉政建设责任制，聘请6名人大政协行风政风监督员，进行多种形式廉政警示教育活动；扎实开展机关作风纪律督查，做好市局“三重一大”专项检查和“下沉式”驻点回头看反馈问题整改，没有发生违纪违规行为。推进单位文明创建，争创文明标兵单位，组织参加义务植树、义务献血、文明劝导等志愿服务活动。践行“学党史践初心，我为群众办实事”活动，送服务进社区活动2次，创新服务方式，着力解决群众“急难愁盼”问题。

【资源管理】2021年，长沙市自然资源和规划局岳麓分局严格落实耕地保护政策，采取最严格的耕地保护措施，完成第三次国土调查，以三调数据为基础，为岳麓区园区调整、乡村振兴、智慧农业、河湖长制等提供数据服务。完成“十三五”耕地保护责任目标履职考核自查；扎实配合市局完成耕地保护一张图成果修改完善和做好永久基本农田划定及补划整改；严格落实耕地动态监测监管，做好图斑核实、举证、整改，解扣解冻补充耕地指标38宗、12.9公顷。压实汛期值班值守和监测预警责任，参加全区地质灾害应急演练和培训，强化汛期值守，排查辖区内地质灾害隐患点56处，在全区17个街镇及50个重点社区（村）设置地质灾害知识宣传专栏，核销6处重点地质灾害隐患点，多措并举防范辖区自然资源和规划领域安全生产事故的发生。

【规划编制】2021年，长沙市自然资源和规划局岳麓分局坚持创新机制，积极开展区国土空间规划研究，做好市级国土空间规划对接，为省市区重点项目提供高效优质的报批服务。按照时间节点完成6个省级试点村（莲花镇云盖村、东塘村、五丰村和雨敞坪镇泉水湖村、新卯村、麻田村）成果编制和区、市级规划评审；非试点23个村已全部形成初步方案。办理项目用地立项审批39个；调整麓润、交通医院等多个项目的控制性详细规划；修改融城小镇、洋湖湿地公园、国检中心等7个项目的土地利用规划；助力“电力630攻坚”项目和“一圈两场三道”建设，配合做好儿童友好城市建设，完成市级加装电梯备案204台任务。完成设施农用地上图入库图斑154个；推进撤批预警、批而未供土地处置任务；共办理《临时用地手续批准单》5份，批准用地面积59152平方米；办理《临时建设工程规划许可证》2份，批准建筑面积2683.78平方米；协助湘江新区管理委员会国土规划局办理规划咨询、方案审查等183个，涉及53个项目用地。

【征地拆迁】2021年，长沙市自然资源和规划局岳麓分局在集体土地拆迁工作中，按照区委、区政府统筹铺排，投入人力、物力、财力，严把政策关，坚持阳光透明、公平公正，认真落实“三榜公示”，依法保障拆迁群众的合法权益，坚决推进项目拆迁腾地。启动新拆项目75个、面积618.4公顷，完成私房和企业调查2800多户、青苗调查357.3公顷，拆除房屋1500多栋、面积约50万平方米，动迁人口6500多人，其中40个项目、368.7公顷完成签约清零，签约率100%。发挥一线服务精神，在保障省市区重点项目腾地拆迁工作中，坪塘街道融城小镇项目于3月16日召开拆迁动员会，6月4日即完成296户签约清零。双塘路南段项目于9月2日正式启动，12月19日启动签约，当天即完成清零。同时，顺利实现坪塘融城小镇、望岳街道谷山片、观沙岭城市更新片区、麓山国际二小等重点项目的拆迁腾地，腾地面积255.5公顷。铺排扫尾项目12个、面积167.2公顷，通过不断攻坚，完成大科城科创服务中心一期等4个项目清零，腾地面积81.6公顷。

【执法监管】2021年，长沙市自然资源和规划局岳麓分局出动600余人次对辖区进行动态巡查，联合相关部门和街道进行实地查勘，做到及时发现、及时处置、及时清零。发现非法开采行为2起并责令停工，及时制止并整改到位7起违法行为。立案查处土地违法案件2宗，罚款4万余元，没收非法占用土地上建（构）筑物4799.2平方米；查处新银洲售楼部违法建设面积375.63平方米；有序推动卫片图斑整改，部、省季度卫片图斑共下发1691个，上报违法图斑285个，督促整改到位108个。加强项目建设规划管理服务，实施现场批前公示155次，参与放线240次（含变更放线），实施竣工检查101次。下达《建设工程整改通知书》2份、停工通知2份，出具违法建（构）筑物专业咨询意见76份，向区城管部门移送违法建设案件15件。推进落实土地管理月调度机制，开展月清“三地”和“净地”攻坚及闲置土地清理，严格落实省厅下发的乱占耕地建房图斑任务的整治，推进违建别墅“回头看”“再排查”和“大棚房”问题再摸排，没有反弹及新增现象。

【民生实事】2021年，长沙市自然资源和规划局岳麓分局坚持为群众办实事、解难题、谋福祉，抓好做实关系群众切身利益的民生实事，形成全局干部职工敢担当、善落实、有成效的好氛围。结合“践行党史学习教育 聚焦为民办实事”活动，落实房地产办证信访问题化解政策，完成枫树园二期、馨香雅苑等项目业主近十年未办理的不动产权登记问题，推进27个房地产办证难项目处置化解，解决7368户不动产登记发证，完成省市处置化解80%的任务目标。积极推进农村宅基地和集体建设用地房地一体确权登记发证工作，完成农村宅基地确权登记审查1.4万宗，发布首次登记公告838宗，办理农村宅基地房地一体不动产证400余本，发放集体建设用地房地一体不动产证3本。受理并办结第二轮中央生态环境保护督察件17件。通过构建“集中受理、分类处置、各方联动、限时办结、跟踪问效”的工作机制，受理并办结“12345”工单、市长信箱、“12336”违法举报等渠道来信来访1037件，办结率、回访率、满意率三个100%。

【队伍建设】2021年，长沙市自然资源和规划局岳麓分局党政班子坚持细化工作举措，深化责任落实监管，严格规范操作程序，切实把工作抓长远、抓细致，完善“一岗双责”意识形态工作履职，专题部署意识形态工作，及时开展舆情风险排查和整治，切实回应网络、社会的热点

5月7日，省自然资源厅总规划师申志军（第二排左二）带队调研督导岳麓区集中化解房地产办证信访突出问题专项行动工作

（区自然资源和规划局供图）

11月11日，分局工会负责人带领志愿者在梅溪湖周边进行分类拾拣垃圾，开展垃圾分类宣传　　（区自然资源和规划局供图）

问题。强化正面宣传，在省市级报纸媒体、市区级简报等平台刊发宣传信息23条；与天顶街道航天社区开展结对共建，在职党员进社区协助疫情防控活动，解决社区民生事项2件，群众满意率100%。从服务提质、管理提效、执行提速上下功夫，做好人事劳资，统筹抓好工会、团建、妇女等群团和老干工作，强化干部职工法治宣传教育和安全生产教育培训，组织开展消防演练，抓实机关安全管理、综治维稳、节能减排和后勤保障，落实节假日应急值班制度，做好公务用车的调度维护，保障全局的整体稳定运行。强化宣传引导，做好机关生活垃圾分类和无烟机关建设相关工作。及时、高效、精准办文办会，全年办会50余次，收发文1730余件，领导批示批办件67件，依申请信息公开96件，接待档案查阅1938人次、调阅档案14246卷，办理区人大、政协建议提案2件，办结率100%。

【调研考察】2021年5月7日，省自然资源厅总规划师申志军带队调研督导岳麓区集中化解房地产办证信访突出问题专项行动工作落实情况。2021年6月8日，甘肃省自然资源厅一行到长沙调研集中化解房地产办证信访突出问题专项行动工作，实地考察岳麓区望兴景园和馨香雅苑项目化解处置案例。

城市管理和综合执法

【概况】2021年，岳麓区城市管理工作以中共十九大和十九届五中、六中全会精神以及习近平总书记考察湖南重要讲话精神为指引，聚焦“三高四新”战略定位和使命任务，全面落实强省会战略，按照市委、市政府提出的“一打造、三当好”新使命和“四精五有”工作理念，紧紧围绕区委、区政府提出的“矢志推进‘五城同建’，全面建设社会主义现代化新岳麓”战略布局，全力开展重点区域精致管理和品质提升工作、“百日奋战　靓丽河西”市容环境整治工作、市容环境卫生提标提档和城管品质工程建设工作，高质高效完成全国文明典范城市创建、食品安全城市创建、绩效考核以及省党代会、市“两会”服务保障等工作。抓严抓实燃气监管，为居民群众守护好安全防线。2021年城市管理工作年度考核被评为全市一类单位。

【党建工作】深入学习贯彻习近平新时代中国特色社会主义思想和中共十九大及十九届五中、六中全会精神、党章党规、习近平总书记考察湖南重要讲话精神等。严格落实党委（党组）理论学习中心组学习制度，充分发挥党员领导干部带头示范作用，将中层干部纳入中心组学习范围，增强整体学习实效。组织开展“学史明理、学史增信、学史崇德、学史力行”专题学习研讨，做到学党史、悟思想、办实事、开新局。局党组书记上党课2次，支部书记上党课2次，召开支委会12次、支部党员大会6次。通过学习教育，激励党员干部在工作中积极奉献，充分发挥模范带头作用。3月9日，岳麓区城管执法局全体班子成员及中层干部赴韶山开展党史学习教育暨主题党日活动。6月底，全局干部职工在橘子洲开展“追寻伟人足迹，传承红色基因”健步拉练打卡活动，向中国共产党成立100周年献礼。2021年度区城管局抓基层党建工作得到区直机关工委好评。

【廉政建设】按照全面从严治党工作责任制的要求，结合本单位实际，做到一级抓一级，一级负责一级，形成齐抓共管、各负其责的工作格局，确保党风廉政建设和反腐败工作落到实处。组织广大党员干部深入学习《党委（党组）落实全面从严治党主体责任规定》《中国共产党纪律处分条例（试行）》等党纪政纪和法律法规。结合反面教材教育广大党员干部，特别是领导干部自重、自省、自警、自励，牢固树立正确的世界观、人生观、价值观，全面增强防腐拒变的能力。

【市容秩序保障】全年共服务保障重大节会以及开展创建迎检等工作140余次，特别是在文明城市创建期间，城管系统近3000名干部职工全体停休、全员上路，聚焦200多个测评点位，针对督查发现的1300余处各类城市管理乱象，高标准高质量完成整改任务，为长沙文明城市创建作出岳麓应有贡献。

【燃气监管】全年先后组织岳麓区燃气安全专项整治行动、岳麓区城管局城镇燃气行业安全生产专项整治三年行动、岳麓区城镇燃气百日攻坚整治行动等大小燃气安全专项整治行动45次，办理涉燃气违法案件27起，暂扣燃气钢瓶937个、违规经营工具车9辆，取缔关停门店4家，停业整顿17家，455个安全隐患问题均整改到位，罚款61.8万元，执法办案力度全市最大。岳麓区燃气安全监管高压态势得到《湖南安全与防灾》杂志重点推荐，“智慧长沙”媒体也专题报道岳麓区扎实推进燃气安全监管工作，点击量超过10万次。

【垃圾分类】制定出台《岳麓区2021年生活垃圾分类撤桶并点定时定点分类投放实施方案》，科学、有序推进生活垃圾分类投放和“撤桶并点”工作，打造长沙市第一批垃圾分类撤桶并点示范小区，建成垃圾分类厢房163个，完成13个城区街道、91个社区、134个小区的“撤桶并点”工作，垃圾分类覆盖率和厢房建设进度率均走在全市前列。投入垃圾分类专项经费2400余万元，重点保障街道厨余垃圾收运目标任务奖补经费、先进社区奖励经费等，加强硬件设施配备及管理。建设厨余垃圾转运站15个、厨余垃圾集置点500余处，配备厨余垃圾收集转运车278台。2021年《长沙通讯》第10期以《坚持党建引领 深入推进垃圾分类工作》为题，报道岳麓区生活垃圾分类工作成效。

【应急处突】面对全年2次极端暴雨天气和冰雪天气，城管系统闻令而动，组织各类机械设备近300台，调集其他物资2万余件，会同属地街道针对对全区低洼积水小区或积雪结冰桥梁、主次干道，连续多个昼夜组织开展防内涝阻击战和铲雪除冰大会战，在保畅通、保安全、保民生和保供应方面彰显城管担当。12月26日，中央电视台新闻频道以直播的方式，对岳麓区城管战线铲雪除冰工作进行专题报道。

【环境整治】4月23日，召开“百日奋战 靓丽河西”市容环境整治推进大会，区委副书记、区长周凡主持会议，周志凯、刘亮、胡杰夫、袁精华、彭利芝、张铁炎、杨利成、刘雄辉、王海潮等区领导出席会议。会议下发《岳麓区“百日

岳麓区城管系统在橘子洲大桥开展集中扫雪除冰工作（区城管局供图）

奋战 靓丽河西”市容环境整治实施方案》。针对影响城市环境、制约社会发展、群众反映强烈的突出问题，开展“五大行动”“五大整治”，即“城市窗口”洁净行动、“洁净家园”创建行动、“裸露垃圾”歼灭行动、“景观绿化”提质行动、“精品道路”打造行动以及施工围挡整治、景观亮化整治、广告招牌整治、违法停车整治、顶楼平台整治，提升城市净化、绿化、美化、序化水平，管出城市新面貌、新形象，全面提升全区城市人居环境品质。整治行动清理“牛皮癣”等环卫问题106959处，清洗路名牌等74308处，清运裸露垃圾84830吨。清除绿地内杂草、枯枝136.6万平方米。累计拆除违规广告招牌703处，共计6980平方米。处罚机动车路面违停54587起，处罚人行道违停车辆6962台，拖移僵尸车297台。建立共享单车企业日常联动管控机制，督促企业加强管理，清理违规占道共享单车10164台。全面清理顶楼平台的“私家菜园”违规搭建的鸡舍、鸽舍、鱼池等，处置排查“圈地占用”乱象201处。高标准完成市城管局交办的围挡整治问题255个。

【行政审批改革】简化审批流程，严格审批时限，落实“最多跑一次”制度，全年办理行政许可项目2773个，将门店招牌指导审查事项、临时占用街道两侧公共场地行政许可的受理环节延伸至各街道办事处，区级部门将审批结果直接下发至各街道，切实做到“就近办”。推行水电气外线审批网上办理，基本实现水电气外线工程占道、占线、挖掘审批实行“一窗受理、一表申请、联合踏勘、并联审批、统一出证”，至2021年12月31日，已搭建线上和线下平台，满足用电、用水、用气申报需求。制定并下发《岳麓区临时占道、占绿施工围挡专项整治工作方案》，对施工围挡的设置标准、设置要求、批后监管做明确规定，确保全区围档设置规范化、标准化。

【城市亮化】全面落实“一江两岸”城市照明提质，完成万科里金域国际3期等24栋楼宇夜景亮化设施建设以及配套控制系统和电源建设等。注重日常维护维修，完成岳麓山山体亮化照明设施、潇湘大道和滨江景观道绿化带内105处亮化设施，以及潇湘大道沿线30余栋楼宇亮化设施的整改修复工作，营造靓丽的岳麓城市夜景。

【区领导调研城市管理工作】1月27日，岳麓区委书记周志凯专题调研全区道路空间提质及城市管理工作。区领导杨利成、王海潮等参加。周志凯一行先后到金星路与含光路交会处东北角、咸嘉湖西路东段、枫林路枫林宾馆东门等地查看，详细了解岳麓区道路空间提质改造情况。汇报会上，区城管执法局汇报城市管理工作情况。与会区领导及相关区直部门负责人分别就城市管理工作的开展提出意见和建议。周志凯指出，要按照“四精五有”的要求，持续提升城市管理的品质，严把城市建设项目选材关、工序关、工艺关，注重建筑风貌与品质，实现从“城市道路”到“人文街道”的转变，加速城区形象变美。要将集中整治与日常管理有机结合起来，推动“天天抓、时时抓”工作制度化、规范化、常态化，稳步提升城市管理水平。要切实提高精细化管理水平，确保城市管理无盲区、无死角。要重节点，突出提质主次干道、交叉口、城市中心节点、交通枢纽等，高标准高质量推动城市建设。要造亮点，市政、环卫、园林部门要立足自身工作实际，既注重亮点打造，又突出“全域美”的视觉效果。要将以人民为中心的服务意识贯穿于城市管理工作的全过程，进一步提升城市管理的精细化、标准化、常态化水平，不断提升群众的幸福感和满意度。

【枫林路提质改造】按照“精准规划、精美建设、精致管理、精明增长”要求，岳麓区城管局对枫林路进行空间品质提升、总体风貌提质，将之打造成为一条以“岳麓红”为主题的城市门户风景路。枫林路提质改造的范围由橘子洲大桥西到金星路口，沿麓山路往南延伸至新民路口，总长约3.4千米。项目投资约3600万元，于2020年12月25日全面进场施工，2021年8月完成竣工验收。通过对车行道、街道设施、植物等道路全要素综合改造，将沿街招牌统一高度、统一风格、统一制作，对重要道路门

枫林二路道路空间品质提升项目——橘子洲大桥节点改造后

（区城管局供图）

店招牌进行分类设计，商户自行制作门店招牌。整治店面招牌共148处，夜间亮化效果得到大大提升。《新湖南》、《三湘都市报》、《潇湘晨报》、《长沙晚报》、湖南都市频道、长沙新闻频道、星辰在线等媒体分别进行专题报道。

【阜埠河路提质改造】岳麓区城管局贯彻落实“四精五有”理念，以全市“城市精致管理年”和“百日奋战靓丽河西”市容环境整治工作为抓手，于2021年7月，启动阜埠河路道路空间品质提升项目建设。阜埠河路城市有机更新项目东起潇湘大道，西至麓山南路，位于岳麓山大学科技城核心区域，改造全长1200米，该道路与天马路、后湖路、麻园路垂直相交，是岳麓山大学科技城大学生高度密集活动空间，且地铁三号线、四号线在道路中段设站，商业与旅游人流十分巨大。此次城市有机更新项目总投资约3000万元，改造内容以建筑立面为主，以“大学红”为整体基调，根据每栋建筑的情况分为重改、中改、轻改、不改四个量级——对人行道两厢的低层商铺、道路交叉口、违建拆除点等部位作重点改造，对建筑陈旧、视觉杂乱的居民楼、学生公寓、经济酒店等进行中改，对结构安全、品相良好的建筑进行轻改，新建筑不改，坚持一栋一策。对门店招牌进行统一更换，对部分临街建筑物的墙体立面和窗户都进行粉刷和更换，并结合重要路段、重点建筑物进行立面的特色美化。完成230余块门店招牌更换，城区街面焕然一新。

【雷锋大道提质改造】雷锋大道提质改造项目系长沙市“一环两带十六纵十六横”道路空间品质提升之一。项目全长约4.2千米，南起岳麓大道，北接望城区界。自2021年9月开始，岳麓区城管局投入近4000万元，对该道路南北两个形象段，三个城市典型空间进行改造升级。岳麓大道—杜鹃路段通过提质绿化植被、增加宣传标语、完善道路系统，形成开敞大气的形象入口；杜鹃路—青山路段通过店面招牌美化、停车规范，配套设施补齐，形成井然有序的商业空间；青山路—天麓小区段通过统一铺装、强化功能，形成大方现代的企业形象展示空间；天麓小区—尖山路段通过梳理植被、

雷锋大道提质改造后　　（区城管局供图）

增设路径与功能空间，形成可观可游可憩的街头休闲空间；尖山路—雷锋雕像前段利用原有街头游园进行提质，保留红色文化的同时营造洁净空间，形成人文记忆。

城市管理综合执法

【**概况**】2021年，岳麓区城市管理综合执法大队以“百日奋战 靓丽河西”市容整治行动为抓手，在全区开展市容秩序大整治，通过科学安排、广泛宣传、综合施策、标本兼治，着力加强主次干道、重要场所等部位日常巡查和管控，城管执法工作全面覆盖背街小巷、农安小区，实现市容秩序全域管控。每周安排大型夜市、渣土综合整治，每天进行常态化巡控，推广新式占道、占绿施工围挡，从严查处影响市容市貌的违法行为，全年办理城市管理行政执法案件23162件，罚没款849万元，大队执法工作再上台阶，大队各项执法指标继续在全市排名前列。市对区城管考核进入一类，数字化案卷及时处置有效率全市第一。

【**重大活动保障有力**】2021年，开展各类活动和领导调研线路保障工作214次，其中桔洲焰火晚会期间，大队组织209人的保障力量，在保障区域内44个巡查和守点点位坚守岗位、尽责履职。中国网络诚信大会举办期间，通过提前督查交办发现问题，安排人员在代表驻地和会议场馆守点，强化动态巡查管控等措施，较好地完成市容保障工作。全省市、区新提拔正职领导在省委党校培训期间，大队提高政治站位，一方面提前铺排调度，督查交办并整改省委党校周边各类市容秩序问题85个；另一方面设置6个守点岗位，强化空档时段巡逻执法，展示良好形象。

【**专项整治有效推进**】强力整治违规广告招牌，以洋湖和银盆岭片区为重点，开展违规户外广告招牌集中整治行动，现已拆除各类广告招牌446块，面积10456平方米，进一步展现最美岳麓天际线。强力整治渣土乱象，对渣土违法行为予以坚决打击，并予以高标准处罚，截至2021年12月31日渣土中队暂扣车辆395台，共处罚款约185万元，整改教育违规行为2800余次，召开约谈会120余次。强力整治违法建设，始终坚持源头管控、综合治理，全区违建整治工作稳步推进。截至年底，全区累计拆除各类违法建筑450余处5万余平方米，其中新增违建拆除占比90%以上，新建违法建设势头得到有力遏制。强力开展燃气整治，2021年开展各类燃气执法行动120余次，共查处各类燃气案件25起，行政处罚61.8万元，尤其是办理第一起市政燃气设施破坏案，行政处罚10万元的大案要案，有效维护法律威严，确保安全稳定。

【**法治化水平不断提高**】大队严格按照行政执法“三项制度”的要求，将行政处罚信息、办事流程、职责职权依据、行政执法人员信息等进行公开；全面规范案件办理流程，对疑难重大案件集中会商，邀请专家和律师对法制案卷进行审核，不断提高全队的法制化水平；2021年大队4本案卷参加市级案卷评查，36本案卷参加区级案卷评查，均获得优秀，大队的执法案卷获得市区两级司法部门的高度认可；积极配合对接行政复议、行政诉讼的应诉答辩工作，一年来共收到行政复议案件4起，代理行政复议案件9起，均进行了有效处置。

【**为双创工作作贡献**】积极应对文明典范城市和食品安全示范城市双重大考，建立挂钩包保、分片包干、综合督查、跟踪督办等机制，梳理下发督办11次，问题148条，以最高标准对照整改，实评阶段，大队全体停休、全员上路、全时守候，为实现创建目标贡献最大力量，圆满完成任务。

【**打赢蓝天保卫战**】以餐饮油烟、渣土扬尘、露天烧烤、焚烧垃圾四大整治为重点，建立起交办、整改、巩固的日常管控闭环机制，梳理排查全区公共机构食堂321家，餐饮油烟污染源占比从11.%下降到1.7%。2021年8月份开始的蓝天保卫战考核，5个月有3个月取得第一名和一个第二名，年度考核成绩排名全区第一。

【**大科城治理见成效**】持续深化特勤管理先行、综合执法保障、快速处置反应的勤务模式，纵深推进日常精细化城市管理，开展各类整治行动70余次，收缴违法经营物品共计160余件，查处违章户外广告招牌

200余处，清理共享单车4000余台，共办理行政执法案件245起，罚款金额19.55万元。大科城市容秩序整治初见成效。

市政设施维护

【概况】2021年，岳麓区市政设施维护工作落实区委、区政府“五城同建”战略部署，努力提升市政设施完好率，加强市政排水管网的日常维护，城市管理取得明显成效。2021年，全区路面设施维护1127.34万平方米，排水管网维护1241.89千米，更换、提升、清掏各类井座3.06万个。城市品质有了较大提升。

【市政设施维护】通过实施“路长制”、开展片区最优道路评比等方式，将辖区内道路全部分配到人，确保“路路有人管、事事有人问、问题早发现、隐患早排除”，通过“减存量、遏增量、提质量”，切实提升市政设施的完好率。全年共处置数字化案卷11750条，主动巡查处置32530条，道路维护总面积72481.5平方米、人行道维护总面积14087平方米，调整更换平侧石2127套米，加装更换障碍柱、麻石球（葫芦球）、U形杆10673根（个）。受理并办结“12345”市民服务热线工单1320件，综合办结率100%，满意率99.75%。根据区政府安排部署，完成咸嘉湖路（潇湘大道—金星路）道路空间品质提升工程、金星路（北二环—望城界线）路面提质改造工程、杜鹃路（岳麓大道—银杉路）路面提质改造工程等品质提升项目建设，保障全区市政维护工作全面、到位。

【防涝排渍】制定《2021年城区防涝排渍工作应急预案》，于西湖文化园、梅溪湖东湖等地组织不同风险级别的防涝排渍应急演练；加强城区市政排水管网的日常清淤维护工作，全年共更换、调整、提升各类井座2273座，清掏泄水井2.92万座，检测、疏通排水管网1647千米；推进全区易渍点“台账式”整治，完成沁园春御园等28处易渍点改造；发布防涝排渍预警15次，其中启动Ⅲ级应急响应2次、Ⅳ级应急响应2次，出动应急抢险人员5392人次，出动排水应急单元、大型排涝车、运输车辆等应急抢险设备1348台次，成功处置内涝险情130余处。

【路政管理】全面加强路面巡查，制止违章无证占道、挖掘施工51起，查处违章顶管施工17起。办理管辖范围内临时占道许可前置审查509件，挖掘城市道路许可前置审查432件；协同特勤中队查处市政类执法案件28起。

【民生工程】高起点提质主次干道，完成咸嘉湖路（潇湘大道—金星路）道路空间品质提升工程、金星路（北二环—望城界线）路面应急提质改造工程、杜鹃路（岳麓大道—银杉路）路面应急提质改造工程等品质提升项目建设，累计完成投资9157万元、提质改造路面10.4千米；全力打好水环境治理攻坚战，实施南园路水系污水支管完善工程项目，完成新建雨污管网近32000米，完成南园路水系管涵清淤项目，共计清淤15836立方米，基本实现片区市政道路主次管网雨污分流；推进龙王港两厢市政污水系统修复工程，对南园路、枫林路、玉兰路等15条道路的污水管网进行修复。

【队伍建设】制定《岳麓区市政设施维护中心党组2021年党建工作计划》，落实“三会一课”制度，全年开展中心组理论学习12次，以“学习强国”学习平台为载体的自主学习人均学习积分达42分，开展廉政教育4次，谈话提醒170余人次，发送廉政短信300余条。制定《庆祝建党100周年活动方案》，围绕“建党百年风华正茂，为民市政砥砺前行”主题，开展“不忘初心，知识强国”知识大竞赛、“不忘初心，以史铸魂”百年党史展、“不忘初心，锤炼本领”技能大比武、“不忘初心，践行使命”激情演讲秀、“不忘初心，爱我中华”主题书画展等主题党日活动12次。

【推行市政“五进服务”】发挥市政职责职能优势，推进市政为民服务进机关、进企业、进院校、进社区、进住宅小区，2021年共开展“五进服务”18次，为岳华村北城组进出口、学士街道锑都家园

“不忘初心，以史铸魂”百年党史展（市政局供图）

小区、梅溪湖街道家和苑小区等免费提供沥青路面铺设、人行道修补、井盖更换等市政服务，赢得社会各界广泛赞誉，获得各方锦旗13面。

【咸嘉湖路空间品质提升】该项目投资概算为2757.41万元，于2021年3月10日进场施工，5月25日完成建设任务，改造道路全长2.6千米，将原有水泥路面改造为平坦的沥青路面，人行道全部更换为麻石板，彩色沥青贯穿全线的非机动车道。按照“一段一特色”原则，在每段路段栽种不同主题的树种，加强植物季节变化，展现咸嘉湖路的四季之美，道路建设与生态绿化同步进行。

【杜鹃路、金星路路面提质改造】为在庆祝中国共产党成立100周年之际提升城市道路整体品质，促进城市面貌呈现显性变化，中心制定专项工作方案，全力奋战抢工期、赶进度，采取取消休假、建立24小时轮班值守工作模式，在保证质量和道路交通的情况下，以平均每天1.5千米的推进速度施工，确保在“七一”前完成改造任务，原来路面破损、裂隙以及局部道路不平整的问题得到解决，道路旧貌换新颜。

【南园路水系管涵清淤】2021年3月进场对南园路水系东西干渠和主箱涵及周边桐梓坡西路、枫林路、尖山路等道路的管涵进行清淤，并对部分损害严重的雨水管涵进行修复，6月完成施工任务，共计清淤15836立方米，基本实现片区市政道路主次管网雨污分流。

交通运输

【概况】2021年，岳麓区交通运输工作在习近平新时代中国特色社会主义思想指引下，狠抓党史学习，加强领导班子建设，坚决贯彻党中央“一手抓防疫，一手抓生产”的决策，扎实开展疫情防控，强化交通基础设施建设，助力乡村振兴工程，农村公路建设有了飞跃发展。开展道路运输市场整治，运输企业安全生产意识不断加强。2021年区交通运输工作任务圆满完成。

【疫情防控】在各地疫情频发期间，区交通运输局将疫情防控列为日常工作重点，全面督导汽车西站客运站场、城际铁路站点、货运企业、汽车维修企业、4S店及公路在建工地的防疫工作，重点督查重要场所疫情防控制度制定、疫苗接种、核酸检测、防疫物资储备、体温检测、场所码查验、口罩佩戴、红黄码人员处置等情况；8月，张家界等地区疫情严重，区交通运输局迅速部署，制定《汽车西站交通服务工作综合协调方案》，抽调干部职工至汽车西站驻点办公，做好相关到长沙人员、车辆精准对接，实施闭环管理，督促落实疫情防控各项措施。

改造后的咸嘉湖路（市政局供图）

【交通基础设施建设】为乡村振兴服务，继续推进村组公路建设，在街道（镇）上报计划的基础上开展摸底核实、设计、监理、检测招标工作，建设村组公路100千米，完成投资4000余万元；完成农村公路路面中修里程124.014千米，启动农村公路路面大修19.707千米，投入经费1600余万元；启动许广高速莲花互通—岳宁大道连接线建设，完成第二标段K2+600-K3+847龙台村段路面建设和第一标段K0-K2+600段路基建设。完成3座2020年危桥拆除重建续建项目，启动2021年坪塘街道白泉村老乡政府桥、陈家桥和含浦街道九丰村九江庙一桥3座桥梁拆除重建项目，投资750万元。及时消除安全隐患。通过对涉路涉线及在建项目施工工地实地检查，完成巡查发现的安全隐患42处和区安委办、市区顽瘴痼疾办交办22处隐患整治。处置长韶娄北辅道K3+350处、K6+500处及K9+100处三处山体滑坡抢险救灾工程，投资2600万元。启动岳麓区2021年农村公路隐患集中整治工作，区交通运输局负责实施区管农村公路、干线公路、校车线路及省市交办的顽瘴痼疾隐患整治，投入资金977.1万元。对区管干线公路（41.03千米）和区管农村公路（151.86千米）两个标段重新进行招标，圆满完成2021年农村公路日常养护项目；进一步完善桥梁数据信息，对辖区内公路桥梁进行摸底调查，11月初已完成全部桥梁部、省并库的基础信息采集与录入工作；完成桥梁信息公示牌和限载标志牌完善的设计工作。

【道路运输市场监管】完善安全管理制度，制定《长沙市岳麓区交通运输领域专项整治百日攻坚专项工作方案》《岳麓区路警联合整治货运车辆超限超载专项行动工作方案》《长沙市岳麓区交通运输局关于开展货运车辆非法改装专项整治行动及深入推进“戴帽工程”工作的工作方案》等工作方案。落实运输企业安全主体责任，区交通运输局对辖区内的普货运输企业实行网格化管理，定期由分管领导带队，组织企业的负责人对本企业安全生产工作落实情况进行监督检查，全年开展普货运输企业安全生产检查共310家次；坚持每月对市交警抄送的重点运输企业交通违法行为进行警示约谈，进一步加强对重点运输企业的安全生产监管。2021年内累计约谈违章10场，涉及开展企业60余家，上门约谈企业40余家；定期开展企业安全生产培训，为企业发放安全生产宣传册及相关资料共计300余册，引导企业负责人增强忧患意识、风险意识、安全意识和责任意识。协助开展交通行政执法，配合岳麓区治超办，组织区交警大队、市交通综合行政执法局岳麓大队、区公安分局等单位，开展重点路段及区域、高速公路入口、非法改拼装等路警联合治超行动，强化路面治理、源头监管和宣传培训，2021年共查处交通运输违法违规车辆769台次。充分发挥黄桥大道不停车超限检测系统治超效能，遏制货运车辆非法超限运输行为，筑牢公路治超防线，巩固和提升治超工作成效；依托治超信息平台监管系统，对全区重点货运源头企业进行全覆盖全时段不间断监控，督促企业落实治超主体责任。

【交通综合服务】2021年，区交通运输局政务中心窗口共年审车辆2420台，受理新增车辆619台，道路运输证配发210本。受理机动车维修备案企业65家。协调市交通运输局开通296路公交线路，解决雨敞坪地区大部分村民公交出行需求；协调市交通运输局对清水路公交线路进行优化调整，将原有的12条公交线路调整为8条，极大减轻清水路区域的交通压力，优化该区域通行环境。将热线投诉处理与本职工作紧密联系起来，通过迅速分派、专人跟进、查找需求，精准处理等手段办理群众意见，2021年共处理市级“12345”热线投诉工单160余份。

环境保护

生态环境

【概况】2021年，岳麓区生态环境工作深入贯彻落实习近平生态文明思想，持续深入打好污染防治攻坚战，实现生态环境“十四五”的良好开局。区生态环境分局积极服务岳麓区委、区政府中心工作，在市对区环保绩效考核中，取得2021年度考核排名内五区一类，且连续三年排名内五区一类的好成绩。

【环境质量】2021年，全区空气质量优良天数307天，优良率84.1%，略优于全市304天、83.3%的平均水平。城区集中式饮用水水源地水质达标率为100%，靳江河、梅溪湖、白泉河、龙王港年均水质稳定达标，后湖获湖南省2020年度“美丽河湖优秀案例”称号，作为基层治理典型案例被人民网和湖南红网报道。污染地块安全利用率90%以上，受污染耕地安全利用率91%以上。功能区噪声昼间达标率100%。

【组织协调】充分履行环委会办公室工作职责，推动环境保护“党政同责、一岗双责”落实到位，形成齐抓共管强大合力。先后提请区委、区政府主要领导召开区委常委会会议、区政府常务会、全区生态环境保护大会等会议，专题研究部署生态环境保护工作11次；向区人大常委会和主任会议汇报《2020年全区环境质量状况和2021年工作思路》。提请区政府常务会议研究并下发《岳麓区落实〈关于实施“三线一单”生态环境分区管控的意见〉的工作方案》《长沙市岳麓区2021年大气、水、土壤和噪声污染防治行动计划》《长沙市岳麓区生态环境保护工作责任规定》《长沙市岳麓区一般生态环境问题（事件）责任追究办法》等系列文件。报送各类工作信息80余篇，在新华社、《湖南日报》、红网、岳麓新闻网等主流媒体推介报道岳麓生态环保工作150余次，特别是4月27日《新华社》以《哪里最吵，哪里重点解决》为题报道岳麓区西湖街道现场处理“岳麓区西湖街道两家不锈钢加工店噪音严重扰民”问题。联合坪塘街道、长沙快乐义工协会举办“人与自然和谐共生”——岳麓区2021年六五环境日宣传活动。联合湖南大学环境科学与工程学院开展第十八届环保文化节系列活动。组织开展美丽河湖优秀案例评选相关工作，后湖被评为湖南省美丽河湖，并得到全省推介。同时加强舆情监控应对，及时回应处理“12345”、“12369”、市长信箱等320余条信息。

【廉政建设】制定《2021年元旦春节期间纠治“四风”工作方案》，配合驻市生态环境局纪检监察组开展检查工作。印发《中共长沙市生态环境局岳麓分局党组2021年度落实全面从严治党主体责任工作任务计划》《2021年党风廉政建设工作要点》，主要负责人与各科室、监测站负责人签订《2021年度落实

后湖全景　　（区环保局供图）

廉政建设工作责任状》，班子成员签订《领导干部承诺书》。配合完成驻市生态环境局纪检监察组调研准备工作，并认真开展政治生态自查。组织学习《湖南省生态环境系统禁止违规吃喝、违规收送红包礼金礼品规定》等文件，按要求开展违规吃喝问题专项整治工作，全年在职在编人员无违规吃喝情况。制定《巡察整改反馈意见工作方案》，对岳麓区委第三巡察组对党组反馈意见进行任务分解，逐一制定整改措施。6月18日召开巡察整改专题民主生活会，7月19日召开班子成员家属党风廉政座谈会。针对岳麓区委巡察组提出的问题，分局党组逐一整改、对号施策，并建立健全长效工作机制。

【污染防治】办理建设项目环评审批37个、出具初审意见8个，土地调规审查意见12个，办理夜间施工审批1572个，核发辐射安全许可54本，核发排污许可证7本。开展五湖、七河、三库水环境质量监测，共取得有效监测数据1700余个，全面掌握全区主要地表水水质状况和22个空气质量小微站运行状况及数据，向区委、区政府递交辖区环境质量报告12份，出具检测报告250份，为辖区领导环境治理决策提供重要依据。对全区152家企业开展挥发性有机物治理情况进行全面走访摸排，并会同区蓝天办和湖南大学对企业挥发性有机物收集治理存在的问题提出具体整改要求。对全区48家关闭矿山矿涌水污染情况调查并完成现场采样。开展并完成岳麓区涉铊企业排查相关工作；开展2021年度重污染天气应急减排清单修订工作；配合市局完成岳麓区地下水环境现状调查工作；积极配合市局做好湘江蓝藻应对工作。铺排并督促完成年度绩效考核重点项目任务17个；组织开展农村固体垃圾无害化处置资金2020年现场核查和2021年资金申报；核查并指导雨敞坪镇雨敞坪社区和泉水湖村完成2021年农村环境综合整治项目申报；完成2021年农村生活污水（4个村）治理项目；完成莲花镇桐木村和雨敞坪镇新卯村生态文明建设示范村建设工作方案编制。

【第二轮中央生态环保督察】中央生态环保督察进驻前，分局报请岳麓区委召开会议专题研究配合第二轮中央生态环境保护督察工作。在全市生态环境保护大会召开之后，报请岳麓区委召开全区生态环境保护大会，制定并下发《长沙市岳麓区配合第二轮中央生态环境保护督察总体工作方案》，成立以区委书记周凡为组长的区配合第二轮中央生态环境保护督察工作协调联络组，区协调联络组下设综合协调联络等八个小组，负责督察进驻期间的各项具体工作。督察进驻期间，岳麓区共收到市整改办转来的中央生态环境保护督察组交办信访件87件，现已全部办结。

市容环境卫生维护

【概况】2021年，岳麓区市容环境卫生维护工作坚持以习近平新时代中国特色社会主义思想为指导，深入贯彻落实中共十九届五中、六中全会精神，积极践行“一打造三当好”新使命，扎实推进党风廉政建设，以打造“精致环卫　精美环卫”为目标，创新举措、狠抓落实，圆满完成各项工作任务，荣获“湖南省环卫行业2020年度战疫先进集体”“2021年度城市管理工作先进集体”称号。

【机制建设】针对交通路口斑马线区域人流量和车流量大、维护难度高的实际情况，岳麓区市容环境卫生维护中心创新思路，全面实行管理员斑马线打卡制度，要求管理员每天5个时点在责任区域的斑马线处进行巡查拍照打卡（5个时点分别为7:00、9:00、11:00、15:00、17:00），中心劳资部门即时对每个时间点的管理员打卡情况进行考勤。通过实行斑马线打卡制度，切实加大斑马线区域的保洁和巡查力度，确保维护作业效果，有效解决斑马线区域卫生状况差的问题。以“层级管理、与路同责、严格考核”为原则，实行路段长责任制，将主次干道（含路段区域内的公共站厕）合理划分为若干个网格，每个网格同时由一级、二级、三级网格人员进行多重保障，中心市容维护督查科对各个网格的维护作业情况进行严格考核。通过实行路段长责任制，切实压实工作责任，确保维护作业效果。

【环卫维护】岳麓区市容环境卫生维护中心负责480.69万平方米主次干道、235.55万平方米绿化带的环卫维护，135座垃圾站（含22个收集点）、95座公共厕所、26座地下通道、6座人行天桥以及主次干道果皮筒的清扫清掏和卫生管理以及生活垃圾清运、餐厨垃圾集中收运及渣土管理等工作任务。以精细化作业、常态化管理、标准化考核为抓手，线上平台和线下多点式监管相结合，实现环卫维护全覆盖、见底色、常态化，全面提升环卫维护整体水平。全年累计出动人员72.32万余人次、机扫车1.39万余台次、洒水车3.74万余台次、人车组合2.37万余台次，雾化抑尘车0.78万余台次，有效提升了路面洁净度，高标准完成市容环境日常维护、“百日奋战靓丽河西”市容环境整治、全国文明典范城市创建及应对低温雨雪冰冻天气等工作。区市容环境卫生维护中心全年建设装配式示范性公共厕所2座、蜂窝装配式站厕1套、重建好家园垃圾收集站1座，进一步完善站厕布局；对53座公共垃圾站除臭设备进行升级改造（累计改造65座），加装最新型的负压除臭设备，有效解决垃圾站气味扰民问题；对洋湖片区和梅溪湖片区主干道果皮桶进行更新，累计更换果皮桶602个，切实提升环卫设施设备品质。2021年累计清运生活垃圾（其他垃圾和厨余垃圾）45.29万吨。

【基层党建】2021年上半年对党总支和第一支部进行改选，配备一批优秀党务工作者。发展2名预备党员，为基层党组织输送新鲜血液。2021年1人被评为区优秀党员、1人被评为区直机关工委优秀党务工作者、3人被评为区直机关工委优秀党员。紧扣庆祝中国共产党成立100周年主题，组织党员干部深入学习党史和党的创新理论。全年集中学习36次，集中观看视频24次，累计组织960余人次参加学习。深入领悟中共十九届六中全会会议精神和省第十二次党代会会议精神，学思践悟，坚定不移贯彻新时代党的建设总要求。开展庆祝中国共产党成立100周年特色活动，组织全体党员开展重温入党誓词，颁发“光荣在党50年”纪念章、“观影铸魂”电影党课，“庆七一、学四史、勇担当”党史知识抢答赛和“庆祝中国共产党成立100周年的征文活动”等活动，进一步强化环卫人的使命意识和责任担当。

【市容环境专项整治】3月26日，岳麓区市容环境卫生维护中心结合党史学习教育开展“我为群众办实事”实践活动，组织各维护所、市场化维护公司、各街镇开展卫生大扫除活动，对全区范围市容环境卫生进行专项整治，全力营造干净整洁的市容环境。此次专项整治出动人员2100余人、水车96台、养护车64台、机扫车32台，重点对市府周边、金星大道、岳麓大道、枫林路、潇湘大道等道路和出入城口进行“见底色”深度保洁，并对沿线盲区、卫生死角进行集中清理，有效提高了路面洁净度。

【主题党日活动】5月15—16日，岳麓区市容环境卫生维护中心围绕“学史崇德”主题，组织全体党员到郴州市桂东县沙田镇和汝城县沙洲村，开展党史学习教育第三次专题学习。在沙田镇纪律文化中心《铁一般的纪律》专题陈列馆，党员干部高举右拳，重温入党誓词。在红色教育基地——汝城县沙洲村，参观“半条被子的温暖”专题陈列馆和徐解秀故居，观看《半条被子的温暖》微电影，重温习近平总书记在纪念红军长征胜利80周年大会上讲述“半条被子”故事的视频讲话。

【夏日慰问环卫工人】7月27日，岳麓区市容环境卫生维护中心班子成员到杜鹃路环卫工人休息室前，对奋战在高温下的环卫工人进行慰问，为他们送去藿香正气水、夏桑菊颗粒、花露水等防暑降温物资，把“清凉”送到坚守一线的环卫工人手中。

【抗冰除雪保畅通】2021年雨雪冰冻天气期间，岳麓区市容环境

岳麓区市容环境卫生维护中心清扫员在冲洗路面　（区环保局供图）

卫生维护中心制订应对低温雨雪冰冻天气工作方案，成立督查工作组、物资安全组、值班应急组等专项工作组，实行“三统一两确保”机制（即统一调配人员、统一调配物资、统一调配设备，确保道路安全、确保道路畅通），保障应急物资配备、设施设备检查、应急值守、安全生产等工作落实到位。环卫中心全体人员停休，严格落实24小时值班制，分片负责、分段实施，6台撒盐机、6台推雪铲、2台滚雪车、21台铲车、1台吹雪车，全面开展撒盐、铲雪、除冰、处突工作。根据道路实际情况，调度融冰除雪机械设备组合作业；对人行道、公交车站、人行天桥、地下通道出入口等区域安排人员铲雪除冰，有力保障城区道路畅通和出行安全。

园林绿化维护

【概况】2021年，岳麓区园林绿化维护中心充分发挥绿化维护、园林建设、监管等职能作用，承担绿地623.8万平方米、行道树36.2万株、古树名木860株、主次干道90余条、公园广场9个的生态维护，维护品质不断提升，取得市城管考核园林专业年度第一名的好成绩。截至年底，全区绿地总量3930.78公顷，全年新增18.95公顷，其中公园绿地1790.61公顷，全年新增3.2公顷，人均公园绿地面积22.52平方米，全区绿化覆盖率49.60%。区园林绿化维护圆满完成各项目标任务，绿化工作成效显著。

【绿化管养】切实加强维护区域园林绿化日常养护管理工作，不断强化城市园林绿化管养责任，实行“定人、定岗、定责”管理。形成精细化管养体系，细化中耕作围、抹芽修剪、打药施肥、补栽补种、病虫害防治等维护措施工作标准，绿化管养精细化程度进一步提高。全年补植植物229.3万余株，修剪绿篱及模纹植物205.6万平方米；修剪行道树及其他乔灌木71.28万余株；修剪草皮43.2万平方米，除杂630万平方米；修缮园林设施7400余处。

岳麓区市容环境卫生维护中心党员在沙洲村参观学习

（区环保局供图）

【督查考核】针对岳麓区绿化维护主体多元的现实状况，组织专业督查队伍对不同维护主体的园林绿化维护管理情况进行督查考核。针对维护力量薄弱、效果欠佳的街道和市场化维护公司加大督查力度，采用指导和督查相结合的方式，通过剖析问题，查找短板，促使“三驾马车”齐头并进。全年出台督查通报12期，采集智慧城管台账近25000条；接收数字化案卷6211条，办结率100%；处理“12345”市民服务热线工单1084条，满意率100%；接转处置“绿化110”报警47次。在网格化综合服务工作考核中，分别取得2个第一名和2个第二名的好成绩。

【新建移交】新建移交路段绿化品质是接管维护的基础，严格按照岳麓园林绿化验收移交标准进行移交接收，是保障维护工作顺利开展的基本要求。全年按标准完成地铁3号线一期工程、丰塘路、公交路东侧景观绿化工程、中建智慧谷E38地块、靳西路、西江路、银观西路、洋湖之心c地块提质改造项目、川燕路、燕龙路、梅岭公园提质改造工程、岳麓区“一圈两场三道”人行道提质改造项目等42条新增及提质道路的验收移交工作。

【“创文”迎检】按照长沙市创建文明典范城市总体部署，对标对表落实“创文”迎检工作。加大裸土复绿、扬尘管控工作力度，累计出动人员1200余人次、车辆400余台次，每天按频次对辖区范围内主干道绿化带及行道树进行清洗降尘，全面提升空气质量。对管辖范围内主次干道进行全覆盖、无死角巡查，累计整改绿化问题200余个。加强维护范围内风光带游道和绿化带内保洁巡查，按照区河长制工作要求加强河段沿线河流用地范围内堆积物、河床边种植蔬菜等农作物清理，确保"创文"迎检任务圆满完成。

3月12日，区委书记周志凯（左二），区委副书记、区长周凡（右二）率区四大家班子成员、区直机关干部到西湖文化园参加义务植树活动

（区融媒体供图）

【绿色创建】为进一步践行习近平生态文明理念，提升市民爱绿护绿意识。2021年3月，在咸嘉湖景区开展大型"3·12"义务植树活动，岳麓区领导班子、区直机关干部、青年志愿者百余人参加，红网、智慧长沙等多家媒体进行专题报道。同时，在街道（镇）设立义务植树接待点4个，创建义务植树基地20余亩，全年参加义务植树人数达27万人次，新植各种苗木80余万株。通过开展园林式单位、园林小区等系列创建活动，将家庭楼宇、单位、小区、背街小巷等城市最小单位细胞激活，形成全社会齐抓共管、共同参与城区绿化提升的浓厚氛围。

【行政审批】将切实保护绿化成果和热情服务重点项目建设理念相结合，规范快速办理电力630工程、燃气、自来水等重点项目的占绿初勘。组织中建梅溪湖路四期项目、大王山旅游度假区云轨工程、洋湖片区提质改造、环湖路公交站、象嘴路至梅浦联络线隧道等项目的临时占绿专家评审。全年现场查勘398次，依法依规办理行政许可349项。

【为民解困】为保障道路安全，排除安全隐患，配合交警部门修枝241处。针对市民求助工单，坚持"以民为先"的原则，全年处理各类市民求助85起，处置死危树76株。2021年9—10月，开展行道树遮挡企业、门店问题专项整治行动，修剪行道树2万余株，得到门店经营户和企业的交口称赞。迅速及时应对大风暴雨天气，支援交警、电力、学校、小区等单位，紧急处理被大风暴雨吹倒的死、危树176株，出动运输车198辆次，参加应急抢险76次。

【监管保护】协同城管园林执法中队、公安依法查处毁绿案件216次。4—8月，开展占绿施工围挡专项整治，对全区占绿施工围挡进行全面清查，查处并整改不合格围挡16处。精心保护古树名木等珍贵绿色资源，完成586株古树及后备资源抢救、复壮保护，在抢救21株濒危古树行动中受到市直部门和相关领导称赞。

财政·税务

财　政

【概况】岳麓区财政局始终把基层党组织的政治建设摆在首位，深入开展党史学习，努力锻造一支综合素养高、专业能力强的财政干部队伍。稳步推进预算管理一体化建设，严控债务风险。培育优质税源，优化纳税服务，健全税收管理，财税增速和收入质量保持中心城区领先。2021年，岳麓区“非税收入征管”“预算绩效管理”“市县财政日常管理”三个专项工作获评省财政厅先进单位，财政管理工作获评省、市真抓实干表扬激励。

【财政收入】完善协同联动的财政收入组织机制，强化收入分析，优化纳税服务，壮大骨干税源，规范非税收入征管，健全重点行业、重点企业及重点税种的税收管理。2021年度全口径税收达到173亿元，市考核口径地方收入突破百亿元，财税增速和收入质量保持中心城区领先。房地产行业占比下降5个百分点，金融业税收比重提升至32%，税源结构优化。全年安排产业发展扶持资金2.29亿元，精准落实各项惠企政策，经济发展活力不断增强。全年落实新增减税降费政策11.39亿元，减税降费红利充分释放。千万以上非房地产纳税人由去年同期80户增长到120户，亿元以上纳税人由上年同期27户增长到32户，优质骨干税源快速增长。

【支出保障】支持教育优质均衡发展，区本级教育支出19.54亿元，增长27.45%。义务教育经费投入加大，生均经费标准逐年提高，教师福利待遇稳步提升。提高普惠性民办幼儿园奖补标准，推进学前教育改革发展。加大城乡基础设施更新完善投入，城乡社区支出14.5亿元，增长33.35%。社会保障水平提高，社会保障支出7.77亿元，增长16.84%。支持高校毕业生、就业困难人员等重点群体就业，扩大低保覆盖范围，城乡低保户均标准逐年提高。提升医疗卫生服务水平，卫生健康支出4.42亿元，增长21.95%。支持公共服务卫生体系建设，强化医疗服务保障能力，对疫苗物资采购、疫情防控人员补助、集中隔离观察点等疫情防控经费应保尽保。支持乡村振兴，农林水支出3.86亿元，增长9.41%。加快乡村振兴示范村和美丽屋场建设，加大农村基础设施养护力度，足额保障农村改厕和垃圾分类等经费，持续改善人居环境。

【财政管理】预算管理一体化建设稳步推进，上线预算编制、预算执行、会计核算、动态监控四大模块，一体化系统全面投入使用。完善内控制度，组织全区行政事业单位全面建立政府采购内控体系。坚持“一企一策”，完成3家区属全民所有制企业公司制改革工作。完善政府债务管理机制，严控债务风险，确保债券资金“借、用、管、还”相统一，牢牢守住不发生区域性、系统性风险的底线。按省评估标准，全区综合债务风险等级由“风险提示地区”降低至“相对安全地区”。强化财政日常监督，深入开展“惠民惠农一卡通”和预决算公开情况专项监督检查，扎实推进整改落实。行政效能提质提速，完成会计代理记帐行政审批55家，完成财政投资评审项目990个，审减资金8.45亿元，对22个部门56个重点项目开展第三方绩效评价，涉及财政资金15.23亿元。

【队伍建设】始终把基层党组织的政治建设摆在首位，主动增强“四个意识”，坚定“四个自信”，做到“两个维护”。党组中心组理论学习16次，深入学习习近平总书记重要指示批示精神，贯彻省、市党代会和区委第六次党代会精神，把学习教育作为推进干部综合素质提升的有力措施。落实全面从严治党，制定局党组落实全面从严治党主体责任清单和工作要点，班子成员严格履行“一岗双责”，强化主体责任落实。严守政治纪律，强化规矩意识，坚持重大事项集体决策制度。夯实机关党建基础，以党史学习教育为抓手，严格执行党内政治生活准则，高质量开展“三会一课”，开展“学百年党史守初心使命”等主题党日活动12次，举办“学党史 精业务 向建党百年献礼”知识竞赛。坚持用新时代干部任用标准选拔人才，强化能上能下、有为有位的选人用人导向，加大重要岗位、重点人员轮岗和监管力度。注重对干部的教育培训工作，有效提升干部综合素养和专业能力，锻造一支“忠诚、务实、担当”的财政干部队伍。

【**廉政建设**】严格落实中央八项规定及其实施细则，加强日常考勤和工作纪律管理，紧盯春节、国庆等重要时间节点和关键工作岗位，落实常态化监督，弛而不息纠正“四风”。坚持以制度管人管事，使谈话提醒和批评教育成为常态，提升内部管理科学化、精细化水平，持续打造“清风廉里手、阳光财政人”廉政文化品牌。围绕“四个清廉”目标，在局机关开展“清廉机关”建设，切实打造“清廉机关”示范点，纳入岳麓清廉地图。主动接受驻局纪检组监督，定期报告主体责任落实情况，强化服务意识，充分履行驻点单位的后勤保障责任。带头落实过紧日子要求，切实强化预算执行刚性，大力压减一般性支出，强化财政日常监督，深入开展“惠民惠农一卡通”和“互联网+监督”等专项检查，努力提升资金效益，严控支出标准。深化与纪委监委、巡察、审计等部门的联动机制，通过履行好财政监管职能，切实维护财经纪律，服务和保障全区经济社会发展大局，为塑造“清廉岳麓”贡献财政力量。

【**党史学习**】2021年区财政局严格按照区委党史学习教育工作的整体部署，高标准高质量开展党史学习教育，围绕“学史明理、学史增信、学史崇德、学史力行”主题，组织党员实地参观岳麓书院、陈树湘烈士纪念广场等红色教育基地，践行“党建+业务”模式，举办“学党史 精业务 向建党百年献礼”知识竞赛，为全体党员配发党史书籍资料230册。广泛开展专题学习研讨、优秀党课宣讲、主题征文比赛等活动，在全局营造学党史、悟思想、办实事、开新局的浓厚氛围。

4月25日，岳麓区财政局机关支部赴陈树湘烈士纪念广场，围绕“学史增信”主题开展党史学习教育 （区财政局供图）

【**获评年度真抓实干成效明显地区**】2021年岳麓区财政局认真贯彻落实党中央、国务院决策部署和省委、省政府真抓实干要求，深入实施“三高四新”战略，推进财政工作高质量发展。全年全区完成全口径税收173亿元，财税结构持续调优，增速和收入质量持续保持中心城区领先；在总体财力偏紧的状态下，坚持向民生倾斜，落实“六稳”“六保”任务，保障各项支出平稳有序；规范债务管理，综合债务风险等级由“风险提示地区”降至“相对安全地区”；预算一体化等财政改革工作稳步推进。财政管理工作在省政府真抓实干表扬激励和全市创新实干督查激励中，均名列前茅。

【**完成非税往来项目清理**】2021年7月至8月，区财政事务中心落实省市要求，清理非税征管系统往来项目186项，停用须取消的项目161项，保留省财政事务中心拟定的《非税征管系统往来项目清单（省级）》

项目15项，清单外另行保留区级项目10项，向省财政厅和市财政局解释说明并做好项目备案。此次清理共涉及207家执收单位，通过梳理各单位往来款项与清单中往来项目的对应关系，从源头上杜绝乱收费现象，进一步规范非税收入征管工作，提升非税收入质量。

长沙麓山投资控股集团有限公司

【概况】长沙麓山投资控股集团有限公司（以下简称麓山控股集团）是岳麓区区属国有独资企业，是岳麓区项目建设及片区开发的主要平台，区属国有资产运营的重要载体。2021年，集团完成投资49.67亿元；实现经营性现金流入26.74亿元，较上年增加6.53%；资产规模达到281亿元，较上年增长3.7%；资产负债率46%；实现融资51.1亿元，综合融资成本控制在4.2%；化解政府隐性债务3.53亿元；缴纳税费1850万元。

【筹融资及化债】集团2021年共发行6笔债券，争取8家银行放款，顺利发行青山谷山一期棚改专项债3.45亿元。资信等级稳定在AA+，全年实现融资到位51.1亿元，综合融资成本4.2%。全年实际偿还债务54.64亿元，化解隐性债务5.81亿元，超额完成化解任务0.19亿元。同时，全面优化预算管理，强化成本效益预测分析和管控，承接存量到期债务，偿债资金不断链，牢牢守住资金不断链的“安全线”、不新增政府隐性债务的“底线”，不踩化债融资政策的“红线”。

【片区开发及土地整理】抢抓新一轮国土空间规划“机遇期”，编制谷山青山片区国土空间规划方案，参与莲花国际文旅小镇项目产业策划。成功招商挂牌出让土地5宗，实现挂牌成交金额63.17亿元，新增储备土地278亩，完成土地调规374亩，完成土地拆迁1135亩。谷峰227地块以17.49亿元成交，成为长沙第三批集中挂牌唯一溢价成交和总价最高地块。桐梓坡大板房项目以37.21亿元成交，引入华润万象城品牌，助力河西中央商务区建设。

【资产运营】完成物业资产去化面积5.2万平方米，新增区内收费车位约1500个。后湖艺术园引进6家企业运营园中园，8家总部企业、高新技术企业，注册企业达1141家，同比增长43%，全年实现全口径税收近1300万元，同比增长190%，荣获湖南省美丽河湖优秀案例、长沙市文旅产业融合发展示范区等荣誉。

【项目建设】6个市重大、44个区重大建设项目全部完成年度目标，区公共卫生中心被评为湖南省优质工程，吉泰园项目获评市橘洲杯优质工程。谷丰路南段全线拉通，谷峰安置小区、藕塘安置房、二里半文化广场、谷山中学等项目建设稳步推进，区中心消防站已实现交付。严守安全生产关，坚持日常高频检查，深化隐患专项整治，各项目安全生产形势可控，无安全事故发生。严抓成本管控关，加强招标采购、合同管理、造价审核、项目结算等多项管理，统筹规划，务实减免额外支出。

【项目建设有序推进】湘洋广场项目已完成工程桩基础施工，麓山和顺项目已完成支护桩施工、首层地下室土方工程等工作，谷丰综合整治开发项目（原三馆）调规工作顺利完成、待招商后挂牌出让。金星

区公共卫生中心　　（麓山投资控股集团供图）

大道西加油站完成主体建设，运营团队招聘工作统筹铺排，靳江加油站新址项目备案及指标办理工作顺利。

【推进城市更新项目】作为首个承接市城市更新项目的区级平台，全力推进新湘雅健康城城市更新，城市体检、底数调查、初步设计基本完成，湘雅三医院周边环境提质改造一期项目顺利开展，湘雅制药厂与广州地化所长沙中心征收有序推进，两校四院医技资源加速整合。

【为老百姓办实事】全面加强物业小区、在建项目疫情防控工作，组织“送疫苗上门”“送核酸检测上门”等活动，服务后湖艺术园60余家企业、1500余名员工，筑牢防疫“铜墙铁壁”。惟泽园、山水新城二期等安置小区先后竣工分房，3100余户拆迁户喜迁新房，办理谷山乐园、麓枫和苑等项目不动产证4700余本，百姓住进“暖心房”，喜圆“安居梦”。组织二级网格长参与社区建设，积极推动解决白鹤咀社区老旧住宅加装电梯等民生问题，把百姓“扎心事”办成“扎实事”。

【推进集团转型发展】推进集团转型升级，明晰权责边界，形成了“三会一层”各司其职、有效制衡、协调运作的工作格局，现代化企业法人运作机制基本成熟。按照“一企一策”制度，子公司加快深化市场化转型。完善企业制度，系统建立10个模块418项核心业务权责清单，健全集团各项管理制度36项，优化审批流程管理，推进无纸化会议等信息化项目升级。落实人才强企战略，引进高素质人才44人，落实市场化职业经理人管理机制，开展储备人才导师带教、财务人员派驻制等举措，选人用人机制优化完善。

税　务

【概况】2021年，面对疫情影响和经济下行压力，岳麓区税务工作在省、市局党委和岳麓区委、区政府的坚强领导下，全力服务湖南“三高四新”、岳麓“五城同建”战略，着力强党建、稳收入、优服务、抓队伍和严作风，较好地完成各项工作目标。全年共完成全口径税收收入173.05亿元，其中入库区级全口径税收收入558549万元，同比增加93256万元，增长20.04%；入库地方级税收收入950995万元。

【聚力优服务】全力构建“后台为前台服务，机关为基层服务，全局为纳税人服务”的“三为”服务大格局，在全市税务系统做到“六个率先”，着力提升纳税人满意度和获得感。将原纳税服务科的职能并入第一税务所，构建“大一所”模式。由“大一所”对分局（所）的办税服务厅进行统筹管理，统一规范业务标准。将“纳税人缴费人满意度”指标作为考核全局工作的综合性指标，实施专项考评。建立实施办税服务厅领导巡查、税管员进驻办税厅值班、首席办税执行官、“三师”团队后台支撑四位一体的配套制度。抓好内控团队，实行岗位绩效激励。加强办税助理管理，每月、每季、每年评选优秀办税人员，末位淘汰17人。将第一税务所南北栋办税服务厅进行合厅办公，将银盆岭税务分局和第一税务所2个直线距离1.5千米的办税服务厅进行合厅办公。学士税务分局入驻岳麓高新区办公，便捷服务园区企业纳税人。成立全市首个“线上业务”集中处理中心，推进办税事项全链条线上办理，岳麓区局线上办税占比88.88%，位居全市第二。打造岳麓区局集中话务“小呼中心”，安排4人专人接听，统一回复口径。同时，全程监控录音，实现咨询查询一体联动。率先提出全区无差别通办。对所有分局（所）办税服务厅实行大综合窗口，在导税台设置全区通办专岗，推行三大类214项业务“全业务无差别”全区通办，35个窗口已全部升级为全业务无差别通办窗口，可办理全区所有综合业务。优化厅内办税流程，实现导税区快速办、自助辅导区高效办、综合窗口兜底办。率先通过“网络直播+微课堂”方式开展常态化宣传。推出“小岳说税直播周五见”系列网络直播培训课，并聚焦热点新政，自制短视频“微课堂”10期，开创税宣辅导新风尚，受到纳税人缴费人的一致好评。招募师资人员、业务骨干、三师成员等方式，充实纳税人学堂师资团队，并要求各税源部门、业务科室至少派1名干部为岳麓区局纳税人学堂讲课，打造线上精品课程。分行业建立税企沟通群，精准推送相关税费政策。组建“‘相税行’湖南税收志愿者服务团长沙岳麓分团”，开展办税缴费辅导、线上咨询、公益宣传等活动，强化税收共治。

【加强税收征管工作】要求所有征收单位按时对所管辖企业做好月度、年度收入预测工作，特别对年纳税额在300万元以上的企业逐户上报明细，做到心中有数。加强对重点行业、重点税源、重点税种的管理，核实清理未办税户、“走出去”企业服务管理、个人所得税税收管理等工作成效明显。进一步深化税收征管改革，逐户开展税源属地管理专项清理，规范税源跨区迁移管理。调整二所和税源管理科税收管辖范围，推行分行业、分税种的专业化管理。开展未办税户清理，积极争取政府支持，将“新增办税主体占比”纳入区政府对各街道的考核指标。主动与市监部门对接，把新办户涉税事项采集前置于工商证照领取，强化源泉控管，到局办理纳税人信息采集数量在全市系统排名第一。岳麓区财政局风险管理科在全市纳税评估比赛中荣获二等奖。加大土地增值税清算工作力度，岳麓区局土地增值税清算案例被省局评为优秀案例。加强税收票证、代开发票管理，开展现金税费征缴专项整治工作。规范办税助理金三系统账号操作权限和业务范围，定期开展账号权限清查。组织全局干部参加如法网学法考试，提高干部法律意识。推进“首违不罚”清单制管理，依法依规对37户次纳税人缴费人不予罚款。全面实施行政执法“三项制度”，实现全部执法案件留痕和可回溯管理。2020年度企业所得税、个人所得税汇算清缴申报完成率均达100%。减税降费精准落地，全年累计新增减税降费11.4亿元，切实为市场主体纾困解难。在2020年企业所得税汇算清缴中，422户企业享受研发费用加计扣除10.04亿元；在2020年度个人所得税综合所得汇算清缴中，72108人共退税5790万元；1930户次纳税人享受疫情防控增值税政策减免税额3690万元，小微企业税费普惠性政策减免4808万元。

【干部队伍建设】树立“大学业务”导向，先后下发《关于鼓励干部职工积极参与竞赛活动、立足岗位自学成才等有关事项的通知》《关于加强干部教育培训工作的通知》等文件，激励具有“三师”资格等特殊人才和青年干部成长成才。通过开展岗位练兵、业务比武、岗位劳动竞赛、“两测”考试、优秀兼职教师和教育培训先进单位竞赛等方式，择优选拔业务尖子10名、业务骨干22名、业务能手30名、优秀兼职教师15名。每季组织全员业务知识考试，合格率均达97%。考后按个人、部门及职务进行成绩排名，倒逼干部主动学习，营造比学赶超的浓厚氛围。加强奖惩机制建设，健全干部考核体系，优化绩效考评规则和指标，拉开奖金差距，有效激发干部工作活力。拍摄数字人事小视频，加大考核宣传力度。将个人绩效指标导入数字人事系统，实现工作项目化、项目指标化、指标责任化。选优配强干部，调整中层干部37名，交流面达46.25%。积极稳妥推进职务与职级并行，晋升职级63人。加强疫情防控、办文办会、督查督办、信访、财务、信息安全、后勤服务等工作。推进无烟机关建设，配备无烟标识，设置室外吸烟区3个。增设母婴室，深化人文关怀。充分发挥党工青妇作用，组织开展嵇家山村结对帮扶、“百岁老人”慰问、“出手吧姐姐——温暖2021”、希望工程“一元捐”募捐等活动。

2月25日，岳麓区税务局召开全区2021年税务工作会议

（区税务局供图）

【全区2021年税务工作会议】2月25日，长沙市岳麓区税务局召开全区2021年税务工作会议，岳麓区局党委书记、局长朱浩光主持会议。会议以习近平新时代中国特色社会主义思想为指导，全面贯彻落实党的十九届五中全会，省、市税务工作会议和区委经济工作会议精神，总结2020年和“十三五”税收工作，研究新发展阶段税收现代化建设思路，部署2021年重点工作任务。

【第30个全国税收宣传月暨岳麓税收志愿者授旗仪式】4月16日，长沙市岳麓区税务局联合多部门举行第30个全国税收宣传月暨岳麓税收志愿者授旗仪式。湘江新区财政局、岳麓区发改局、岳麓区财政局、湖南工商大学会计学院、望岳街道办事处有关领导，“相税行”湖南税收志愿者服务团长沙岳麓分团志愿者共90余人参加授旗仪式。岳麓区税务局党委委员、副局长易礼文为志愿者服务团授旗，党委委员、副局长李明为湖南工商大学会计学院授牌，党委委员、纪检组组长李正强为志愿者代表颁发聘书。

4月16日，国家税务大学堂——长沙市岳麓区税务局“就认这个理”微党课竞赛决赛（区税务局 供图）

【“就认这个理”微党课竞赛】4月16日，国家税务总局长沙市岳麓区税务局举行“就认这个理”微党课竞赛决赛。长沙市岳麓区税务局全体局领导，各部门正、副职，各党支部委员及相关青年干部共110余人参加此次活动。活动现场，长沙市岳麓区税务局党委书记、局长朱浩光为选手们鼓劲加油，强调青年干部要从党的百年光辉历史中不断汲取不忘初心、砥砺奋进的精神力量。

4月16日，岳麓区税务局联合多部门举行第30个全国税收宣传月暨岳麓税收志愿者授旗仪式（区税务局 供图）

【岳麓区税务直播课堂“云开讲”】5月25日，我为群众办实事，岳麓区税务直播课堂“云开讲”用新颖有趣而且简捷易懂的形式开展政策解读、组织线上互动答疑等，以专业解读持续发出权威声音，提高政策普及度和落地的时效性，帮助纳税人增强风险应对能力，获得市场主体拍手称赞。

金 融

长沙市岳麓区金融事务中心

【概况】为深入贯彻落实“三高四新”战略部署，在“五城同建”中发挥金融产业作为，2021年，区金融事务中心围绕建设富饶富足的产业强城，在做活金融赋能实体文章，推动岳麓区现代金融产业集群发展等方面均取得优异成绩。全年全区金融业税收（全口径）55.54亿元，增幅41.78%，占比32%。岳麓区金融业增加值达200亿元，增加值占GDP的比重达到7.8%，持牌金融机构资产规模突破2万亿元，金融业服务人员规模达3万人。

【构建金融机构集聚大磁场】围绕湖南金融中心“传统金融+基金+金融科技+中介服务机构”四梁八柱的产业格局开展精准招商，积极发挥协会招商、楼宇招商、资本招商的优势，湖南金融中心2021年新引入恒丰银行、平安证券、中金资本等金融机构115家，截至2021年12月底，湖南金融中心共引进各类机构635家，包括持牌照金融机构116家、金融科技企业74家、专业服务机构57家、基金388家，总认缴出资规模1066亿元。

【形成金融生态服务大链条】以特色活动助力，形成以“资润岳麓 科创潮涌”岳麓区企业投融资路演、资本市场训练营、金企对接会、岳麓金融沙龙等四大金融活动为支撑的品牌活动服务体系，全年举办金融专业活动44场次，覆盖群体千余人，服务500余家企业，搭建“项目+资本”平台，为中小企业与金融机构提供合作机遇，达成意向融资2.23亿元。以特色平台助力，湖南金融中心政务服务超市为入驻湖南金融中心的金融机构提供一站式政务化、专业化、定制化服务，已办结（含咨询）业务691笔，满意率100%；大力发展科技普惠金融，湖南省地方金融风险监测预警中心入驻湖南金融中心，长沙金融专题库和金融大数据服务开发平台正式上线，湘江、易宝金融科技孵化器落地，湖南金融中心金融巡回法庭正式挂牌运营。

【建设金融赋能实体大能级】为拟上市重点企业解决问题10余项；加快企业股改进程，推荐更多优质企业进入后备企业库，拟上市企业库现入库企业20余家；达嘉维康在深交所创业板上市，实现本土培育上市企业零的突破；湖南力得尔在新三板挂牌；赛恩斯环保递交上市申报材料；长沙天使文化（原中南天使）在湖南证监局辅导备案登记。

【优化金融发展大环境】岳麓金融事务中心已连续3年获评长沙市打非先进单位。深入贯彻落实打非处非条例，以打击非法集资宣传“七进”为抓手，全年开展100多场次形式多样、内容丰富、成效明显的宣传活动，惠及群众万余名。开展重点楼宇上门清理核查，制定打非处非联合执法机制，2021年在“打早打小”上，认定资金清退4起，行政处置6起，公安立案2起。

【金融与企业“换位”路演】3月26日下午，“资润岳麓 科创潮涌”湖南金融中心辐射长株潭——金融机构反向路演活动在岳麓科创港举行。这是一次金融机构与企业“换位”路演的创新探索，为来自长沙市岳麓区、湘潭市雨湖区的60余家科创企业提供新形式资本对接渠道。在此次反向路演活动中，建设银行长沙河西支行、招商银行长沙分行、先导融资担保、盛世投资等4家金融机构先后进行金融产品路演展示，让企业全面了解获得资本支持的不同路径。

【科创企业同台“竞技”】5月18日下午，“资润岳麓 科创潮涌”湖南金融中心辐射长株潭专场融资路演举行，来自岳麓区、雨湖区的5家科创企业同台

"竞技"，寻觅资本市场"伯乐"。来自长沙西吉网络科技有限公司、湖南出头科技有限公司、湖南精正设备制造有限公司、湖南蘑蘑哒农业开发有限公司、湖南浩拓机电科技有限公司的相关负责人先后上台，以"8分钟展示+5分钟机构提问"的形式向长沙银行、招商银行、达晨投资、长沙市科风投等12家金融机构代表展示企业风采。湖南浩拓机电科技有限公司获得众多金融机构的青睐，共获得3500万元初步意向投资，成为此次金融路演活动"最具投资价值"奖项的企业。下一阶段，岳麓区金融事务中心、雨湖区金融办将针对路演项目的拟投资情况，邀请第三方金融服务机构实地走访两区路演企业，围绕路演企业的金融需求，提供政金两端的服务方案，切实有效搭建资本对接渠道，促成企业与资本的深度对接。

【举办训练营为中小企业传经送宝】7月14日下午，"资润岳麓，科创潮涌"中小企业资本市场训练营活动在岳麓科创港举行。湖南省、长沙市、岳麓区有关部门代表和专家，围绕企业科创属性、知识价值培育及投融资等方面，为现场的50余名企业代表传经送宝。该训练营已连续5年举办。省科技金融服务中心有关负责人通过课程"企业科创属性培育与科技金融"，从当前形势、科创属性与知识价值、企业科技创新相关政策、企业科创属性培育与科技投融资4大方面，详细分析企业融资难、融资贵问题，并全面讲解财政专项资金支持政策、金融政策对企业上市支持方法、税收政策对企业上市支持方法等。省科技成果与技术市场协会有关负责人通过"企业科创属性与知识价值信用培育实务"主题讲座，从科创属性与知识价值信用概述、企业技术创新全生命周期生态管理体系、企业科创属性与知识价值信用培育实务等方面展开详细解读。

【金融机构企业"云对接"】8月20日，"资润岳麓，科创潮涌"湖南金融中心辐射长株潭金融机构、企业对接会活动在湘潭市雨湖区58众创新经济产业园举行。7家企业、近20家金融机构洽谈融资，为企业资金问题提供专家建议与解决方案。此次对接会采用"直播间+视频会议"形式，在主分会场之间实现线上线下同步交流，这种形式适应疫情防控的要求，做到安全便捷、互联高效。会上，来自岳麓区和雨湖区的7家企业轮番登场，他们"秀特色、提需求、问妙招"，从项目优势、团队构成、前景展望、融资需求等方面进行全方位推介展示，并由湖南金融中心各机构专家组成金融观察团提供咨询与指导。本次金企对接会形式新颖、辐射面广泛，立足于长株潭一体化大进程，服务于"后疫情时代"的金企对接新需求、新常态，将省级金融中心的优质金融资源导入长株潭一体区域中，着力解决企业融资难问题，打造专业的金融服务和资洽平台，帮助金企两端实现快速对接、产投联动、加速赋能。

【高校成果转化项目专场路演】10月13日下午，在2021年度"资润岳麓　科创潮涌"岳麓区高校科技成果转化项目专场路演现场，来自中南大学、湖南大学的5个科研团队带着他们的科技成果陆续"亮相"，接受市场的"检阅"，现场达成意向投资1.58亿元。此次活动旨在以更高站位、更实举措落实好"三高四新"战略，在"一打造三当好"中彰显岳麓担当，推进"五城同建"，使驻区高校的人才、技术、成果能更好更快地就地转化，促推岳麓区经济社会高质量发展。

【岳麓区资本市场培训营开课】12月1日，"资润岳麓　科创潮涌"2021年岳麓区中小企业资本市场训练营北交所新规解读活动在长沙市岳麓科创港开课，近50家科技创新企业现场"听讲"。开源证券投资银行负责人结合10余年深耕投资银行业务、多次主持或参与企业上市经验，围绕"北交所新规解读及企业上市路径选择"主题进行深入讲解。中审华会计师事务所、招商银行长沙分行公司负责人分别做《北交所上市财务信息披露要求解读》《服务"专精特新"助力企业成长》的主题报告，详细解读北交所上市标准及发行条件、北交所上市《业务规则适用指引第1号》解读、"专精特新"企业的融资方式等内容。此次活动还进行现场直播，吸引2.12万人次在线观看。

湖南湘江新区农村商业银行股份有限公司

【概况】湖南湘江新区农村商业银行至2021年底，资产总额351.94亿元，较年初增加37.11亿元，增加11.79%；资本收益率9.84%，资产收益率0.82%；杠杆率6.28%；拨备覆盖率193.66%，贷款拨备率2.78%，资本充足率12.61%，核心资本充足率11.56%。全年缴纳税费1.43亿元，纳税等级A级；监管评级二级。2021年，湘江新区农商银行全年各项存款313.50亿元，较年初增加38.99亿元，增幅14.20%。各项贷款余额149.29亿元，较年初增加24.86亿元，增幅19.98%。全年实现营业收入15.53亿元，同比增加1.85亿元，增长 13.51 %。不良贷款率为1.43%，较年初增加0.08个百分点。

【服务实体经济】湘江新区农商银行以“普惠金融”为抓手，全面推进乡村振兴战略，以服务“三高四新”为导向，为37户制造业企业、36户高新技术企业分别提供金融支持8.54亿元、4.38亿元；信用贷款较年初增长2.49亿元，增速761.26%，有效解决小微企业融资难问题。

【内控合规管理】为规范员工行为，提高案件防范能力，组织全体员工签订案防承诺书，明确“八做到，一授权和十五不”，促进员工行为管理和案防管理工作；开展“内控合规管理建设年”活动，针对性加强内控合规管理部署，在全体员工积极参与下，将内控合规管理建设转化为员工自觉行为，确保全年未出现一例案件和风险事件。

【智慧金融稳步发展】以“福祥e贷”为基础，整合移动营销VPN、CRM、福祥到家、存贷质押贷等产品，进一步改善客户体验，更好地让贷款“走出去”，扩大湘江新区农商银行信贷服务覆盖范围，抢占零售市场，提升经营效益。全行电子银行各项基础业务类指标持续增长，如银行卡发卡量、卡交易量稳步提升，手机银行、网上银行、自助设备、特约商户收单等电子银行业务保持持续、稳步发展势头。

文化·旅游·体育

综　述

【概况】岳麓区有文旅生产经营单位4026家，其中规模以上企业59家，国家A级旅游景区12家，星级酒店5家，拥有岳麓书院、曾国藩墓等国家、省、市重点文物保护单位137处。2021年，岳麓区文化旅游体育工作，根据《湖南省公共文化服务体系高质量发展五年行动计划（2021—2025年）》要求，编制完成《岳麓区“十四五”（2021—2025年）文化旅游产业发展规划》。全力发展文化旅游产业，建设文化旅游项目。优化基层文化阵地，完成文化馆、图书馆新馆建设与运营。加强文化遗产保护管理，完成曾国藩墓修缮工程。开展群众文化活动，丰富群众业余文化生活，阳明山庄社区被评为“湖南省书香社区”，岳麓区获“湖南省书香城市（区县级）”称号。

【产业发展】编制完成《岳麓区十四五文化旅游产业发展规划》《岳麓区当好文旅高质量融合发展新样板三年行动计划》，构建“两山引领、三湖辉映、双廊相牵”的文旅产业发展总体布局。推出“百年风华·青春岳麓”红色文化旅游年、“手可摘星辰·岳麓亮晶晶”文化旅游消费季、庆祝中国共产党成立100周年情景交响音乐会、岳麓山青年戏剧节、时尚岳麓艺文生活节、含浦油菜花节等一系列节会活动。综合运用微信、微博、抖音等新媒体，全方位宣传推介岳麓文旅资源，开展“这里是岳麓”文旅达人抖音挑战赛。各类活动获30余家中央、省、市主流媒体推介，发布稿件百余篇。联合区融媒体中心，开展“十佳十美”评选活动，宣传推介岳麓旅游业内的优质商户。全面完成区智慧文旅平台一期工程建设，指导开展三条景交直通车专线，全力推动重点景区文旅标识标牌、旅游厕所、停车场、旅游交通网络、周边环境提质等基础性工作。全年，全区申报建设完成旅游厕所47座，共计445个厕位，文化旅游接待和服务能力逐步提升。

【项目建设】推动晚安工业园、龙洞花卉谷申报国家AAA级旅游景区，华谊兄弟长沙电影小镇申报国家AAAA级旅游景区。改建洋湖白鹭府、莲花桐木村、后湖3个文旅驿站，全面推进星寨湾山居聚落提质项目，打响全区民宿品牌。主动服务欢乐海洋项目主体结构施工、映客龙湖及和光传媒主体竣工、麓山文化园立项选址等，各在建重点文旅项目按时间节点稳步推进。助力长株潭一体化文旅融合发展，加速岳麓区、雨湖区两地景区互通，文旅融合发展，策划孵化6条红色文旅路线及系列暑期产品。

【文化阵地】优化基层文化阵地布局，在长沙市率先建成、开放区级图书馆、文化馆，全市首台“智慧书柜”投入使用。全面完成5个市级标准化社区（村）综合文化服务中心建设。搭建以区文化馆为主的免费公益培训平台，联合区融媒体投入150万元，投放100台文化宣传屏进社区（村）、企业楼宇。开展岳麓小小向日葵、文润千家·情满岳麓、麓风艺术等群众性文化活动100余场。投入400余万元，开发线上文旅平台“岳麓文旅”。首推“岳麓云借书”服务，打造“岳麓之声”，与喜马拉雅合作推出有声图书馆。全年开展线上文化服务50余场次，参与人数300余万人。全年新创文艺作品106件。6个作品获长沙市第三届“群星奖”金奖。制作《古塘湾1930》、《致敬英雄》MV，点击量达100万+。

【文物保护】2021年，麓山景区重点文物整体提质。完成曾国藩墓保护修缮与护坡加固工程，协调解决曾国藩墓后期保护管理工作。传统园林花木营造技艺、乔氏正骨手法、莲花根雕、湖湘木帆船入选长沙市第7批非物质文化遗产项目名录。祇园项目被授为长沙市示范性非物质文化遗产传习所，“传统木构建筑营造技艺”被评为第五批省级非物质文化遗产代表性项目。全年巡查各类文物保护单位200家次，整改安全隐患30余个。联合消防、民宗等部门开展文物建筑消防安全检查，排查整改火灾安全隐患20余处。

【两馆新建】2021年，岳麓区文化馆、图书馆新馆落成开馆。岳麓区文化馆、图书馆新馆公共开放区域共三层，总面积15000平方米。文化馆内设展厅、录音室、多功能厅报告厅、培训室、艺术创作室、智慧教室、排练厅等功能室，施齐全、设备先进、功能完善，可开展文艺演出、辅导培训、展览讲座等群众文化活动，提供公众现代化数字文化服务。图书馆内设少儿阅览室、综合阅览室、国学室等功能室，藏书15万册。新两馆10月开始试运行，12月正式开馆，共接待2.8万余人次。

【群众文化】全年开展大型群众文化活动10余次，丰富群众业余文化生活。4月29日，岳麓区红色文化旅游年暨文旅强区建设首发式活动在麓山景区爱晚亭举行，现场观众200余人，线上直播实时观看量达63.52万人次，图片直播点击量达2.3万人次，有16家中央、省级主流媒体聚焦推介，发布转载稿件50余篇。4月29日，2021“百年风华　青春岳麓”文旅达人抖音挑战赛启动，“这里是岳麓”抖音话题10月末整体播放量破亿，众多抖音大V参加活动，话题内视频达500个，涌现50个点赞过万的视频，其中最高点赞量达23.1万人次。微博话题“这里是岳麓”阅读量4576.8万次，讨论1190篇。6月10日，在区政府大礼堂，岳麓区开展“百年奋斗路　唱响新征程”红色经典歌曲大合唱比赛初赛，共有19支区直机关和街道（镇）干部职工合唱团队参赛，演职人员1000余人，现场观众1500余人。7月17日举行决赛，10支队伍参加角逐，演职人员600余人，现场观众1000余人，岳麓教师合唱团与魅力含浦合唱团从10支队伍中脱颖而出，夺得金奖。

【阅读推广】开展阅读推广活动，弘扬主流文化。携手高校志愿团队持续开展学雷锋文化志愿服务系列活动。清明节期间，开展“我们的节日·传统文化进社区”——清明节主题系列活动。中秋时节，开展“我们的节日·中秋”2021“月映后湖　多彩岳麓”吟诵会。联动13个分馆开展各具特色的“百年荣光　星火‘湘’传”党史知识竞赛活动。4月25日，在莲花镇金华村开展“弘扬传统美德　培育良好家风”名家送家风家训党史教育活动，邀请名家现场书写家风家训，送给村民。在常态化疫情防控环境下，线上举办各类读书活动。持续开展“阅天下·邂逅图书馆之美”游学打卡活动。春节期间联合开展2021年“赏春意　品书香　暖万家”主题活动。元宵节期间，举办“欢欢喜喜过大年　趣味灯谜线上猜”猜灯谜活动。开展“岳麓云借书”测试活动，活动累计收到127个在线订单，外借图书416册。5月，参加湖南NEWS938潇湘之声《泡在图书馆》节目，线上宣传图书馆各方面工作。7月21日，长沙市区县馆首台预约取书柜在岳麓区政务服务中心揭牌。读者只需手机一键下单，即可享受预约取书服务。

【体育事业】2021年，基层体育阵地建设进一步优化和完善，全区基层社区（村）新建31个智慧社区健身中心、2个乡镇级全民健身中心、1条健身步道、15处全民健身路径，改造1处小型球场。全区人均体育场地面积达1.9平方米。组队参加长沙市十运会，总成绩金牌榜、总分榜均名列长沙市第一。组织游泳馆、足球、篮球、乒乓球、羽毛球、国际象棋、体育舞蹈项目6大类7家培训场所开展暑期免费向中小学生开放和培训服务，直接受益人群达1.2万余人次。年内，为13家游泳场馆和1家滑雪场馆进行审批办证，新成立2家青少年体育俱乐部，岳麓区体育事业稳步发展。

【党支部】组织召开双述双评、民主评议党员大会召开2

次组织生活会、12次支委会、12次主题党日、6次党员大会、7次党课。以主题党日活动为依托，高标准完成“学史明理”“学史增信”“学史崇德”“学史力行”四大主题教育，其中在“学史崇德”主题教育中，组织全体党员观看经典红色电影《上甘岭》，在“学史增信”主题教育中，将党史学习教育融入全民阅读宣传推广，邀请《半条被子》的作者、编剧志在飞讲述“半条被子”及其创作背后的故事，在“学史力行”主题教育中，将党史学习教育与“文化和自然遗产日”宣传结合，突出展示岳麓区红色文化遗产魅力，区党史学习教育简报全文报道区文化旅游体育局2021年红色文化旅游年暨文旅强区建设首发式，刊发区文化旅游体育局“学史力行”经验文章。党员李玲艳、符小培作为优秀共产党员代表出席了区委、区直机关工委表彰大会。党员率先垂范，党员周跃飞、黄莹莹作为全区党员代表参加“百年岳麓红”视频录制，支部组织易璐琳、周赛参加“回眸百年党史、讲好红色故事”机关红色故事征集评选活动荣获三等奖。

岳麓山风景名胜区

【概况】2021年，岳麓山风景名胜区以党史学习教育为推动力促进管理服务提质，加强生态环境保护及文旅融合发展。2021年，共接待游客1695万人次，实现旅游经济收入6254.67万元，各项工作均完成年度既定目标。

【党史学习】桔子洲头青年毛泽东艺术雕塑被中共中央宣传部命名为全国爱国主义教育基地，桔子洲景区获全国总工会“全国工人先锋号”称号，岳麓山风景名胜管理局先后多次获得省、市的表彰与奖励。岳麓区风景名胜区管理局成立领导小组、制定学习方案，统筹推进局系统党史学习教育。围绕党史学习四个专题，开展中心组学习、举办读书班、参观十八洞村、观看网络直播、举办庆祝建党100年歌咏比赛等活动，在学深悟透践行中锤炼政治能力，做到学党史、感党恩、跟党走。以党史学习推进“我为群众办实事”实践活动，开展游客满意度调查，列出为民解难项目清单，解决旅游厕所、观光候车站点、内外部交通优化升级、生态环境提质等问题。加强肖劲光故居等红色教育基地建设，开发橘子洲“一个教室、两个展馆、三堂党课、N条党性教育体验线路”，为各级党组织和社会团体提供党史教育服务。

【旅游服务】抓讲解员素质提升，制定《五星评定与考核管理实施细则》，邀请专家现场授课，举办普通话、讲解技巧、接待能力及管理能力提升培训班。选送17人次参与省、市、区各级讲解员大赛，荣获省文旅厅红色故事讲述比赛一、二等奖。抓旅游安全，完善应急管理体系，加强应急演练，强化领导带队督查，全年排查隐患364处，并得到有效整改。落实新冠疫情联防联控要求，强化预约参观、扫场所码等举措，筑牢疫情防控安全屏障。完善便民设施，按照核准的景区游客日最大承载量和瞬时承载量进行限流，从根本上消除安全隐患。完善旅游标识系统，升级观光车候车站点，橘子洲率先实施15座旅游厕所智慧化改造，智能引导、空气检测、蹲位显示功能全新上线，解决游客“车位、厕位”之忧。麓山景区实施坡改缓工程，确保游客的行车安全。

【资源保护】加强森林资源管理，开展森林防火普查，摸清野外火源、护林员队伍、森林防火能力等级情况，开展安全生产咨询日活动、森林防火宣传活动。防控外来有害生物“加拿大一支黄花”，遏制森林病虫害在景区内扩散。建立麓山景区古树名木档案，按每株古树的坐标位置，绘制图册。落实环保督查要求，排查景区餐饮门店营业证照、油烟净化、食品安全，关停桃子湖文创园呷哺呷哺餐厅，落实中央环保督查工作要求；推进景区经营性餐馆分类整改，省环保“回头看”反馈问题有效解决；开展“湖南师大、湖大环岳麓山周边环境整治”专项行动，清理违规菜地并复绿，依法关停无证经营餐馆、拆除新增违章搭建，清运建筑、生活垃圾，景区周边区域生态环境明显改善。加强文物资源保护，完成肖劲光故居修缮及展陈提质、故居前坪景观改造、海军近现代装备展开馆、爱晚亭修缮。实施“文物三防”工程，强化文物标识标牌建设。顺利承接曾国藩墓的日常管理维护。全年无文物损毁事件发生。

【文旅融合】挖掘文旅资源，收集整理景区历史沿革、文化古迹、人文历史等素材，聘请专家对讲解词进行系统修订。打造岳麓书院思政课堂、新民学会开学第一课、爱晚亭党员群众讲习所、橘子洲第八班教室等文旅融合品牌。组织拍摄《层林尽染》红色微电影并在“学习强国”平台向全国党员推送。出版的《百年风华麓山红》画册，发表的《妈妈的金戒指》《精神不死、忠贞可风》等文章，均得到广大读者的喜爱。开发文创产品，麓山景区创立并注册“一麓有礼”文创品牌，举办“百年风华·岳麓印记”首届“麓山红”文创产品大赛，推出润心饭、麓山红茶、麓山红爱晚亭5D模型等45个文创产品，一批根植麓山特色、内涵丰富的文创产品走进市场，惠及民众。提质文旅产业，整合区域资源，串联网红景点，开通连接湖南省博物馆、洋湖湿地公园等热门景点的“红遍岳麓”文旅专线，打造6条长沙文旅深度体验线路。

【项目建设】完成咸嘉湖景区灌溉管网、肖劲光故居提质改造、海军近现代装备展、桃子湖路灯照明、桃花岭景区木栈道、橘子洲景区服务接待提质工程等项目建设。麓山景区西大门上山通道（一期游步道工程）竣工，将与麓山景区西大门同步开放。咸嘉湖景区游客服务中心装修项目、消防管网（二期）项目、儿童友好实践区项目抓紧推进。麓山景区成功申请国家专项债4.1亿元，确保景区索道、人车分流系统、麓山书舍、电视塔周边区域改造等项目顺利推进。

【肖劲光故居重新开放】景区按照“修旧如旧”的原则，实施肖劲光故居修缮、展陈提质及周边环境综合整治工程，经过为期28天的奋战，于4月30日重新对外开放。景区通过打造“从肖劲光大将的峥嵘岁月中汲取强军兴国智慧”精品党课，录制《母亲的金戒指》《精神不死、忠贞可风》红色故事等，向广大游客传承红色基因，弘扬爱国主义精神。

【爱晚亭修缮工程完工】8月1日，爱晚亭启动修缮工程，以“原材料、原工艺、原形制、原做法”为原则，采用传统工艺、使用传统材料修缮，替换和修复的瓦件全部征集于原厂同批次材料，经近2个月的全封闭施工后，于10月1日正式向游客开放。

【青年毛泽东艺术雕塑命名为全国爱国主义教育基地】7月，橘子洲头青年毛泽东艺术雕塑被中共中央宣传部命名为全国爱国主义教育基地。9月22日，橘子洲头青年毛泽东艺术雕塑全国爱国主义教育基地揭牌仪式在景区管理处举行，省、市相关部门领导出席并为基地揭牌。

【麓山红枫节】11月16日，“万山红遍·枫韵岳麓”第十五届中国（长沙）麓山红枫节开幕式暨“追寻伟人足迹·探访红色山峰”中国红色名山故事会在岳麓山爱晚亭举行。活动齐聚香山、栖霞山、天平山、井冈山、韶山、岳麓山等名山，通过情景剧、音诗画、朗诵等形式让红色精神通过文化旅游的纽带和创新传播的方式散发出独特魅力，获得了超过30万网友的在线点赞。

麓山景区

【概况】2021年，麓山景区接待游客766.65万人次，其中天马山景区接待游客35万余人次，桃花岭景区接待游客38万余人次。完成接待任务367批次9869人次。完成“爱晚亭修缮工程”等18个建设项目。景区全年收入12518.46万元，其中财政预算拨款3967.39万元，专项拨款3041.2万元，自创收入5509.87万元（自创收入含经营门店收入468.86万元，滑道分成收入385.83万元，索道收入1844.75万元，观光车分成收入2307.11万元，停车场收入313.29万元，天马桃岭景区收入79.01万元，旅游业务收入92.85万元，园林收入7.93万元）。观光车、门店、停车场的收入分别比上年增长94.16%、83.11%、4%。再获“湖南省‘宪法进宾馆（景区）’活动先进单位”称号。

【**党建工作**】麓山景区党委4月完成支部换届，调整为6个党支部。2021年完成党员转正3人，发展预备党员5人。做好庆祝中国共产党成立100周年宣传活动，开展“唱支歌曲给党听，昂首阔步新征程”职工歌咏活动；与《长沙晚报》合作，出版《百年风华麓山红》画册，用五个篇章，通过新老照片的对比，反映百年来岳麓山不同时期的历史风貌。设计制作一批富有景区特色的红色文创产品。拍摄《层林尽染》红色微电影。5月，党委书记带队赴梅山文化园就“党建联盟，携手推进文旅振兴”进行实地考察，并与梅山文化园党组织签订党建联盟协议书。

【**安全生产**】景区安委会与下属科室、驻山单位签订《麓山景区管理处安全生产目标管理责任书》，将景区划分成十二个大网格。形成“横向到边、纵向到底、不留空白、不交叉重叠”格局。召开安全生产专题会议8次，进行安全生产检查14次（含专项检查），查出安全隐患259处，隐患整改率100%；购置小型消防车、无人机指挥车（4名队员通过考试取得无人机驾驶航空器系统操作手合格证）、大疆无人机各1台，更换6台消防自救呼吸器。林内巡逻258天，补给移动水源29次，更换林内水带2次。于3月、7月、9月进行三次消防演习。

【**疫情防控**】麓山景区下发《关于麓山景区严格落实疫情防控通知》，制定《麓山景区疫情防控工作预案》。在疫情发生时段，除日常保安外，每天增派2名处级领导、12名中层干部及管理人员协助开展查验“双码”、查看核酸检测报告等疫情防控志愿服务。组织景区工作人员进行新冠疫苗接种、核酸检测。每天对景点设施和主要游道进行早中晚三次消毒，厕所每两小时进行一次消毒，开通多处电子显示屏和100多个语音广播，循环播放疫情防护措施，启动3台巡逻车不间断巡逻提醒游客戴口罩、不聚集。2021年共计发放口罩9755个、手套8725双、背包式喷雾器消毒设备12台、喷壶式消毒设备4台、体温测量枪17把、护目镜60个、消杀喷壶20个、酒精75千克、84消毒液150千克，切实保障游客和景区员工安全。

【**项目建设**】肖劲光铜像维修、肖伟墓新修便道工程、仰天坪改造工程、半山亭茶室装修、全山沟渠沉淀池清理、园林绿化科二队修缮、七十七师麻石护栏修复、大雨引起的全山小塌方清整、长廊观日台抗渗、电视塔厕所维修等小型工程已完工。爱晚亭厕所改造工程、半山亭茶室、爱晚亭片区水网改造工程、坡改缓工程、观光长廊和穿石湖廊阁修缮、陆军第四军抗敌阵亡将士墓修缮、新建长廊观光车中转站建设、爱晚亭修缮工程等中型工程也已完工。交通优化一期项目工程正在办理各项申报手续；索道提质改造工程已出设计方案；危房提质改造建设工程正在办理设计文本审批；麓山文化园已重新公开招标。

【**文物保护**】景区按照“修旧如旧”的原则，完成肖劲光故居修缮及展陈提质、陆军第四军抗敌阵亡将士公墓修缮工程。8月1日，爱晚亭正式启动修缮，以“原材料、原工艺、原形制、原做法”为原则，修缮采用传统工艺、使用传统材料，替换和修复的瓦件全部征集于原厂同批次材料，历经近60天的封闭施工后，于10月1日正式与游客“见面”。对肖劲光铜像纪念园、肖伟墓进行了整修及环境整治。蒋翊武生平事迹展陈方案已报省委宣传部通过，项目正按方案实施。中国近现代海军装备展项目正在进行建设。对全山文物进行常态化巡查以及督查执法，对“兰涧”“石濑”“清风峡”“清风泉”四块石碑模糊的碑文进行重新贴字，整改损坏破旧标牌30余处，新增肖劲光故居指路牌和肖伟墓指示牌2处。

【**生态园林景观维护**】完成仰天坪牡丹园入口绿化景观提质改造工作；肖劲光铜像周围的绿化提质工作；长廊、爱晚亭厕所后茶花、桂花树的挖洞、栽植工作；东门车库配电箱周边绿化的移植和补栽工作；牡丹、月季等精品花卉以及各类绿植的栽种和培育管理工作。3月，开展植树节“麓山树・树长沙”认植认养活动，活动期间新认古树40株，续养古树41株，认养红枫等树木29株，认养金额共计7.35万元。10月，选送15件作品参加今年湖南省花木博览会。作品《秋意浓》《孕育》《秋茗》分别荣获金奖、银奖、铜奖，《龙腾盛世》《巫峡遗韵》荣获优秀奖。11月，举办第十七届菊花汇报展，展出百菊台、塔菊、悬崖菊、笠菊、盆景菊、造型艺菊、艺术插花等七大类花艺，展出近6000盆花卉。桃花岭、天马山景区绿化养护工作经过一年多的规范管理逐步走上科学规范轨道。及时做好森林病虫害监测、防治工作，全年共计对全景区森林进行药防11次，虫害防治打药21次，施用水剂约3040千克；白蚁防治施水剂约400千克；开沟灌根施药水剂约500千克。爱晚亭片区及园庆林红枫白粉病防治，确保景区无重大虫情发生。5月以来，景区经历多次强对流天气，造成景区大树出现断枝、倒伏等情况，景区组织人员，安排6台高空作业车对主游道两边、管理处周边等多处存在安全隐患的高空枯死枝进行集中清理。对全山卫生坚持每日巡查、考核，发现问题立即整改。并保证对风景区管理局机关、肖劲光故居、湖区、桃花岭景区等区域及设施进行日常保洁。

【麓山红枫节】“万山红遍·枫韵岳麓”第十五届中国（长沙）麓山红枫节开幕式暨“追寻伟人足迹·探访红色山峰”中国红色名山故事12月在岳麓山爱晚亭举行。系列活动包括“百年风华·岳麓印记”、首届“麓山红”系列文创产品大赛、“打卡星城·网红岳麓”2021长沙旅游嘉年华、“爱晚枫红·趣话名亭”第三届红叶论坛暨中国名亭联谊会首届名亭文化讲坛、“霜染枫丹·万菊竞妍”岳麓山第十七届菊花展等，从不同维度共赏“红色中国”，让中外游客以红叶为媒，慢慢品味“枫”韵麓山与“红”色情怀。

【景区红色文化研究】在《文史博览》发表《烹着喝的岳麓茶》《邓小平刘伯承冒雨登岳麓山》《卅年仍到赫曦台——毛泽东的岳麓山情怀》，在《时代邮刊》发表《毛泽东与体育锻炼》《精神不死、忠贞可风——牺牲在长沙黎明前的地下党员肖伟的故事》；在“新湖南”等媒体发表《岳麓山笑喃岩背后：一段异乡人留下的家国故事》等文章。

橘子洲景区

【概况】2021年橘子洲景区围绕“打造世界旅游目的地”的总体目标，以党的政治建设为统领，紧扣“以游客为中心”的理念，从管理服务、综合治理、生态环境、项目建设、旅游产业等方面发力，完成年初既定目标。全年接待游客828.7万人次，实现年度经营创收604.25万元。景区被评为全国爱国主义教育基地、湖南省文明单位、长沙市文明风景旅游区、长沙市十佳旅游景区，游客服务中心荣获“全国工人先锋号”称号，机关支部被评为长沙市示范化党支部。

【党建工作】系统学习党的历史，引导党员干部自觉从党的百年历史中汲取砥砺奋进的精神力量。发放“党史学习大礼包”，举办“学党史、讲党史、赛党史”活动，通过自学、讲课、比赛等方式，进一步激发广大党员的学习热情。将党史学习教育与“我为群众办实事”实践活动有机结合，听取民情民意，列出“为民解难题”问题清单15项，为群众解决实际困难239个，通过党建与业务的深度融合，推动党史教育“落地生根”。以庆祝中国共产党成立100周年为契机，发挥橘子洲初心启航见证地的作用，依托“一个教室、两个展馆、三堂党课、N条党性教育体验线路”，为湖南省委等各级党组织提供党史教育专属服务151场，配合社会各界开展党史教育400余场，得到各级主流媒体的宣传推介，进一步扩大了景区党建品牌影响力。以纪律作风专题教育为抓手，狠抓工作作风转变，全年督查整改问题170余个，批评教育违反劳动纪律人员5人，党内警告处分1人，行政处分1人。全年开展综合督查125次，疫情防控、食品安全、环保等专项巡查147次，下发综合管理通报38期。加强廉政风险管控排查，强化资金使用监管，做好项目内部自查、内部审计。规范内部招标程序，做好自主询价采购项目评标监督，全年开展评标监督21次。严格落实党风廉政建设主体责任和监督责任，完善领导班子及中层干部廉政档案，对违规情况进行自查自纠。注重警示教育，组织中层以上干部观看廉政警示片，全年推送廉政警示文章45次，重大节假日提前发布廉政警示，强化纪律监督，确保景区风清气正。

【服务提质】根据省委常委、长沙市委书记吴桂英调研走访时对景区服务提质的重要指示，景区以问题为导向，梳理出七个方面39个问题，成立领导小组，制定整改实施方案，严格对标，强力推进管理服务提质。优化升级观光车候车站点，设置513米人车分离栏杆，小火车数量增加至49台，车辆运行效率提升30%。新增12台自助售票机，增设自助引导标识，大幅缩短游客购票等候时间。率先实施15座旅游厕所智慧化改造，开发智慧厕所App，开放办公区域厕所，智能引导、空气监测、蹲位显示等功能全新上线，有效解决游客后顾之忧。强力推进中入口广场、新S路配套服务点改造，扩大游客集中区域集散、休憩空间，游客安全得到保障。创新推行旅游旺季全员轮班、工作日调休制度，将工作重心调整到节假日及游客高峰时段，实现服务时段全覆盖；创新工作举措，建立重大节假日联合工作机制，“警景”联合、“景校”共建模式日趋成熟；开展旅游服务质量暗访，及时整改存在问题，持续推进岗位服务培训。通过集中整改，景区服务质量显著改善，游客体验感、获得感、安全感得到大幅提升。

【综合治理】以“创建省级安全生产示范区”为载体，强力推进安全生产专项整治。健全安生生产责任制，坚持班前例会制度，完善隐患排查机制，压紧压实企业安全生产主体责任。严格执行“一盔一带”管理，启用智能道闸、智能升降柱系统，严控下桥、入园工作车辆数量，景区交通状况持续好转。聚焦重点领域，强力推进亮化施工、雕塑清洗、特种设备、食品安全、危爆物品专项整治，强化消防安全、应急处置培训，从根本上消除事故隐患。全年召开安全生产专题会议4次，开展安全检查21次，排查和整改各类安全隐患80余起，景区安全生产形势稳定向好。联合公安、城管部门集中开展秩序整治专项行动，创新推行网格管理模式，充分发挥视频监控、视频对讲系统作用，通过“定点值守、分区巡查、联动处置、综合执法”，从源头上实现对各类违规行为的精准打击。全年，制止黑车58台、黑摩的730台，处置违规发放传单人员496人次，教育劝导各类不文明行为396人次，景区整体秩序大幅好转。借助公安部门力量，加大核心景点管理力度，严密防控邪教组织。强化舆论引导，坚持正面宣传，围绕庆祝中国共产党成立100周年、文明创建、疫情防控等做好正面宣传引导。景区文明创建工作得到人民网、《湖南日报》等媒体宣传达61次。应急体系得到健全，做好应急预案编制工作，定期开展突发事件处置演练，执行24小时值班制度，全年实施应急救援41起，帮助游客寻人寻物207起，拾金不昧85起，景区好人好事不断涌现，崇德向善蔚然成风。疫情防控取得成效，遵循“外防输入、内防反弹”原则，严格落实新冠肺炎疫情联防联控举措，加大疫苗接种及核酸检测力度，强化预约参观、“双码”查验等举措，做好中高风险区域人员排查，筑牢疫情防控安全屏障。防汛工作稳步推进，举全园之力成功应对洪水威胁，提前做好物资转移及设施拆除，采取临时闭园措施，汛后迅速清淤消毒，在短短4天内快速恢复开园。

【生态保护】遵循“节约、实用、美观”的原则，移栽调整50株梅花至管理处、班组休息室、新S路服务点等区域周边。通过“乔灌草”立体景观营造，解决密植区域植物生长不良问题。自筹资金30余万元，完成庆祝中国共产党成立100周年主席雕塑广场、南支桥广场等核心区域摆花任务，72小时内完成采购、设计、施工，摆花面积达1500平方米，营造出浓郁的节日景观。按照“生态、经济、安全”的理念，完成中入口、老S路厕所出口、新S路西侧出口等40余处植物调整，修复补植东入口等20余处黄土裸露区域，实施主席雕塑西侧、省两型馆东侧等4处林下空间改造，通过植被调整、线形优化，区域功能更加清晰。

全年补植、移植乔木104株、灌木1150株，修复地被987平方米、草坪1万平方米，节日摆花6万盆，更换时令草花135114盆，追播黑麦草50余万平方米，实现四季常绿目标。

【项目建设】科学实施中入口广场改造，利用遮雨棚分段施工，回收广场原有栏杆，有效缩短建设周期，确保工程如期完工。实施设施提质，翻新维修座椅111张、标识标牌63个、垃圾桶15个、停车位15个、文物建筑7处。对新S路售卖点进行移位，核心景区外围道路增设513米隔离栏杆，观光车通行条件得到改善。实施沙滩公园综合整治，铺设管道，解决区域绿化灌溉用水问题。全年完成排水改造10余处，铺设管道400余米，给排水管网得到完善。完善施工单位管理办法，通过“准入管理+经济处罚”方式，强化施工单位监管。组织专人管理“一江两岸”亮化施工，建立微信工作群，通过“每日打卡、每日上报”，切实强化疫情防控、施工现场安全监管。规范驻洲单位装修、施工及标牌设置流程，采取“报备审批、现场审核、押金管理”模式，倒逼驻洲单位管理提质。全年完成各项大型维修任务70余项，更换水龙头、插座、门锁等小型维修711项，景区设施设备功能得到保障。完善厕所引导标识，设置厕所夜间发光字牌5块，主要路段增设厕所引导标牌3块。强化细节处理，精心实施下游步道入口闸机通道改造，通过加装扶手、斜坡，解决通道打滑问题。选择防滑石材，采用材料镶嵌手法对地铁口下沉式广场进行局部改造，解决区域潮湿、打滑问题，消除安全隐患。从细节处彰显人文关怀。

【产业发展】积极与法律顾问保持联动，跟进相关单位欠费案件诉讼，所有案件均已判决并进入执行阶段。采取电话、致函、约谈等方式，将2020年至2021年大草坪经营点、主席雕塑展馆售卖区、纪念币销售等合作经营企业的管理服务费用催缴到位，有效维护景区合法权益。以巡察审计、环保督察整改问题为重点，强化经营管理日常巡查力度，全年开展经营综合巡查188次、疫情防控专项巡查77次、环保及防汛等专项巡查87次，通过巡查促整改，有效推进沙滩公园环境整治，助推餐饮经营单位油烟净化及隔油设施提质。转变工作思路，创新工作方式，将日常巡查与游客体验相结合，在周末及重大节假日期间，以游客身份体验景区综合管理服务，并出具游客体验报告，为领导决策、服务提质提供参考依据。积极配合岳麓山旅游文化开发有限公司做好沙滩公园、民俗文化园旅游业态转型升级，淘汰、清理与景区产业发展不匹配的经营项目，为肯德基、新华书店、必胜客等优质项目的入驻提供支持。抓住中国共产党成立100周年契机，依托湖南省委理论学习中心组党史专题学习、“光辉百年路·走红长株潭”红色文旅年启动仪式等各类党建活动及政府活动的举办，不断提升景区热度，逐渐实现商业活动回暖。全年共举办各类活动91场，实现经济创收50.75万元。

【综合管理】不断完善讲解员培训考核机制，强化普通话、讲解技巧、文化知识培训。选送优秀讲解员参与湖南省脱贫攻坚大型成就展宣讲，参加管理局业务知识及管理能力提升系列培训。邀请省市党史专家、行业精英现场授课，组织开展讲解员技能大赛，通过内部考核、精准培训、以赛代训等方式，进一步提升讲解员综合素质，形成“学超赶比”浓厚氛围。全年共选派10余人次参与各级培训活动，选送17人次参与省市区各级讲解员大赛并取得优异成绩，成功创作、打磨2堂精品党课，实现锻炼队伍、培养人才的目的，为公务接待、党性教育活动开展奠定基础。发挥志愿服务基地作用，积极开展社会志愿者招募及大中专院校志愿者培训，深化与湖南信息职业学校“兄弟连”等志愿服务组织的合作，组织志愿者全方位参与到景区疫情防控、文明劝导、旅游咨询中来，保障节假日、文明创建等重要节点的正常秩序。依托爱国主义教育基地建设，创新推出“小橘子”小小讲解员培训活动，通过培训选拔、考核实践，让孩子们参与到“专业”讲解中来，通过他们独特的视角，将红色文化、红色历史传递给游客，充分发挥出“小橘洲大效应”的作用。全

9月22日，橘子洲头毛泽东青年艺术雕塑全国爱国主义教育基地揭牌仪式在橘子洲风景区管理处举行　（橘子洲风景区管理处供图）

年举办“小小讲解员”培训活动5期，义务讲解160场次，接待游客5000余人，开展各类志愿服务296批次，共计12000余人次，志愿服务团队规模不断扩大，志愿者成为景区一道独特而亮丽的风景。整合投诉咨询热线，细化投诉处置岗位职责，强化与驻洲单位联动沟通，定期召开投诉专题会议，及时化解各类矛盾。积极发挥法律顾问作用，完善意外（受伤）事故处置流程，规范事故受理处置、责任认定、费用支付等程序，有效保障事件双方合法权益，实现事件处置公平、合理、透明。全年景区共受理“12345”市民热线咨询93起、投诉12起，现场及电话投诉18起，国家旅游“12301”热线平台投诉13起，投诉回复满意率达98%以上。另按程序圆满处理提案回复4起，信访1起。

【青年毛泽东艺术雕塑爱国主义教育基地命名】7月，橘子洲头青年毛泽东艺术雕塑被中共中央宣传部命名为全国爱国主义教育基地，9月22日，橘子洲头青年毛泽东艺术雕塑全国爱国主义教育基地揭牌仪式在景区管理处举行，省、市相关部门领导出席并为基地揭牌。

望月公园

【概况】望月公园于1993年建成开园，因1978年发掘的西汉长沙王吴著寝墓而闻名，2013年升级为全国重点文物保护单位。2021年，望月公园以习近平新时代中国特色社会主义思想为引领，加强基层党建工作和作风建设。为满足广大市民休闲娱乐和文化交流要求，将公园基础设施进行提质改造，公园绿化、经营管理、安全整治等方面均取得优异成绩。

【设施建设】为帮助残疾人、老年人解决在游览公园时出行难、如厕难问题，望月公园修理无障碍坡道和进行步道改造，卫生间设施提质改造。增设无障碍停车位，为视力残疾人和听力残疾人提供便民服务。通过建立班组周巡检制，深入排查基础设施问题，对路灯、座凳、标牌等设施维修300余次。较好满足市民休闲娱乐、文化交流的需求。

【综合治理】将文明创建与“百日奋战　亮丽望月”环境整治相结合，将科室日常自查、领导班子带队巡查、游客反映或投诉相结合，提倡“全民参

望月公园一角　（望月湖公园供图）

与　共建共享”的工作机制，多方联合治理，市民满意度日益提高。坚持“安全第一，预防为主，综合治理”的工作方针，结合“安全生产月”、安全生产专项整治“三年行动”、“打非治违”等工作，开展“安全生产活动月”、森林防火专项宣传等系列活动。严格实行节假日领导带班制度和24小时值班制度，对重点区域重点人群重点把控。联合第三方安全公司，开展安全专项整治，排查安全隐患。2021年共召开安全生产工作会12次、安全生产培训1次，开展消防演练1次、定期安全检查11次、专项检查2次，排查出安全隐患34处，发出整改通知书23份，安全隐患整改率100%。

【绿化管理】2021年，望月公园樱花成为新晋网红打卡点，为延续热点，新植山樱花60余株，针对性补色补缺补型，实现了湖色相应、花景相融。受气候影响，全国桂花推迟开放，颇受网络热议，而因养护周全，望月公园内桂花大道的丹桂、金桂、银桂成为湖南省内最早开放的桂花之一，各大媒体曾竞相报道。重大节日重点位置摆花76000盆，设置立体景观造型，充分营造热烈、喜庆、多彩的节日氛围。统筹规划咸嘉湖景区绿化工作，在肥料选用、良种良法应用、种养结合循环发展等方面择优考虑，通过透绿、增花、添彩、筑景，拓展“可进入、可参与”的绿色开敞空间，实现景区形态与城市空间无界融合。

【经营管理】望月公园内所有经营项目统一制作安全责任公示牌，并悬挂上墙。制作安全工作会议记录本，建立经营项目的“一企一档一清单”，规范其服务和管理。整治园区内经营乱象和不文明的经营服务行为，杜绝店外经营、占道经营、违规搭建、项目场地卫生不达标等现象的发生，对经营场所证照齐全、亮证经营、诚信经营、文明餐桌、核心价值观广告上墙、消毒记录、会议记录、台账等工作进行不定期抽查，建立和谐文明的经营秩序。对经营项目一线人员和经营管理人员进行培训，开展消防安全、食品安全等业务培训。

【作风建设】以习近平新时代中国特色社会主义思想为引领，以党史学习教育为契机，深入开展党性教育，全年组织中心组学习12次、领导干部讲党课4次、开展党员集中学习4次、研讨交流1次，推选岗位明星8人。为喜迎中国共产党成立100周年，开展“争当植树先锋　共建美好公园”“你的名字叫山河　朵朵鲜花祭英烈”“缅怀革命先烈　传承红色基因”“学党史践行动　当先锋葆初心”等系列主题党日活动12次，组织“光影铸魂——电影党课”4次，在岳麓区庆建党100周年歌唱比赛中荣获三等奖。以强班子、抓队伍、转作风为发力点，开展纪律作风专题教育，针对工作中存在的政治站位不高、工作标准不高、执行力不强等突出问题，开展专题学习、自查自纠、督查通报限期整改等活动，推进队伍转作风。2021年，通过开展纪律作风专题教育，开除不遵守工作纪律、屡劝不改的班组临聘人员1人。

【疫情防控】以“内防反弹，外防输入”的疫情防控总方针，开展入园游客排查及防控文明劝导工作，排查出黄码游客2人、红码游客1人。及时掌握疫情动态，开展疫情防控宣传，出台《疫情防控特护期工作考核暂行办法》，采取日巡、日报、日清、周通报模式，对督查发现的问题第一时间展开调查，落实责任，限期整改。开展地毯式人员排查20次，组织全园核酸检测3次，按“应种尽种”原则开展新冠疫苗集中接种5次，全园接种率达95%。

【品牌发展】紧扣“汉文化”主题公园特色定位，以打造“汉风望月”汉文化文旅产业品牌为目标，举办“承千年雅韵　塑汉风望月”汉文化主题活动，通过建立汉文化交流群，构架公园汉文化宣传与交流平台。细化制定红色文化旅游线路，招聘专业讲解人员，筹备组建讲解员队伍，形成讲解词框架，与各景区联动推进红色文化旅游。制定《曾国藩墓保护管理实施方案》，开拓湖湘文化旅游线路。

【曾国藩墓管理移交会】11月18日下午，岳麓区政府副区长李群素召开专题会议，会商曾国藩墓管理移交工作。长沙市文旅广电局、岳麓山风景名胜区管理局、岳麓区政府办、岳麓区财政局、岳麓区文化旅游体育局、望月公园管理处、坪塘街道及湘江新区投资集团公司等单位参加。曾国藩墓修缮完成后，由望月公园管理处负责日常管理工作。望月公园管理处落实保护管理主体责任，岳麓区文化旅游体育局要做好行政监管与业务指导，坪塘街道要落实属地管理责任，共同把保护曾国藩墓与传承湖湘文化精神、打造文旅地标、促进经济社会发展相结合，认真抓好各项工作。

【举办“承千年雅韵　塑汉风望月”汉文化主题活动】5月5日，在望月公园举办“承千年雅韵　塑汉风望月”汉文化主题活动。活动由岳麓山风景名胜区管理局与岳麓区文旅体局指导，以打造“汉文化文旅产业品牌为目标，将活动与市场相结合，引入古风饰品、篆刻作品、传统美食等，让沉淀于历史的传统文化“活”起来，也让参与的市民游客深刻感受到中华优秀传统文化的魅力。活动现场人气火爆，望月公园周边门店纷纷出现排队预约现象。

5 月 5 日，望月公园举办“承千年雅韵 塑汉风望月”汉文化主题活动

教育·科技

教　育

【概况】2021年，岳麓区有区属公办中小学94所，其中小学76所、中学18所，幼儿园231所，其中公办园87所、普惠性民办园101所、非普惠性民办园43所。中小学学生12.6万人，在园幼儿6.1万人。在职教师8993人，编外合同制教师4846人，退休教师2010人。

岳麓区教育局坚决落实立德树人根本要求，加快建设现代化教育强区，各项工作取得新的成绩，2021年获全国网络学习空间应用普及活动优秀区域、全国智能研修平台应用试点工作试验区、国家社科基金重大课题信息化促进新时代基础教育公平实验区、国家义务教育质量监测实施优秀组织奖4项国家级荣誉，获湖南省首批思政课改革创新示范区、湖南省平安校园示范县市区、湖南省义务教育学校校长教师交流轮岗改革试点区等10项省级荣誉，大班额化解、师德师风建设工作经验在《湖南教育快讯》上被专刊推介，《长沙要情》三次整版刊发岳麓区体育、心理教育等工作亮点，“双减”工作、思政教育等7项工作经验向省市推介，获评市教育局年度绩效考核优秀单位，教育局机关获评湖南省文明标兵单位，“岳麓山下好读书”品牌持续擦亮。

【党建工作】坚持党对教育事业的全面领导。推动党史学习教育全覆盖，加强青少年党史学习和理想信念教育，举行区委书记进校园讲思政课系列活动，开发“传承红色基因”6大主题课程，开展“我为群众办实事”活动，发挥“红枫”书记工作室示范带动作用，规范支部“五化”建设，指导16个直属党支部完成选举，新选举48名支部委员，系统内26人获区级以上“两优一先”表彰，实现支部“五化”建设100%达标，两所学校党支部分别获评省中小学校党建示范点、市示范性“五化”支部，抓好党组织书记述职评议，落实党员“双培养”机制，岳麓一小、博才咸嘉小学等5所学校党支部获评省、市级荣誉，“小小红色讲解员”得到团中央书记肯定，区教育局党委获评区先进基层党组织。

【学校建设】麓山国际洋湖实验学校、博才西江小学、博才桐溪小学、博才建业学校4所中小学校开学，新增学位9330个，全面加快建设麓山国际二小、阳光中小学、钟家湾小学、雨润小学、谷山中学、连塘学校。推进博才梅溪湖小学南校区综合楼扩建等10项改扩建项目、博才桐溪小学和金茂湾幼儿园等13个校园二次装修项目、63项校园提质改造项目，扩容新增学位1700个，旧城学校、乡村学校办学条件不断改善。新开办金茂湾等7所公办幼儿园，将联美幼儿园等18所普惠园转为二类公办园，公办幼儿学位增加10668个。完成“增加公办园位”重点民生实事省考指标4000个的266.7%，区考指标7923个的134.65%。

【教师队伍建设】成立区师德师风工作领导小组，以省级“十四五”重点资助课题“新时代区域性中小学师德评价实践研究”为引领，建立5个师德师风工作室和19所实践基地校，落实校内外师德师风三级网格化管理，工作经验在市教育局师德师风工作推进会上推广。2021年引进教师400名，其中名优教师80名。制定全员五年轮训计划，加强骨干教师培养，涌现出省未来教育家7人、省青年精英教师6人、正高级（特级）教师11人、市级名校长（园长）7人、市级卓越教师71人、市农村名师工作站站长3人。高度重视教师待遇，建立联动机制确保教师工资待遇落实。加大优秀教师表彰力度，70名教师获得市级及以上荣誉，其中全国优秀教师2名、省优秀教师2名，选树区级以上师德标兵58名，编写优秀教师风采集《明灯集》等5册，宣传100余名优秀教师事迹。

【**双减工作**】出台区“双减”实施方案及5项配套政策，创新建立作业管理“五员制”、课后服务自选超市等，学科类培训机构压减率达85%，居全市前列。“双减”工作在全省专题会议和全市教育工作大会上均作为唯一区县代表做经验发言。

【**教育信息化**】成立人工智能教育联盟校，挂牌28所人工智能教育实验基地校，评选西雅中学等15所区级智慧校园示范校，全区中小学校多媒体教室覆盖率100%；7030人参加全区中小学（幼儿园）教师信息素养提升培训和竞赛活动，培训通过率达98.21%；开展“AI智课，引航教育未来”岳麓区智慧教育特色展示系列活动。深入推进智慧教育PPP项目，打造以“一中心两平台三建设”为重点的智慧教育新模式，建设智慧教室410间，人工智能实验室29间，精品录播教室22间，智慧校牌2.3万台，形成“平台+教师+学生”有效互动机制。

【**人工智能教育研讨会**】2月2日，人工智能教育研讨会在岳麓区德润园小学召开。省教育厅发展规划处副处长甘文波，省电化教育馆副馆长石福新，省电化教育馆研究室主任王子权，省电化教育馆资源科科长赵建军，市现代教育技术中心主任黄旭，信息科科长熊栋，“我是接班人”湖南网络大课堂总班主任郭晓芳，岳麓区教育局党委书记、局长李鸿，岳麓区人民政府主任督学李晓丽，岳麓区教育局信息中心主任林涌波，岳麓区教师发展中心副主任彭德胜参加会议。

【**“三八”妇女节健走活动**】3月7日，岳麓区教育局组织近200名局机关、中小学校、幼儿园、四镇中心校、二级机构女性管理干部进行健步走活动，倡导岳麓教育女性同胞争做健康女性、感受美好生活，与新时代同行、为新目标奋斗、在新征程建功；以良好的身体素质和精神风貌投入本职岗位，为推进岳麓区“三强四融”发展和持续擦亮“岳麓山下好读书”区域价值名片贡献巾帼力量，以优异成绩向中国共产党成立100周年献礼。

【**小学升初中城区联合微机派位工作会**】3月12日，长沙市2020年小学升初中城区联合微机派位工作总结会暨2021年工作启动会在岳麓区政府机关举行。会议总结2020年微机派位工作，部署2021年城区招生工作。市教育局党委书记、局长提名人选孙传贵，岳麓区人民政府副区长李舜，芙蓉区人民政府副区长梁汝岚，城区各区教育局局长、分管副局长以及市教育局基教处、区教育局基教科有关人员参加会议。

【**教育部到岳麓区调研思政课建设情况**】4月26日，教育部思想政治工作司一级巡视员俞亚东、东北师范大学教授杨秀莲、教育部思想政治工作司宣传教育处干部刘广乐一行到岳麓区调研中小学思政课建设情况。在博才小学，调研组参观了“道德与法治教育”黄敏名师工作室，了解小学思政课建设情况。在麓山外国语实验中学，调研组听取学校关于思政课建设情况汇报和一线教师代表对新版高中思政课教材使用情况的意见。区主任督学李晓丽汇报岳麓区中小学思政课建设情况。局长李鸿表示岳麓区教育局党委充分认识到思政课是落实立德树人根本任务的关键课程，局党委多次召开专题会议研究部署，有力地推进了思政课建设，做到为党育人、为国育才。区思政课教研员胡治国、区中学政治名师工作室首席师符军、区小学道德与法治教育名师工作室首席师黄敏、湖南师大附中博才实验中学思政课教师刘娇及周南梅溪湖小学思政课教师李鑫海分别发言，提出了在思政课建设和实施过程中存在的困惑及意见和建议。

【**岳麓区校园心理剧大赛**】岳麓区第三届校园心理剧大赛“青春追梦人”在西雅中学学生剧场举行。此次活动特邀湖南省教育科学研究院心理教研员彭玮婧博士，长沙市未成年人心理辅导中心主任、市教科院心理教研员梁珊，长郡中学心理健康教育中心主任梁琪担任评委和指导专家。岳麓区人民政府主任督学李晓丽、教育科科长欧阳赞华、教师发展中心书记谢福胜、心理教研员周泉出席本次活动。岳麓区全体心理教师、岳麓区实验小学学生、西雅中学学生500余人参加

5月12日，共青团中央书记处第一书记贺军科（前排左二）参观新民学会旧址　（岳麓区教育局供图）

活动。

【共青团中央调研青少年党史学习教育情况】5月12—14日，共青团中央书记处第一书记贺军科在湖南检查共青团组织青少年开展党史学习教育情况。贺军科到长沙市岳麓区新民小学，检查小学少先队工作情况，与少先队大、中队辅导员和校外辅导员座谈，了解学习和落实《中共中央关于全面加强新时代少先队工作的意见》进展情况。

【岳麓区中小学生文化艺术展示活动】5月31日，由岳麓区教育局主办，共青团岳麓区教育局委员会、岳麓区少年宫承办的“红领巾心向党·争做时代新人”2021年岳麓区中小学生文化艺术展示暨六一表彰活动在区政府举行。长沙市教育局党委委员、副局长缪雅琴，长沙市教育局学生工作处处长廖学文，区人大常委会副主任曾跃平，区政协副主席喻英姿，区委宣传部副部长雷云飞，团区委书记魏镇男等出席此次活动。区教育局党委书记、局长李鸿向全区儿童致以节日问候，向辛勤培育祖国花朵的广大教师、家长和关心少年儿童成长的社会各界人士致以崇高的敬意和衷心的感谢。区教育局党委委员、副局长周利群对2020—2021年度“优秀班集体”“三好学生”“优秀干部”进行了表彰。缪雅琴寄语岳麓学子从小立远大志向、立德树品、快乐学习、健康成长。

【岳麓区中小学红色经典歌曲展演】5月30日，“童心向党·唱支红歌给党听”——“精神颂歌　幸福花开”长沙市中小学红色经典歌曲展演（岳麓区专场）在晚安家居文化园举行。长沙市委宣传部副部长唐曙光，长沙市文明办未成年人工作处处长张晓梅，长沙市教育局副调研员、文明办常务副主任何文娟，岳麓区委常委、宣传部部长刘雄辉，岳麓区人民政府主任总督学李晓丽等参加活动。

【优秀共产党员优秀党务工作者和先进基层党组织表彰大会】6月29日，岳麓区教育系统优秀共产党员优秀党务工作者和先进基层党组织表彰大会暨“讲党史故事　承百年荣光”党史学习教育主题思政课展示活动在西雅中学报告厅举行。岳麓区教育局班子成员，全体机关党员干部，区属中小学、幼儿园及二级机构党政负责人，区教育系统“两优一先”表彰对象，“光荣在党50周年”老党员代表，2021年新发展的党员等近500人参加。在党史学习教育主题思政课展示的课堂上，校长、书记和老师们，通过六节不同的思政课，讲述发生在岳麓区的、身边的红色党史故事，展示红色基因代代相传的岳麓教育新力量。区教育局党委委员、副局长黄瑾辉宣读表彰决定，大会向受表彰的先进集体和优秀个人代表进行颁奖，向“光荣在党50年”老党员代表颁发纪念章。100名“优秀共产党员”、40名“优秀党务工作者”、20个“先进基层党组织”获表彰。

【市领导到岳麓区调研督查】9月2日，市委副书记、市委政法委书记阚保勇一行到长沙市麓山国际洋湖实验学校，针对学校建设、学位保障、疫情防控、课后服务、校园安全及职业教育发展等情况，对全市秋季开学工作开展调研督查。阚保勇叮嘱有关部门与学校负责人精准做好校园常态化疫情防

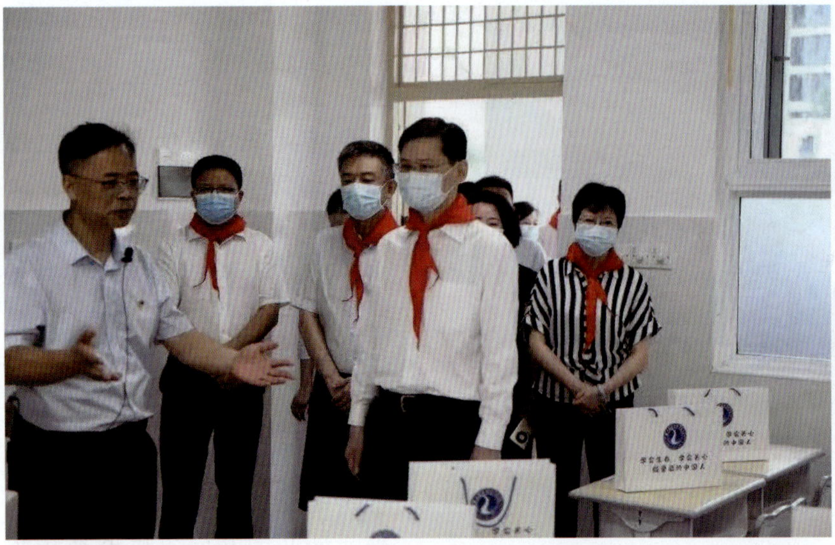

9月2日，市委副书记、市委政法委书记阚保勇（右二）到麓山国际洋湖实验学校调研
（岳麓区教育局供图）

控，严格落实各项防控措施，保障学校师生健康。要抓好校园安全，强化学生溺水事故防范以及消防安全、食品安全等重点工作，建设平安校园。要扎实推动“双减”政策落地见效，优化课后服务，根据学生实际需求创新教学形式，促进学生全面发展、健康成长，用心用情办好人民满意教育。

【岳麓区召开庆祝第37个教师节暨教育工作大会】9月10日，岳麓区庆祝第37个教师节暨教育工作大会在区机关会议中心举行。260名师德标兵、优秀班主任、教学能手、优秀农村教师、校园安全卫士、优秀民办教育工作者、“四有”好老师，78名尊师重教先进个人，10家尊师重教先进单位受到表彰奖励。区委书记周凡，长沙市教育局党委委员、副局长缪雅琴出席会议。区委副书记、代区长蔡锋主持会议。区领导唐继发、刘雄辉、雷凌湘、师军、曾跃平、喻英姿、李群素、吴运国等参加。

【长沙第24届“推普周”在岳麓启动】长沙市第24届全国推广普通话宣传周启动仪式在湖南师大附中博才实验中学举行，此届主题为“普通话百年伟业，规范字写时代新篇”。长沙市人民政府副市长、市语委主任刘明理出席并宣布活动正式启动。市教育局党委书记、局长、市语委副主任孙传贵，市文明办副主任、市语委副主任梁飞彩，市教育局党委委员、副局长、市语委副主任缪雅琴，岳麓区副区长提名人选李群素，岳麓区教育局党委书记、局长王艳，30余家长沙市文字工作委员会委员单位负责人，长沙高新区管委会、各区县（市）政府分管负责人等参加仪式。

【新疆湖南两地学生同上一节课】11月3日，“文化润疆　中华传统文化进校园——湘娃疆娃云上同上剪纸艺术课”网络研修活动在博才阳光实验小学举行，云端两边的湘疆师生共享一场精彩纷呈的传统文化盛宴，大家一同感受中华传统文化的底蕴，增强民族认同感、自豪感，坚定文化自信。博才阳光实验小学的美术老师胡巧萍进行课堂展示——《麓山别样红》。通过网络直播互动，胡巧萍与吐鲁番高昌区第四中学师生们搭建“空中课堂”，探讨中国传统剪纸艺术，两地师生友谊在课堂上得到升华。

12月10日，岳麓区委书记周凡在西雅中学上思政课
（岳麓区教育局供图）

【**区委书记到西雅中学上思政课**】12月10日，岳麓区委书记周凡到西雅中学，以“学好百年党史　传承红色基因　让青春在不懈奋斗中绽放绚丽之花”为题，为西雅中学全体师生、区教育局全体机关干部、全区中小学校、幼儿园党政负责人等上了一堂。讲课中，周凡以2020年9月17日习近平总书记到湖南大学岳麓书院调研的视频为切入点，通过一个个实例、具体的数字，深刻阐释中国共产党作为百年大党何以风华正茂永远年轻，奥秘在于一代又一代青年党员自我觉醒、坚持真理、勇担重任。他指出，青年一代学生要在百年恢弘历程中增强“革命理想高于天”的志气，坚定理想信念，树立远大目标，不断提升自我，努力成长为德智体美劳全面发展的社会主义建设者和接班人。全区3300余名师生，通过线上线下的方式，同上这堂思政课。

【**中央电视台报道潭州实验小学冰雪运动开展情况**】中央电视台《新闻联播》及新闻频道相继报道岳麓区潭州实验小学冰雪运动开展情况。自2020年被教育部授予“全国青少年冰雪运动示范学校”起，岳麓区潭州实验小学结合自身及周边实际情况，加大措施发展校园冰雪运动。

【**岳麓区第一次少先队代表大会**】12月25日，中国少年先锋队岳麓区第一次代表大会正式召开，团市委副书记金甜出席，岳麓区人民政府副区长、区政府党组成员李群素主持会议，岳麓区少先队员、少先队辅导员和少年儿童工作者等代表参加会议。岳麓区教育局党委书记、局长王艳寄语全体少先队员：在少先队这所大学校里立志向、修品行、练本领，努力成长为全面发展的“岳麓七彩少先队员”。团区委书记周浪向大会作题为《高举队旗跟党走　少年逐梦新时代　为矢志推进“五城同建”、全面建设社会主义现代化新岳麓时刻准备着》的工作报告，全面总结了岳麓区近年来少先队工作的开展情况，提出未来三年全区少先队工作的总体思路。大会审议并通过工作报告，选举产生岳麓区第一届少先队工作委员会。

科　技

【**概况**】2021年，岳麓区科技创新工作在区委、区政府的坚强领导下，取得一系列优异成绩。中国工程院院士增至34人，获得2020年度国家科技奖励5项，湖南科技奖励68项；入选2021年度全国科技创新百强区，名列29名；省级创新型区2021年度绩效评价获评“优秀”，全区新增省级以上研发及创新创业服务平台49家，总数达284家，稳居全省第一。全区研究与试验发展（研发）经费投入总量同比增长18.37亿元，同比上升1.05个百分点。

【**科创产业**】2月22日上午，“聚焦‘三高四新’战略定位和使命任务，落实‘强省会’战略　岳麓山大学科技城集中签约活动”在岳麓山大学科技城岳麓科创港举行，发布“五个十”项目，围绕基础支撑、成果转化、技术攻关、科创服务、创新平台等5个类别，汇聚50个支撑科技创新发展的重点项目，涵盖新材料、先进制造、生物医疗、轨道交通等多个领域。至2021年底，大科城新增国家级创新平台1个，新增市级及以上重点科技创新平台27个，引进博士以上高端人才1107人，新增高新技术企业60家，新增科技型中小企业入库217家，完成技术合同交易额19.25亿元，新增技术合同登记1788件，新增科技成果转化663件，新增科创企业2172个，新增天使投资企业50家，获得天使投资金额2.1亿元。大科城聚焦“最美大学城、领先科技城、一流创业城”的愿景目标，树立“打破围墙”意识，学城融合、创城融合、产城融合，一出校门就进产业园。着力从创新政策供给、发展平台经济、汇聚科创资源、突出场景应用、强化资金支持、夯实人才支撑、优化营商环境、推进环境提质等八个方面，搭建大科城科创生态体系“四梁八柱”，构建科创经济发展新格局。至2021年年底，岳麓区有省级十大技术攻关项目2个、市十大重大科技创新标志性项目6个、省级新型研发机构备案和拟培育企业5家。

【**项目管理**】组建“岳麓区科技专家服务团”，开展相关科普讲座、政策宣讲活动30场。推动高新技术企业认定和科技型中小企业评价入库，筑牢科技创新根基。构建“科技型中小企业—高新技术企业—创新型领军企业”三级梯度培育体系，制定企业“登高行动方案”，完善优质企业后备库，推动市场主体升级。开展“科技企业服务季”活动，组织企业进行科技型中小企业入库和高新技术企业认定专场培训10余场。2021年，科技型中小企业评价入库数338家，同比增长25%，高新技术企业总数达345家，同比增长46%。认真落实惠企政策兑现和上级扶持政策的争取，指导214家企业完成企业研发准备金制度和奖补资金分配使用情况备案，推荐124家企业申报省级企业研发财政奖补资金，奖补金额2875万元，推荐78家高企申报市级研发奖补资金1188万元。做好科技项目申报发动和服务，推荐38个项目申报2021年度长沙市科技计划项目。派驻市级农业科技特派员6人帮扶农业企业，组织湖南圣峰果业股份有限公司等6家农业企业申报市科技助农直通车信息服务站，指导长沙市红泰生态农业有限公司等3家单位创建市级12396科技助农直通车示范站，推荐长沙周厚德农业科技有限公司等2家单位申报市级农业科技特派员需求。

【科创服务】岳麓区科技创新实力整体稳步攀升，连续入选全国科技创新百强区，获批高等学校科技成果转化和技术转移基地（全国依托地方基地的仅5个），入选首批湖南省创新型区培育建设名单，获授湖南省知识产权建设强区，各项科技创新指标在全省名列前茅。中南大学科技园荣获国家大学科技园。岳麓高新区聚焦“一主一特”产业主线，叠加国家检验检测高技术服务业集聚区、国家智能网联汽车（长沙）测试区、国家级车联网先导区等国家级荣誉。

2021年，区本级科技支出达到24935万元，同比增长70.3%，占本级总支出的3.39%，高新技术产业增加值占GDP的比重为40%，同比增长15个百分点。全区规模以上工业企业研发经费达到421152万元，规上企业研发经费达585244万元，增量全市第一，增速37%，全社会研发经费投入增长25.25%，与地区生产总值的比值达到6.7%，稳居全省第一（研发数据均为2020年度）。万人有效发明专利拥有量达到130.82件，稳居全省第一（截止到2021年11月），同比增长26.92%。技术合同成交额与GDP的比重为7.46%，同比增长1.18百分点。科技型中小企业数量1598个，同比增长43%，每万家企业法人中高新技术企业数量为486家，高新技术企业数同比增长34.5%。省级以上研发及创新创业服务平台数量达到284家，同比增长20.85%，稳居全省第一。2021年增选的5位湖南院士中，1人来自岳麓驻区高校，湖南获得的15个2020年度国家科技奖励项目中，涉及岳麓的有5个，2020年度省科技创新奖励大会上涉及岳麓的获奖项目达到89个，彰显“湖南硅谷”实力。

【管理创新】成立区科技创新委员会，形成“强统筹+硬落实”的科技创新管理新模式。制定科技创新“十四五”规划和打造科技创新高地的高峰三年行动计划。每周召开“创新名城”建设调度会议，统筹全区科创资源，共商建设工作推进。落实长株潭一体化重大战略部署，制定《岳麓区、雨湖区科技创新一体化工作方案》，两地科技行政管理部门实现互访，合作共办一系列科创活动。积极创新共建模式、共享机制、共赢格局，成立区域化党建科技行业分会，集聚省市区科技职能部门、高校院所、园区、平台、企业23个党组织，打造科技党建“朋友圈”。发挥职能作用和行业优势，用党建夯实根基，凝心聚力，在平台建设、项目攻关等方面不断取得新的突破。高要求推进创新型区建设任务。岳麓区获批首批省级创新型区建设对象以来，在省科技厅的指导和市科技局的支持下，充分结合区域发展发展实际，紧密对接、认真研究，制定《长沙市岳麓区省级创新型区培育建设方案》和《长沙市岳麓区省级创新型区培育建设专题实施方案》，明确建设定位、思路和目标，同时铺排研发费用奖补工程、软件信息产业升级工程、科技成果转移转化提升工程等8项重点工程，总投入62260万元，其中专项资金500万元、地方财政资金8910万元、社会资本52850万元。目前专题项目进展顺利，为创新名城建设注入强大动力。开展“揭榜挂帅”核心技术攻关，举行全国数字液压技术生态标准体系研讨会暨岳麓山大学科技城核心技术攻关“揭榜挂帅”项目发布会，重点围绕省内工程机械龙头企业高端装备关键零部件、工程机械智能化技术及产品，面向全国发布3个核心技术攻关“揭榜挂帅”项目。高校、科研机构、工程机械零部件企业等可组成联合体共同“揭榜攻关”，大科城将对“揭榜挂帅”项目予以3000万元资金补助，并在后续成果孵化、产业化及人才引进等方面予以政策扶持。2021年中南大学、湖南大学等9家高校和科研院所、工程机械零部件企业联合攻关掘进机高性能长寿命刀具等3个项目。省十大技术攻关项目有序推进，汇思光电、湖南大学硅基量子点激光器项目目前正在加快建设分子束外延实验室，测试设备采购已完成选型，预计在MBE设备到达前可完成配置。湘江树图、天河国云区块链底层技术项目正推进区块链底层技术在省电子政务中的应用测试，计划年内召开树图联盟链系统1.0版本与BaaS平台1.0版本发布会。

【构建科技创新政策体系】与湘江新区协同制定《关于推进科技创新高地建设的若干政策措施》和《关于支持岳麓区经济高质量发展若干措施》，起草《长沙市岳麓区关于加快打造科技创新高地的若干措施》，将与现有政策构建全天候全生态政策体系。同时，岳麓山大学科技城紧盯成果转化、人才聚合和科技金融，连续出台《关于支持高校、科研院所科技成果就地转化的若干措施（试行）》《岳麓山大学科技城“红枫计划”实施办法》《岳麓山大学科技城关于打造科技人才高地的实施办法（试行）》《关于促进科创金融发展的实施办法（试行）》等一系列政策，构建起区域政策体系“四梁八柱”。

【促进科技成果转移转化】充分发挥科教资源优势，释放成果转化创新动能。制定《关于支持高校、科研院所科技成果就地转化的若干措施（试行）》，释放转化政策催化剂。为院士项目提供“保姆式”服务，柴立元、王耀南等院士团队项目陆续落子大科城，完善细化北京大学彭练矛院士项目落地技术指标，成功引进中国技交所建设成果转化综合服务平台。召开科技成果与技术需求对接会，搭建技术、市场与资金桥梁。湖南大学科技研究院、中南大学知识产权中心、创新方舟成果转移中心获批省首批技术转移示范机构，湖南中医药大学和岳麓山大学科技园获批市技术转移转化基地（机构）。举办岳麓区·雨湖区国家技术转移专业人才（技术经纪人）培训班，培养技术转移转化专业人才100名。

【推动科技创新平台建设】积极对接教育部、科技部和工信部，策划国家实验室、大科学装置等重大基础科研平台落地大科城。战略性稀有金属矿产高效开发与精深加工国家技术创新中心建设方案已报送科技部，中南大学科技园获批国家大学科技园，赛恩斯环保认定为国家专精特新“小巨人”企业，湖南省退役电池梯次利用工程技术研究中心等14个省级工程技术研究中心、重点实验室获省科技厅立项，新材料研究院、智能驾驶研究院等平台入选省级新型研发机构培育名单，全区省级以上研发及创新创业服务平台数量全省第一。持续推动岳麓山工业创新中心等重大基础科研平台建设，联合重点高校院所全力打造半导体研究院、未来交通研究院、新材料研究院，与长沙矿冶研究院达成初步合作意向，草拟《岳麓山新材料研究院筹建方案》报省厅审定。

【抓好科技创新人才引育】对省市人才政策实施清单式管理，差异化出台《岳麓山大学科技城关于打造科技人才高地的实施办法（试行）》，持续提高人才政策吸纳功能。联合长株潭8所高校签署毕业生就业服务战略合作协议并同步征集科技专员。新建研究生联合培养基地省级30个、校级75个。举办人才聚合活动，累计为包括长株潭各类科创企业引进国内外人才3000人次。完善“一网一库三平台”综合信息服务平台，入库13所高校院所高端人才8232人，收集核心区7所高校院所人才数据7740条，发放大科城人才服务卡近1000张。10名区级科技特派员全部派驻完毕，向大科城派驻企业科技特派员4人。截至2021年12月止，在区内工作的外国高端人才和专业人才达到219人，位列五城区第一，全区共有长沙市杰出创新青年30人，约占全市三分之一。

【全区规上企业研究与实验发展（研发）经费投入工作会议】1月25日下午，岳麓区科学技术局组织召开2021年全区规上企业研究与实验发展（研发）经费投入工作会议。会议首先解读《2021年岳麓区规上企业研究与实验发展（研发）经费投入工作方案》。区科学技术局局长余亚锋要求各单位贯彻落实党的十九届五中全会精神和区委五届十次全体会议暨经济工作会议精神，以加快“科创强区”建设为主线，把握规上企业研究与实验发展（研发）经费投入工作的时间节点，对于2021年需重新认定的高企要做好对接，促进企业研发经费规范入账，确保研发经费总量稳步持续增长。

【省科技厅主题党日活动走进岳麓山大科城】3月4日下午，湖南省科技厅重大专项处处长陈松带队赴岳麓山大学科技城开展主题党日活动，通过实地调研及召开座谈会方式，切实了解岳麓山大学科技城建设具体需求和面临的问题，汇聚各方力量积极探索解决办法、服务方式。在中建智慧谷，陈松一行走进华锐金融技术公司和奇安星城网络安全运营服务公司，参观华锐分布式技术实验室、奇安星城网络安全技术展厅，详细了解大科城科创企业的核心技术及运营发展情况。

【区科学技术局召开党史学习教育动员部署会】3月22日，岳麓区科学技术局召开党史学习教育动员部署会，传达学习上级党史学习教育动员会议精神，并就全局实施工作作出安排部署。会后，党组成员欧阳李欢以《学习党史　育人励己　以史明理　坚定信念》为题进行第一专题授课，党员围绕“学史明理”主题，结合学习心得，结合科创经济，结合自身实际发言。这次学习研讨使大家充分认识到“学史明理”的重要性和深刻意义。

【岳麓山大学科技城“红枫计划”暨“麓山杯”创新创业大赛长株潭三地同步首场路演成功举行】3月25日上午，岳麓山大学科技城“红枫计划”暨“麓山杯”创新创业大赛长株潭三地同步首场路演分别在三地赛区的中南大学、湖南工业大学、湘潭大学同期举行，三地高校师生和科创、金融投资领域的专业人士通过线上线下方式积极参与，反响热烈。“红枫计划”已收到报名参赛项目逾430个，涉及中南大学、湖南大学、湖南师范大学、湘潭大学、湖南工业大学等长株潭三地高校10余所，长株潭三地联动创新创业氛围持续升温。

【2021年科技企业服务季启动】4月14日上午，岳麓区2021年科技企业服务季启动仪式暨政策培训活动在岳麓科创港举行，来自全区科技企业、众创空间、科技企业孵化器的300余位代表，通过“线上+线下”相结合的方式参加政策培训。来自长沙市科技局高新技术发展及产业化处、科技成果与技术市场处的负责人，从政策细则入手、结合实际案例分析，为企业带来了以“科技型中小企业评价入库政策及实务分享”“技术合同登记政策及实务操作”为主题的政策培训。

【2021互联网岳麓峰会在长沙开幕】4月16日，2021互联网岳麓峰会在长沙开幕。省委书记、省人大常委会主任许达哲宣布开幕，省委副书记、省长毛伟明致辞。开幕式前，许达哲、毛伟明会见了出席峰会的嘉宾代表。此届峰会围绕“三高四新”战略，紧扣“智链新百年，云聚新高地”主题，采取线上和线下相结合的模式举行。活动期间，来自中国科学院、华为、橙行智动、达晨创投、长步道等科研机构和企业的专家大咖在岳麓论坛上发表主旨演讲；远东控股、三一重工、中车株机、华菱湘钢、铁建重工等企业负责人参加圆桌论坛。峰会主会场设梅溪湖，同时在湖南湘江新区、长沙高新区、马栏山、山河智能、58小镇、岳麓书院等地设分会场。岳麓峰会自2014年举办以来，2021年已举办至第8届，成为助力湖南省移动互联网产业发展的重要平台。数据显示，2020年全省移动互联网产业实现营业收入1618亿元，同比增长22%，连续7年保持高速增长。

【2021年岳麓区科技活动周启动】5月25日，2021年长沙岳麓区科技活动周宣布启动，科技活动周集中在5月22日到28日进行。活动有科普场馆（基地）开放周、重点科创平台开放周、岳麓山大学科技城建设科创生态圈“金融”+“人才”聚合行动、科技企业服务季系

列科技政策宣讲培训、“红枫计划”暨“麓山杯”创新创业大赛、“创客中国”中小企业创新创业大赛岳麓区赛等十大主题活动。其中包括多个“首次”，如首届岳麓区“创新杯”年度科技展望征词活动、首期技术经纪人培训班等。为加大科普宣传力度，活动周触角“伸”到全区街道、镇，围绕“百年回望，中国共产党领导科技发展”主题，开展群众喜闻乐见、科普性强的专场活动，营造全民科普良好氛围。

【2021年科技创新绩效工作调度会召开】7月2日下午，岳麓区2021年科技创新绩效工作调度会召开，区人民政府副区长雷凌湘、区科技局局长余亚锋、区绩效办副主任吴晓东及区科技局、岳麓山大学科技城、岳麓高新区、各街镇相关分管领导和科技专干参加会议，会议由区人民政府二级调研员马运山主持。会上，区科技局副局长冯江霞、副局长刘时香分别对2021年高新技术企业培育、科技型中小企业评价入库、规上企业研发经费投入、技术合同认定登记等四个科技创新绩效考核指标做了明确和说明，各街镇针对自身任务作交流和表态。区科技局余亚锋传达全市科技创新大会暨国家新一代人工智能创新发展试验区建设推进会精神。区绩效办吴晓东从绩效考核工作的角度对科技创新工作的落实提出具体建议。副区长雷凌湘指出推动科技创新工作在全区具有越来越重要的地位。他强调，各街镇、园区、部门要正视短板，切实解决重视不足、底子不清、结构不好、方法不多的问题，上下联动形成合力，真抓实干突出实效，切实把科技创新工作抓牢抓细抓优。

【湖南省创新创业大赛首场产业半决赛在岳麓山大学科技城开赛】7月13日上午，“长沙银行杯”2021年湖南省创新创业大赛新材料产业半决赛在岳麓山大学科技城（以下简称“大科城”）启动，来自全省72家新材料产业企业在此展开激烈角逐。省科技厅党组成员、副厅长、一级巡视员鲁先华出席启动仪式。鲁先华在讲话中指出，省创新创业大赛是推进“三高四新”战略、落实优化创新环境、提升区域创新能力、打造双创升级版的重要举措。在省委、省政府的关心关注下，大赛在参赛规模、项目质量、专家层次、融资成效、成果转化等方面不断实现新跨越。要以赛为媒，优“双创”生态、育“双创”新星、引“双创”项目，让更多的创新资源在湖湘汇聚，让更多的创新创业果实生根发芽、开花结果，努力为实施“三高四新”战略作出新的更大贡献。

【“红枫计划”暨“麓山杯”创新创业大赛决赛打响】7月15日，“红枫计划”暨“麓山杯”创新创业大赛决赛在大科城岳麓科创港举行，通过复赛的70个优秀创业项目同台比拼，争夺加入“红枫计划”的50个席位。为助力纳入“红枫计划”项目的后续发展，大科城管委会重点将在金融、科技、人才、服务、政策等方面进行赋能，持续强化对创新创业群体的吸引力、辐射力和影响力。“红枫计划”将不仅为众多企业及项目的快速发展带来利好，更作为纽带加强了大科城与长株潭科创企业、孵化平台、高校科创中心的互动交流，是大科城贯彻落实“三高四新”战略、担当长株潭科技创新一体化发展先行军的重要举措。

【2021中国网络诚信大会“实事求是精神与网络诚信建设”分论坛在大科城举办】7月16日上午，中国网络诚信大会“实事求是精神与网络诚信建设”分论坛在长沙市岳麓山大学科技城科创港举办。论坛邀请来自政府主管部门、互联网企业、媒体、高校的专家学者，为互联网语境下的诚信文化建设献策，共同探讨实事求是精神与网络诚信建设的互促互进、融合发展。为充分汲取“实事求是”的历史意蕴和现实意义，推动网络诚信建设，调动网络空间的主要参与者、建设者自觉承担起社会责任、在守信互信中共践共行，此次论坛设置主题演讲和圆桌对话环节，与会嘉宾围绕“实事求是精神与网络诚信建设分论坛”进行广泛思考和分享。

医疗·卫生

卫生健康

【概况】2021年，岳麓区卫生健康工作以习近平新时代中国特色社会主义思想为指导，全面深入贯彻党的十九大和十九届二中、三中、四中、五中、六中全会精神，区卫健系统按照“健康岳麓”建设总体部署，创新体制机制，优化服务管理，凝心聚力，攻坚克难，各项工作有序开展、疫情防控形势趋好，事业发展保持稳定，人民群众获得感和满意度不断提升。

【疫情防控】区卫健局根据上级文件精神和区防控形势及时制定相关制度和防控措施。区疫情防控指挥部下发文件24个，办公室下发文件54个，精准指导全区疫情防控工作的开展。专业、科学、详实地开展流行病学调查，协调对密切接触者的追踪监测，做到科学溯源、精准防控。全区公共卫生团队下沉社区，找出防控的关键点、薄弱点和隐患点，科学及时处置疫点，按照“早、小、严、实”的原则，严格处置可能发生的聚集性疫情。畅通收治转诊渠道，建立接送、转运、救治等全过程应急处置机制，避免次生传染。全面开展核酸检测，10月份在全区范围内开展大规模核酸筛查，共设置437个采样点、916个采样台，全区17家社区卫生服务中心（卫生院）、240余家各级医疗机构、13家第三方检测机构共同参加，配备采样人员2000余人，组织干部、志愿者9300余人全力以赴保障大规模核酸筛查工作快速、安全、有序。全区累计采样1511978人次，结果均为阴性。成立疫情防控技术指导组，在阶段性疫情多点爆发后，共派出700余名医务人员指导和督导高校、中小学校、托幼机构、公共场所、企事业单位、农贸市场、辖区医疗机构、药店按要求落实各项疫情防控措施。圆满完成航班入境旅客的疫情防控工作。开展应急演练，提升应急处突能力；储备防疫物资，积极应对秋冬季疫情。积极推进新冠疫苗接种。

【卫生应急】岳麓区组建区本级流调队伍5支、基层（街镇和社区村）流调队伍17支、社区流调协查人员600余人、分级组织全区街镇、医疗机构及相关部门的流行病学调查、消毒、核酸采样培训，合计培训合格流行病学调查人员和协查人员700余人。全区共设置955个核酸采样场所预留点，并将已培训过后的1457名核酸检测采样人员定位到各核酸采样场所预留点。区卫生计生综合监督执法局对辖区内医疗机构采取分街道（镇）层级培训，全区医疗机构集中轮训的方式，对辖区内900余家医疗机构开展两轮新冠肺炎防控知识培训，提高各医疗机构疫情防控意识及院感控制管理水平。区对接的医疗机构和第三方检测机构常规核酸检测能力达到7万管/天，紧急情况下在24小时内可提升至20万管/天。区本级投入1100万元，新建3000余平方米的疾控中心实验室，配备100多台各类现代化先进仪器设备，具备多种检验检测功能；前瞻布局负压PCR实验室、艾滋病实验室，为公共卫生服务插上科技翅膀。始终把人才队伍的组建和培养作为重中之重，核增5名正式编制、增聘10名专业技术人员，采取外派学习、交流研讨、内部轮训等多种方式，全面提升公共卫生人才队伍能力水平。强化应急响应，在疫苗接种、核酸采样等方面统筹、高效、有序调动区域医疗资源，区级突发公共卫生事件应急体系建设进一步完善。

【民生实事】省、市民生项目任务指标100%或超额完成。免费产前筛查已采血人数9461人，孕妇外周血游离DNA已采血人数9795人，新生儿疾病筛查已采血人数9785人，新生儿耳聋基因筛查已采血人数

9493人，适龄妇女两癌参检人数12350人（其中含农村和城镇低保妇女两癌筛查人数3166人）。抓好孕前免费服务项目，孕产妇免费产前筛查完成率100%，农村适龄妇女及城镇低保适龄妇女“两癌”免费检查完成率达129.22%。疾控中心标准化建设全面完成。深入推进中医药传承创新发展，中医药服务基层全覆盖完成率100%。

【依法行政】区卫健局根据《中华人民共和国传染病防治法》《中华人民共和国母婴保健法》《中华人民共和国基本医疗卫生与健康促进法》等法律法规，强化依法管理能力建设，健全和完善行政审批制度。制定《岳麓区卫健局行政审批若干规定的通知》《岳麓区社区卫生服务管理办法及设置审批程序的通知》，落实行政审批责任制，卫健行政许可审批全部“一站式服务”。推进卫健综合执法，坚持维权与服务相结合，畅通投诉、举报渠道。2021年查处卫生健康类违法案件117件，结案115件，罚没款299385元，吊销3家“医疗机构执业许可证”，责令一名医师暂停6个月执业活动。受理审查（核）发放公共场所卫生许可证385家，二次供水卫生许可证140家。完成国家下发“双随机”任务共计193家，完成监督监测填报公示193家，立案查处22家。广泛开展法制宣传教育，充分利用宣传栏、宣传册等宣传工具，以“儿童预防接种宣传日”、“5·29”计生协会会员活动日等节点活动为载体，广泛宣传卫生计生法律法规，共发放各类宣传资料7万余册，制作宣传展板1000余块，各基层医疗单位发放各类宣传资料（法律法规、健康知识等）15万余份，培训卫计人员2万余人次。规范检验检测，严格按照程序文件、质量手册和相关法律法规执行检验检测，在人员、设施设备、环境条件、试剂、耗材五个环节实施严格监督。

【基本公共卫生服务】全面完成基本公共卫生服务项目，建立电子健康档案85.2833万份，电子健康档案建档率89.02%。已查阅健康档案5.08861万份，居民健康档案开放率59.67%。发放健康教育资料435种，共计54万余份，播放600余种音像资料共2万余次。设立固定的健康教育宣传栏38个，开展健康科普讲座185场次，开展户外咨询活动247场次。辖区内乙肝疫苗、卡介苗、脊髓灰质炎、白百破、麻疹、流脑、乙脑、甲肝接种率均达到95%以上。0~6岁儿童健康管理服务规范。辖区内活产数9425人，新生儿访视率96.18%。0~6岁儿童数7.7153万人，儿童健康管理率97.34%。孕产妇保健按要求进行第一次产前筛查的孕妇数9251人，早孕建卡率91.04%。出院后28天内接受过产后访视的产妇人数为9213人，产后访视率97.67%。所有高危孕产妇全部建立高危孕妇追访个案表，均严格按照要求开展指导和随访服务，确保孕产妇的安全。辖区65岁以上老年人建档人数9.2328万人，2021年度已完成体检5.6772万人，体检率为61.49%。区管理高血压患者5.61万人，按照规范要求进行高血压患者健康管理的人数为3.9933万人，高血压患者规范管理率71.14%。辖区内管理糖尿病患者2.0949万人，按照规范要求进行糖尿病患者健康管理的人数为1.5087万人，糖尿病患者规范管理率72.02%。严重精神障碍患者在管人数2385人，规范管理人数2335人，患者规范管理率97.29%。登记传染病例数5606例。接受中医药健康管理服务65岁及以上居民人数5.1766万人，老年人中医药健康管理率56.06%，辖区内应管理0~36个月儿童数4.7万人，按照月龄接受中医药健康管理服务儿童数为2.8万人。进一步完善卫生计生监督协管网络，开展饮用水卫生安全、食源性疾病、学校卫生、计划生育、打击非法行医和非法采供血等行动共计340次。管理421例活动性肺结核患者，按要求规则服药的肺结核患者人数为380人，肺结核患者规则服药率90.47%。

【队伍建设】岳麓区卫健局党组下辖党支部17个，直管党员265名。进一步落实支部“五化”建设要求，强化基层支部管理，强化党建工作责任制。落实党建责任清单管理，完善“双述双评”，优化党员分类积分管理制度。完善局机关干部职工理论学习，制订年度理论学习计划，实行学习积分制。全区基层医疗机构现有注册全科医生172人，其中中医32人。区卫健局党组突出班子和人才队伍建设，调整充实基层医疗卫生单位领导班子10余人次，逐步落实基层医疗卫生单位负责人交流制度。打破身份限制，提拔2名聘用职工走上负责人岗位，全系统公开竞聘中心院管理人员。逐年面向社会公开招聘专业技术人员，引进中级职称以上专业技术人员。

【阵地建设】公共服务阵地建设、卫技人员队伍建设、制度机制建设、健康场所建设、基层医疗卫生机构中医建设得到加强。投入3.16亿元建成占地面积50亩、总面积达3.5万平米全省规模最大的区公共卫生中心，集疾病控制中心、卫生监督所、妇幼保健所、公共卫生应急指挥中心于一体，能够发挥突发公共卫生事件应急处理、病种防治、健康体检、食品卫生检验、医务人员培训等多种功能。2021年还新改建社区卫生服务中心3家，为公共卫生服务开展提供坚强阵地保障。

【老龄健康】将老龄工作纳入岳麓区经济与社会发展“十四五”规划，不断推进完善岳麓区老年健康服务体系。落实好基本公共卫生服务项目的老年健康与医养结合服务。根据省市卫健委安排部署，以望月湖街道为试点开展老年人心理关爱项目，做好老年人家医签约服务，推动安宁疗护服务工作试点。对长沙红枫康复医院、长沙睦邻康复医院的安宁疗护服务工作开展重点指导。继续推进“银铃安康”工程。将“老年优待证”办理工作从延伸至街道办理继续下沉延伸至村、社区。积极推广老年人意外伤害险的购买，广泛宣传银龄安康工程的意义。

【计划生育】2021年全区一孩出生3463人、二孩出生3285、三孩及以上出生301人。全面落实各项计划生育利益导向政策，5.23万余名符合奖励扶助条件对象的奖励扶助资金及时准确到位。全面提升技术服务质量。全面落实优生优育、生殖健康等妇幼健康服务项目。继续加大计划生育特殊家庭扶助关怀力度。重点落实联系人制度、就医“绿色通道”和家庭医生签约服务三个全覆盖，帮助解决他们生活保障、养老照料、医疗服务、精神慰藉等方面的现实问题。

医疗保障

【概况】2021年岳麓区医疗保障工作始终坚持以党的政治建设为统领，把树牢“四个意识”、坚定“四个自信”、坚决做到“两个维护”作为机关建设、班子建设、队伍建设的首要任务。加强医保政策宣传，落实国家和省、市医疗保障的各项政策，继续深入打击欺诈骗保违法行为，同时，积极推动医疗保障“放管服”改革，让广大人民群众享受到更加便捷、高效的医保服务。区医疗保障工作受到广大人民群众好评。

【医保政策宣传】医疗保障局扎实推进“医保微服务”进社区、进医院、进园区、进企业、进机关的五进活动，将各项医保政策宣传到位，致力于打造医疗保障宣传工作的“岳麓”品牌。制作“特殊门诊”医保宣传微视频，在24品商场开展大型宣讲活动，派发医保政策宣传环保袋6000余个，发放宣传资料10万余份，接受企业、群众咨询上万余人次。

【医保待遇保障】全面贯彻落实国家和省市有关医疗保障各项政策，确保参保人员各项待遇保障更加充分。坚持用心用情用力解决困难群众的急难愁盼，不断增强广大困难群众的获得感、幸福感、安全感。2021年共为7990名低保、特困、重残人员缴纳医疗保险费223.72万元，特殊困难群体参保率实现100%；审核城乡居民医疗救助1360人次，救助金额646.22万元；精神障碍患者住院救助114人次，救助金额34.05万元；精神障碍患者药物救助6305人次，救助金额88.27万元。

【医保基金监管】继续深入开展打击欺诈骗保专项行动，开展医疗保障基金违约违规自查自纠行动，做好《医疗保障基金使用监督管理条例》宣传解读工作，完善多部门、多层级联动监管机制，形成监管合力，监管实效日益彰显。416家医药机构按照要求提交自查自纠问题台账和整改报告，自查自纠中退回违约违规费用合计53.57万元；共检查全区协议医药机构416家，检查覆盖率实现100%，其中约谈存在违约违规问题的医药机构20家，下达整改通知书12家，下达处理通知书31家，解除、暂停医保协议2家，移送卫健部门5家；追回及拒付违约违规费用310万元。全力推进全区打击欺诈骗保套保挪用贪占医保基金集中整治工作，全面核查城镇职工和城乡居民基本医疗保险参保人重复参保情况。全区共核查出3900余人重复参保，未发现其重复享受待遇。通过比对市局下发死亡数据，终止职工医保参保176人、城乡居民医保参保3000余人，追回178名已故人员超期享受医保个人账户金额34.93万元。

【两定机构管理】根据省、市“两定”机构管理办法实施细则和市局“两定”机构管理措施，不断优化定点申请、专业评估、协商谈判等程序，促进“两定”机构管理持续优化，为群众提供更加适宜优质的医疗和药品服务。全区定点零售药店医保刷卡业务协议签订49家、定点医疗机构医保协议签订404家（其中一级及以下医院34家、门诊定点医疗机构8家），中止协议1家。区医保局通过对符合申报条件的协议零售药店进行资料上报，市局审核验收，实现特门药店17个街道全覆盖，使45种特殊病种患者能就近享受到更方便快捷的特门服务。此工作还被长沙政法频道作为长沙十件民生实事进行专题报道，在社会上引起积极反响。

【医保经办服务】区医保局始终坚持以“打造人民满意医保服务”为目标，按照“便民、惠民、利民”要求创新服务方式，不断推进医疗保障“放管服”改革，持续优化医保经办制度和流程，通过抓业务整合，抓政策知晓，抓流程优化，抓业务前移，积极构建更加便捷、优质、高效的医疗保障服务体系。积极主动承接市局下放事项，实现简易事项“马上办”、一般事项“网上办”、民生事项“就近办”、重大事项“限时办”、以及材料齐备“一次办”，特殊事项“上门办”，让群众享受到更加便捷、高效的医保服务。同时，区医保局始终将“12345”工单办理作为重大为民办实事工作来抓，明确专人负责，建立热线案件受理、呈办、批办、交办、督办、考核环环相扣的快速处理工作机制，认真回复群众咨询，着力解决群众的合理诉求，全年共办理“12345”工单2106件，满意率达99%以上。

【廉政建设】区医保局始终压紧压实全面从严治党主体责任，把党风廉政建设贯穿全局各项工作的始终，全局党员干部纪律观念和规矩意识不断增强，作风不断改进，形成风清气正的良好氛围。强化监督执纪，坚持把纪律和规矩挺在前面，实践和运用好监督执纪“四种形态”，重点在第一种形态上下功夫，通过经常开展批评和自我批评、谈心谈话，让“红脸出汗”成为常态，筑牢全面从严治党第一道防线。强化学习教育，始终突出“清廉醒脑”，通过上廉政党课、签订“清廉医保”九项承诺书、开展自查自纠以及警示教育等多种形式开展廉政教育和日常监督，拧紧医保干部思想“廉洁总开关”。强化责任传导。严格落实“两个责任”，定期研究党风廉政建设工作，推进全区医疗保障系统行风建设，确保医保基金与医保队伍“双安全”。

社会生活

人力资源和社会保障

【概况】2021年，岳麓区人力资源和社会保障工作坚持以习近平新时代中国特色社会主义思想为指导，认真贯彻党的十九大及十九届历次全会精神，不断强化底线思维、提前谋划安排、积极探索创新、注重精准施策，有力有序推动人事人才、社会保障、就业创业、劳动关系等各项工作。全区城镇新增就业8827人，完成全年目标任务的111.73%；失业人员再就业12805人，完成全年目标任务的170.73%；就业困难人员再就业4048人，完成全年目标任务的119.06%；城镇登记失业率2.3%。开展政府补贴性职业技能培训25552人次，完成率170.3%。

【做好稳就业工作】抓好重点群体就业服务，注重城区、校区、园区三方联动，确保大学生就业服务落实落地。3月，区人社局联合大科城与中南大学、湖南大学、湖南师范大学等8所高校签订大学生就业服务战略合作协议。12月，岳麓区联动株洲荷塘区、湘潭雨湖区三地人社部门签订“人才互动”就业服务一体化合作协议，从机制上做好大学生就业服务的顶层设计。摸清园区、企业的岗位需求，2—3月“春风行动”期间，为湖南湘江鲲鹏信息科技有限责任公司、长沙智能驾驶研究院开通直播带岗，3月组织大学生进大科城开展“岳麓开放日”等系列活动，11月组织岳麓高新区企业走进湖南农业大学、湖南工业大学、湖南科技大学开展校园招聘活动，12月组织58小镇游园及企业打卡活动。全区共举办大学生专场招聘7场，273家企业参加，提供就业岗位5053个，求职人数9524人，达成就业意向1938人。专业平台确保失业人员就业服务提质提效，联合58同城，打造岳麓区失业人员再就业服务平台，为平台登记失业人员提供政策宣传解读、岗位信息查询、网上技能培训、岗位实时推送等系列帮扶服务，针对失业人员的年龄、性别、学历、技能等情况进行大数据分析，筛选合适的岗位信息，每周定期推送。已向全区10607名登记失业人员成功推送邀约注册信息，共推送岗位5374个，累计推送岗位13万人次，该平台上线后，全区再就业5200人，比上年同期增加2635人。同时，针对困难就业人群、退役军人，通过春风行动指尖招聘会、退役军人专场招聘会，提供2182个岗位，达成就业意向4200余人。夯实基层，完成公共就业服务任务。加大街（镇）、社区两级公共服务平台的建设，抓好失业率调查工作，全区共有11个街道的22个社区被选定为样本点，任务量全市最多，经与统计部门有效沟通，通过固定人员、专业培训对重点社区进行精准指导和有力保障，确保调查工作的质量和效果。新增就业见习基地8家、续签2家；成功推荐22家企业申报创新创业带动就业项目、18家企业申报一次性创业补贴、3家企业申报经营场所租金补贴；全年共发放灵活就业社保补贴3207.5万元、各项企业补贴142.69万元、公益性岗位补贴和社保补贴24.21万元、创业补贴245.32万元；创业担保贷款930万元。精准指导，增强项目创建带动效应。有序推进省级充分就业社区（村）创建工作，形成每周调度、每月通报、每季讲评的工作机制，通过精准调度、分类指导、有序推进，经省人社厅、市人社局全面评估，认定岳麓区2个乡镇、24个社区、2个村为2021年湖南省省级充分就业乡镇、社区（村）。大力开展职业技能培训，为更充分就业打下坚实基础。全年开展职业培训290期共计11145人次，发放技能培训补贴427.7万元、创业培训补贴191.56万元，以工代训补贴2431.8万元；全区派出71名职业技能选手参加长沙市第一届职业技能大赛并荣获团体一等奖。

【社保体系不断完善】扎实推进基金专项整治，按照省市部署，区人社局制定工作方案，成立工作专班，进行分层分级铺排调度，圆满完成10.55万人、60.38万张社保卡的双向核查任务，追回城乡居民基本养老保险死亡人员多领待遇84.43万元、企业职工基本养老保险死亡人员多领待遇392.53万元，已全部追缴到位。严格落实待遇发放。办理企业养老正常退休审批2028人，机关养老退休212人，特退、病退81人。城乡居民养老保险基础养老金提高至每人每月228元。稳步推进各项改革。积极推进企业参保划型工作，共完成企业划型审核2416家；做好一次性补贴档案审核工作，为全区55人办理了一次性津贴审核；在被征地农民社保政策的调整期，顺利完成8440名被征地农民一次性补缴企业养老保险费的整改工作，同时完成48个新增征拆项目1690人的2020—2021年度养老保险参保缴费工作。规范业务流程和基金监督。以问题为导向，不断规范业务经办流程，严格落实关键环节审批制度，落实岗位相互监督、业务环节相互制约机制，合理配置岗位人员；推进基金监督的信息化建设，加强内控工作管理，定期和不定期开展专项督查和业务抽查，织密扎牢制度的“笼子”。

【劳动关系和谐发展】积极开展《保障农民工工资支付条例》实施一周年宣传活动，进街（镇）、进社区、进企业宣传8次，全区有8000名农民工、450余名企业劳资管理员及200余家用人单位参加，发放劳动保障法律法规宣传册3000余份，项目现场宣讲农民工维权知识，有效增强农民工维权意识；组织岳麓区《保障农民工工资支付条例》知识竞赛活动，12家建筑施工企业单位共同参与，进一步掀起全区企业学法、知法、守法的热潮。依托人社部门的“欠薪预警平台”、住建部门的“实名制管理平台”，由被动清欠向主动防欠转变，实现监管常态化。全年共接收全国根治欠薪线索反映平台和省级平台欠薪线索1728条，完成核处1728条，核处率100%，线索核处率在全市考核指标排名靠前；完成国家、省级信息平台及上级交办欠薪线索案件1910件，结案率达100％；及时调查回复市民热线工单3084件，依法处理信访案件96件，区长信箱案件13件，上级交办督办案件16件，问政湖南转交线索50件，为劳动者追回工资9867.3万元。圆满完成国家、市级根治欠薪的考核工作。对全区93个问题项目下达劳动保障监察限期改正指令书，对40个问题项目下达行政处罚告知书，对拒不整改的14家施工单位下达行政处罚决定书，共计处罚金额50.5万元。移交公安机关恶意欠薪行为案件3件，移送法院执行欠薪案件14件，均已执行。将4家拖欠农民工工资拒不整改的企业纳入岳麓信用平台，对12家欠薪企业法人限制高消费，违法企业在资质升级、评优评先、招投标等方面严格限制，形成违法欠薪处处受限的高压态势。行政处罚案件比上年同期上升58%，移送法院强制执行案件比上年同期上升700%。组织项目经理、劳资管理员、街道社区监察专干共300余人开展根治欠薪业务培训2次、劳动保障法律法规培训1次、省两网化基层维权平台培训1次，不断提高法律意识和业务水平。组织全局47名工作人员参与普法考试，通过率100%；邀请湖南大学教授围绕“依法行政、防范法律风险”进行专题培训，全面提升人社系统工作人员的法治素养和依法办事能力。

【人事人才工作】根据全区经济社会发展要求和全区机关事业单位人才队伍建设的需求，根据各行业部门的工作需要和人员缺口情况进行全面调查摸底，合理设置招考条件，确保人才招引工作的精准度，不断优化改善人才队伍结构。全年公开招聘（选调）44名事业编制工作人员；面向社会公开招聘中小学名优教师、幼儿园园长400人。积极落实“人才新政”，累计发放各项人才补贴1189.2万元。其中，高校毕业生租房和生活补贴740.8万元；企业博士后生活补贴2万元；高学历人才购房补贴446.4万元。加强事业单位管理，完成事业单位工作人员培训管理平台注册4000余人，对全区机关事业单位6998名非领导职务工作人员进行考核，办理工资审批761件涉及6728人，完成2021年度180家事业单位工资年初晋升。提升专技人才服务，在大科城、岳麓高新区推广职称“帮代办”服务，助力20家企业办理60个职称业务；完成区属企业专业技术人员有关系列相关等级职称资格认定238人次；完成教育系统专业技术人员有关系列相关等级职称资格认定617人次。指导岳麓山大学科技城联合开发“一网一库三平台”，定期发布企业用人信息，畅通求职招聘渠道，提供全面精准人才信息服务，发放人才服务卡近1000张，人才获得感、幸福感明显增强。走进湖南农业大学、湖南工业大学（株洲）、湖南科技大学（湘潭），开展第四届“青春岳麓·才聚湘江”企业高校人才对接会；与株洲荷塘区人社局、湘潭雨湖区人社局共同签订长株潭“人才互动”就业服务一体化合作协议。

民族宗教

【概况】2021年，岳麓区民族宗教事务局以习近平新时代中国特色社会主义思想为指导，认真贯彻落实中央和省委、市委、区委关于民族宗教工作的决策部署，落实习近平总书记考察湖南重要讲话精神，紧扣中心，服务大局，以铸牢中华民族共同体意识为主线，深化民族团结进步示范创建工作，全面营造各民族群众共居共学共事共乐的社会氛围，形成“共同团结奋斗，共同繁荣发展”的良好局面。积极引导宗教与社会主义社会相适应，坚决制止打击非法宗教活动，完善宗教工作体制，提升依法治理水平，维护全区宗教界的和谐。

【疫情防控】疫情期间，民族宗教事务局坚决贯彻落实上级指示精神，积极学习传达全国、省、市、区疫情防控工作会议精神并就相关工作安排部署。全区宗教活动场所、民间信仰场所和宗教临时活动地点均严格按照市委统战部、市民宗局《关于执行“两个暂停”的通知》文件要求暂停对外开放、暂停集体宗教活动，有效防止宗教领域聚集性交叉感染风险，确保安全稳定。关心关爱疫情防控一线工作人员，开展“心手相牵　助力疫情防控”慰问活动，赠送价值5万余元抗疫防控物资，助推疫情防控和经济社会发展“两不误、同促进”。

【民族工作】推进民族团结进步示范创建。创建梅溪湖街道阳明山庄社区、中南大学“56度中南工作室”等示范创建单位，强化中华民族共同体意识，发挥示范引领作用，先后50多次接待全国各地干群前来交流学习，参观人数近2000人；咸嘉湖街道、望城坡街道长华社区积极推动新时代党的民族工作高质量发展，均获评“2021年度长沙市民族团结进步创建示范单位”，各族群众共居共学共事共乐的良好局面在全区已逐步形成。充分发挥区民族联谊会优势，结合庆祝中国共产党成立100周年，开展“赞颂百年、同心向党”系列主题活动、“建党百年感党恩　捐资助学促团结”湘西行助学活动、“关心困难儿童　援建希望小屋”活动等，巩固和发展了平等团结互助和谐的社会主义民族关系，促进各民族团结奋斗、共同繁荣发展。区民族宗教事务局做好日常服务管理工作，指导区少数民族群众服务站开展工作，为各族群众提供法律援助、就业咨询、子女教育、居家养老、慰问帮扶等服务。积极与新疆驻湘工作组协作，全力做好在湘新疆籍少数民族群众服务管理工作。在湖南省涉疆服务管理工作联席会议办公室12月25日出版的《涉疆服务管理工作简报》第6期上刊登岳麓区优秀做法。加强与驻区高校对接，协助高校做好学生服务管理工作；规范行政审批，制作《少数民族群众服务指南》，做好民族成分变更和高考少数民族考生优惠加分资格审核工作，做到零差错、零投诉。协助区教育局解决38名少数民族流动人口子女入学难题，为群众安心就业、创业发展解除后顾之忧。

【宗教工作】坚持宗教中国化方向，用社会主义核心价值观引领宗教，用中华优秀传统文化浸润宗教，引导全区宗教活动场所和教职人员爱国爱教、依法办教，构建积极健康的宗教关系。积极贯彻落实省委统战工作领导小组《关于加强基层宗教行政执法主体和工作网络建设的指导意见》，聘请第三方律师完善执法程序，推动宗教治理工作规范化、法治化、常态化。进一步完善宗教工作区、街道（镇）、村（社区）三级网络和街道（镇）、村（社区）两级责任制。抓实安全生产，排查宗教领域安全隐患，完善隐患台账，做好宗教活动场所危房修缮工作。由区民宗局聘请第三方安防公司对全区宗教活动场所进行安全检查，形成一月一检查一整改制度，建立安全档案。加强各宗教场所消防安全培训，经常组织消防演练，其中麓山寺、灵瑞寺落实消防安全标准化管理。依法规范宗教事务，组织宗教教职人员学习《中华人民共和国民法典》《湖南省宗教事务条例》《宗教教职人员管理办法》等。建立完善宗教教职人员档案，已完成宗教团体1个、宗教活动场所7个、宗教教职人员67人的建档造册工作。规范宗教场所财务、行政审批制度。平稳拆除新安寺，依法注销长沙市潜龙寺、新安寺的宗教活动场所登记证。根据全市宗教工作会议的部署，扎实开展整治非法宗教活动、遏制宗教渗透蔓延的专项行动。依法查处非法宗教活动24起。省民宗委《湖南民族宗教工作》第34期、省委统战部《整治非法宗教活动工作简报》第10期刊登岳麓区经验并得到省、市领导的一致肯定。在驻区高校师生中大力开展宗教政策宣传活动。其中湖南师范大学充分发挥课堂教学的主导作用，将宗教政策法规学习纳入高校学生入学教育。

民　政

【概况】2021年，岳麓区民政工作认真贯彻中央、省、市、区决策部署和上级民政部门工作要求，积极主动做好新冠肺炎疫情常态化防控，恪守“以民为本、帮民解困、为民服务”宗旨，紧紧围绕更好履行“基本民生保障、基层社会治理、基本社会服务”等职责，全面推进民政事业改革与创新，各项民政工作均呈现良好的发展态势。获评“湖南省社区治理和服务创新实验区”“长沙市文明单位”“长沙市青少年维权岗”。

开展“赞颂百年、同心向党”庆祝中国共产党成立100周年活动

（区民族宗教事务局供图）

【社会救助】落实“放管服”改革要求，将低保特困审批权限下放至街镇。从2021年1月起城乡低保标准由每人650元/月提高到每人750元/月，重度残疾人护理补贴由每人80元/月提高到每人100元/月，困难残疾人生活补贴由每人120元/月提高到每人140元/月。截至2021年12月底，岳麓区有城乡低保对象3066户、5008人，城乡特困对象928户、953人，残疾人4339人，做到应保尽保。2021年发放城乡低保保障金3213.89万元，特困保障金1389.92万元，临时救助881人次、发放救助金159.61万元，残疾人两项补贴1177.27万元。

【养老服务】编制《长沙市岳麓区养老事业发展“十四五”规划》，主动应对人口老龄化。健全养老服务设施，岳麓区社会福利中心（养老中心）项目全面建成，采取公开招标、公建民营方式，由第三方湖南常青树养老服务公司运营。提升颐养水平，全面完成年度目标任务，高标准高质量建成4个街道综合养老服务中心、11个社区（村）居家养老服务中心，新增养老床位502张。岳麓区有备案登记公办民办养老机构22家，街道综合养老服务中心10个，社区（村）居家养老服务中心98个，养老床位5575张。

【基层政权和社区建设】完成村（居）民委员会换届选举。严格依法依规依程序，把好政策关、程序关、职数关、资格关，完成168个社区（村）集中换届工作，选举产生新一届村居“两委”成员1163人（其中社区831人、村332人），平均年龄38岁，较上一届下降近3岁；女性436名，占59.08%，较上一届提升6.91%；大专及以上学历676名，占91.60%，较上一届提升11.6%；165个村（社区）书记主任实现“一肩挑”，占比达98.21%。加强村（社区）规范化建设。修订完善《村（居）民自治章程》，全面完善村（居）民议事会、村（居）务监督委员会，以雨敞坪街道泉水湖村、含浦街道含泰社区为试点村（社区）开展村级“小微权力”清单改革，推进基层社会治理法制化、规范化。以落实三张清单为重点，推进社区（村）减负增效，深化社区（村）一门式全覆盖工作，持续整治挂牌过多过滥问题。2021年创建“五型”示范社区（村）13个，打造便民服务点4个、三社联动示范项目6个。咸嘉湖街道荷叶塘社区“三HE三心”（以党建为核心，搭建“三个体系”，架好连心桥；集区域之“合力”，明晰“三项清单”，画好同心窗；优服务促“和谐”，完善“四大机制”，谱好暖心曲）社区工作法获湖南省民政厅颁授的湖南省第四批优秀社区工作法称号。指导洋湖街道、坪塘街道新成立2个社区，湖南省唯一真正意义上的国际社区——洋湖国际社区办公服务阵地全面竣工，软件硬件同步升级。持续深化社区“坐班制”转“值班制”工作。印发工作方案和考核办法，在岳麓区120个社区、18个试点村深入推行错时工作制、分片包干制、首问责任制、会商调度制、限时办结制，建立“街镇吹哨、部门报到”机制，加大走访力度，解决一批群众身边的困难和问题，经验做法在《长沙要情》第70期推介。

【区划地名和社会组织】有序推进第二次全国地名普查图、录、典、志的编纂和成果转化工作，完成岳麓区行政区划信息采集和乡镇界线调整有关前期工作，编制印刷2021年岳麓区行政区划图，完成宜居莱茵城不规范洋地名的清理整治、岳麓—天心线勘界联检工作，做好与高新区麓景裕园、长房云西府等小区行政归属相关问题协调。加强社会组织的日常监督，组织开展社会组织法人（负责人）培训，开展社会组织评估活动和打击整治非法社会组织、规范和整治行业协会商会乱收费等专项行动，对连续两年不参加年检的10家社会组织给予撤销登记行政处罚。2021年登记注册社会组织56家，变更登记36家，注销登记29家，撤销10家。岳麓区现有登记注册的社会组织408家，备案的社区社会组织801家。

【慈善社工】慈善事业稳步发展，自主实施开展“城乡低保家庭尿毒症患者援助”项目，2021年发放援助金249人次，29.44万元；积极配合长沙市慈善总会开展慈善助学工作，资助低保家庭子女、孤儿24人，19.2万元；资助其他困难家庭子女80人，40万元，聘请第三方机构对资助对象进行入户调查，上户率达到100%，岳麓慈善影响力进一步扩大。社会工作有序推进。2021年，17个乡镇（街道）社工站组织走访3100次、开展社区活动150次，培育社会组织9个，链接物资50万元，共计服务3.7万人次。组织开展国际社工日宣传活动，举办2021年度“优秀社工、优秀社工团队”申报评选活动，提升岳麓区社会工作影响力，为社会工作专业发展夯实社会基础。岳麓区现有持证社工971人，专业社工机构34家，注册志愿者58810人。

【基本公共服务】深化行政审批改革，加快推进跨域通办，深入优化行政审批流程，精简完善办事服务指南，对民政部门的事项进行重新梳理，发布民政部门行政权力事项清单119项、公共服务事项清单24项、“就近办”事项清单16项、“上门办”事项清单4项、跨域（省）通办事项4项。婚姻登记规范运作，2021年12月14日，新婚姻登记中心正式启用，总面积达800平方米，环境设施大幅提升。进一步加强《中华人民共和国民法典》宣传，推行个人结婚资料网上初审，实施结婚登记全市通办。2021年办理结婚登记6591对（其中跨区办理结婚登记819对），离婚登记2429对，补领结婚证668对，补领离婚证249件。加强殡葬问题整治，加大殡改宣传力度，发放宣传资料，张贴标语横幅600条。2021年发放城乡居民基本殡葬服务费161万元。儿童福利全面落实，建立由岳麓区民政局牵头、街道（镇）儿童督导员、社区（村）儿童主任三级专人负责的关爱保护体系，将孤儿、事实无人抚养儿童、困境儿童（低保儿童）全部免费纳入城乡居民基本医疗保险、大病保险。2021年共发放孤儿生活费31.22万元、事实无人抚养儿童生活补贴67.6万元、孤儿助学4.4万元。流浪乞讨人员救助保障有力。扎实开展“夏季送清凉”、“寒冬送温暖”和以“携手相助，让爱团聚”为主题的全国救助开放日活动，共救助生活无着流浪乞讨人员906人次、寻亲返乡26人次。

【新冠肺炎疫情防控工作】坚决落实“外防输入、内防反弹、人物同防”和“五严格一确保”防控要求，适时实行养老服务机构封闭管理，社区居家养老服务中心暂停集聚性活动。推动入住老人和养老机构工作人员有序接种新冠疫苗，岳麓区养老服务机构工作人员285人，已有247人接种新冠疫苗，做到应接能接尽接。局班子成员每人负责联系3~4家养老机构，抽调干部职工担任17个养老服务机构特派联络员，监督、指导、帮助养老服务机构做好疫情防控工作，确保民政领域外无舆情、内无疫情。

【岳麓区民政工作会议】4月19日，岳麓区民政局组织召开2021年度全区民政工作会议。岳麓区政府二级调研员宋德雄出席会议，岳麓区民政局全体干部职工、二级机构负责人、17个街道（镇）分管民政工作领导和社会事务办主任参加，会议全面总结2020年民政工作取得的成效，并分析“十四五”岳麓区民政工作面临的新形势，安排部署2021年重点工作任务。

退役军人事务

【概况】2021年，岳麓区退役军人事务工作严格贯彻党中央以及省委、市委、区委的决策部署，不断践行新时代退役军人事务工作使命担当，在创建示范型退役军人服务中心（站）、推进全区“双拥”工作等方面均取得优异成绩。

【基层服务中心（站）示范型创建】2021年，岳麓区1个服务中心和17个街镇服务站全部达到示范型退役军人服务中心（站）创建标准，接受上级验收通过。桔子洲街道服务站完成省级百家红色服务站创建。48个“兵支书”以及9个服务对象300人以上服务站同时推动示范型创建行动。岳麓区退役军人体系建设向前迈出一大步，基层基础进一步夯实巩固。

【就业创业】2021年，岳麓区做好接收安置转业干部、士官、随军随调家属，退役士兵，以及军休干部工作。举办2场退役军人专场招聘会，达成就业意向200余人。为退役士兵提供为期4天的适应性培训。区退役军人事务局会同人武部实地考评，为8家退役军人创办的企业发放双带双促资金。为116名符合条件享受公益性岗位对象发放再就业帮扶和生活解困经费582万元。

【双拥工作】2021年，区退役军人事务局在湖南兰天集团、长沙市岳麓区望城坡街道长华社区、长沙市第四医院打造3个市级双拥示范点，推动空军某部、岳麓区人武部和长沙市武警支队与其结成“军民共建单位”；积极协调长沙潇湘陵园管理处减免翁培根烈士墓地管理费用，落实《中华人民共和国退役军人保障法》（以下简称《退役军人保障法》）褒扬制度和市级相关规定，向荣立三等功和二等功的现役军人送喜报上门，发放奖金。有效激励岳麓籍现役军人建功军营献身国防的激情，不断浓厚全区拥军崇军氛围。

【优抚保障】2021年，区退役军人事务局与辖区内湖南省中医药研究院、长沙市四医院等4家医院签订重点优抚对象定点协议，分期报销优抚对象医疗费用360余万元。全年新增审核优抚对象70人，累计发放优抚补助3800余万元，发放一次性死亡补助180余万元。积极配合纪律部门开展“一卡通”补贴自查，追回优抚资金9.7万余元。

【权益服务保障】2021年，区退役军人事务局以岳麓区人民代表大会常务委员会对《中华人民共和国退役军人保障法》执法检查为契机，采取座谈、条文解读、发放辅读书籍等各种方式对全区三级退役军人服务保障体系工作人员进行培训教育，不断推进全区退役军人服务保障体系依法行政、依法服务，为全区退役军人做好《中华人民共和国退役军人保障法》宣讲及相关政策解释工作。采取"六个一批"的方式不断做好退役军人思想转化工作。按照不出成绩不脱钩的要求，持续开展常态化联系制度，坚持为退役军人解决实际问题，向因意外导致生活困难的退役军人发放帮扶救助资金。

【"八一"建军节慰问】"八一"期间，岳麓区委、区政府向全区退役军人发送祝贺短信，发放各类慰问金。向驻区解放军和武警部队及应急救援单位赠送物资，向生活困难退役军人发放慰问金，向全区优抚对象、自主择业军转干部等各类退役军人群体发放慰问金。岳麓区17个街道（镇）退役军人服务站同时开展各具特色的座谈会及慰问活动，切实有效履行《退役军人保障法》所赋予的责任和义务。

潇湘园管理

【概况】潇湘陵园是岳麓区人民政府于1993年创建的大型花园式墓园，由区民政局管辖。2021年潇湘园深入学习贯彻习近平总书记考察湖南重要讲话精神，围绕"规范化建设、精细化管理和温情式服务"工作目标，坚持发展和生态两条底线，狠抓稳增长、促规范、优服务、惠民生各项工作落实。

【销售经营】坚持"规范化建设、精细化管理和温情式服务"经营理念，安全生产、森林防火、常态化疫情防控工作持续稳定，园区品质提档计划稳步推进，公司制改革举措逐步落地，潇湘园在中国公墓排位中保持百强并持续进位，荣获"湖南省殡葬协会副会长单位""公墓工作委员会主任单位"称号，行业认可度进一步增强。2021年销售墓位882座，实现营业收入6156.70万元，主营业务利润3918.23万元，较上年同比上升3.52%。

【惠民殡葬】围绕"惠民、绿色、文明"殡葬理念，着力完善殡葬服务体系，增进民生福祉，提升群众满意度。充分利用清明、春节等社会高度关注时段，开展系列宣传活动，集中造势，强势引导，努力营造良好殡葬改革氛围。积极提倡节地生态安葬，深入开展健康、文明、环保祭扫倡议活动，逐步树立绿色、生态的现代殡葬理念。针对城乡低保对象、特困供养人员、困难及特定优抚对象等群体，持续实施殡葬惠民购墓费用优惠减免举措。

【园区品质提升】潇湘园致力于园区品质建设，着力打造精致精美的人文生态纪念园，始终把殡葬基础服务设施建设作为主动对标"五城同建"实施路径的重大任务来推进。坚持行业发展融合和高品质定位，贯彻"品质长沙"现代宜居城市的要求，坚持绿色发展，全面提升园区风貌，笃力打造"城市中最美憩息地"。全面启动"一年打基础，二年出形象，三年大变样"园区环境更新三年行动计划，从基础设施和整体环境提质两方面入手，进一步完善便民设施的设置，加强对园林绿化、环境保洁高标准维护和管理，分期分片打造景观组团，着力打造生态园区、民生园区、文化园区、品质园区，提升陵园净化、美化、绿化、花化水平。依托生态区位、环境质量和自然资源禀赋，将独有的生态优势，转变为发展优势，切实推进生态文明建设和绿色殡葬创新协调发展，实现生态与发展互促共进。做好生态保护"增量"文章，践行节地生态的绿

潇湘园管理处大门入口景观改造后　　（潇湘园管理片供图）

色殡葬理念，大力推行节地生态葬式改革，积极开展“增绿植绿护绿”工作，最大限度保护自然原生态。做好环境整治“减量”文章，关停驻园石材加工企业，全面开展园区环境整治，消除生态安全隐患，拆除后的场地改造为大型停车场，长期困扰园区的噪音、粉尘、污水处理的生态保护难题得到解决。做好绿色祭扫“变量”文章，积极推行绿色文明祭扫，注重加强禁烧禁放工作实效，通过采取鲜花换鞭炮、纸钱，拆除焚烧炉等一系列举措，有序向绿色无烟园区转变。在打造环境优美、特色鲜明、服务完善、竞争力强的现代公墓体系上迈出坚实的一步。

2021 年清明节接待期间疫情防控、预约祭扫核验点

（潇湘园管理片供图）

【平安建设】统筹做好安全与发展两件大事，坚持发展步伐慢不得，安全底线松不得，始终坚持“固根基、补短板、强弱项”，全力攻坚安全绿色发展中的瓶颈。坚持实事求是、因地制宜、循序渐进、分步实施的原则，全力做好园区安全风险防控，深入开展对老旧墓区、道路边坡等区域的隐患排查治理，防患未然。至2021年底，共投入建设资金395万元，高起点设计、高标准建设、高效率推进园区视频监控系统建设，全园视频探头实现全域覆盖，全时可用，全程可控工作目标。启动园区上山道路提升改造工作，投入资金400万元，将全长1200米道路，由原5米路幅拓宽到8米，同时对弯多坡陡路段的交通安全设施进行完善，增设防撞护栏210米，确保道路安全、有序、畅通。持续对老旧墓区开展安全整治行动，投入资金200万元，中央老旧墓区过道下沉、挡墙开裂等安全隐患。

【队伍建设】根据区委和区直机关工委的部署，全面部署党风廉政建设及党建工作。开展“专题研讨会”交流、讲授“党风廉政党课”、参观“廉政警示教育”等活动，警示队伍、教育个人、纯正风气。定期召开意识形态分析研判会，研判风险隐患。结合党史学习教育，聚焦“建党百年”，营造新时期宣传舆论良好氛围。党史学习教育高标准高质量开展，“学党史、悟思想、办实事、开新局”取得扎实成效。2021年共组织学习活动21次、理论学习中心组（扩大）专题研讨12次、讲党课3次、主题党日活动12次、革命传统教育4次、先进典型教育1次、警示教育2次。在区级媒体发表新闻信息类稿件16篇，有效推进潇湘园党建工作充分发挥党员先锋模范作用，引导群众遵守疫情防控要求，有序开展文明祭扫。开展“我为群众办实事”实践活动，提升群众满意度。

【疫情防控】成立疫情防控领导工作小组，制定《长沙潇湘园管理处关于做好新型冠状病毒感染肺炎疫情防控的工作方案》《关于做好2021年长沙潇湘陵园清明节疫情防控与群众祭扫服务管理工作的方案》，确保疫情防控与群众祭扫工作有序有控开展。织密织牢疫情防控安全网，采取发布公告、倡议书，短信，电话预约等形式，加大疫情防控宣传力度；在春节、清明节，祭扫高峰期间，设岗进行体温测量、祭扫预约核验、暂停车辆服务、园区环境消毒等制度，构筑疫情防控“铜墙铁壁”。

街道·镇

岳麓街道

【概况】2021年岳麓街道统筹推进疫情防控和经济社会发展，在党的建设、产业发展、项目建设、社会治理、民生实事、疫情防控等方面取得了明显成效。街道全年完成固定资产投资11.5亿元，社会消费品零售总额30.79亿元（同比增长5.64%），工业总产值2.6亿元，地方级税收1.97亿元（增幅15.9%）。新增9家规模以上企业、3263家市场主体，完成高新技术企业认定28家、科技型中小企业入库56家、技术合同额登记5.7亿元，超额完成“科创强区”的目标任务。

【基层党建】2021年，岳麓街道深化“大工委制”，与6个重点单位签订共建项目41个；组织机关党员到雷锋学院、郴州汝城等地开展专题学习，开展“麓山汇讲·百人千场大宣讲党史学习教育专场”活动20余场；建成科学村社区“三方共商”工作机制示范点；建设党史学习主题美丽楼道23个；推进“街道吹哨、部门报到”机制，解决五星村“星寨湾”山居部落电压增容和乡村环境整治等多个问题；指导德必产业园党委打造“红动力·WE磁场”党建品牌，带动街域园区两新党组织争先创优；严把党员发展关，排查处置五个村十八大以来“严重违反入党程序”的党员43名。村居换届圆满完成，选举产生88名新一届社区（村）“两委”班子成员，平均年龄较上届下降3岁，大专以上学历达80%，基层队伍战斗力、凝聚力、执行力整体提升。围绕庆祝中国共产党成立100周年主题，深入开展“两优一先”和第二届“岳麓街道之星”评选表彰活动，对100名优秀共产党员、30名优秀党务工作者、10个先进基层党组织予以表彰，发放“光荣在党50年”纪念章205枚，评选出40名岳麓街道之星和60名提名奖。2021年，岳麓街道机关党总支获评区“先进基层党组织”。

【产业发展】在疫情防控和经济发展双重考验下，街道狠抓产业发展，并取得较好成效。引导45家企业申报省市区、湘江新区、大科城等各级政策扶持资金，兑现落实1094万元。中南大学科技园（研发）总部获评第11批国家大学科技园；阳光100凤凰街荣获第一批国家级夜间文化和旅游消费集聚区、首批综合型湖南省示范步行街、市十佳夜间经济集聚区和市夜间消费示范街区等荣誉；五星村打造“星寨湾”山居部落特色民宿品牌，“游味”民宿和敬野舍获评区“十佳拾美”格调雅TOP10美宿；桃花岭村祇园获评省级非物质文化遗产代表性项目。王家湾综合整治集体土地拆迁项目和大科城科创服务中心建设项目已全面腾地并施工建设，用时仅115天，348户就实现第一奖励期签约清零；麓山南路综合整治集体土地拆迁项目，成立专班、分类施策，实行“五包一”管控，确保尽快完成扫尾清零。

【社会治理】牢牢守住安全底线，聘请第三方专业服务机构排查整改企业、建筑工地、道路交通、物流仓储、小区、学校等各类安全隐患1990个。及时回应群众呼声，处置市民热线工单2224条，满意率99.6%，较上年度提升0.4%。做细做实信访工作，落实党政领导接访机制，积极调处各类民事纠纷65件；深入推进平安建设，健全“群防群治+联防联控”社会治安立体化防控体系；依法防范打击电信诈骗，守护百姓“钱袋子”；做好涉毒吸毒人员管控，深化社区戒毒（康复）工作；圆满完成50余次重点线路安全保障活动，确保重要节点社会安全稳定。成功迎接全国文明典范城市和食品安全示范城市创建检查。

【民生实事】完成10个社区48

个项目共计200万元惠民资金备案。为辖区内低保特困、残疾、高龄、计生家庭、优抚对象等万余人发放各类救（补）助953.71万元。全面防范社保基金管理风险漏洞，对25773人开展养老保险待遇核查。发布政务公开事项181项，一网通办平台办理政务1318件；政务大厅窗口接待群众1.3万余人次，办理各种证照4326本。全力推进居民小区垃圾分类撤桶并点，完成25个点位垃圾厢房（亭）的建设。成功创建“标准化物业小区”7个，修建村级公路3.3千米。开展老旧小区周边和主城区农贸市场周边街区微改造项目21处，新增停车位1135个，智慧停车场平台注册35个。

【疫情防控】坚持“外防输入，内防反弹”。进一步落实属地、部门、单位、个人“四方”责任，强化辖区高校、企事业单位主体责任，落实常态化疫情防控措施，做好疫苗接种、核酸筛查、大数据核查等工作，确保辖区平安稳定。2021年无遗漏核查大数据20759条，核酸采样207502人，接种疫苗144077剂。果断应对疫情反弹，设立54个核酸检测采样点，发动972位党员和志愿者持续接力，48小时完成采样145567人次。

【省领导调研中南大学科技园（研发）总部】9月14日，省委副书记、省长毛伟明到岳麓山大学科技城调研。到中南大学科技园（研发）总部，走进新云网等企业，详细了解透明计算、云慧医、云智教等科研成果。他强调，要整合科技、人才、资金、数据资源，推动更多科技成果就近转化，激发创新潜能和创业活力。省委常委、市委书记吴桂英等陪同调研。

6月23日，岳麓街道举行“两优一先”表彰暨第二届“岳麓街道之星”颁奖晚会　（岳麓街道供图）

【湘江科创基地三期项目签约清零】湘江科创基地三期项目总用地面积约34公顷，涉及桃花岭村、左家垅村2个村，11个村民小组，需动迁私房348户、动迁人口约1000人。项目征拆工作正式启动以来，面对拆迁任务繁重、新旧矛盾交织的巨大压力，指挥部按照湘江新区和岳麓区委、区政府的决策部署，项目指挥部科学统筹调度、合力攻坚克难，全体人员主动履责、积极作为，坚定不移执行“6·30”集体土地拆迁新规，切实做到公开、公平、公正，以实际行动赢得拆迁群众的理解和支持，为湘江科创基地项目征拆和产业发展打下了坚实的基础。该项目于2021年12月15日启动签约，截至12月24日，348户私房在第一奖励期内实现全面签约清零。

【“两优一先”表彰暨第二届“岳麓街道之星”颁奖晚会】6月23日，长沙市岳麓区岳麓街道举行“两优一先”表彰大会暨第二届“岳麓街道之星”颁奖晚会。100名“优秀共产党员”、30名“优秀党务工作者”、10个“先进基层党组织”和40位第二届“岳麓街道之星”获表彰。会上，街道工委书记侯朝阳带领与会党员重温入党誓词，新党员集中宣誓。晚会现场对40位第二届“岳麓街道之星”进行颁奖。

桔子洲街道

【概况】2021年，桔子洲街道自觉提高政治站位，压紧压实责任担当，围绕中心，服务大局，全年各项工作取得新进展，实现“十四五”街域事业的良好开端，为区域经济社会发展作出新贡献。全年全街实现增速7%，完成固定资产投资10亿元，同比增长11%。完成地方级税收1.5亿元，同比增长14%。社会消费品零售总额4.5亿元。

【经济建设】引进风云学子文化传媒等文创企业84家，引进博识广联等科创企业220家，全街文创企业达208家，科创企业746家，新增涉税市场主体1500家。全年新增限上企业6家，新增市场主体1300家，其中后湖艺术园注册企业200余家。街道各部门服务企业发展，对接后湖园区、科创港、桃子湖双创街重点企业，了解企业发展中遇到的问题，并协调各部门予以解决。第二、第三季度获评岳麓区“真抓实干争先创优评比先进单位”。

【城市管理】围绕建设“最美大科城”，推进精美街道建设。全街开展“百日奋战 靓丽河西”市容环境整治工作，规范“门前三包”，整顿市容乱象300余起，拆除违规户外广告100余块，清理僵尸车40台，整治小区顶楼平台“圈地占用”问题17起。加速老旧小区提质改造，加装电梯35部，7天实现43处1500平方米的违建快拆快清。巩固和提升大气治理成效，师大站点空气优良天数达299天。深化落实垃圾分类工作，完成10个“撤桶并点”试点小区建设及6个垃圾厢房建设。清理沿街商户玻璃橱窗内外不规范广告700余处。

【社会治理】学堂坡社区申报长沙市“一县、一街道、一社区”社会治理创新试点单位，天马社区申报“零诉讼”试点社区，后湖新村和岳南村社区推进创建“零毒品社区”工作。流动实有人口2934人，全街录入流动人口2622人，办理居住证387张。妥善处理投诉信访件，已办来信5条、来访12条、投诉140条，处理市级信访督办件3件，与重点信访人员签订息访息诉协议。化解省市交办重点信访积案，平稳解决群访集访问题，化解信访积案率达100%。完善街道禁毒工作阵地建设，禁毒工作群众满意度调查2021年上半年全市排名第六，全区排名第一。开展交通安全百日行动，推进“国家反诈中心”App安装、注册工作，扩大下载覆盖面。扫黑除恶工作进入常态化，政法工作在全区排名第一。平安建设在区年度考核中取得一类街道成绩，并由区向市申报红旗街道。推行街校24小时巡逻防控，开展无证校外培训机构联合整治行动，关停无证办学和违规办学机构5家。

【民生福祉】全街各部门由“坐班制”转“值班制”，各级干部共走访14698户，收集人民群众急难愁盼问题3795个，解决3686个，解决率为97%。申报道路改造等惠民项目64个，完成45个。全街共有1987人享受高龄补贴，全年发放金额260余万元，残疾人两项补贴211人，发放金额58.92余万元。全街各类计生奖励扶助对象共计8483人，通过计生渠道发放奖励扶助资金240.444万元。办结“12345”热线工单884个，全年有5个月位居网格工作月度考核第一。新增小区停车位866个，老旧小区加装电梯排名位居全区第二。开展隐患排查整治510次，检查重点企业、学校等场所846家（处），处理地质灾害点6处。加强疫情防控常态化管理，全年累计管控集中隔离对象309人，居家隔离对象488人，居家健康监测对象2728人。对学校、养老院、网吧、

阜埠河路立面提质　（橘子洲街道供图）

KTV等63个重点场所开展疫情防控专项检查，发放《疫情防控整改意见书》《卫生监督意见书》2000余份，责令3家网吧整改，1家关停。联系三真医院、湖南大学、湖南师范大学三个接种点，完成疫苗接种任务。开展核酸检测应急演练9次，8月份全街3日内采样11万余人，实现零确诊、零疑似。

【**党建工作**】2021年，街道出台《关于开展党员素质提升工程的实施意见》，聚焦党史学习，联合湖大、师大两所高校抓好党员培训，组织党务培训20余场次，入党积极分子培训28人次，发展新党员14名。签订区域化党建项目107个，开展共建活动150余次，40余名大学生进街道、社区（村）挂职锻炼。全年打造124个美丽楼道，全街30余个党员志愿团队，500多名党员骨干，在老旧小区加装电梯、拆违增绿等项目中贡献突出。学堂坡社区获评“湖南省示范性青年之家”，新民路社区获评湖南省“同心社区”，师大社区荣获长沙市“先进基层党组织”称号。

【**荣获湖南省统计基层基础示范性建设单位**】桔子洲街道高标准建设街道统计站，提升基层统计工作管理水平。打造党建引领墙、统计工作制度墙、重点企业联点墙等，根据企业全生命周期精准提供统计监测及服务，确保相关统计资料齐全，各类普查汇编、历年基层统计工作规范。街道连续4年荣获长沙市乡镇街道统计站目标管理综合考评一类单位，2021年获评湖南省统计基层基础示范性建设单位。

【**街校共建**】桔子洲街道利用辖区丰富的高校教育资源，通过五联五建、党组织交叉任职项目，高校与街道各社区（村）党组织结对，常态化开展共建活动。全年签订共建项目107个，开展共建活动138场次。40余名大学生进街道、社区（村）及企业开展挂职锻炼。发挥“大科城教授名师团”优势，开展“名师党课进万家”活动，在湖南师范大学开办首期新一届社区（村）“两委”培训班，在湖南大学举办社区（村）党员骨干培训班，湖南大学宣传部长唐珍名等十余名高校名师为街道党员授课。

新党员入党宣誓和老党员重温入党誓词　　（橘子洲街道供图）

【**党建引领基层社会治理**】街道以党建为引领，积极推进基层社会治理。全街组建30余支银龄志工、红烛团队、580（我帮您）等志愿团队，打造美丽楼道124个。在学堂坡社区建设青年平台型支部，形成区域化团建、交叉挂职等特色品牌。获湖南省示范性“青年之家”称号。2021年先后3次迎接团中央领导调研青年参与社会治理工作。开展创建平安大科城工作，坚持24小时联防联控、群防群治，维护平安稳定。

望月湖街道

【**概况**】2021年，望月湖街道认真学习贯彻中共十九大及十九届历次会议精神，积极开展党史学习，加强基层党建工作，坚持助力企业稳产达效，推动经济发展。街道在生态环境整治、民生保障及基层治理等方面均取得优异成绩。全年完成地方级税收1600万元，限上社会消费品零售总额2.68亿元，固定资产投资额2.96亿元，新增市场主体741家。

【**经济发展**】积极做好白沙液街项目拆迁扫尾工作，拆迁户遗留问题得到解决。杜家塘16栋扫尾问题逐个化解清零，项目全面竣工在即。绿地湖湘中心项目S16地块2栋公寓楼交付预售，剩余4栋公寓楼完成主体封顶和墙体砌筑。全面配合月华街建设，尊重居民意见，优化红泥山应急通道设计，主体施工基本完成。主要领导带队深入企业调研，坚持每月一走访及“一对一”精准服务制度，整合工商、税务、街区等多方力量助推企业稳产达效。主动介入绿地湖湘中心项目二次招商，积极发展楼宇经济。协助苏宁易购打造“6·18”、年货节等主题消费日活动，促推消费升级。多次组织相关部门及合作方对白沙液街开展实地考察与合作商讨，推进百年古街整体招商和业态提质。积极搭建服务平台，顺利完成街道工商联换届工作，促进非公有制经济健康发展。着力推进信用建设，推动辖区内企业信用修复率达到90%。

【基层治理】以“坐班制”转“值班制”为抓手引导服务下沉，设置值班岗13个、走访岗45个、包干负责片区38个，加强“全岗通”业务培训。主动问需于民，全年走访企业项目319次，走访居民3276户，收集并解决群众问题2968个，办理工单607件，办结满意率99.1%；以“网格吹哨、部门报到”为抓手加强部门联动，彻底解决岳龙8片附1栋居民排污工程等问题。深入开展“我为群众办实事”实践活动，办理服务清单300余件，规范惠民资金使用42项；深化国家食品安全示范城市创建工作；设立街道调委会及驻所调解室，化解矛盾纠纷90起；全面摸底清查重点对象，确保无脱管漏管，社会大局和谐稳定。

【民生保障】加大社会救助力度，全年医疗救助35人次、金额12万余元，援助困难退役军人。完善社会保障体系，完成社保核查11865人，协调处理农民工欠薪投诉8起。岳龙社区获评省级最充分就业社区，街道荣获市级“优秀基层人社平台”称号。落实常态化疫情防控要求，有效排查管控中高风险地区返长沙人员620人，累计疫苗接种70955剂次。持续加强公共卫生服务，启动“5G+全人群慢病智慧健康管理”试点项目。完善机制，专人专班，全力攻坚信访解遗，实现窑坡山积案3户签约、2户解决遗留问题，实现零进京、零非访。开展安全生产五个专项整治行动，辖区做到零事故、零伤亡，顺利通过市级安全生产示范街道三年复评。

【环境整治】推进辖区环境建设提质，增设路灯44盏、监控摄像头227个，实现小区路灯、监控、广播三个全覆盖，偷盗类案件下降72%。推进老旧小区微改造，启动省出版社宿舍和省糖酒宿舍“三供一业”改造，完成既有多层住宅电梯加装2台、协议签订1台。促推荣华社区综合服务用房顺利签约交付。持续完善智慧停车管理，辖区新增车位800余个。探索开放式老旧小区物业管理新模式，逐步推行社区物业职能社会化改革。强化街区精细管理，开展市容环境专项整治行动120余次，拆除违章建筑167平方米，处理数字化案卷2844条，有效处置率达100%。在全区率先推进垃圾分类撤桶并点工作，3个社区评获区级生活垃圾分类先进单位。荣龙社区创市级两型示范社区。举办“醉美重阳日　和美望月湖”“大美溁湾　千人路长”等文化活动，升级提质“荣龙之声”广播站，溁湾镇社区完成市级标准化社区综合公共文化中心建设。实现6个社区新时代文明实践站全覆盖，组织开展学雷锋志愿服务活动1000余场，湖中社区获评市级文明社区。

【基层党建】认真学习贯彻中央及省、市、区重要会议精神及工作部署，不断增强政治判断力、领悟力、执行力；坚守意识形态主阵地，常态化开展意识形态领域分析研判，坚持扬正控负，在各级媒体上发稿436篇，全年无重大负面舆情发生。严格落实党风廉政建设主体责任，办理上级交办案件3件、检举控告4件。围绕庆祝中国共产党成立100周年开展征文、表彰等主题活动。组织党史学习教育，工委理论中心组到橘子洲头、岳麓大科城、肖劲光故居等红色基地开展专题学习，共集中开展学习宣讲100余场、活动70多次；打造“荣龙之声”广播站“党史天天学”品牌特色专栏。加强组织建设，发展新党员10名；举办新一届社区“两委”培训班，完善细化机关在编干部平时考核工作方案和聘用人员考核办法。坚持党建引领，新打造“美丽楼道”37

个，开展区域化共建项目68个，利用小区架空层，打造江岸景苑小区党支部，社区“书记工作室”工作经验被省市区多家媒体报道推介。岳龙社区党组织获评市级示范党支部及市级先进基层党组织，街道机关党组织获评全省示范离退休干部党支部及全市离退休干部先进党组织。坚持党建带群团，岳龙社区创市级侨胞之家，湖东社区创市级优秀“美在金秋”老党员之家示范点，湖东社区团支部获评市级五四红旗团支部，“荣龙之声”广播站创市少先队实践教育基地。

【物业管理】引入专业公司全面接手望月湖开放式物业管理工作。截至2021年12月，新物业与业主达成共建共治共享共识。39名“和家好邻居”培训上岗，成立上百人的专业工程维修、保安、专职客服、保洁人员团队，户外扫地机、巡逻车和微型消防车等智慧设备为辖区居民服务，清风行动、馨居行动、点亮行动等在小区内全面展开。为居民提供免费修墙补漏、换灯泡、换水龙头等服务。全方位助力改善小区居住环境、提升综合服务功能和基层治理水平。

【开设公益大讲坛】街道课程遵循“一周一主题”的原则，开设“麓山·岳龙公益大讲坛”，讲坛涵盖反电信诈骗、垃圾分类、未成年人保护等多种社区教育内容。除麓山国际实验学校的老师外，街道还邀请区法院、交警、派出所等职能部门人员担任讲师团成员。前期录制的4期视频均在学校电视台、抖音、小红书、快手等平台播放，共播放6000余次，浏览量超2万次，覆盖人群15400余人，深受居民群众和青少年的欢迎。

银盆岭街道

【概况】2021年，银盆岭街道紧紧围绕年度工作任务，真抓实干、争先创优，从严落实管党治党主体责任，经济社会发展和党的建设各项工作取得新成效。全年完成固定资产投资55.2亿元，同比增长233.6%；完成区级税收2.4亿元，同比增长57.6%；完成地方级税收6.2亿元，同比增长50.3%；完成社会消费品零售总额5.8亿元，与上年基本持平；完成规模以上工业总产值5385万元，同比增长17.8%；新增市场主体2316家，排名全区第二。

【经济发展】2021年，街道狠抓楼宇组团发展、企业培育整治、产业引导扶持，新增楼宇企业150家，新入驻总部企业2家，培训上市企业1家，引进优质企业18家，楼宇贡献税收达3亿元，楼宇品质和贡献率不断提升。产业项目迸发活力，2021年全街在建产业项目20个，年度投资约50亿元。圆泰长沙印已建成招商，三湘一品、鲲鹏府、弘坤君寓主体建成；滨江府1913、华润万象城、江山印施工进展顺利；保利天禧3、4、5号栋，湘雅医学院教学楼封顶，项目建设跑出加速度。街道对产业结构进行优化调整。全年新增市场主体2234家，培育“四上”企业10家、高新技术企业21家，规上企业研发经费超7400万元，希尔顿酒店、河马汇、法拉利等相继开业，科创强区、文旅强区、金融强区建设向前迈进。街道优化营商环境增强引力。“放管服”“一件事一次办”改革不断推进，新建世茂铂曼、长沙印2个楼宇服务站，帮助130家异地企业迁转，提供帮代办服务170余次，为中南天使等企业兑现政策奖励655万元，稳企惠企精准有力。

【社会治理】在全国多地疫情蔓延、病毒毒株多次变异的严峻形势下，街道严格落实疫情防控各项工作部署，毫不松懈抓好外防输入、内防反弹工作，核酸检测95000余人次，疫苗接种65000余人，确保一方安康。深入开展全国文明城市、国家食品安全示范城市、省级安全发展示范城区创建工作，扫黑除恶工作常抓不懈，开展市容环境整治百日奋战行动，完成银双路和银盆南路等道路提标改造，排查并整治安全隐患1536处。涌现钟子华、范志明、王珍贵、廖寓舒等一批“长沙市文明家庭”“长沙好人”“岳麓楷模”“岳麓好人”。年度食品安全满意率超过90%，吃得放心、住得安心、过得舒心在全街渐成共识。深化网格化管理，建立全街干部走访群众制度，累计走访居民35100余户，解决民情问题756个，签收并办结市民热线反映的民生问题2290件，满意率98.73%。继续推进小区自治委员会建设，居民多方共治格局逐渐形成，和谐社区、精美小区建设取得新成效。

【民生保障】社会保障力度进一步加强，利用惠民资金完成18个惠民项目，特困医疗救助72人次，组织2000余人次参加职业技能培训，帮助985名失业人员实现再就业。大力推进岳银一村、二村、三村、魏家坡、花纸厂宿舍等老旧小区提质改造，加装电梯16台，新改建停车场4个，新增停车位500余个，建设智慧社区健身中心3个，居民幸福感、满意度不断提升。

【党建工作】2021年银盆岭街道夯实基础、共筑堡垒，党建工作向纵深推进。强化深化思想武装，拧紧思想建党“总开关”，在全街掀起全员学、全覆盖的党史学习教育热潮，带动全街1751名党员在学、悟、思、行中增强“四个意识”、做到“两个维护”。严格落实意识形态工作责任制，查处网络安全事故3起。大力推进“党建聚合力”工程，辖区95个单位党组织形成区域党建“一盘棋”，提质新建7个党群服务站，开展“幸福银盆岭　奋进新征程”庆祝中国共产党成立100周年系列活动，基层党组织建设全面加强。持续深化和巩固区委第一巡察组对街道常规巡察后的整改成果，全力做好区委村级党组织交叉巡察整改工作，健全完善制度12项，提醒谈话38人次，通报批评17人次，巡察整改成效突出。

【重大项目集中开工】3月1日，在长沙市2021年一季度重大项目集中开工活动湘江新区、岳麓区分会场，26个重大项目集中开工，其中，涉及岳麓区桐梓坡片区的新湘雅健康城项目备受瞩目。新湘雅健康城项目北起银双路，南至咸嘉湖路，东至银盆南路，西至金星中路，总面积2.7平方千米，位于岳麓山大科城和湖南金融中心的融合区域。将依托湘雅医学院、湘雅附属三医院、湖南中医药研究院、湖南师大医学院等资源，分别按69%、17%、10%、4%的比例采取“留、改、拆、补”的模式进行城市更新，构建成“设施一流、环境一流、技术一流、服务一流”的健康经济示范区，助力“四精五有”品质城市建设。作为新湘雅健康城首开项目——大河西中央商务区项目已于2月20日完成摘牌，由世界500强、央企华润集团开发建设，预计总投资额100亿元。

【湘雅路过江通道盾构机始发】3月30日，长沙湘雅路过江通道工程项目现场举行“星盛号”盾构机始发仪式。湖南省委常委、长沙市委书记吴桂英宣布湘雅路过江通道盾构机始发，标志着由长沙城发集团投资建设、中铁十四局集团承建的湘雅路过江通道工程建设进入新的阶段，正式开启湘江“穿越”。

【“两优一先”表彰大会】6月19日，长沙市岳麓区银盆岭街道“幸福银盆岭　奋进新征程”“两优一先”表彰大会在长沙市麓山滨江实验学校举行。在庆祝中国共产党成立100周年之际，街道工委表彰100名优秀共产党员、24名优秀党务工作者、15个先进基层党组织。长沙市委宣传部副部长唐曙光，市委基层办常务副主任王妍，岳麓区委常委、纪委书记、监察委主任李雪龙，区委常委、组织部部长彭利芝，区委常委、宣传部部长刘雄辉，区政协副主席刘平，区政府副调研员刘丽等参加活动。

观沙岭街道

【概况】2021年，观沙岭街道深入学习习近平新时代中国特色社会主义思想、贯彻落实区委、区政府“五城同建”战略部署，贴心为企业服务，街道产业有较大发展。2021年全街实现地方级税收15.17亿元，完成区级税收5.68亿元，实现全社会固定资产投资90亿元，社会消费品零售总额完成1.65亿元。新增“四上”企业12家，市场主体6883家。

【产业发展】2021年街道积极落实网格联点领导责任制，点对点服务重点项目及企业，形成“街道牵头、社区配合、网格解决”一盘棋工作格局。目前西江小学全面建成并投入使用，复地滨江天地、旭辉铂锐滨江、龙湖春江郦城等项目建设提速。金融中心片区入驻企业891家，新增总部企业5家；湘江基金小镇入驻基金机构361家，管理资金规模达到959亿元。

街道采用“金融产业兴街，总部经济富街”战略，推行保姆式服务，送政策进楼宇。累计走访企业657次，为企业提供咨询服务202次，收集解决企业反映的各类问题58个。完成恒丰银行股份有限公司长沙分行、中化商务有限公司湖南分公司等18家楼宇企业迁转。全年金融业税收对全街区级税收的贡献率达72.8%，金融、商贸及配套服务产业潜力进一步释放。

2月4日，岳麓区市场监督管理局观沙岭市场监管所认真组织执法人员对辖区内各个商超、药店进行日常监管　（观沙岭街道供图）

【项目征拆】2021年街道共铺排征地拆迁项目9个，全年腾地面积约67公顷，动迁人口1437人。街道全力推动观沙岭城市更新片区项目建设进度，观沙路、谷岳路项目全部完成拆除腾地，全面打通市府北片城市微循环，城市布局更加均衡合理、疏密有度；湖南湘江新区市府北片C05-C42、C05-C43、C05-C41、C05-44地块用地项目（麓山国际二小）完成签约63户，签约率100%，三个月内实现全部房屋拆除腾地，为片区建设打下了坚实基础。

【民生提档】2021年街道全年共向困难群众发放各类慰问金、慰问品达34.6万元。为2055人发放各项计生奖持资金32.16万元，受理审核城镇奖扶档案并录入系统456本。

推广“观沙·颐年”特殊家庭服务平台，其中长望社区“颐家爱巢”志愿服务项目品牌评获“岳麓区十佳雷锋志愿服务项目”。疫情期间，筑牢织密“外防输入、内防反弹”防线，完善突发公共卫生事件监测预警处置机制，发放宣传资料30余万份，开动宣传车10辆、小区喇叭60余个。开展各类主题健康教育讲座30场次，受益群众3000余人。年内，街道新增城镇就业人数年度任务为700人，完成855人，办理“就业失业登记证”982本。突出服务下沉，筹办“春风送岗”现场招聘会，帮助近百名失业人员签订就业意向。各网格负责人共走访群众1479户，收集及受理民生问题236个，解决率达100%。创新管理模式，全街14个社区、131名员额管理人员全部实行坐班转值班，累计走访居民户45146户，解决问题1246个，形成了“一专多能、一岗多责、全岗兼通”的工作格局。

【城市管理】2021年街道拆除历史违法建筑面积约8800平方米，规范渣土运输，实行“两点一线”管理，完成在建工地扬尘治理全覆盖。辖区内近98%的门店使用清洁能源，95%的门店安装油烟净化器。常态化整治辖区环境污染，复绿裸露黄土，养护林道绿植，全面落实“河长制”，恢复湘江河道自然风貌，营造天蓝水清树绿的生态环境。全年街道共计举办安全知识教育培训活动62场次，发放安全生产宣传资料4.5万余份。检查生产经营单位386家次，整改安全隐患579条。全面推进无障碍停车位建设，西江路、支路九设置人行护栏700米，实现从“城市道路”到“精美街道”转变。

【社会治理】2021年，街道接待来访群众709人次，受理湖南信息信访系统信访件106条，在特护期间，实行“预警信息提前报、当日情况当日报、紧急情况随时报”，坚决做到安全稳定零上访。全年处理数字化案件共计5720条，结案率达100%。开展扫黑除恶、防范电诈等平安建设专题讲座、宣传活动68次，发放宣传资料7万余份，出动宣传车8辆。组织力量开展打击传销集中清查专项行动16次，共清查疑似传销窝点69处，清查涉嫌传销人员106人，打击工作已显成效。派出所、城管办、市场监管所、食安办等部门先后开展联合执法清查活动255次。

【社区建设】2021年街道按照中央及省、市、区的时间节点，完成四个村（社区）的产权制度改革工作，街道各村（社区）经济稳步发展。年内街道完成区农业农村局交办的未注销、三年未年检的大小型拖拉机摸底，并全部清理到位。共摸底辖区内280余户群租房改建信息，收集23个老旧小区590余栋房屋相关资料。推进老旧小区电梯安装工作，居民幸福感稳步提升。

【网格化管理】2021年街道根据各网格工单办理的实际情况及人员变动、社区管辖楼盘增加等多重因素综合考虑，调整全街网格布局，优化配备一、三级网格长。截至2021年年底，观沙岭街道设置16个一级网格（10名一级网格长）、24个二级网格（25名二级网格长）、87个三级网格（87名三级网格长）。全年共发放网格宣传手册15000余份，更换网格工作公示栏7个，制作网格化综合服务公示牌174块。各级网格长走访群众1479人，进行安全排查257次，收集民生问题236个，完成236个，完成率100%。

【党组织建设】2021年街道坚持以中心组理论学习、“三会一课”制度为依托，召开中心组集中理论学习12次、“百人千场大宣讲”25场，惠及辖区群众4000余人次。积极推动党史学习教育向纵深发展，组织党员干部开展专题学习20次，主题宣讲117场，先后召开征求群众意见座谈会64次，办成实事102件。街道稳步推进基层组织建设，着力构建小区“交叉任职”和“三方共商”工作机制，重点打造滨汇社区南山雍江汇小区党支部示范点，解决小区治理问题共156个，健全“街道吹哨、部门报道”服务联动体系2个。打造区域化党建共同体，全年完成26个楼道“美丽楼道”改造建设，与10家区域化党建联席成员单位双向认领23个区域化党建项目。为持续深化党风廉政建设，街道组织党员干部深入学习贯彻中央及省、市、区纪委全会精神和党的十九届六中全会精神、习近平总书记考察湖南重要讲话精神，召开党政会议专题研究廉政和反腐败工作10次以上，开展作风建设督查约12次，共开展领导干部提醒谈话297人次，组织处理20人。

【观沙岭城市更新片区项目正式签约】6月11日，观沙岭城市更新片区项目签约仪式举行。观沙岭城市更新片区项目是全市首批8个重点城市更新项目之一。项目东至银杉路、西至金星路、北至北二环、南至茶子山路，总面积约367公顷，总投资约360亿元。项目拟新建4所学校、17条道路、13处公园、1所综合医院、6处社会停车场、2处公交首末站，并对区域内街道、道路及6个社区实施提质改造，完善城市配套，优化交通循环，提升城市品质，改善人居环境。

【开展党史学习教育】街道印发《关于开展党史学习教育的实施方案》文件，成立由街道工委书记任组长的党史学习教育领导小组，实现人员配备、职责明晰、制度建立、工作运转“四个到位”。通过红色教育基地参观、专题宣讲、主题党日活动等多种形式，组织党员干部开展专题学习研讨60余次。全街16个村（社区）共计开展党史专题宣讲25场，惠及居民群众4000余人。各社区（村）组织开展老党员红色故事会、“身边的人讲身边事”主题党日活动，为年老体弱、行动不便的党员提供“送学上门”服务、邀请退休老党员走进学校为辖区青少年儿童上党课、讲党史，掀起全民党史学习热潮。

【“两优一先”表彰暨“光荣在党50年”纪念章颁发大会】6月27日，岳麓区观沙岭街道“两优一先”表彰暨“光荣在党50年”纪念章颁发大会在长郡滨江中学小礼堂举行。60名“优秀共产党员”、40名“优秀党务工作者”、10个“先进基层党组织”获表彰，现场为36名老党员代表颁发“光荣在党50年”纪念章。岳麓区副区长张永久、市总工会党组成员鲁承钢、观沙岭街道派出所所长王涛，街道全体党员干部、社区（村）“两委”成员、受表彰对象代表等近400人参加。

【金融巡回法庭在湘江基金小镇揭牌】12月2日，岳麓区人民法院驻湖南金融中心金融巡回法庭（诉源治理工作站）在湘江基金小镇揭牌，开启湖南金融中心金融案件高质量审判、金融纠纷源头治理的新篇章。湖南金融中心金融巡回法庭覆盖全院金融借款合同纠纷案件与信用卡纠纷案件。在湘江基金小镇内设置接待室、会

12 月 2 日，岳麓区人民法院驻湖南金融中心金融巡回法庭（诉源治理工作站）在湘江基金小镇揭牌　（观沙岭街道供图）

议室、审判庭等，两个审判庭除了传统的庭审同步录音录像功能外，均实现互联网审判模式，可以对异地当事人进行开庭审理或调解，实现“网上纠纷网上结”，节约当事人诉讼成本。

【**湘江基金小镇荣获“投中2020年度中国最具特色基金小镇TOP10”**】2021年5月13日，由投中信息和投中网主办的“第15届中国投资年会·年度峰会”发布投中2020年度榜单。湘江基金小镇荣获“中国最具特色基金小镇TOP10”，已连续4年获得该奖项。湘江基金小镇于2017年7月26日由湖南省政府正式授牌，是湖南唯一由省级层面打造的基金小镇，并纳入首批长沙特色小镇创建培育名录，于2019年5月28日正式开园。

西湖街道

【**概况**】2021年，西湖街道学习贯彻习近平新时代中国特色社会主义思想，加强基层党组织建设，提高政治站位，优化营商环境，在招商引资、城市治理、民生保障等方面均取得较好成绩。2021年完成地方级税收14781万元，区级税收5703万元，超额完成目标任务；完成社会消费品零售总额9.35亿元，同比增长97%；固定资产投资完成10.4亿元，完成全年任务的130%；到位内资完成9.2亿元，完成全年任务的102%；申报高新技术企业8家，科技型中小企业入库14家，同比增长5家；新增“四上”企业5家，超额完成1家；新引进驻楼宇企业63家、总部企业1家，辖区内新入驻楼宇企业注册登记率、注册在外的重点存量企业实现迁转率均达90%以上；技术合同认定数1125万元，完成全年任务的141%；“科普中国”在上年10月评比时的注册量完成1419个，完成全年任务的141.9%。

【**项目建设**】新湘雅健康城的首开项目双塘路集体土地征拆实现签约腾房“双清零”，市重大项目睦邻西湖医养中心成功通过市发改局验收，恩瑞万豪酒店、保利壹号公馆和越秀项目主体结构完工，湖南师范大学咸嘉湖校区教学实验综合大楼和食堂综合大楼已建设完成并投入使用。全力保障项目建设，协调解决保利、越秀项目和农垦茶厂的便道修建问题，坚决打击阻工闹事等行为，营造法治化营商环境。

【**招商引资**】积极引进威富通科技有限公司、湖南迈湘餐饮投资有限公司等优质企业，招引泰山传媒总部等电商平台进驻湖韵佳苑，实现安置小区集体门面100%招租。主动服务

10 月 19 日，西湖街道疫情防控工作部署会　（西湖街道供图）

瑞升工贸拓展融资渠道，加大对前行科创的上市帮扶力度，完善对湖南西湖建筑集团有限公司、湖南大学设计研究院、湖南佳兴投资集团、湖南路桥公司、国药维安大药房等街内重点企业的服务配套。精准开展以商招商、二次招商，新增“四上”企业5家，新引驻楼宇企业63家，总部企业1家，辖区内新入驻楼宇企业注册登记率、注册在外的重点存量企业实现迁转率均达90%以上。

【城市管理】保持最严城管态势，打造白云路等4条“洁净街区”示范道路。整改各类环卫问题6600余条，整改率100%。全面完成第二轮中央环保督查交办问题整改，做好长效管控。围绕“六控十严禁”，开展蓝天保卫战行动80余起，工作获市蓝天办专题推介。完成观湖小区等小区路面“白改黑”提质工程，改造面积1.2万余平方米。守护一江碧水，投入80余万元整治龙王港和茶场村撇洪渠沿线环境。

【综合治理】严守信访工作底线，全面落实属地责任，抓好矛盾的梳理，落实重点对象“五包一”责任制；认真开展领导干部下访接访工作，联点领导接访10次15人，街道工委书记共下沉接访15次，接待信访对象30余人次，受理上级转办、交办信访件18件，积极处置宇洋西海房产证办理、恩瑞万豪酒店地下停车场出入口规划、啤酒厂棚改项目三个群体性信访积案，确保各项目顺利进行；纵深推进扫黑除恶工作，大力开展“三零社区”创建工作，金星社区、谭家冲社区、二三管区被评为“区级三零社区”。

【基层党建】深入实施“党建聚合力”工程，全街45个党支部“五化”建设全部达标，以高质量党建引领高质量发展。抓实庆祝中国共产党成立100周年活动和党史学习教育，开展集中宣讲40次。举办“书记秀论坛”活动2期，为新一届社区（村）委班子开展培训6次，深化“传帮带”。着重发挥基层党组织的堡垒聚合作用，打造以街道工委为中心、8个社区党组织为基础、14家驻街单位共同参与的“1+8+X”党群服务阵地联盟体系，推出红枫讲师团精品课等48个共建项目。选优配强小区党支部委员45名，落实“三方共商”机制。麓山名园小区创新开展楼栋自治模式；龙王港小区成立“三方三诺”党支部，实现和谐自治；黄泥岭社区“红管家”延伸基层治理手臂，搭建党群连心桥。五八小镇党委获评全国先进基层党组织。

【民生保障】开展政务服务事项“三化工作”，全街事项办理3266件，办件率100%。守护人民生命财产安全，有效处置熊家湾小区护坡险情。帮扶慰问困难群体，发放慰问金及物资22万余元。聚焦老人福祉，为3511位65岁以上老年人体检，大力支持睦邻医养中心和先锋社区普亲老年养护中心建设。实施自来水新增管网延伸入户，解决茶场村183户饮水问题，让村民喝上自来水。提质改造老旧、农安小区，修缮塌陷下水管网12处1000余米。

【疫情防控】西湖街道认真按照各级党委、政府的决策部署，抓好常态化疫情防控，坚持“外防输入、内防反弹”，做好入境及高中风险区、封控管控区等区域入湘人员双向排查管控、医学隔离观察、核酸检测和健康监测等防控工作，对上级下发的大数据做到日清日结且分析研判；各村（管区）、社区严格落实核酸查验、信息登记、赋码管理、健康监测等防控措施，入境入湘人员严格实行闭环转运；组织各村（管区）、社区加强“我的长沙”App和小程序返岳来岳人员报备宣传，“三站一场”和小区楼栋张贴到位；优化服务，深入开展“敲门行动”，创新推进18岁以上人群加强针和60岁以上人群疫苗接种工作。做好两轮疫情防控工作，全年接种新冠疫苗145849剂次，三针全程接种率约85%，排名全区前列。

【党史学习】西湖街道紧扣庆祝中国共产党成立100周年主题，扎实推进党史学习教育走深走实、见行见效。开展理论中心组学习11次，联点领导上党课11次，开展“百年党史天天读、月月讲、季度测”系列活动，发送学习资料50余篇，组织理论宣讲50余场，组织街道和社区（村）党员干部沙洲村“半条被子的温暖”陈列馆、麓山景区、肖劲光故居、岳麓书院、橘子洲头、新民学会旧址等红色教育基地学习，不断淬炼党员党性修养。开展“七一”表彰暨“庆百年 铭初心”、庆“七一”群众性文艺汇演暨龙王港社区新时代文明实践站授旗仪式、“家国使命勇担当 盛世长歌传神州”、“西湖七个一，献礼百周年”等主题教育活动。五八小镇广场、龙王港南广场等地开展党史学习教育主题展览，引领全街形成“讲学”“比学”“竞学”的浓厚氛围。开展党史学习教育与“我为群众办实事”实践活动相结合，并取得较好效果。

【自来水延伸入户】为彻底解决茶场村一、二组村民用水难问题，改善村民生活条件，提升村民生活质量，西湖街道高度重视，精心部署，成立项目指挥部，积极争取项目资金及自筹。2020年12月，该项目正式施工，西湖街道全程督进度、查质量。顺利推进项目建设。2021年9月底项目顺利完工，183户村民实现自来水入户，家家喝上了放心水。

【五八小镇党委荣获“全国先进基层党组织”】西湖街道坚持党建引领聚合力，积极引导五八小镇党委创新党建工作模式，促进小镇高质量发展，深入探索以习近平新时代中国特色社会主义思想为核心，共建型、开放型、互动型、实践型联动的“1+4”主题党日活动模式，搭建街道工委书记担任小镇党委第一书记，运营方、企业及网信、市监、税务等多方进入小镇党委班底。小镇党委下设8个直属党组织、4个共建党组织，吸纳党员206名。2021年6月28日，在北京举行的全国“两优一先”表彰大会上，西湖街道前行科创集团五八小镇党委荣获“全国先进基层党组织”称号。

【五八小镇党委“前行领路人”项目获评全国“2021年度两新党建优秀案例”】西湖街道五八小镇聚集142家互联网科技、文创文娱、新消费、科教文化等新兴企业，5500余名企业员工，平均年龄只有28岁。五八小镇党委针对小镇入驻小微企业多、员工年龄小、人员流动性大等特点，坚持以党建聚合力，发挥党员“传帮带”作用，创新推出前行“领路人”工作举措，让新入职的年轻员工迅速走上岗位，熟悉业务，融入团队，增强对工作的归属感、对企业的认同感，让党建赋能发展落到实处。

前行科创集团作为岳麓区五八小镇的运营方，积极响应五八小镇党委的号召，主动作为，在探索创新前行“领路人”工作制度上交出了满意的答卷。2020年8月，在五八小镇党委的指导下，前行科创集团制定前行“领路人”工作计划，面向公司具有党员身份的老员工及管理人员颁布前行“领路人”招募令。2020年9月1日，前行科创集团按照自愿报名的原则，招募并完成培训的36名前行“领路人”正式上岗。

近两年来，五八小镇党委共集结127名前行“领路人”，带教新员工300余人，组织党建、企业文化建设事项活动70余场，参与人数超1500人次，新入职员工转正率高达93%。其中，20余名新入职员工在“领路人”的带教下脱颖而出，成为团队不可或缺的新锐力量。前行“领路人”已经成为五八小镇党委增强党建“聚合力”，推动企业人才梯队建设的“制胜法宝”。《五八小镇党委：探索“领路人”办法 助力小镇人才队伍建设》项目获评全国“2021年度两新党建优秀案例”。

【互联网岳麓峰会“创意新高地 数字新世界”专场论坛在五八小镇举行】4月17日上午，2021互联网岳麓峰会“创意新高地 数字新世界”专场论坛在西湖街道五八小镇前行者路演中心举行，论坛以数字文化创意产业发展为主题，邀请全国

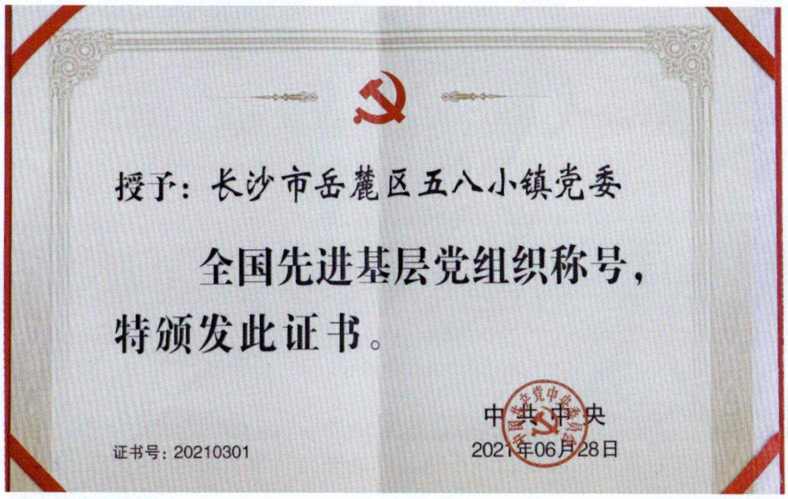

五八小镇党委荣获“全国先进基层党组织”称号　（西湖街道供图）

4月17日上午，2021互联网岳麓峰会“创意新高地　数字新世界”专场论坛在西湖街道五八小镇前行者路演中心举行　（西湖街道供图）

数字文创行业核心企业创始人及有较大影响力的人物齐聚一堂，就产业联盟推动数字文化创意生态链建设，助力数字湘军发展等方面各抒已见。湖南省委宣传部部务会成员、省政府新闻办副主任于金旺，长沙市委常委、宣传部长陈刚等出席活动。

【“长沙市企业上市服务中心·前行五八小镇辅导基地”授牌暨中小企业融资路演活动在五八小镇举行】4月27日，“长沙市企业上市服务中心前行五八小镇辅导基地”授牌暨中小企业融资路演活动在西湖街道前行科创总部前行·五八小镇前行者路演中心举行。长沙市政府金融办党组书记、主任李晓斌，湖南省工信厅中小企业服务指导处副处长谭中文，长沙市政府金融办党组成员、副主任段永松等省市部门负责人出席授牌仪式。

【长沙市首届“最美应急人”风采展示暨颁奖仪式在五八小镇举行】9月17日，由长沙市安全生产委员会、长沙市应急管理局主办的长沙市首届“最美应急人”风采展示暨颁奖仪式在西湖街道前行科创总部·前行五八小镇前行者路演中心举行，126名来自各区县（市）安委办、市安委成员单位、市属重点企业、社会救援力量的候选人获奖。

【“春风送岗　保民生　促发展”现场招聘会】3月18日上午，西湖街道在格林广场举办“春风送岗　保民生　促发展”现场招聘会。西湖街道从年初便开始进行辖区内劳动力资源信息摸底，掌握未就业人员的就业服务需求，主动对接有用工需求的企业，收集企业用工信息，促进岗位与求职人员密切对接。街道社保站认真做好前期准备工作，与人才市场、用人单位联系，制作宣传展版，印制宣传资料。通过张贴海报、微信平台、打电话、发短信、入户告知等多种方式，在辖区开展广泛宣传。活动现场设立就业创业、养老、医疗、失业、劳动监察等服务台，工作人员耐心为求职者提供职业指导、技能培训、创业服务、劳动和社会保险法律法规等方面的现场咨询服务。本次招聘会共有28家用人单位参会，提供涵盖技术研发、文员、保安、物业服务、餐饮服务、机械制造、电子装配、管理人员等就业岗位380个。现场近500名求职人员参会，当场达成就业意愿42名。

3月18日上午，西湖街道在格林广场举办“春风送岗　保民生　促发展”现场招聘会　（西湖街道供图）

6月27日上午，“七一”表彰暨“庆百年 铭初心”主题活动在五八小镇举行 （西湖街道供图）

【居家安全暨火灾预防培训】3月23日上午，西湖街道组织开展居家安全暨火灾预防培训，由长沙市绿舟防灾减灾促进中心的专家授课。各村（管区）、社区安全生产专干、消防专干、辖区物业公司及重点监管企业安全负责人及机关干部等70多人参加培训。

【“七一”表彰暨“庆百年 铭初心”主题活动在五八小镇举行】6月27日上午，西湖街道“七一”表彰暨“庆百年 铭初心”主题活动在五八小镇党群服务中心路演大厅举行，100名“优秀共产党员”、25名“优秀党务工作者”、9个“先进基层党组织”获表彰。岳麓区政协主席袁精华，区人大二级调研员肖志贤，区政府二级调研员戴德泉，街道区域化党建联席会成员单位代表、街道全体党员干部、社区（村）“两委”成员、受表彰对象代表等近300人参加。

望城坡街道

【概况】2021年，望城坡街道深入学习贯彻落实习近平新时代中国特色社会主义思想和中共十九大精神，紧紧围绕“三高四新”战略，矢志践行“一打造三当好”新使命，深刻把握“五城同建”内涵要求，经济社会高质量发展迈出坚实步伐。全年完成社会固定资产投资10.3亿元，同比增长27.83%。完成地方级税收2.59亿元，同比增长18%。完成限额以上社会消费品零售总额2.5亿元，同比增长9.8%。网格化管理和“12345”热线工作总成绩排名岳麓区同类街道第一，“一网兜底”创新社会治理成效显著。联合湖南工商大学开展区域化党建共建、人才交流培养等共建项目实效明显。街道严格落实中央和省市区疫情防控决策部署，2021年辖区未出现新冠肺炎病例。

【基层党建】10个社区全面完成换届选举任务，调整书记7人、新进“两委”12人，班子结构实现年龄降、学历升。推动党史学习教育走深走实，开展“我为群众办实事”实践活动31个，办结群众诉求45个，将学习成果充分转化为工作实效。抓实小区党支部建设，依托“三方共治”发挥党建引领“微治理”作用，引导23个小区开启物业自治模式。落实“党建聚合力”工程，建立联席会议机制，吸纳共建单位68家，其中与湖南工商大学区域化共建特色鲜明、成效突出，湖南工商大学二级学院与社区一对一签订共建协议，选派优秀青年教师担任社区第一副书记，街校双方开展共建项目60个、活动80余次。制定党风廉政建设工作任务分解表，确保主体责任和“一岗双责”落到实处，加大执纪监督力度，2021年查处问题线索13件，给予党纪政务处分8人，给予组织处理5人。

【经济建设】奥园城市天骄、凯悦酒店（达美涧溪山公寓）完成主体建设；电网“630”配套工程顺利推进；南园路雨污分流、污水支管完善工程完成90%；望城坡环球家居顶层停车场启动建设；华伟时代广场项目完成设计图审批，规划已报湘江新区规划局。2021年完成全社会固定资产投资10.3亿元、超额完成15.11%，同比增长27.83%；完成地方级税收2.59亿元、超额完成12.4%，同比增长18%；完成区级税收9987万元，超额完成21.8%，同比增长19.3%。抓好楼宇经济，全年引进楼宇企业65家、总部企业1家，全力推动中化商务有限公司入驻长沙西中心。化解湘浙小商品市场经营难题，加快望城坡环球家居市场提质并加大包装推介，新增“四上”企业10家，全年完成限额以上社会消费品零售总额2.5亿元、同比增长9.8%，完成外贸进出口总额7700万美元。加强同湖南工商大学众创空间等创新创业平台对接合作，加大市场主体培育与指导力度，申报高新技术企业9家、科技型中小企业20家，规上企业研发经费2560万元，超额完成10.55%。

【社会治理】创新网格管理，每周二常态化开展网格走访服务，全年处理民情问题1257个，“12345”热线工单满意度99.8%，老望开区宿舍拆违等民生问题有效解决，网格化管理和“12345”热线工作总成绩排名同类街道第一，“一网兜底”创新社会治理成效显著。持续深化平安建设，全面推进“三零”社区创建（零发案、零事故、零上访），刑事立案同比下降24.17%，化解南家塘安置小区56户遗留17年的水改问题，解决望兴嘉年华276户期盼9年的产权办理等民生问题，清零湖南星富置业土地纠纷群访等信访积案6起，全力保障社会稳定。落实安全生产专项整治三年行动，开展安全生产百日攻坚，整改隐患526处。持续提升城区品质，落实“三大攻坚战”及“洞庭清波”龙王港河道整治，开展“扮靓星城”市容环境整治，餐饮门店油烟净化设施达标率100%，整治“散乱污”企业27家。全面铺排食品安全城市创建工作，督查各类经营主体1380家。启动垃圾分类撤桶并点定时投放试运行，76个小区垃圾分类全覆盖，66个小区雨污分流完成改造，生态靓城建设稳步推进。

【民生服务】抓严疫情防控，做好中高风险区域到长沙人员管理，全街完成核酸检测11万人、接种新冠疫苗20.7万剂次。湖南工商大学师生疫苗接种率在全省高校中率先达到90%以上。优化政务服务，推进基层“一门式”服务改革，加强“一件事一次办”微信小程序推广，深化“坐班”转“值班”制工作，开展特殊群体和重点企业“上门办”服务，一网通办平台办结事项10824件。加强社会保障，申报2021年社区惠民项目43个，做好高危护坡等地质灾害点排危加固，累计申请各类救助、津贴199.75万元，发放城乡居民低保1885人。新增就业人数828人，失业再就业680人，创新创业补贴4家，民生保障更加全面。

【党史学习教育动员大会】3月26日，望城坡街道到长沙县福临镇陈树湘烈士事迹陈列室进行党史学习教育动员暨第一次专题学习，全体机关党员、社区党组织书记共51人参加学习。会上街道工委书记肖健在进行党史学习教育开班动员时强调，全街党员干部要提高政治站位，深刻领会开展党史学习教育的重大意义；要围绕中心工作，真正把学习教育成果转化为推动工作的实际成效；要强化组织领导，确保党史学习教育高标准高质量推进。通过参观学习陈树湘烈士事迹，街道全体党员干部在缅怀先烈的过程中深受教育、倍受鼓舞，有助于党员干部以高度的政治自觉、饱满的精神状态和务实的工作作风，更好地服务人民群众和建设现代化新岳麓。

【联合湖南工商大学开展区域化党建共建】4月13日，望城坡街道与湖南工商大学召开区域化共建工作推进大会，湖南工商大学二级学院与望城坡街道10个社区签订共建协议书，围绕“美丽楼道”建设、社会综合治理、爱心义教、党建展示馆等开展结对共建，社区党组织作为项目落地实施的责任单位，积极主动做好对接、组织和服务工作，湖南工商大学二级学院选派挂职干部到社区担

3月26日，望城坡街道在陈树湘事迹陈列室进行党史学习教育动员暨第一次专题学习　（望城坡街道段存权　摄）

任第一副书记，街校双方坚持践行“资源整合、优势互补、互利共赢、共同提高”原则，结合党史学习教育“为民办实事”等主题，积极开展系列共建活动，为居民提供便利，为基层送去温暖，切实提高社区居民的获得感、幸福感、安全感。

【**文旅消费节启动仪式**】9月17日，为庆祝中国共产党成立100周年，充分展现“山水洲城 多彩岳麓”美好形象，望城坡街道在湘仪社区时代城广场举办第十二届“湘仪情”文艺会演暨望城坡街道文旅消费节启动仪式，中共长沙市委宣传部副部长彭娟以及岳麓区委常委、宣传部部长刘雄辉，岳麓区文化旅游体育局书记邓浩宇等领导出席活动，辖区企事业单位代表、居民群众等300余人参加。望城坡古时作为湘西北入长沙城的必经之地，历来是经贸通衢，1998年改制建街至今坐拥湘江新区交通枢纽，毗邻梅溪湖国际新城，辖区内有3大楼宇、6大市场，企事业单位和门店14000余家，人员和商贸往来密集，“吃住行游购娱康养学”元素齐全，文旅产业具有坚实基础和底蕴。此次文旅消费节启动仪式旨在进一步带动和凝聚辖区的人气与商气，将文旅要素和消费同商业街区有机连接，发挥文旅产业在提振消费、促进繁荣、丰富民生等方面的积极作用。

【**引进总部企业湖南悦能生物科技有限公司**】江西汉姆启铂营养品有限公司成立于2019年5月，由长沙蓓康僖营养品有限公司控股80%，工商、税务注册于江西省新余市渝水区，主营产品为蓓康僖启铂羊奶粉。2021年江西汉姆启铂营养品有限公司因企业发展需要，将业务迁移至长沙新公司并于12月10日成立湖南悦能生物科技有限公司，注册资本1000万元，注册地址位于湖南省长沙市岳麓区望城坡街道玉兰路433号西枢纽商务中心第T2栋写字楼2311号。随着营养保健品产业日趋成熟，湖南悦能生物科技有限公司计划引进保健品及营养品生产线，配套6000平方米生产车间，建立全产业链母婴产业园，预计2022年可提供就业岗位500个，实现营业收入15亿元以上，缴纳各项税收1亿元。

望岳街道

【**概况**】2021年，望岳街道加强基层党组织建设，狠抓产业发展，狠抓城市管理和文明城市创建，在社会经济发展、市容市貌整治等方面均有较大进步，广大居民群众的幸福指数大大提高。全年完成地方口径税收3.21亿元，完成固定资产投资37.5亿元；完成限上社会消费品零售总额14.76亿元，同比增速达59.91%；实现规模工业总产值0.34亿元。

【**经济发展**】2021年，新增市场主体2260家，新增湘力电力等“四上”企业9家，新增入库项目16个，社会消费品零售额创历史新高；恒晟湘江中心实现纳税1.48亿元。2021年3月，启动谷山片区75.3公顷共10个项目的征拆工作，于8月13日实现签约全面清零。谷山万科森林公园项目一期已于11月启动预售；观沙岭城市更新单元涉及望岳街道约28.3公顷，已完成项目用地勘查、入户情况摸底、土地勘界等工作；青竹路、岳华路已实现通车，青山路等6个项目正在建设。

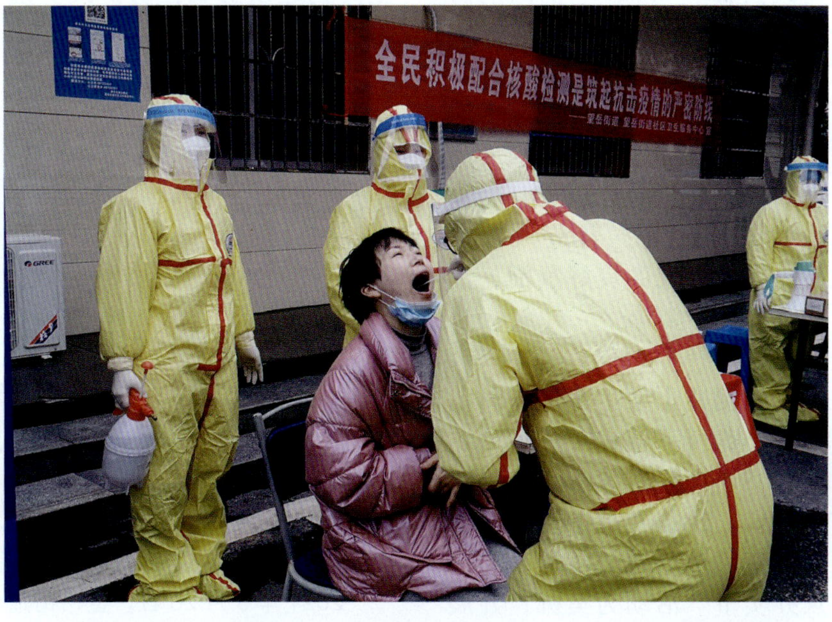

10月，望岳街道组织全员核酸集中采样　（望岳街道供图）

【**城市管理**】全面整治市府周边、商业街区、农贸市场、农安小区、背街小巷环境面貌。2021年，全街开展环境专项整治80余次，整治城市乱象551处，拆除违章建筑46处约7520平方米，整治小区楼顶平台“圈地占用”40处1370余平方米，处置数字化案卷4867件；高标准整改岳鞍阁KTV噪声扰民、诚兴园垃圾站臭味扰民2个中央环保督查信访件问题，完成莱茵城、谷山里、窑塘H区等12个小区垃圾分类“撤桶并点”工作，正式启用智能投放厢房。

【**综合治理**】认真做好中国共产党成立100周年大庆、全国“两会”等特护期安保维稳工作，对荣泰广场延期交房、恩孚阳光公司破产、北京御园停车道闸安装等热点信访问题进行专题研究和答复，按程序办理信访案件341件，调处征地拆迁、损害赔偿等各类矛盾纠纷127起；结合“5·12”全国防灾减灾日、“119”全国消防宣传日、“12·2”交通宣传日等，常态化开展安全生产、禁毒、消防、反电诈等宣传活动，组织各社区（村）开展应急实战演练、应急管理有奖知识竞答等活动，营造人人参与、人人重视的良好氛围，不断提升安全意识。

【**文明创建**】望岳街道新时代文明实践所下辖12个实践站，拥有28支志愿服务队、4055名志愿者。2021年，围绕全国文明典范城市创建，以“我为群众办实事”活动为契机，开展文明实践主题活动100余场，惠及居民群众1万余人；联合辖区文明单位投入圆梦资金近16万元，为近百名群众圆梦。2021年11月27日，街道表彰谢奇华、曾耀等10位“望岳楷模”，以好人影响力来带动辖区向上向善文明新风的形成。

【**网格治理**】抓实社区员额管理，推动社区变“坐班制”为“值班制”，实现服务不打烊；深入推进“网格化+”和“12345”市民服务热线工作，优化网格服务，办理“12345”政务热线工单2412条，群众满意率99.8%。健全最低生活保障制度，落实应保尽保。2021年，新增低保对象16户20人，新增特困供养对象3户3人。

【**疫情防控**】面对复杂的疫情防控形势，望岳街道压实工作责任，精准铺排调度，举全街之力，从严从快从实抓好各项防控工作，发动楼栋长、党员主动参与疫情防控志愿服务，全力构建联防联控防护网。通过大数据核查、社区报备、小程序接龙等方式，加强商超、楼宇、农贸市场、建筑工地等重点场所人员摸排，提醒严格落实戴口罩、量体温、扫场所码等举措，提示广大居民群众勤洗手、不聚集，做好个人防护。恒晟湘江中心实施半封闭式管理，引导KTV、电影院、网吧等文娱场所停业休整，全面关停校外培训机构、麻将馆，保障市政府、区政府所在地疫情形势平稳可控。2021年，完成核酸采样14万余人次，有序推进疫苗接种。

【**“金牛贺岁　迎春送福”新春活动**】2月4日起，岳麓区望岳街道组织辖区七里营社区、恒华社区、八方社区、藕塘村等文明单位，开展为期数天的“崇德向善迎新春　红红火火过大年”暨“新春祝福进万家”志愿服务活动，辖区居民、志愿者及外地务工人员等200余人参加。“小书法家”们使用行、隶、草等多种字体撰写祝福春联；娴熟的糖画技艺、活灵活现的民间剪纸艺术，令人叹为

2021年3月26日，望岳街道全体党政班子成员、各社区（村）书记在湖南党史陈列馆开展“学史明理”专题学习活动　　（望岳街道供图）

望岳街道“我身边的红色典型”主题演讲比赛颁奖现场

（望岳街道供图）

观止。此次活动，是望岳街道积极响应区委、区政府“关于就地过年”的号召，助力疫情防控工作的举措之一，不仅丰富群众业余文化生活，营造欢乐、祥和、喜庆、文明的新春佳节氛围，让外地务工人员在异地感受到浓浓的年味。

【党史学习】望岳街道紧扣庆祝中国共产党成立100周年主题，扎实推进党史学习教育走深走实。充分发挥理论学习中心组主阵地作用，高标准开展“湖南为什么这么红”等研讨交流40余次，以微宣讲、微党课为抓手，邀请讲师、专家开展《南湖红船再扬帆》等主题宣讲、研讨交流50余次。组织街道和社区（村）党员干部到湖南党史陈列馆、雷锋生平事迹陈列馆、沙洲村“半条被子的温暖”陈列馆等红色教育基地现场学习，不断淬炼党员党性修养。开展“我身边的红色典型”暨“党史知识学习达人”评选、“百年荣光、薪火湘传”党史知识竞赛、“不忘初心　庆百年书画展”等主题活动，引领全街形成“讲学”“比学”“竞学”的浓厚氛围。

【现场招聘会】2021年3月18日上午，望岳街道在长房24品生活中心举办“春风送岗　保民生　促发展”大型现场招聘会。活动现场设立就业创业、养老、医疗、失业、劳动监察等服务台，工作人员耐心为求职者提供职业指导、技能培训、创业服务、劳动和社会保险法律法规等方面的现场咨询服务。据统计，此次大型招聘会共有56家用工单位和企业参与招聘，提供就业岗位1000余个。工作人员向求职者发放宣传资料3000余份，接受咨询服务600余人次，对有就业意向的200余人进行现场登记，达成就业意向85人次。

【“我身边的红色典型”演讲比赛暨“党史知识学习达人”评选活动】为庆祝中国共产党成立100周年，推进党史学习教育活动不断深入，营造更加浓厚的学习氛围，2021年4月28日，岳麓区望岳街道在24品生活中心一楼举办“我身边的红色典型”演讲比赛暨“党史知识学习达人”评选活动，辖区党员干部、居民群众等200余人参加。选手们以“寻找身边党史人物、讲述身边党史故事”为主线，讲述身边优秀党员故事，展现辖区内党员良好的精神风貌和风采。经过激烈角逐，李佳荣获“党史知识学习达人”一等奖，黄慧敏荣获“我身边的红色典型”主题演讲一等奖。

【“我为群众办实事　真情关爱暖童心”】6月17日，一场“我为群众办实事 真情关爱暖

“我为群众办实事 真情关爱暖童心”岳麓区文明单位与望岳街道开展捐赠活动

（望岳街道供图）

9 月 11 日，望岳街道在 24 品生活中心举办第三届全民运动会暨第四届望“悦”文化节趣味运动会，图为“趣味投篮”比赛现场（望岳街道供图）

童心”文明单位结对共建新时代文明实践活动在岳麓区谷峰小学举行。长沙市文明办副主任丁德喜，全国劳动模范、全国最美志愿者刘习明，“中国好人”贺国辉等参加活动。岳麓区文明单位与望岳街道组织开展“爱心捐赠·情系湾塘儿童”主题活动，为龙山县洗络镇湾塘九年制学校的同学们筹集了一批文具、体育用品。湖南西城实业有限公司、岳麓区民政局等单位进行“微心愿”认领活动。

【“光荣在党50年”纪念章颁发仪式暨“七一”表彰大会】 2021年6月26日上午，望岳街道以“薪火相传　永远跟党走”为主题的“光荣在党50年”纪念章颁发仪式暨“七一”表彰大会在长沙市老干部活动中心举行。街道党政领导、街道机关党员、各村（社区）组织党员200余人参加。

【全民健康运动会暨文化节趣味运动会】 9月11日，望岳街道在长房24品生活中心举办第三届全民健康运动会暨第四届望“悦”文化节趣味运动会。比赛设置趣味投篮、摸石头过河等项目，居民群众们在运动中体验快乐和乐趣，让紧张的生活、工作多了一份趣味。

【表彰“望岳楷模”】 11月27日上午，望岳街道在24品生活中心举办“榜样引领我先行　诚信立德树新风”暨第三届“望岳楷模”表彰活动，表彰谢奇华、徐新宇等10位楷模，社区居民群众、机关工作人员200多人参加。

咸嘉湖街道

【概况】 2021年，咸嘉湖街道凝心聚力、奋发作为，开启咸嘉“一主轴两中心三街区”建设，在严峻的疫情形势和复杂的发展环境面前，咸嘉干部保持定力与担当，各项工作推进有力有效，经济社会发展稳步提升。全年完成固投9.27亿元，完成地方级财税1.48亿元，完成社会商品零售总额14.95亿元，完成高科技企业申报9家，新增“四上”企业6家，新增商事主体2260家，各项经济指标稳中有进。

【经济发展】 咸嘉湖街道深入开展全链条保姆式服务产业行动，通过日常走访、暖企行动、营商环境座谈会等方式，收集企业发展难题，累计解决停车、招工、入高升规、政策兑现等重点问题50个。盘活楼宇空间，优化入驻质量，招引字节跳动在线教育板块、希尔顿花园酒店等优质企业72家，2021年共租出楼宇面积9500平方米，为金星中路现代服务业集聚区注入新动能。完成街道商会换届选举，建立商会之家，引导20余家重点企业入会抱团发展；培育华顺企业管理有限公司、印象麓山餐饮管理有限公司、长沙京穗物业服务有限公司等重点“四上”企业；清退小凡人、捷和等5家非法企业。

【重点工程】 旭辉都会山、璞悦府、中央美郡四期等重点项目稳步推进，腾信大厦正在室内装修，预计2022年上半年投入使用，中央美郡四期3万平方米写字楼准备开售，五期正在抓紧推进；地铁6号线建设加快推进，商学院站于2021年12月24日试运行；谷丰路已完成路面施工，正在进行人行道和绿化恢复；咸嘉36亩安置用地开发处遗正专班强力推进。

【城市管理】 落实国家食品安

全示范城市创建，打造岳麓区首个夜市规范点，开展食品安全巡查2000余次，配合区食安委开展食品样品“你送我检”活动2次，设立“创城民意征集点”1个，举办“市民论坛”和“三小”座谈会7次。深入开展“百日奋战 靓丽河西”市容环境整治、蓝天保卫战行动，集中整治“圈地占用”楼顶平台31处，处理市民投诉违章违建4处，处理交办函30余件。在湘腾琴岛、丽臣宿舍、湘腾城市广场实施“撤桶并点”，创新“1+3+N”垃圾分类工作模式，得到市、区各级领导高度肯定。

【社会治理】深化基层治理工作模式，确保满意度持续保持100%，全年走访居民65000余户次，走访门店企业1200余家，收集民情问题985个，处理“12345”热线工单911件，解决麦颂KTV无证经营、噪音扰民，汽电宿舍小区水压低等重点难点问题60余个。积极探索数字化平安小区建设，以咸嘉新村社区嘉兴苑小区为试点，推行智能小区平安楼栋创建。深入开展安全生产专项整治百日攻坚行动，共检查生产经营单位462家，排查各类安全隐患608条，督促整改601条，协助区应急局对1家企业进行行政处罚，协助区消防救援大队对2家企业进行关停整顿。共排查矛盾纠纷114起，调解成功率达98%，妥善处理维权纠纷等事件10余起。常态化开展反电诈宣传，推进禁毒人民战争，确保辖区政治安全、社会安定、人民安宁。

【民生保障】全街全年城镇新增就业人口713人，完成目标任务的142.6%；失业人员再就业392人，完成目标任务的152%；困难人员再就业84人，完成目标任务的129%。养老保险待遇核查“回头看”核查11228人，其中核查城乡居民参保和持卡8567人，核查基本养老保险待遇发放人员2661人。城市低保累计发放保障金额709124元，农村低保累计发放保障金额107140元，特困人员救助供养累计发放保障金额14495元，高龄老人补贴金累计发放643300元，残疾人两项补贴累计发放319100元。落实城乡困难家庭医疗救助12人，申请医疗救助金额共计35969元。推进嘉华苑“精美小区”建设和咸嘉花园、武装部宿舍等老旧小区改造，完成既有多层住宅增设电梯23台，超额完成目标任务。新建停车场3个，新增停车位1133个。

【疫情防控】全年排查对接中高风险地区人员信息1696人，集中隔离中高风险地区返长沙人员105人。加大疫苗接种力度，积极组织居民预约登记，主动上门为楼宇、高校定点送苗，完成接种11.7万余人。高效开展大规模核酸检测，完成核酸检测采样80156人次。

【党史学习教育】围绕“学史明理”“学史增信”“学史崇德”“学史力行”四个专题，结合十九届六中全会、省市区党代会精神，开展中心组理论学习13次，组织参观湖南党史陈列馆、湖南秘密电台工作站旧址、郭亮故居等红色教育基地，开展祭奠英烈等红色教育实践活动。街道各级党组织累计举办专题学习宣讲、老党员话党史、党史知识竞赛、红色经典诵读等活动180余场次。

【基层党建】构建“1+N”党群服务阵地体系，新建郡原广场小区党群服务站，打造湘腾琴岛、沁园春·御院等小区示范党群服务站，共建成机关、社区、小区、楼宇党群服务阵地31个，共享服务阵地近2万平方米，创新“四统四分”党员分类兜底管理模式，市委组织部给予高度肯定并在全市进行推广。发挥“传帮带”作用，将社区、小区、区域化党组织和联建社区书记整合“抱团”，开展区域化党建共建活动，实现党建赋能，助力区域发展。

【居家养老立法调研】1月26日，长沙市人大常委会副主任王国海率调研组到咸嘉湖街道开展《长沙市居家养老服务条例（草案）》立法调研，市人大、市司法局、市民政局领导及街道相关负责人参加。王国海一行实地调研了白鹤咀社区湘腾琴岛养老服务中心和荷叶塘社区夕乐苑日间照料中心，察看了银龄餐厅、长沙市春之晖特殊孩子援助中心、养老服务信息平台等养老服务设施。在荷叶塘二楼会议室召开的座谈会上，调研组认真听取了居家养老服务组织负责人和居民代表的意见和建议。

【长沙市政法委督查街道重点人群管理服务工作】2月3日，长沙市委政法委反邪教协调处处长何海波、基层社会治理处副处长唐建彬对咸嘉湖街道重点人群管理服务工作进行专项督查。岳麓区平安办副主任李治光，咸嘉湖街道工委副书记、办事处主任潘绍辉及相关部门负责人参加。督查组通过座谈交流、查阅资料等方式督查重点人群管理情况。督导组对街道重点人群管理服务工作给予充分肯定，并指出要严格落实领导包案制度，严格落实管理服务措施，切实把工作做深、做细、做实，确保不脱管、不漏管、不失控。

【街企联动共推“三强四融”暨产业发展提质年主题论坛】2月25日，咸嘉湖街道在茉莉花国际酒店召开咸嘉湖街企联动共推“三强四融”暨产业发展提质年主题论坛。岳麓区政府二级调研员、街道联点领导李建军，街道全体党政领导，街道中层干部，各社区书记及相关驻街单位负责人，辖区湘江爱尔眼科医院、金麓美华酒店、茉莉花酒店、筷乐潇湘、王府井百货、长沙银行、乌龙山寨共8家重点企业代表参加。各企业代表畅谈企业发展愿景及企业发展存在的困难。针对企业代表所提出的困难和建议，区、街负责人确定“以网格为主体，分管领导负责”的方式，明确责任部门并限时办结，真正为企业发展排忧解难，实现街企双赢。

【沁园春御院党群服务站正式启用】3月5日，咸嘉湖街道白鹤嘴社区沁园春御院小区党群服务站正式启用。小区党支部秉承“创新、协调、绿色、开放、共享”的发展理念，积极整合小区各类资源，利用小区10栋一楼物业用房建立约800平方米的小区党群服务站（邻里中心），设立“红色奋斗吧”“七彩幸福家”“学习加油站”三大功能区。同时还设有文体室、儿童区等，供小区居民锻炼休闲、愉悦身心。

【“两优一先”表彰大会】6月30日，咸嘉湖街道召开优秀共产党员、优秀党务工作者和先进基层党组织表彰大会，动员各级党组织和广大党员以先进典型为榜样，奋发向上，锐意进取。会议由咸嘉湖街道工委副书记、办事处主任潘绍辉主持，岳麓区政府调研员李建军，岳麓区委党史学习教育第四巡回指导组组长、岳麓区安全生产监督管理局党组书记徐勋，街道工委班子成员，全街“两优一先”表彰对象，党龄50年以上的老党员代表，机关党支部全体党员，各社区“两委”成员等200余人参加。

【郡原广场小区路面提质改造竣工】6月28日，岳麓区咸嘉湖街道银谷国际社区举行“我为群众办实事”实践活动暨郡原广场小区路面提质改造竣工仪式。历时两年，耗资100多万元，2021年6月份顺利完成小区路面的全面升级改造，社区区域共建单位、银谷联盟共驻单位、小袋鼠社会组织及社区全体网格长、党员和企业代表共80人参加。

【“爱在深秋”消费节启动】9月29日，“中华情·民族魂”咸嘉湖街道共庆祖国华诞晚会暨金星商圈“爱在深秋”消费节仪式正式启动。岳麓区副区长提名人选李群素，副区长提名人选刘振乾，区政府二级调研员李建军，区商务局党组书记、局长谢英姿，区市场监督管理局党组书记、局长吴卫，区民族宗教事务局副局长虞蓓蓓和咸嘉湖街道全体党政领导，辖区居民群众100余人参加。咸嘉湖街道结合街域优势与实际，以“街道搭台、企业唱戏”消费模式，进一步丰富消费供给、优化消费环境，构建消费新场景，掀起消费新热潮。

梅溪湖街道

【概况】2021年，梅溪湖街道高举习近平新时代中国特色社会主义思想伟大旗帜，对标对表省、市、区任务要求，铆足干劲，勇攀高峰。深化社会治理“135”工作模式，问题解决率、群众满意率显著提升，工作方法及成效先后被《人民日报》《湖南日报》等多家媒体宣传报道。绿城国际、招商蛇口落子梅溪湖，辖区34个在售楼盘完成销售面积91.32万平方米，销售收入130.26亿元，位列全区首位。泰康之家湘园项目稳步推进，亿达中建智慧科技中心引进中科电器等8家高新企业入驻，长沙金茂大厦、晟通国际总部等商贸楼宇加速建设，爱尔国际眼健康科技产业园如期开工，辖区产业结构进一步优化。2021年共完成固定资产投资141.8118亿元（不含核减的30.209亿元），为全年计划的109.09%（含核减数则完成全年计划的132.32%）；完成社会消费品零售总额29544.4万元，为全年计划的134%；实现新增注册“四上”企业9家，新增市场主体1874家；完成地方级收入8.0913亿元，为全年计划的115.6%，同比增长4.2%；完成区级收入3.446亿元，为全年计划的118.7%，同比增长6.4%。

【经济建设】2021年街道在库项目46个，新建项目如期开工，续建项目有序推进，项目建设持续做强做优。稳步推进企业“帮代办”服务，竭诚为辖区内各项目排忧解难，化解梅溪青秀三期7、8号栋房屋质量，福晟翡翠湾楼盘资金链断裂等问题，营商环境不断优化。着力调优产业结构，加快推动梅溪湖CBD中央商务区建设，依托桃花岭公园、城市岛、中央绿轴、象鼻窝森林公园等景区，打造全域教、科、文、旅、商为一体的康养名城。

【城市管理】2021年开展各类安全生产专项监管整治行动265次，发现并落实整改隐患875处，全年未发生重大安全生产责任事故。从源头治理开展蓝天保卫战，同步落实河湖长制，依法采取关停取缔、停产整改等措施，对不符合标准的企业进行有效整顿，全街全年空气优良率为82.44%，重污染天数为零。开展垃圾分类宣传活动60余场，撤桶并点厢房完成10个，在建厢房3个，厨余垃圾收运量位列全区前列。

【民生保障】严格落实疫情防控，坚决落实上级疫情防控政策，2021年全街共排查大数据11532条，共接种疫苗20.87万剂次，8月4日以来核酸检测16.85万人次。街道健全领导接访下访常态机制，对29个涉拆涉房问题全部实施党政领导“五包一”工作机制，全年街道党政领导接访180余次，共化解积案件17件，共计投入信访救助资金260余万元。纵深推进民生服务，积极开展社会救助，全年共救助残疾人、孤儿等1836人，发放各类补贴68.24万元。

【社会治理】深化“135”网格化社会治理创新模式，与湘江新区和岳麓区相关职能部门、开发商、物业公司，形成“房地产领域五方协调联动”机制，化解绕城高速隧道噪音扰民、中塘变电站建设等项目矛盾纠纷；全面推进基层社会治理73个具体项目，工作成效先后被《人民日报》、《湖南日报》、湖南电视台等媒体宣传报道60余次，开展“我们的节日”、学雷锋志愿服务等活动400余次，投资60万元对学舍路进行整体提质改造，全国文明示范城市创建工作圆满完成。

【基层党建】务实抓好党史学习教育，设立12个专题读书班，开展集中学习70余场次，开展“学党史、办实事”系列活动，走访居民6000余户，解决群众“急难愁盼”问题400余个。持续推进廉政建设，“两个责任”同向同频，建立“三级提醒”体系，确保党工委主体责任和纪工委监督责任落地见效；深入实施“党建聚合力”工程，2021年与15个共建单位签订43个共建项目。在晟秀园社区、阳明山庄社区打造示范型新时代文明实践所（站），在华茂社区建立“梅溪达人馆”，深入开展“庆祝建党100周年”红色服务月、“我们的节日”等系列活动，以优良精神风貌带动辖区面貌改变。

【区领导检查指导社区“两委”换届工作】1月6日，梅溪湖街道联点领导、岳麓区人大常委会主任胡杰夫到金茂社区检查指导社区“两委”换届工作。胡杰夫一行先后听取社区负责人员关于社区“两委”换届选举工作情况介绍；详细了解换届选举工作在宣传、选举规范程序、换届纪律等方面的情况；实地查看社区选举工作公示情况。胡杰夫指出，社区“两委”换届选举工作是现阶段最为重要也是最为艰巨的一项政治任务。对社区“两委”换届如何做好下一步工作提出四点工作要求，一要坚持站位再提升，切实增强社区“两委”换届的责任感和使命感。二是既要严律有策，又要教育有法。把坚持宣传警示教育与监督检查指导、严查违法行为贯穿始终。三要坚持责任再强化，切实形成社区“两委”换届的执行力和战斗力，充分发挥党员、居民代表的作用。四要统筹推进不放松，选举和疫情防控工作同时抓，提前做好疫情防控预案与各项准备工作，确保按时高质量完成换届选举工作。

【省民宗委观摩社区民族团结进步创建工作】1月15日，省民宗委党组副书记、副主任赵仁秀率队到阳明山庄社区观摩交流民族团结进步创建工作。观摩团一行参观同心家园、新时代文明实践站、少数民族杰出人物墙、图书馆民宗知识政策角、民族团结文化长廊、民族团结文化墙、“民族睦邻梦”美丽楼道等特色民族团结阵地。阳明山庄社区负责人热情接待并详细介绍社区民族团结进步创建工作情况。近年来，阳明山庄社区牢牢把握“共同团结奋斗、共同繁荣发展”这一民族工作主题，以党建为引领，将民宗工作与各项工作有机融合，坚持“五个家园、四访机制、三载体、双向服务”的“五四三二”工作法，奏响民族团结、社区和谐的新乐章，促进民族团结一家亲。阳明山庄社区负责人表示，今后社区将继续以民族团结进步创建为抓手，依托少数民族服务平台，调动各方力量，采取多种形式，不断探索创新民族团结工作方法，推动社区民族团结进步事业向纵深发展，让民族团结之花开得更加鲜艳夺目。

【长沙市政府领导检查指导社区疫情防控】2月1日，长沙市副市长刘明理带队对梅溪湖街道润龙社区疫情防控工作进行实地督导检查，刘明理一行深入润龙社区的药店、诊所、社区政务大厅等地，检查疫情防控措施落实情况。“社区针对中高风险区回长人员是怎么摸排的？居民的红白喜事是怎么举办的？”刘明理详细查看相关工作记录，紧盯防控细节、薄弱环节，督促各部门严格落实各项防控措施。刘明理指出，春节临近，人员流动性加大、聚集性活动增多，做好常态化疫情防控将面临新的考验，各地各相关单位要坚决克服麻痹思想、厌战情绪、侥幸心理、松劲心态，进一步压实工作责任，按照市疫情防控指挥部统一部署，对重点防控部位查漏洞、补短板，巩固来之不易的防疫成果。润龙社区作为安置型社区，人员结构复杂，小区出租房和流动人口多。为提高辖区居民的防控意识和能力，社区通过张贴海报、悬挂横幅、电子显示屏滚动播出等形式广泛宣传疫情防控重要性。主动入户走访摸排回长沙人群，通过制定疫情防控网格化管理、不操办红白喜事等奖励机制，让居民当好自身健康第一责任人。

【“薪火传承　指尖艺术”非遗剪纸文化体验活动】2月3日下午，梅溪湖街道桃岭社区积极响应《长沙市妇联在“我们的节日·元旦春节”期间组织开展“崇德向善迎新春　红红火火过大年”暨“亲情季”学雷锋巾帼志愿服务关爱行动》的号召，联合长沙市益龄扶老公益服务中心，特邀请“中国好人”谭映天以及非遗剪纸传承人刘志敏，为社区青少年带来一场“薪火传承　指尖艺术”非遗剪纸文化体验活动。两位老师为大家展示自己的剪纸作品，介绍剪纸方法和技巧，带领孩子们了解剪纸的艺术特色，并向大家展示剪纸的过程。社区负责人表示，此次活动让辖区青少年儿童感受到民间剪纸艺术的魅力，营造出文明和谐、喜庆祥和的节日氛围。

【区领导慰问社区困难群众】春节临近，困难群众的生活冷暖一直牵动着区领导的心，为使辖区困难群众度过一个安乐祥和的春节，2月5日上午，岳麓区人大常委会主任胡杰夫一行走访慰问梅溪湖街道润龙社区困难家庭，向他们送去节日的祝福和慰问金。胡杰夫一行还走访慰问因病致贫的张作浮家庭和智力残疾人苏春云家庭。

【开展“知法懂法　为爱护航”妇女节主题讲座】3月4日，梅溪湖街道梅园社区联合岳麓区仁和社会工作服务中心、北京德和衡（长沙）律师事务所社区法律顾问服务团队在社区活动室开展梅园社区“知法懂法为爱护航”妇女节主题讲座。讲座通过大量鲜活的案例，用生动的语言、形象的图片，重点讲解女性懂法的重要性、与女性息息相关的权益以及如何依法处理婚姻家庭矛盾等方面的法律知识。从女性的家庭问题到职场维权，有针对性地提出解决问题的方法和途径，引导教育在场妇女同胞学会运用法律武器维护自身合法权益。现场气氛十分活跃。

【“学史明理”全面部署党史学习教育】为推动全街党史学习教育，围绕“学史明理”，重温习近平总书记考察湖南重要讲话精神。3月26日下午，梅溪湖街道组织街道全体党政领导、机关支部全体党员、各社区书记前往岳麓书院、橘子洲头接受党史学习教育，引导全街党员干部在百年党史中汲取智慧和力量。梅溪湖街道党员沿着青年毛泽东在岳麓的革命足迹，首先到岳麓书院进行参观学习，感受湖湘文化的独特魅力以及千年学府的深厚底蕴，随后到橘子洲头毛泽东雕塑前重温入党誓词，街道工委书记罗勇刚书记领誓、现场党员着正装佩党徽重温入党誓词。同时，梅溪湖街道理论学习中心组成员围绕“学史明理”主题畅谈了自己的党史学习体会。在橘子洲头新第八班教室，梅溪湖街道还召开党史学习教育动员部署大会，并解读《梅溪湖街道关于开展党史学习教育的实施方案》，对全街党史学习教育进行全面动员和部署。

【团区委领导到梅溪湖街道调研基层团建工作】4月2日上午，共青团岳麓区委书记魏镇男、副书记周浪到梅溪湖街道调研指导基层团建、青年志愿服务等相关工作。魏镇男一行先后到金茂社区“智慧健身房”、华茂社区“青年之家”进行实地调研。通过调研，团区委领导肯定梅溪湖街道基层团队建设和青年志愿服务工作，希望社区团组织进一步拓宽思路，树立开放、合作、共享理念，善于借鉴党建成果开展团建工作，坚持党建带团建，团建带队建；要注重资源力量的整合，要创新社区团的组织方式和工作方式，力争把更多的团员青年有效组织凝聚起来，使共青团成为青年学生想得起、找得到、靠得住的力量。

【感悟“半条棉被”的为民初心】4月16—18日，梅溪湖街道全体干部职工和机关党员到郴州市汝城县沙洲村和湘南起义纪念馆开展专题研讨学习，缅怀革命先烈，重温革命历史，实地接受党性教育。在爱国主义教育基地资兴百灶居，梅溪湖街道启动专题研讨学习班开班仪式。面对鲜红的党旗，全体学员整齐列队，庄严举起右手，重温入党誓词。随后，学习班开展了“唱红歌、跳红舞、表演红色情景剧”等丰富多彩的红色拓展活动，以传唱红色经典，追忆红色岁月，传承红色精神，汲取砥砺奋进精神动力。全体学员在湘南起义纪念馆，感悟“枪杆子里面出政权”的真理；在“半条被子的温暖”专题陈列馆，回顾军民鱼水情深的历史，感悟中国共产党为民初心。激发党员干部为民服务的工作热情和干劲。

【调研离退休党建工作】为进一步推动党史学习教育走深走实，认真做好“我为老同志办实事”工作，5月11日，省委组织部副部长、老干部局局长龚健一行8人到梅溪湖街道金茂社区调研城市社区离退休干部党建工作。省委老干部局办公室主任杨敏、长沙市委常委、组织部部长张宏益一同参加调研。龚健一行参观党群服务站和“老党员之家”，详细了解社区基本情况、活动阵地使用情况、文体活动开展情况以及老党员发挥作用情况。随后，调研团与街道社区离退休老干部工作相关负责人进行座谈。在充分肯定金茂社区认真推进城市社区离退休干部党建工作成效后，龚健提出五点要求：要抓好融合，将离退休干部党建工作纳入总体布局，下好党建工作一盘棋；要搭好平台，尽可能吸引老同志在社区党组织发挥作用；要用好资源，想方设法挖掘社区能人，更好地组织引导老同志起到引领作用；要体现关怀，落实好对老同志、老党员、老干部的关心关爱政策；要彰显价值，动员更多老党员在参与社会治理的过程中发挥余热。

【荣誉表彰】6月23日晚，梅溪湖街道以“百年正青春　昂首新征程”为主题的“两优一先”表彰暨“光荣在党50年”纪念章颁发、第二届“梅溪达人”颁授仪式在梅溪湖文化艺术中心举行。区人大常委会主任胡杰夫，湖南湘江新区二级调研员、机关党委专职副书记、工会主席洪军，区委常委、宣传部部长刘雄辉，区人大常委会副主任王剑鸣等出席活动。街道下属党组织党员代表、受表彰对象、长沙好人等400余人欢聚一堂。整场活动分为“星火百年·守初心”“青春奋进·迎新篇”2个篇章，通过表彰颁奖与舞蹈、歌曲、民乐、沙画、诗朗诵等文艺表演相结合的方式交错进行。梅溪湖街道为100名优秀共产党员、12名优秀党务工作者和6个先进党组织颁奖，为37名党员颁发“光荣在党50年”纪念章，颁授10位“梅溪达人”。通过在全街开展表彰先进典型，生动展现辖区模范人物在梅溪十年建设中的感人事迹和崇高精神，营造见贤思齐、崇德向善的浓厚氛围，推动社会文明程度不断提升。

【政协工作室搬进小区】6月30日，梅溪湖街道喜迎省政协经济科技委员会委员工作室落户金茂社区，省政协经济科技委员会在联系群众、服务群众方面又开创了一个新的工作平台。金茂社区“红星驿站”是中海梅溪湖壹号小区党支部和党群服务站，服务居民8000余人。社区党总支书记、三级网格长程旭在阵地建设、服务保障等方面高度重视。她表示工作室入驻“红星驿站”后，将按照“十有”要求打造，设有“政协沙龙”、图书角、委员工作室、会议（学习）室等。目前，已有17名省政协委员、14名市政协委员、15名区政协委员进驻金茂社区政协委员工作室。省政协联委主任陈宏忠表示，委员工作室要充分发挥各自优势，务实开展好履职活动，打通委员服务群众的“最后一公里”，积极为群众做好事、办实事。梅溪湖街道金茂社区政协委员工作室将按照区委、街道的要求，以委员工作室为平台，收集群众意见和建议、帮助群众解决“急、难、愁、盼”问题，为建设梅溪湖国际新城高质量发展作出应有贡献。

【慰问梅溪湖街道一线防疫人员】8月7日下午，共青团长沙市委副书记刘飞米一行看望慰问梅溪湖街道奋战在一线的防疫人员，并送去口罩、酒精等防疫物资及防暑药品，切实将团组织的关心关爱送至一线防疫人员心中。当天，刘飞米代表长沙市团委向奋战在防疫一线的工作人员致殷切慰问，详细了解一线防疫人员工作情况及防护措施，表彰街道青年团干部、青年志愿者冲锋在前、甘于奉献的精神，并叮嘱大家在认真工作的同时，还要注意做好自身防护，保证身体健康。

天顶街道

【概况】2021年，天顶街道认真贯彻落实区委、区政府的战略部署，全面落实“三高四新”战略定位和使命任务，凝心聚力、奋发作为，区域经济社会发展质量持续向好。全年完成地方级财税收入4.55亿元，完成限额以上社会消费品零售额24.68亿元，完成固定资产投资额42.058亿元，新增“四上”企业9家，新增市场主体2558家，各项主要经济指标均超额完成年度预期目标，综合经济实力稳居全区前列。

【经济发展】街道始终把稳定经济运行摆在突出位置，坚持新发展理念，立足辖区楼宇优势，构建1+N服务体系、做优楼宇服务工作，不断优化营商环境，在招大引强与强链补链上狠下工夫，2021年金茂双子塔新增招商面积14650平方米，梅溪湖创新中心已完成办公区域96%的招商，楼宇经济的税收贡献率稳居全街税源70%以上，产业转型升级的步伐明显加快。文旅融合潜力释放，依托梅溪湖国际文化艺术中心、音乐喷泉、览秀城、梅澜坊特色商业街等资源优势，始终把“由点变圈”联动文章作为推进文旅融合高质量发展的重点任务，变“各自为战”为“协同作战”，促进文化、旅游、商业、互联网相互加持、跨界融合，客流互相转化，文旅产业成为提振经济发展质量和效益的“新引擎”。中建·梅澜

4月13日，岳麓区天顶街道在街道五楼会议室组织召开2021年全街工作推进大会
（褚瑄　供图）

坊商业街先后获评长沙市诚信示范街区、长沙市十佳夜间经济集聚区、长沙市夜间消费示范街区。

【民生福祉】坚持通过实干不断增强拆迁群众的获得感、幸福感。全面启动北片区南园路水系雨污分流改造项目，对北片区农安小区下水管网、小区道路、自来水全面改造，同步实施天然气供给入户，逐步补齐安置小区基础设施短板；成立工作专班，完成5个安置小区1411栋房屋的产权办理。坚守为民情怀，持续发力，为群众办实事、解难事。全年市、区考核重点民生实事项目全部完成，一大批居家养老服务中心、社区智慧健身中心、社会停车场相继建成，居民生活配套更加便利；坚决打好污染防治攻坚战，深入开展“百日奋战　靓丽天顶”市容环境整治行动、爱国卫生运动、全国文明典范城市创建工作，加强公卫环境设施管护，数字化案卷处置率99.77%，人居环境得到持续改善。压实疫情防控责任，严格落实重点人群分类管理，全力推进新冠疫苗全民接种工作，坚决守住疫情防控底线。深入开展安全生产、消防安全“六个一百”行动，精心服务保障互联网岳麓峰会、2021中国网络诚信大会和全省庆祝中国共产党成立100周年系列重大活动，得到各级领导充分肯定和社会各界赞誉，充分展示岳麓良好城市形象。全年未发生赴省市以上非访、集访事件；深入开展矛盾化解攻坚，将全市在“深入开展治理进京到省重复访和集体访专项工作”交办件上的全部化解到位，确保社会大局稳定。

【基层治理】强化引领、融合创新，多元共治的格局不断拓展。扎实开展基层队伍建设。成功完成本轮村（社区）两委换届，村（社区）“两委”职数共69名，平均年龄36.3岁，对比上届下降8.1岁，拥有大专及以上学历占比达95.7%，实现“年龄要降、学历要升、能力要优”的目标；先后完成永燕新村、川塘社区等软弱涣散党组织整顿摘帽，基层组织的驾驭能力明显增强，群众信访多、投诉多的问题明显改善；高质量完成党代表、人大代表、政协委员的换届选举工作，党组织的领导核心作用充分彰显。精心组织党史学习教育、读书分享会、主题诗歌朗诵会和家书分享会，坚持用好用活古塘湾支部等红色资源，打造清水、航天、星湖三点一圈的党建特色文化圈，古塘湾支部成为岳麓区红色教育基层示范点、不断擦亮梅溪湖创新中心“红色青春驿站”、金茂ICC楼宇党群服务站等党建特色品牌，精准服务企业、服务群众。以区域化党建为抓手搭建“红色联盟”平台，强化属地统筹，激发成员单位主体作用。深化“党建聚合力”工程，强化街道、社区、小区党组织三级联动，不断完善“小区党组织+业委会+物业”三方共商机制，提升党建引领基层社会治理创新能力，辖区内涌现出第八届诚实守信全国道德模范刘习明等先进典型。

【疫情防控调研】2月1日上午，长沙市人民政府副市长刘明理率队调研岳麓区疫情防控工作。市卫生健康委员会主任、党组书记周敏，岳麓区副区长李舜，岳麓区卫健局局长王洪，天顶街道党工委书记王军等参加。调研组一行到天顶街道星湖社区公共服务中心调研，调研期间，刘明理、周敏一行仔细查看社区管控对象的台账，指出要按照上级文件要求分类做好涉外人员来（返）长沙管控、国内中高风险区域来（返）长沙管控，通过建立疫情防控动态的管理台账，及时记录疫情防控工作情况，动态掌握人员流向。刘明理对星湖社区前期疫情防控工作取得的成绩给予肯定。他要求深入贯彻落实好中央及省、市关于疫情防控工作的决策部署，充分发挥社区在疫情防控中的作用。全面排查密接、次密接人员，切实做到底数清、情况明；要严格落实“三级分包”制度，层层压实防控责任，确保疫情防控无死角；严格实行责任制，建立台账，确保防控措施落实到位，并实行责任倒查制度，织密织牢疫情防控网。

【走访慰问尖山社区记账户】为切实做好岳麓区天顶街道尖山社区住户调查工作，提升记账数据质量，2月4日下午，国家统计局长沙调查队党组书记、队长张殷海和岳麓区统计局党组副书记、局长邓爱武带队赴尖山社区走访慰问住户调查记账户，送去新春温暖。天顶街道党工委副书记、办事处主任席文诗和街道人大工委副主任王燕参加。在记账户家中，张殷海等详细询问记账户家庭收支状况，对他们按时完成记账工作表示十分肯定，并希望今后能一如既往支持该项工作，继续为国家统计部门提供翔实的基础数据，为政府制定相关政策提供重要依据。

【街道领导班子民主生活会】2月8日，天顶街道召开领导班子民主生活会。区委常委、区人武部政委伍少林出席指导，区纪委监委李丰、区委组织部周源毅到会督导，街道党员领导班子全体成员参加。会上，街道党工委书记王军首先对会前准备情况及上年度整改落实情况进行了汇报，并代表班子检视查摆突出问题及具体表现、深刻剖析问题根源，提出切实可行的整改措施。随后，班子成员逐一进行对照检查，并全口径向组织进行个人事项报告。大家秉承对党、对街道、对同志高度负责的态度，“辣味十足”地进行相互批评，并虚心诚恳地接受批评和建议。伍少林点评，此次会议有“党味”、有“辣味”，希望会后街道班子能对标对表深查，抓细抓实整改。李丰、周源毅对此次民主生活会给予高度评价，提出会后整改建议。王军代表班子表态，将从四个方面努力增强政治意识、担当意识、宗旨意识、廉洁意识，确保整改取得实效。

【换届选举员额管理对象培训会】天顶街道圆满完成村（社区）换届选举工作后，为全面提高新一届村（社区）“两委”干部队伍的履职能力，2月20日上午，在五楼会议室召开2021年村（社区）换届选举员额管理对象培训会。街道全体机关党员干部、聘用人员以及各村（社区）员额管理对象共百余人参加会议。会议由街道党工委副书记、办事处主任席文诗主持。街道党工委书记王军以《化“三牛精神”为实干、担当、作为》为题为与会人员授课。街道党工委副书记卢艳结合街道工作实际，作意识形态专题培训，并就信息整理收集的相关知识以及工作照片的拍摄技巧、常见问题以及注意事项进行业务培训。岳麓区民政局林广作“惠民资金政策解读及规范使用”专题培训，天顶街道党工委委员、纪工委书记刘华维作“深化纪律和作风建设，锻造过硬的班子队伍”专题培训，星湖社区邓淑霞作“社区服务推动居民参与社区事务，利用志愿服务引导居民自治”专题培训。通过培训，进一步增强社区“两委”干部的政治意识、大局意识、核心意识和看齐意识，提高服务能力和履职能力，提升基层组织的凝聚力和战斗力，为奋力开启天顶建设新征程提供坚强保障。

【基层党组织书记抓党建和意识形态工作述职评议大会】3月12日上午，岳麓区天顶街道召开基层党组织书记抓党建和意识形态工作述职评议大会，街道全体党政班子成员、村（社区）部分“两委”班子成员，机关、老干部等党组织书记，街道机关全体干部职工、群众代表等120余人参加会议，区委“两新”工委书记陈烨到会指导。各村（社区）党组织书记就各自抓基层党建和意识形态工作情况、存在的问题和下步工作思路进行现场述职，其他党组织主要负责人员作书面述职。街道党工委书记王军认真听取现场述职并逐一点评，肯定成效，指出问题，明确整改要求和今后努力方向，与会人员对基层党组织书记履行党建工作情况进行测评。最后，区委“两新”工委书记陈烨对天顶街道2020年度党建工作和此次述职会议充分肯定，街道党工委书记王军作总结讲话。

【开展党史学习，传承红色基因】3月22日下午，天顶街道党工委理论学习中心组奔赴红色基地古塘湾，进行党史专题学习，引导党员干部知史爱党、知史爱国。街道党工委书记王军带领全体机关党员一起重温入党誓词，参观古塘湾支部党史陈列厅，学习河西第一个地下党支部——古塘湾支部的红色历史，观看视频《不能忘记的光荣记忆——古塘湾地下党支部》。随后，王军从“追寻红色印记　传承红色基因”“坚持人民至上　站稳群众立场”“勇于开拓创新　务实担当作为”“保持政治定力　强化作风建设”这四个方面为机关党员干部讲授党课，王军强调，街道上下要增强抓好党史学习教育的政治自觉、思想自觉和行动自觉，确保工作有亮点、有实效；要立足实际、守正创新，推进内容、形式、方法创新，讲好党史故事、用活红色资源、搞活教育形式，推动党史学习教育深入群众、深入基层、深入人心，以担当实干和优异成绩庆祝中国共产党成立100周年。

【2021年全街工作推进大会召开】4月13日上午，天顶街道召开2021年全街工作推进大会。街道全体党政领导、机关全体干部职工、各社区（村）“两委”班子及员额管理人员，天顶派出所、区城管执法大队天顶中队、天顶市场监管所、天顶街道社区卫生服务中心主要负责人等200余人参加会议。会上，街道党政班子成员对各自分管领域工作进行总结分析，并对2021年相关工作进行安排部署。街道党工委副书记卢艳宣读天顶街道党工委、办事处《关于2020年度绩效考核结果的通报》，号召全街党员干部拿出“踏平坎坷成大道、斗罢艰险又出发”的顽强斗志，鼓足干事创业的精气神，不断开创天顶经济社会发展新局面。街道工委副书记、办事处主任席文诗作工作报告，他强调，要通过党史学习教育，汲取奋进力量，打造清水、航天、星湖三点一圈的党建特色文化圈；着力整合优势资源，做大特色产业做好金茂览秀城、梅澜坊商业街、梅溪湖国际文化艺术中心三大地标“由点变圈”联动文章；办好民生实事，补齐发展短板，全面提升群众幸福感。街道工委书记王军对全街2020年工作给予充分肯定，并号召大家总结经验，增强开拓前进的勇气和力量。他指出，2021年是实施“十四五”规划、开启全面建设社会主义现代化国家新征程的第一年，是奠定未来五年乃至长远发展基础的关键一年，要抢抓先机、争取优势，继续乘势而上，旗帜鲜明地在全区争一流、全市争先进，争当岳麓“三强四融”发展新征程的排头兵。

【街道统计工作调研】7月5日下午，省统计局执法监督局局长郭文峰一行到天顶街道调研统计工作。省统计局领导汤炼坤、邹史远，市统计局副局长曹敬波，区统计局局长邓爱武，天顶街道相关负责人等参加调研。调研组一行现场查看天顶街道统计站阵地建设、队伍建设、统计培训、管理制度等情况，翻阅了“四上”企业一企一档资料、统计报表台账等相关资料，并详细了解统计基层基础建设情况。座谈会上，街道相关负责人汇报统计站推动实施的统计亮点工作情况。郭文峰在听取汇报后对天顶街道统计工作给予充分肯定，同时提出要牢固树立统计数据质量核心意识，坚持应统尽统与防范弄虚作假。强化培训指导，坚持把统计法律法规持续纳入培训课程，加大对“四上”企业统计员培训力度，督促企业负责人重视统计工作。

3月9日，暮坪湘江特大桥正式开工建设，省委常委、市委书记吴桂英（右四）参加暮坪大桥开工仪式　　（天顶街道供图）

【刘习明被授予第八届全国诚实守信道德模范荣誉称号】11月5日，中央精神文明建设指导委员会发布关于表彰第八届全国道德模范的决定，授予长沙生殖医学医院院长刘习明第八届全国道德模范荣誉称号。表彰其38年初心不改，专注不孕症的研究和治疗，为近3万个不孕症家庭实现生儿育女梦想；承诺“不让患者多花一分冤枉钱”，多年来还为患者减免治疗费用1000余万元，为践行“医者仁心”写下最美注解。

坪塘街道

【概况】坪塘街道地处长株潭城市群“两型社会”建设综合配套改革试验的长沙大河西先导区核心区域。通过坪塘大道、潇湘大道南延线、地铁3号线、长益常城际轻轨和长岳、长潭城际轻轨等与外界快速联

6月2日，长沙市委副书记、政法委书记阚保勇（左三）率队调研岳麓区坪塘街道太平村古楼塘美丽宜居村庄建设　（天顶街道供图）

系，区位发展优势明显，自然人文资源丰富，拥有得天独厚的山（大王山）、水（湘江、观音港、桐溪港）、洲（巴溪洲）等自然禀赋和曾国藩墓园及桐溪寺。2021年，坪塘街道深入推进党史教育，加强基层党建工作。同时，一手抓产业发展，一手抓乡村振兴，全街经济社会发展有较大进步，社会治理迈上新台阶，群众幸福感、满意度大幅度提升。

【产业发展】2021年，全街完成固定资产投资61.9亿元；地方级税收1.78亿元；规模工业总产值11.13亿元；新增“四上”企业2家、市场主体502家。启动集体土地拆迁项目11个，长株潭融城小镇一期及机场联络线项目实现腾地。通用机场、国检中心、水质净化厂、白庭路及巴溪大道等7个项目征拆全面推进。大王山朗豪酒店开业，华谊电影小镇晋升国家AAAA级旅游景区，欢乐海洋公园主体基本完工，长株潭城际轨道交通西环线、暮坪湘江特大桥等项目加速推进。

【党史教育】街道各级党组织高标准、高要求推进党史学习教育，组织赴秋收起义纪念馆、新民学会旧址、十八洞村等开展专题参观研讨5次，组织红歌比赛、党史知识竞赛等活动十余次；精心制作长沙弹词唱党史系列微视频40期，得到“学习强国”学习平台推介，组织“国字号”好人和道德模范专题宣讲特色活动30余次；坪塘街道公益组织“上善助残”服务中心挂牌“省级党建助残示范基地”。

通过党史教育，基层党建工作不断夯实。2021年圆满完成七村两社区“两委”换届，全面排查整顿党员发展中违规违纪问题，全面落实意识形态工作责任制，主动应对各种危机舆情，及时将各类风险隐患化解在萌芽状态。

【乡村振兴】2021年，全街投入资金2100余万元进行农村基础设施建设，提质农村道路18.1千米，“白改黑”3.5千米，完成水利项目30个。7个美丽宜居村庄全部验收合格，多个创建点综合排名在岳麓区前列。加强农村生态环境保护，严格落实河长制、林长制，成功创建白泉市级小微水体管护示范片。2021年，各村集体经济收入大幅提升，全部突破20万元。白泉村获评“省级乡村振兴示范创建村”和“省级美丽乡村”。

【基层治理】2021年，全街建成健身步道1条、全民健身中心1个、智慧健身房1个，莲花山村成功申报“市级标准化村（社区）综合文化服务中心”。推进“智慧乡村”建设，新增300个“天网工程”探头，实现全域智慧治理。深入开展“我为群众办实事”实践活动，解决群众关切“急难愁盼”问题1000余件。8件信访积案全部化解，信访办理结案率100%。

【朗豪酒店开业】4月28日上午，位于湖南湘江新区的长沙大王山朗豪酒店正式开业迎客，湖南湘江新区党工委委员、管委会副主任罗社辉出席开业仪式。国际奢华酒店长沙大王山朗豪酒店开业，标志着地处长株潭融城核心区域的大王山片区游、娱、购、住、行等配套的文旅产业基本形成。

【《人民日报》专题报道莲花山村乡村振兴典型案例】2021年10月8日，《人民日报》专题报道莲花山村乡村振兴的典型案例。近年来，莲花山村以城乡融合为契机，深入推进乡村振兴战略，因地制宜，发展特色产业，提升人居环境，村容村貌焕然一新，村民获得感、幸福感节节攀升。

【融城小镇（一期）等项目私房拆迁签约清零】6月4日，长株潭融城小镇（大王山）一期项目及机场联络线项目305户私房拆迁签约清零。长株潭融城小镇（大王山）一期项目总用地面积约6.2平方千米，其中建设区3.5平方千米，规划人口3.5万人，将按照一廊、一轴、一带、一核心、四片区规划建设，聚焦科技与数字产业，打造滨水宜居小镇。

【长沙市“夏之恋”文化旅游消费季暨华谊兄弟（长沙）电影小镇“天宫”星空探索季启动】7月20日，2021年长沙市“夏之恋”文化旅游消费季暨华谊兄弟（长沙）电影小镇“天宫”星空探索季在华谊兄弟（长沙）电影小镇启动。活动以“手可摘星辰，岳麓亮晶晶”为主题，现场集中发布长沙市暑期十大文旅产品、岳麓区以及长株潭一体化发展合作单位雨湖区暑期文旅消费产品，启动华谊兄弟（长沙）电影小镇“天宫”星空探索季。此次发布的文旅产品包括铜官窑古镇“梦回铜官窑，奇妙大唐夜”、湘江欢乐城的悬浮电音节等涵盖长沙主要的文化场馆、主题乐园、旅游景区、体育场馆。

【成功创建湖南省应急示范乡镇】坪塘街道建立应急总指挥部和5个专项指挥部，明确权利清单、服务清单；围绕事前预防与应急准备、事发响应与应急救援、事后评估与恢复重建，建立完善应急管理机制；推进数字信息技术与应急管理深度融合，投入300余万元建立街道应急指挥中心，构建覆盖全灾种、全流程、全方位的应急管理体系。2021年坪塘街道成功创建湖南省第一批应急示范乡镇。

【获评“湖南省充分就业街道”】坪塘街道致力于提高公共就业服务水平能力，累计实现城镇新增就业121人，城镇登记失业人员再就业687人，就业困难人员再就业285人，开展公共就业人才服务762人次，组织春风行动、离校未就业高校毕业生等专场招聘会4场，为就业困难家庭、零就业家庭及下岗失业人员家庭提供垃圾清运回收保洁员岗位93个。2021年12月，被湖南省人力资源和社会保障厅认定为“2020年度湖南省充分就业街道”。

【大王山文化演艺综合体落户坪塘】9月6日，湖南湘江新区与华人文化有限责任公司签署大王山文化演艺综合体项目，项目总投资超30亿元。该项目位于大王山旅游度假区超大型旅游综合体湘江欢乐城核心区域，拟以多功能演艺场馆为核心引擎，引进定制驻场演出、沉浸式互动剧目等，打造长沙文化演艺新地标和大王山夜间消费经济圈，弥补片区演艺市场的空白，打造国际级的文娱体验综合体。

【通航小镇等7个项目启动拆迁】11月10日，坪塘街道启动通航小镇范围内项目拆迁，包括通用机场及配套设施、国检中心、白庭路（红桥大道——长潭西高速白泉联络线）等7个项目。通航小镇是湘江新区规划“八大小镇”重点建设的小镇之一，将构建应急救援通航网络，发展通航科技文旅、通航运营展销、航空科研教育等通用航空产业体系，打造国内知名的“沉浸式”通航文创旅游胜地、中西部地区通航展销运营总部基地，国内先进的通航科创教育高地。

洋湖街道

【概况】2021年，洋湖街道坚持以习近平新时代中国特色社会主义思想为指导，围绕贯彻落实市第十四次党代会、区第六次党代会精神，深入践行“五城同建”战略部署，创新推进产业洋湖、文旅洋湖、靓丽洋湖、国际洋湖“四个洋湖”建设。全年实现地方级税收9.34亿元，同比增长35.7%；实现区级税收3.93亿元，同比增长35.9%；完成固定资产投资154.1亿元，同比增长37.72%；限额以上企业零售额达9.38亿元，同比增长7.9%；工业总产值5298万元，完成规模以上服务业营业收入43.65亿元。先后获评全省法治政府建设示范街道、全市“三无”信访乡镇（街道）标兵单位，成功创建垃圾分类省级示范街道。

【项目征拆】推进新项目征拆

和旧项目扫尾，全年铺排建设项目59个，其中续建项目43个，新建项目16个。长沙先导区大王山商业步行街、坪塘创客孵化中心、清风路3个新拆项目如期实现“双清零”，23个续拆户（企）按期腾地，3个历史遗留零散户顺利化解拆除。全力保障重点项目落地建设，长沙荟聚、洋湖天街顺利建成开业，洋湖再生水厂三期、龙湖·江与城正式开工建设，京东超级体验店、德国卓伯根建设加快推进。

【产业发展】围绕总部经济、省建筑设计院等行业龙头企业，以规划设计、人工智能为方向的多元产业格局基本成型。“四上”企业全年新增入库12家，累计达61家；新增市场主体2148家，其中企业1346家；入库税收超500万元企业达32家，超千万企业达23家。落地惠企帮扶政策，发放省、市、区三级软件行业奖补280.9万元；引进市外境内资金26.2亿元，同比增幅42.4%；全年外贸进出口总额达2750万美元。助推建安税收落地，梦想置业（御江山）完成迁转，点对点促成中建五局、中铁建设、水电八局等建安企业在洋湖成立岳麓分公司。积极串联湖南湘江新区城市发展馆、李自健美术馆、谢子龙影像馆等“三馆”文化地标；突出天街、水街等“两街”特色商街商区，与洋湖湿地公园、宜家荟聚购物中心等“一园一中心”网红打卡点深度融合，以大数据为支撑，综合运用微信、微博、抖音等互联网平台，大力推介洋湖区域价值，更好地营造氛围、形成声势、树立口碑。“三馆两街一园一中心”年游客顾客接待量达500万人次。

【城市管理】认真落实“四精五有”治理理念，结合街情实际、对标一流城区，科学制定实施《洋湖街道城市管理日常考核办法》《洋湖街道打造“最美洁净街区”工作方案》《洋湖总部经济区精致管理工作方案》；严格落实蓝天碧水净土保卫战“六控十严禁”，办理蓝天保卫战案件67件，处罚22家违规施工单位，查扣30辆次违规倾倒车辆；开展大型拆违行动20余次，下发街区环境督查问题清单692条，完成整改675条。

【安全生产】认真贯彻“大安全”发展理念，统筹推进疫情防控、安全生产、信访、应急管理等工作，筑牢防疫屏障。全街全年完成核酸检测采样近20万人次，完成疫苗接种16万剂次。压紧压实安全生产“三方责任”，全年检查发现各类安全隐患1756个，整改完成1594个，约谈企业41家，责令停工停产整改31家，实现在建工地无死亡事故发生。

【信访工作】针对域内涉房地产领域矛盾突出，创新性探索实施《关于进一步落实房地产开发项目属地管理责任工作的通知》《物业管理领域联合执法工作方案》，稳妥化解湘熙水郡、中海·阅麓山、映客·龙湖、和光（阳光城）未来悦项目、蓝光雍锦半岛等楼盘矛盾纠纷问题，全年办理办结热线工单1513条，满意率达100%。全年成功调解各类矛盾纠纷109起，办理办结信访件114件，有效化解信访积案11起，信访问题处理取得突破性进展。

【民生福祉】全力推进村级集体经济股份制改造，三村两社区集体经济收入累计突破1700万元。全力推进失地农民就业创业，全年开展职业技能培训400余人次，新增城镇就业人数724人；街道综合养老服务中心建成投入使用；完成集镇保障性住房安置535套，居民群众幸福指数不断提升。

【基层党建】深入实施“党建聚合力”工程，不断巩固党支部“五化”建设成果。持续开展“有号召力、有作为、有业绩、有口碑”的“四有”示范党组织创建和“一社区（村）一品”创建活动，全年新成立小区党支部3个，全街43个党支部“五化”建设全部达标，2个社区（村）党总支被评为市级示范“五化”支部，打造“美丽楼道”12个、“美丽门厅”70余个，市级洋湖文旅驿站成功通过省市验收。实施民主集中制原则，党政班子率先垂范，严格执行“三重一大”制度。深入开展干部职工先锋队建设，注重中青年基层干部培养，全年共评选先锋团队20个次，先锋标兵32人次。强力推进党风廉政建设和反腐败斗争，建立完善主体责任清单和工作清单，全面落实“一岗双责”。全年开展各类工作督查360余次，发现问题217个，提出工作建议56条，提出整改意见87条，建议、意见全部采纳和整改到位。

【**长沙市委组织部调研洋湖国际人才社区建设**】8月4日上午，长沙市委常委、市委组织部部长张宏益带队调研洋湖国际人才社区建设情况。湖南湘江新区管委会二级巡视员戴中亚，岳麓区领导杨利成、师军，洋湖街道工委书记周永，洋湖国际社区筹备委员会相关负责人陪同调研。座谈会上，调研组就进一步完善国际人才社区建设工作进行探讨。市委组织部部长张宏益表示，市委组织部高度重视洋湖国际人才社区的建设及相关工作，充分肯定卓伯根中国总部项目在洋湖国际人才社区建设工作中所付出的努力以及取得的积极成效。指出要进一步做好顶层设计和规划，把国际人才社区的国际化特质与时代发展需求结合起来，吸引更多人才和产业聚集，推动产业经济高质量发展。张宏益强调，要进一步加强人才引进、扶持资金、政策支持等配套措施落地，不断夯实国际人才社区在科研、产业、人才、政策、资本、生活等方面的基础。抓紧建设好长沙（卓伯根）国际人才驿站，为到长沙生活和工作的国际人才提供高品质的生活环境，依托国际人才驿站这一重要服务平台，推动国际人才社区建设跃上新台阶，更好地服务国际人才创新创业。

【**洋湖国际社区成立**】2020年12月22日，岳麓区人民政府批复成立洋湖街道梁家院（暂命名）国际社区筹备委员会，并通过公开竞选的方式配备5名专职工作人员负责社区筹备相关工作；2021年9月1日，长沙市民政局审核同意“洋湖国际社区”名称预审请示；11月6日，岳麓区第六届人民政府第1次常务会研究同意洋湖国际社区成立；11月16日，岳麓区人民政府正式批复洋湖国际社区成立。洋湖国际社区是由湖南湘江新区和岳麓区共同打造的湖南省首个国际社区，范围为东至潇湘南大道，南至景园路—丰塘路—连山路，西至潭州大道，北至洋湖大道，辖区总面积0.75平方千米，规划4200余户13000余人；管辖卓尔商业中心、宜家荟聚商业中心、旷远画境美苑、星辉苑、I-232/116未开发建设地块、麓山中加学校、雅礼洋湖小学、湘江实验小学、湘江实验中学（规划名）等单位。12月31日，洋湖国际社区正式入驻办公。

【**庆祝建党100周年“两优一先”表彰大会**】7月1日，洋湖街道庆祝建党100周年“两优一先”表彰大会在街道机关会议室召开，岳麓区委常委、区委办主任杨利成，洋湖街道全体班子成员、机关党员干部、社区（村）党员干部、“两优一先”表彰对象、“光荣在党50年”老党员等200余人参加会议。活动分为“回眸”“旗帜”“传承”“致敬”“启航”五个篇章。会上对优秀共产党员、优秀党务工作者和先进基层党组织进行表彰，为“光荣在党50年”老党员代表颁发纪念章，激励街属各党组织和广大党员始终不忘初心、牢记使命，努力推动各项工作比学赶超创品牌。

【**长沙龙湖天街开业**】5月27日，长沙龙湖洋湖天街盛大开业。长沙龙湖洋湖天街位于长沙市岳麓区洋湖生态新城内先导路，由富力、龙湖、中海三家房地产企业合力打造，是一个集住宅、公寓、滨水商墅、甲级写字楼、购物体验中心等为一体的66万平方米CBD综合体。其中商业部分为龙湖洋湖

长沙龙湖天街　　　　（洋湖街道供图）

天街，建筑面积10万平方米，主塔E-1#栋或定名为富力中心，为一栋建筑主体结构高度在200.5米/46F的办公楼。

【**长沙荟聚开业**】7月2日，长沙荟聚（购物中心）正式开门迎客，长沙荟聚的开业标志着英格卡购物中心国内首个综合体项目正式揭幕。湖南省商务厅一级巡视员罗双锋，长沙市副市长刘拥兵，湖南湘江新区党工委委员、管委会副主任罗社辉，湖南湘江新区管委会二级巡视员戴中亚，岳麓区委书记周凡以及英格卡购物中心中国区总裁朱洁敏等出席开业仪式。

【**岳麓艺术生活节·洋湖之夜主题活动成功举办**】10月11日晚，由中共长沙市委宣传部、长沙市文化旅游广电局、长沙市商务局指导，中共长沙市岳麓区委、长沙市岳麓区人民政府主办的“璀璨星潮　夜炫岳麓”2021岳麓艺术生活节·洋湖之夜主题活动在龙湖天街广场举办。长沙市副市长刘明理，市政府副秘书长肖思源，市委宣传部常务副部长杨长江，长沙市文旅广电局党组书记李文格，长沙市商务局党委委员、副局长黄立斌，岳麓书院副院长贺志军，岳麓区委书记、湘江新区管委会副主任（兼）周凡，区领导胡杰夫、袁精华、刘雄辉、雷凌湘、李群素、刘振乾等参加。

学士街道

【**概况**】2021年，学士街道深入贯彻党的十九届六中全会和省市区党代会精神，全面落实“三高四新”战略定位和使命任务，认真践行“一打造三当好”和“高转补统新”工作要求，矢志推进“五城同建”，街域经济社会发展各项事业奋发有为、破浪前行。全年实现限上社会消费品零售总额32.75亿元，同比增长17%；完成固定资产投资45.35亿元，同比增长9.14%；完成地方级税收5.62亿元，同比增长15.6%，主要经济指标实现逆势增长。已连续九年跻身全区绩效考核街道类“一类单位”序列。

2021年岳麓艺术生活节·洋湖之夜　　（洋湖街道供图）

【**基层组织建设**】2021年，学士街道坚持把学习贯彻习近平新时代中国特色社会主义思想作为首要政治任务，捍卫“两个确立”，坚决做到“两个维护”。依托头雁直播间、头雁讲师团等平台，深化微宣讲、推出微党课，开展党史学习教育活动340次，获《湖南日报》《长沙晚报》等媒体重点推介。圆满完成“两委”换届选举工作，辖区10个村（社区）均实现书记主任“一肩挑”，新一届村（社区）两委班子平均年龄由换届前的42岁下降到换届后的37岁，大专以上学历覆盖率由82%提升到84%，实现学历、年龄“一升一降”目标。扎实推进思想阵地建设，成功创建学联社区和学泰村2个“三零社区”，学士桥社区麓山慧苑小区等3个美丽楼道示范点；学安社区麓山和苑小区党支部获长沙市示范化“五化”党支部称号；学华村党总支荣获长沙市先进基层党组织称号；斑马塘社区党总支、学安社区党总支和学联社区党支部获区级先进基层党组织称号。发挥小区党群服务站的管理和服务功能，积极推动“党支部+物业公司+业委会”的三方共治小区治理架构，全面推进“把支部建在小区上”，着力解决居民生活的热点、难点和痛点问题，畅通小区治理“最后一公里”，目前已成立14个小区党支部，4个小区成立业委会。以党员作用发挥为着力点，为全街1000余户“党员家庭户”和“党员经营户”发放门牌，并统一悬挂，以此激励党员处处发挥先锋模范作用，接受群众监督。

【党风廉政建设】2021年，学士街道推进党风廉政建设，开展专题培训4次，警示教育学习3次。围绕“元旦春节”、“清明端午”、“疫情防控”、“洞庭清波”、违规吃喝“十严禁”等重要时间节点及重点工作开展专项督促检查25次，发布督查通报8条。办结本级群众来信来访来电1件、上级交办3件，办结率100%。录入批评教育13条，录入监察对象信息数据1051人。领导干部提醒谈话102人次。办结4起党员违纪案例，其中2起上级交办件、2起自查件；立案3起党员违纪案。加大村务监督委员会监督作用，全力打造清廉学士。

【疫情防控管理】2021年，学士街道坚持精密智控、群防群控新冠肺炎疫情。全街动员，干部同心，战胜天心区涉学士中建麓山和苑疫情风险，确保辖区平安稳定。完成15万人的全员核酸检测，完成疫苗接种31.6万人次，成功快速处置省外输入疫情，有效落实常态化疫情防控机制。

【产业项目建设】2021年，学士街道坚决扛起园区发展主力军、主阵地责任，强力助推达嘉维康主板成功上市，湖南力得而智能科技有限公司成功挂牌新三板。落实金融服务保障，组织招商引资活动，新增华为鲲鹏公司、湖南上药九旺医药有限公司、湖南汉智供应链管理有限公司、湖南昊东林中药等长效税源重点企业，全街经济环境稳步发展。社零贡献企业共计14家，其中九城4S店8家已于2021年迅速完成从中低档到中高档的品牌升级，有效推动九城凯迪、华星锦业、中升裕丰、骏佳雷克萨斯4家企业销售额不断上涨，全年增速超过15%。达嘉维康、晚安家居、客诚百货等企业也在零售方面实现销售额突破。新增市场主体2289个，完成全年任务106.47%。新增入驻企业45家，“四上”企业16家，6家企业进入全市后备上市盘子。引进总部企业4家；新增入驻企业87家。辖区内新入驻楼宇企业注册登记率达到92%，注册在外的重点存量企业实现90%迁转。检测园累计税收5218.83万元，首次突破5000万元。新增房地产项目3个，新增省网梅浦联络线固投项目1个。全年完成征拆项目4个，集体土地扫尾项目3个，国有土地扫尾项目1个，征拆面积近40公顷，清表腾地面积48.4公顷，成功攻克积年难题，全力为项目建设保驾护航，确保人工智能玉华学校片区、东山湾农民安置房片区等十余个项目施工建设，配合岳麓高新区实现碧桂园商住、艾瑞特、拓普联科、金茂、九城等多个项目落地挂牌，为园街产业项目建设提质提效提供强有力的保障。

【环境整治】2021年，学士街道持续开展“蓝天保卫战”，中医大站点空气优良天数为310天，优良率85.2%，超过全市平均优良天数6天，全市排名第3；臭氧8小时浓度平均值137微克/立方米，全市排名第1；$PM_{2.5}$平均数为41微克/立方米，全市排名第4。扎实抓好中央环保督察、省级环保督察“回头看”督察项目，涉江山帝景垃圾站臭味扰民问题整改到位，涉玉江矿业生态相关问题整改销案。组织召开“蓝天保卫战”专题调度会议65次，开展联合整治80余次，督促整改问题1500余处。建立健全常态督查、“一户一档”管理等机制，全方位打响环境整治攻坚战。查处不合规超排放车辆800余台次，劝导劝返车身不洁、车厢覆盖不严车辆300余台次；查处违规燃放烟花爆竹为1起，处罚500元。查处工地出入口污染、带泥上路、撒漏案件12起，未经核准处置垃圾9起，未使用专用车辆运输垃圾45起，共计处罚21.84万元。巡查督促餐饮门店净化设备排放不达标进行整改或更换200余家，处置油烟超排放案件2起。开展“百日奋战　靓丽河西”市容环境整治行动，召开专题会议35次，开展专项整治130余次，覆绿裸土面积约15万平方米，处置围挡17处，清理“僵尸车辆”22台，清理陈年垃圾和堆物600余车，精细化保洁40余次。

【控违拆违行动】2021年，学士街道充分履行制止和拆除各类违法建设的主体责任，及时处“早”处“小”，力争在第一时间制止抢建行为，减少损失同时降低拆除阻力难度，坚决将违法建设消灭在萌芽状态。全年累计开展控拆行动260余次、专项拆违行动60余次，拆除119处违法建设共9200平方米，建立巡控台账188处，现场及时制止在建30余处，处置交办和投诉70余处。如对私自占用小区顶楼平台种菜、违规搭建、堆放杂物、私自加锁等行为进行全面摸底、清理和整治，处置相关问题15处。对别墅区开展60余次专项拆违行动，拆除24处新建违建。对农村片区10户违章搭建、扩建进行拆除，同时协助相关部门规范农民建房5处。开展集中拆违行动，对蓝山十里天池、邦盛水岸御园违建拆除11处。对汀湘十里门楼、岗亭、联丰村历史违建废品店进行拆除。

【美丽乡村建设】2021年，学士街道落实河长制工作要求，全面开展玉赤河沿线综合治理、小微水体管护工作，做好日常保洁、清淤、砍青、扫障工作。修建2个30立方米的三级污水净化处理池。组织开展冬修水利建设，完成14口山塘除险、加固维修工程。学士街道以全面推进乡村振兴为总抓手，擦亮学士农趣谷品牌。推进现代农业提质行动，建成农产品加工创业示范基地1个。搭建“网络+公益+助农”益农平台，实现葡萄销售产值3000万元。推进乡村建设提标行动，打造1个美丽乡村建设示范区，建设2个美丽宜居村庄、1个民俗文化广场，2个2021年度乡村振兴重点项目以全区最高分通过验收，并获市区领导的肯定和好评。推进集体经济提档行动，助推村级集体经济收入全部超过400万元。大力发展休闲观光、体验教育、乡村民宿等都市农业，倡导淳朴家风民风，让学士乡村成为长沙市民“慢生活”的首选地。修建农村公路6.3千米，养护管理乡管村管道路81.49千米。

【民生保障】2021年，学士街道加强低保救助、社会救济、养老服务等工作，发放各类补助金80.17万元。办理失业登记290人，新增就业再就业935人，发放灵活就业补贴913人、86.69万元，发放疫情期间延长政策社保补贴25人、3.12万元；联合岳麓高新区组织开展大型“春风行动”招聘会，服务失业人员、被征地农民、高校毕业生等群体800人次；5家企业成功申报创新创业带动就业项目，共领取扶持资金39.5万元。协调处理拖欠农民工工资案件24起，涉及人数440余人、金额658万余元。着力解决人民群众急难愁盼问题，全年新建5个停车场，新增5649个车位，加装备案5台电梯，新建3个小区自来水增压泵房。

【政府公共服务】2021年，学士街道持续巩固社区“坐班制”转“值班制”成果，主动进小区、进楼栋、进家门，接待群众3.05万余人次，12345热线工单满意率99.83%。针对新建住宅小区、老旧小区、农安小区以及开放式小区等，分类开展物业管理创优、提质、兜底、扩面等行动，真正实现管起来、运转好、全覆盖。创新乡村屋场议事模式，收集民情问题1175个，处置率100%。多渠道深入推进“一件事一次办”改革工作，全街道大力宣传“好差评”系统，高质量做实“一网通办”政务服务平台，主动公开公共法律类、就业类、社会救助类等政府信息102条，受理办结事项5246件。

【安全生产】2021年，学士街道坚持“安全第一，预防为主”，依托“小安大爱”云应急信息化指挥平台，开展各类安全生产检查6541次，打非治违关停企业16家。开展消防安全专项整治三年行动，摸排“三合一”场所85家，签订《“多合一”场所消防安全承诺书》140份，下发《隐患整改告知单》69份。重点排查电动自行车“进楼入户”“人车同屋”“飞线充电”等突出问题，张贴电动车用电安全温馨提示2000余份，发放宣传手册70000余份，清理违规停放充电车辆152辆。以“落实安全责任、推动安全发展”为主题，集中播放消防安全警示电影20场次，开展消防专项培训10次、消防演练60余次，组织消防技能大比武1次。对辖区31家在建工地采取突击检查、重点抽查、跟踪检查等多种方式，对建筑施工安全检查中发现的涉及电梯运行、工程机械使用维护、材料堆放等隐患问题进行检查，并限时要求整改。在重点路段开展“一盔一带”整治交通顽瘴痼疾整治行动110余次，累计查处违法车辆2200余台，宣传教育违法人员3000人次。开展危爆物品整治大行动，对辖区内酒店、餐饮店使用醇基燃料的单位进行摸排，对储存500升以上的单位进行摸排登记造册，实施统一管理，签订安全责任状37份，从根本上消除城区危险化学品安全风险。

【文化教育事业】2021年，学士街道充分利用综合文化站、文化分馆、村（社区）综合文化中心、枫华府第图书馆以及象山国际图书馆等惠民阵地，组建30支文化活动团队，吸收文化志愿者300余人，开展丰富多彩的群众文化活动170余场次，其中书画展览13场，各类比赛15场，知识讲座34场，公益电影10场，技能培训53场，大型文艺演出14场等。街道落实“双减”政策，有效规范校外培训机构办学行为，减轻义务教育阶段学生校外培训负担。全方位开展防范学生溺水宣传教育，制定学生溺水事故应急预案。规范民办教育、提高民办教学质量，关停校外无证办学机构4家。净化娱乐场所经营环境，联合执法4次，对娱乐场所例行检查每月一次，下达整改通知单65份，关停2家存在重大安全隐患（无消防通道）的KTV。学府社区市级综合文化中心已完成区级验收，建设完成智能健身中心2处，圆满完成长沙市十运会跳绳比赛保障工作。

含浦街道

【概况】2021年，含浦街道紧紧围绕区委、区政府的工作部署，学习习近平总书记在庆祝中国共产党成立100周年大会上的重要讲话精神及十九届六中全会精神，基层党建、招商引资、精神文明建设、社区服务等各项工作均取得较大进展，实现街道工作上新台阶的既定目标。2021年，街道完成地方全口径税收4062万元，完成全年任务的126.9%；实现固定资产投资2.02亿元，同比增长17%；实现规模以上工业总产值9.1亿元；实现重点服务业总产值5.32亿元，同比增长17.5%。

【产业发展】2021年，街道成功举办“花开时节·含浦有约”第六届油菜花节，评选出“含浦十大特色土菜”。成功举办“靳江欢腾　郊野牧歌”2021岳麓·雨湖田园生活节，发布岳麓·雨湖田园生活向导H5电子地图，积极推荐辖区精品民宿、休闲农庄和特色农副产品，推出“我在含浦有棵菜”认养活动，带动乡村农旅消费，辖区11家特色农业企业参加农副产品现场展示，长沙沃尔玛超市与九丰村、干子村经济合作社签订农产品供销意向书，推动农旅融合产业发展。干子村引进“菜大姐”农业综合体项目，流转土地40余公顷。盘活农村闲置房产资源，土流网储备房源110余套，签订12套房屋流转协议，完成1栋民宿改造，有3宗房屋已制作设计方案即将实施改造，打造了彭家小院、月里藏桃、长风居等一批精品民宿。大坡村集体经济年收入207万元，含泰社区集体经济年收入60.7万元，九丰村集体经济年收入42.8万元，干子村和芝字港村集体经济收入均达20万元以上。

【环境整治】开展“百日奋战，靓丽河西”市容环境整治活动，常态化开展“周末大扫除”，定期进行门店清理、道路清洗、垃圾清运，村容村貌得到大幅提升。严格落实蓝天保卫战工作要求，取缔小散污企业3家。改厕工作实现“动态清零”。深入开展垃圾分类和上门回收，街道获评“长沙市卫生镇”。完成雷公塘、神冲中塘等11口山塘整修，对石塘、苦连塘2座水库进行维护，九丰村小微水体管护片区获评市级示范片区，石塘水库通过市级“放心满意标准化小型水库”验收。高标准建好杨排等7个美丽宜居村庄，九丰村通过省级美丽乡村示范村验收。硬化通村通组公路16.87千米，完成道路白改黑5千米，高标准完成集镇及周边道路大修改造。严格落实“河长制”，在靳江河含浦段与湘潭交界处铺设拦河网，协调河道垃圾清理，靳江河水质常年保持在三类水质以上。严格落实“路长制”，持续推动交通顽瘴痼疾整治，安装波形护栏29处，设立道路标识标牌50处、减速带110处。严格落实林长制，制定《含浦街道关于全面推行林长制的实施方案》《含浦街道林长巡林制度》等10项配套制度，保护好林草资源。严格落实新的农村建房管理办法，加强农村建房管理，不断提升乡村“颜值”水平。

【公共服务】扎实开展网格服务和“我为群众办实事”实践活动。“12345”市民热线工单办结率和满意率均为100%，解决群众急难愁盼问题130个。积极落实“放管服”“一件事一次办”改革工作举措，群众和企业办事日益便捷。开展“春风行动”现场招聘会，提供就业岗位500余个，实现群众在家门口就业。办理信访案件8件，区联点领导及街道主要领导全年开展下访、接访活动30余次。扎实做好重大活动期间信访工作，街道获评2021年度长沙市信访工作“三无街道”。大力推广国家反诈中心App，群众安全防范意识明显提升。扎实推进街道安全生产专项整治三年行动计划，积极开展“一盔一带”交通安全宣传劝导志愿服务，电动车、摩托车“戴帽率”显著提升。积极推动国家食品安全示范城市创建，开展食品安全专项整治，确保“舌尖”上的安全。持续做好常态化疫情防控和全年龄段疫苗接种工作。

【乡风文明建设】积极推进全国文明典范城市创建，持续开展“含浦好人”评选活动，2021年，评选出全街6名含浦好人，组织“好人谈德”“含浦好人”宣讲会，将文明践行志愿者、勤俭持家好媳妇、垃圾分类劝导员等纳入“含浦好人”候选人行列。开展交通文明劝导活动，组织志愿者对“一盔一带”等交通安全知识进行宣讲。开展“爱护环境，从我做起”环境保护志愿服务活动，对公路道路两旁垃圾、文体广场杂草、垃圾等进行清理，对黄土裸露地进行播撒花籽、草籽，美化环境。积极践行“倡导绿色生活　反对铺张浪费”行动。把移风易俗纳入村规民约当中，坚决遏制农村红白喜事大操大办行为。全街崇德向善蔚然成风，含泰社区获评市级文明社区，九丰村获评市级两型示范村。

12月18日，由长沙市岳麓区、湘潭市雨湖区联合举办的“靳江欢腾　郊野牧歌——2021岳麓·雨湖田园生活节”在岳麓区含浦街道干子村举办
（含浦街道供图）

【基层党建】圆满完成村（社区）换届、人大代表、党代表选举工作，选优配强乡村振兴带头人。严格落实党支部“五化”建设要求，充分发挥党员先锋模范作用和基层党组织的战斗堡垒作用，支部“五化”达标率达100%，官埠口支部获评长沙市示范化“五化”党支部。深入推进“村落共建、村务共商、问题共治、幸福共享”的“屋场党建”模式，召开“屋场暖心会”30余场，解决群众关心的问题130个。学习习近平总书记在庆祝中国共产党成立100周年大会上的重要讲话精神、十九届六中全会精神、省市区党代会精神，加强理论武装。积极探索农村屋场“露天”党课模式，开展农村屋场露天党课9场，实现农村党员在家门口就能听到名师党课。

【第六届含浦油菜花节】3月13日，“花开时节·含浦有约”第六届含浦油菜花节在含泰社区官埠口揭开帷幕。130余公顷油菜花竞相开放，100名身穿旗袍的含浦文艺团成员在花海中行走，与舞台演出遥相呼应。设立汉服体验馆，让游客体验汉服之美，增添活动乐趣。开辟土特产展示专区，确保游客在游玩之余亦能购买品尝到地道原味的绿色食品。

【“靳江欢腾　郊野牧歌”田园生活节】12月18日下午，由长沙市岳麓区、湘潭市雨湖区联合举办的“靳江欢腾　郊野牧歌——2021岳麓·雨湖田园生活节”在岳麓区含浦街道干子村启动。活动中推出了“我在含浦有棵菜”“我在姜畲有棵菜”认养活动。长沙沃尔玛超市和岳麓、雨湖两地农业合作社签订农产品供销意向书。十余家来自岳麓、雨湖的农产品企业和合作社现场布展设点，通过视频直播方式展示两地特色农副产品，受到市民的热捧。

莲花镇

【概况】莲花镇下辖11个行政村，1个社区，总人口52102

人。镇域面积11300公顷，其中耕地面积2787.61公顷，农作物播种面积552.60公顷。莲花镇顺利通过“全国文明村镇”复检，获评“长沙市十佳文旅小镇”，桐木村、五丰村被评为省级乡村振兴示范创建村，金华村获评省级乡村治理示范村，云集村获评长沙市文明村，龙洞园艺花卉谷获批国家AAA级旅游景区，圣峰果业获评湖南省五星级乡村旅游点。

【经济发展】2021年，全镇完成税收7216万元（其中，地方税收5119万元、区级税收2097万元）；实现规模以上工业总产值5.8亿元，同比增长48%；实现限额以上商贸业营业额850万元，同比增长76%；完成固定资产投资3.2亿元；完成外贸出口约30万美元；新增市场主体390家，新增“四上”企业3家。

【项目建设】莲花110千伏变电站项目已按期交地完成场坪，有序推进主体建设。岳宁大道至许广高速互通（X081）道路拓宽工程二标段全面完成征拆、补偿工作；一标段完成土地、青苗、设施等调查，有序实施清表等施工作业。加快建设满帮物联港安置地项目。气象雷达项目完成前期测量。

【产业培育】充分发挥农业产业龙头企业带动作用，圣峰果业、爱格花卉等农业企业稳健发展，圣峰果业荣获湖南省五星级乡村旅游点、长沙市十佳乡村旅游点，龙洞园艺花卉谷被批准为国家AAA级旅游景区。工业产业有新的发展，现有沥青搅拌厂3家、混凝土搅拌厂6家，镇与区直部门一道规范管理，积极帮难解困，对于工业产业发展发挥示范带动作用。2021年镇建筑行业贡献税收达6811万元。做好“农业+文旅”融合文章，持续擦亮“莲花漫谷”品牌，新增莲花山花海、圣峰高空亲子漂流、拙鱼舍、莲花开、花园集市、自得居、璟蓝等文旅项目；高标准打造岳麓文旅（桐木）驿站，月亮湾民宿走廊日趋成熟，风吟谷、拙鱼舍荣获岳麓十佳民宿；莲花根雕荣获2021年长沙市非物质文化遗产代表性项目；全镇年游客接待量超200万人次，获评长沙市十佳特色文旅小镇。

【人居环境】成功创建市级“四好农村路”示范镇，硬化村组道路15.9千米，“白改黑”8.4千米，完成农村公路养护73.4千米，村民出行更加便捷。积极推进冬修水利建设，投资1910万元，完成重点水利建设项目4个、修复水毁项目4个、小微水体示范片区建设项目1个、小型水利建设项目31个。镇域电网扩容增量，改造低压线路230千米，新增10千伏配电线路13.5千米、公用配电台区18台，新增容量4200千瓦。高标准打造14个市级美丽宜居村庄，以美丽宜居村庄建设为抓手，统筹污水处理、垃圾分类、村容村貌整治、美丽河湖建设等各项工作，推进人居环境日益优化。全面摸排2015年以来新建、改建农村厕所8731个，整改问题896个。开展“百日奋战·靓丽河西”村容村貌环境整治行动，全镇形象更加清爽、洁净。强化食品安全监管，排除食品安全隐患，年度食品安全满意度达到90%以上。乡风文明提升。依托辖区各党支部成立1个新时代文明实践所、12个新时代文明实践站，设立志愿服务队伍35支。整合学雷锋志愿服务站、农家书屋、文体活动中心等场所资源，开展理论宣讲、困难帮扶、关爱未成年人等文明实践活动120余场。选树湖南好人、长沙好人、岳麓楷模、莲花“新乡贤”等先进典型70余名，创建市级文明村1个，向上向善氛围逐渐形成。

【社会治理】完善治理机制。健全“村（社区）吹哨，办所报到”机制，镇村网格长分片包干、到村到组，及时精准掌握情况，面对面调处矛盾，全年化解矛盾纠纷60余起，挽回直接经济损失300余万元。规范制定村规民约，桐木村村规民约入选省百佳案例。在12个村（社区）建设标准化警务室，配齐一名专职驻村辅警。筹措300余万元建设镇综治中心，扎实开展“三零”村（社区）创建，全面实施“雪亮工程”，新装摄像头168个点位，引导群众安装联网摄像头2000多个，安装防盗芯片200多个。开展黄桥大道环境整治行动，综合执法40余次，拆除违章建筑9处，面积2800平方米。围绕美丽乡村建设、移风易俗、反电诈等方面开展宣讲活动，探索基层善治新路径。金华村获评省级乡村治理示范村。

【民生福祉】全镇完成1.46万人城乡居民养老保险征缴，城乡居民医疗保险覆盖率100%。举办招聘会2场、职业技能培训班4场，受益人数达700人次。新建曾家桥村、桐木村2个居家养老服务中心，提质新中长村、三和村2个儿童之家。调解农民工欠薪纠纷12次，追回薪资近16万元。完成低保、特困供养审批权限下放工作，及时办理低保、特困供养等人员的待遇证件，做好低保、社保、救助、慈善助学等工作，发放各类补助资金1469万余元。组织招募40名暖心妈妈志愿者，定期给予失母儿童以关怀。疫情防控抓牢抓实。完成新冠疫苗接种6万剂次，核酸检测数量超4万人。加强对重点场所、重点人群的防控，筑牢疫情防线。

【党组织建设】 高标准完成镇、村换届工作，新调整的村（社区）“两委”班子实现学历和年龄“一升一降”。充分发挥村民理事会、监事会的监督作用，召开“莲心”屋场会100余场。以党总支为单位，先后组织13批次基层党员赴红色基地参观学习，接受党史教育。全面铺排“五个到户”机制，推行党员“设岗定责、公开践诺”制度，构建“村党组织—村民小组（网格）党组织—党员联系户”的农村党组织体系，划分网格片区，全镇千名党员联系万户群众，常态化开展扶贫帮困、矛盾调解、活动联络等工作。

【第三届“新乡贤”表彰大会】 1月21日，莲花镇召开第三届“新乡贤”表彰大会。唐美云、侯建英、谭新辉、费艳纯、阎宽、李荣、彭小斌、董文、彭红军、张迎宇、欧海其、胡伟峰、周树辉、唐淑琳等14位获评莲花镇第三届“新乡贤”。

【示范性综合实践基地授牌】 3月30日，莲花镇举办长沙市示范性综合实践基地、劳动教育研学基地授牌仪式暨“创建实践教育特色小镇，振兴乡村经济发展”研讨会。爱格设施农业有限公司、龙洞生态园林有限公司、望山耕读文化传媒有限公司等8家企业获授牌。

【龙洞暖春诗会】 4月23日，莲花镇举办“学党史 悟思想 办实事 开新局——阅百年历程 传精神力量”第26个世界读书日之“莲花漫谷 田园生活节·龙洞暖春诗会”，助力乡村诗词文化振兴。

【“戏曲进乡村”惠民演出活动】 5月13日，莲花镇协办开展2021年“文润千家 情满岳麓”“湖南公共文化进村入户·戏曲进乡村”文化惠民演出活动，为数千名群众送上丰富的“文化套餐”。

【莲花镇入选“长沙市十佳文旅小镇”】 9月13日，长沙市文化旅游广电局公布2021年度长沙市十佳文旅项目名单，莲花镇入选“长沙市十佳特色文旅小镇”。

【龙洞园林获评国家AAA级旅游景区】 12月15日，长沙市旅游景区质量等级评定委员会公告（2021年第1号）指出，经区县（市）旅游景区质量等级评定机构推荐，长沙市旅游景区质量等级评定委员会组织综合评定和公示，长沙龙洞园艺花卉谷批准为国家AAA级旅游景区。

【非物质文化遗产代表性项目】 12月，莲花根雕荣获2021年长沙市非物质文化遗产代表性项目。

雨敞坪镇

【概况】 雨敞坪镇地处岳麓区西南边陲，东与莲花镇相连，西面、南面与宁乡市夏铎铺镇、花明楼镇交界，北邻望城区白箬铺镇。共辖7村1社区，总面积77.052平方千米，总人口3.54万人。雨敞坪镇境内森林资源丰富，森林覆盖率达71%，有1座中型水库、10座小型水库，基本农田1600公顷，林地4600公顷，水面300公顷，是现代都市农业和城乡融合的重要承载地，获评全国环境优美乡镇、省级文明村镇。2021年，雨敞坪镇深入贯彻党的十九大及十九届历次全会精神，始终坚持以习近平新时代中国特色社会主义思想为指导，全力抓好基层党组织建设、经济发展、生态整治和基层治理，推进疫情防控常态化，为雨敞坪镇乡村振兴奠定坚实基础。

【基层党建】 扎实推进党史学习教育，紧紧围绕“学史明理、学史增信、学史崇德、学史力行”主题，追忆党的峥嵘岁月，汲取革命精神营养，增强振兴发展信心。组织党员前往红色教育基地参观学习，重温“长征精神”，引导全体党员赓续红色血脉，传承红色基因。2021年顺利完成村（社区）换届选举工作，圆满完成镇党委、纪委换届以及区党代表选举工作。落实基层干部教育培训，先后开展农村党员冬春训、新任“两委”班子业务培训和省、市、区党代会精神专题培训辅导。全面开展农村党员发展中违规违纪问题排查整顿工作。切实加强基层建设，新建5个屋场党小组。举办庆祝共产党成立100周年主题活动，开展评选表彰优秀共产党员、“光荣在党50周年”纪念章发放等工作。全面落实从严治党主体责任，不断加强党风廉政建设。严格换届风气监督，广泛宣传换届纪律“十个严禁”“六不得”“八不准”，紧盯投票、计票、监票等重要环节，坚决防止拉票、贿选等行为发生。严格执行“双月清单”，重点对“四风”苗头性、倾向性问题进行监督提醒，并开展专项督查。全年共受理信访件8件次，均已成功办结；查处党员干部违法违纪案件5起，执行政务处分1人、党纪处分2人。疫情期间对镇村工作人员履职情况加大督查力度，确保疫情防控各项工作落实到位。

【**经济发展**】全年完成地方级税收372万元，完成社会固定资产投资3.5亿元，内联引资已完成计划任务。四上建筑业产值9.06亿元，规模以上工业产值3927.8万余元，同比增长26%，新增市场主体148家。农村集体经济收入全部达到20万元以上，其中麻田村集体经济收入突破50万元。建成绿色有机农业园，入园产业5大类30余家，特色农业产业发展势头强劲。韭黄种植面积达333公顷，水果种植面积达66公顷，龙虾养殖面积达106公顷。“湘润生鲜”电商平台销售有机农产品80余种，实现年产值近百万元。引进美食流智慧农业项目，投资1500余万元完成蔬菜大棚、分拣中心和育苗工厂建设。雨泽农家农业合作社获评省级示范农业合作社，湘润农业辣椒、无花果等4个品种获绿色有机认证，雨敞坪镇特色有机农副产品知名度不断提升。加强闲置资产管理力度，对集镇农贸市场进行提质改造，引进“好又多”生鲜超市入驻并开业运营。定期走访辖区内企业，了解企业生产经营状况，全面梳理问题清单，商讨解决办法及帮扶措施。全年共收集企业在用地、基础设施建设、道路亮化等方面问题12个，已全部解决。开展诚信主题活动4次，与企业签订信用承诺书204件，营造良好诚信氛围。多次组织美食流、湘润农业等多家农业龙头企业参与全区金融赋能实体专项活动，推介信易贷正规融资App，满足企业复杂多样的融资需求。2021年12月止，共有16户个体工商户成功通过审核，实现融资51.5万元，缓解了企业融资难、融资贵问题。

【**生态整治**】抓好垃圾分类管理，深化落实“农户分类、上户收集、村级运转、镇级统筹”原则。强力推进问题户厕有序整改。开展“百日奋战、靓丽河西”整治行动，加强对“散乱污”企业执法力度，全年共组织开展执法巡查180余次，发现并整改问题60余个。严守耕地红线积极开展违法图斑整治，全年整治图斑10余起。严格落实河长制要求，强化日常巡查、水体保洁等工作，八曲河综合治理工程有序推进，生态治理能力稳步提

8月11日，市人大常委会副主任、市总工会主席芮英姿（前左三），岳麓区人大常委会党组书记、主任胡杰夫（前左二），岳麓区委常委、宣传部部长刘雄辉（前左一）调研雨敞坪镇泉水湖村乡村振兴

（雨敞坪镇供图）

升。建立健全“一长三员”林长制，构建网格化护林体系，落实每月一次安全生产检查，全年没有发生农业企业和森林重大火灾事故。

【**基层治理**】完善基础设施建设，不断提高群众满意度。全年完成农村公路硬化26千米，提质改造12千米。积极对接市、区交通部门，开通296公交线路，方便群众出行。协调推进垃圾中转站、镇污水处理厂管网提质改造工程。全面摸底全镇顽瘴痼疾隐患路段，逐步完善交通安全防护设施、标示标牌标线。王家湾、木瓜塘等11个美丽宜居村庄建设全部通过市级验收。践行“我为群众办实事”，解决群众困难62个。推进网格化综合服务和“12345”政务热线深度融合，签收办结“12345”热线工单264条，办结率、满意率均为100%。兜牢民生保障底线，全面开展低保、特困供养、大病医疗救助等基本民生服务，率先超额完成义务献血、“两癌”筛查、孕前优检等工作指标。严格落实疫情防控措施，全镇疫情防控保持零疑似、零确诊，圆满完成新冠肺炎疫苗接种指标任务。关爱退役军人，精心组织“八一”慰问，对部分退役军人开展优抚和扶持。扎实做好重大活动期间的维稳工作。深入排查矛盾纠纷，加强源头治理，切实把矛盾化解在基层，全年调解矛盾纠纷85起，化解信访积案1起，社会大局和谐稳定。大力开展禁毒人民战争和扫黑除恶专项行动，深入落实安全生产、食品安全等底线工作，强化对烟花爆竹、液化气等行业的管控，责令停产停业整顿企业2个，确保社会安全监督不留死角。开展交通顽瘴痼疾集中整治和“一盔一带”安全守护行动，治理交通隐患15处，整治违规人员1.2万余人。

12月22日，岳麓区雨敞坪镇举办第三届“新乡贤”颁奖典礼

（雨敞坪镇供图）

【**芮英姿率队调研乡村振兴工作**】8月11日上午，长沙市人大常委会副主任、市总工会主席芮英姿率队调研雨敞坪镇乡村振兴工作。市总工会党组书记、副主席彭鉴西，区人大常委会党组书记、主任胡杰夫，区领导张淳、王剑等参加调研。调研组实地考察雨敞坪镇泉水湖村尚贤馆、党建联盟、石塅子美丽屋场等地，详细了解雨敞坪镇的产业发展、人居环境整治及基层社会治理情况，并充分肯定泉水湖村的乡村振兴工作。

【**“新乡贤”评选**】12月22日，雨敞坪镇举办“汇聚乡贤新力量 谱写振兴新篇章”第三届“新乡贤”评选表彰大会，共评选出黎怀宇、周三明、刘运伟、刘俊、周伟功、何曼群、杨德强、张开明、冯觉、王立魁等家风优良、孝老爱亲、创业带富、助人为乐、乡村善治五类10名新乡贤。

【**紧密型医联体共建**】12月31日，长沙市岳麓区卫生健康局、湖南航天医院、雨敞坪镇卫生院紧密型医联体合作项目签约仪式在湖南航天医院举行。医联体共建推进分级诊疗制度，促进优质医疗资源下沉，能更好地满足人民群众健康需求，共同推进雨敞坪镇卫生健康事业迈上新台阶。

附　录

榜上有名

（排名不分先后）

2021年岳麓区获国家（部委）奖励（命名）单位一览表

表1

获奖单位	获奖名称	授奖单位
岳麓区	全国健康促进区	国家卫生健康委员会
岳麓区残疾人工作委员会	全国残疾人工作先进单位	国务院残疾工作委员会
橘子洲头毛泽东青年艺术雕塑	全国爱国主义教育示范基地	中共中央宣传部
区税务局	全国税务系统文明单位	国家税务总局
橘子洲景区管理处游客服务中心	全国工人先锋号	中华全国总工会
岳麓区司法局雨敞坪司法所	全国模范司法所	司法部
区检察院	全国检察宣传先进单位	检察日报社
区法院	优秀直播法院	中国法院国际互联网络
区人民法院	在全国法院第三十三届学术讨论会中被评为“组织工作先进奖”	最高人民法院
区教育局	网络学习空间应用普及活动优秀区域	教育部
区教育局	2021年国家义务教育质量监测实施优秀组织奖	教育部基础教育质量监测中心
区教育局	2021年智能研修平台应用试点工作试验区	中央电化教育馆
区教育局	国家社科基金重大课题信息化促进新时代基础教育公平实验区	全国社科重大项目课题组

续表 1

获奖单位	获奖名称	授奖单位
中南大学国家科技园	第十一批国家大学科技园认定名单	科技部、教育部
岳麓街道阳光壹佰凤凰街	第一批国家级夜间文化和旅游消费集聚区	文化和旅游部
橘子洲景区管理处	湖南省文明单位	湖南省文明委
梅溪湖街道金茂社区党总支	湖南省先进基层党组织	中共湖南省委

2021 年岳麓区获国家（部委）奖励（命名）个人一览表

表 2

所在单位	获奖人	获奖名称	授奖单位
岳麓区长沙生殖医学医院	刘习明	全国道德模范	中央文明委
区检察院	周　萃	全国维护妇女儿童权益先进个人	中华全国妇女联合会
区检察院	彭　君	全国检察宣传先进个人	检察日报社
区统计局	石　锋	第七次全国人口普查先进个人	国务院第七次全国人口普查领导小组
区法院	彭林霞	优秀直播法官	中国法院国际互联网络

2021 年岳麓区获省（厅局）奖励（命名）单位一览表表

表 3

获奖单位	获奖名称	授奖单位
岳麓区	湖南省安全生产和消防工作优秀单位	省委办公厅、省政府办公厅
岳麓区	全省安全发展工作示范县（区）	省应急管理厅
岳麓区	2021 湖南“书香城市”（区县级）	省文化和旅游厅
岳麓区	全省公共文化服务体系优质单位	省文化和旅游厅
区工商联	湖南省“五好”县级工商联	湖南省工商联
区人民法院	全省考核优秀单位	湖南省高级人民法院
区人民法院	在全省法院第十九届理论研讨会上被评为“组织工作先进单位”	湖南省高级人民法院

续表 3

获奖单位	获奖名称	授奖单位
区园林绿化中心	全省绿化先进集体	湖南省绿化委员会 省人力资源和社会保障厅 省林业局
区财政局	非税收入征管工作先进集体	省财政厅
岳麓山风景名胜区管理局	风景名胜区质量管理优秀单位	湖南省林业局
区民政局	湖南省社区治理和服务创新试验区创建工作合格单位	省民政厅
区住建局	建筑垃圾管理和资源化利用工作成绩突出单位	省住房和城乡建设厅
莲花镇金华村	省级乡村治理示范村	省农业农村厅
莲花镇圣峰果业	湖南省五星级休闲农业庄园	省农业农村厅
莲花镇圣峰果业	湖南省五星级乡村旅游点	省乡村旅游区（点）评委会
坪塘街道	湖南省安全发展工作示范乡镇（街道）	省应急管理厅
区信访局	全省信访工作先进单位	省信访局
区文旅体局	全省公共文化服务体优质单位	
望城坡街道阳明山庄社区	湖南省书香社区	省文化和旅游厅
麓山景区	湖南省“宪法进宾馆（景区）”活动先进单位	省文化和旅游厅 省司法厅
梅溪湖金茂豪华精选酒店	湖南省“宪法进宾馆（景区）”活动先进单位	省文化和旅游厅 省司法厅
岳麓区长沙生殖医学医院	湖南省五一劳动奖状	省总工会
莲花镇桐木村	湖南省乡村振兴示范创建村	中共湖南省委实施乡镇振兴战略领导小组办公室
莲花镇五丰村	湖南省乡村振兴示范创建村	中共湖南省委实施乡镇振兴战略领导小组办公室
湖南省西城建设有限公司承建的岳麓区公共卫生中心	湖南省优质工程	湖南省建筑业协会
区委党校	全省党校（行政学院）系统第十届科研管理工作组织奖	省委党校
咸嘉湖街道党工委	长沙市先进基层党组织	中共长沙市委
区税务局机关党委	长沙市先进基层党组织	中共长沙市委
望月湖街道党工委	长沙市先进基层党组织	中共长沙市委

续表3

获奖单位	获奖名称	授奖单位
区行政审批服务局	文明标兵单位	长沙市文明委
橘子洲景区管理处	长沙市文明风景旅游区	长沙市文明委
莲花镇金华村	长沙市文明村镇	长沙市文明委
望月湖街道湖中社区	长沙市文明社区	长沙市文明委
望月湖街道离退休干部党支部	全省示范离退休干部党支部	中共湖南省离退休干部工委办公室
区住建局	创新实干推进高质量发展（做靓社区）工作成效明显地区	长沙市人民政府
岳麓区长沙生殖医学医院党支部	先进基层党组织	省工商联女企业家商会党委、行政

2021年岳麓区获省（厅局）奖励（命名）个人一览表

表4

所在单位	获奖人	获奖名称	授奖单位
岳麓区长沙生殖医学医院	刘习明	湖南省诚实守信模范	省文明委
岳麓区长沙生殖医学医院	刘习明	全省政协扶贫行动先进个人	省政协
区税务局	文　灿	全省税务系统优秀党务工作者	省税务局党委
区税务局	余　昱	全省税务系统个人所得税改革先进个人	省税务局
银盆岭街道银星社区	宁　卓	党史学习达人	省委党史办省委宣传部
区委党校	冯　莹	全省党校（行政学院）系统优秀教育工作者	省委党校
区人民法院	皮艳红	全省法院第十九届理论研讨会“组织工作先进个人”	湖南省高级人民法院
区人民法院	汪　样	湖南省巾帼建功标兵、湖南省青年岗位能手	省高院、省人力资源和社会保障厅、省总工会、共青团湖南省委、省妇联
区消防大队	周仲华	湖南省向上向善好青年	省消防救援总队
银盆岭街道林海社区	张运和	省最美公益普法个人 省关心下一代工作先进个人 省最美河湖卫士	省委宣传部、文明办、司法厅、省文明委办公室、关心下一代工委、省河长制工作委员会

续表 4

所在单位	获奖人	获奖名称	授奖单位
区人民法院	郭庆军	全省“百场优秀庭审”一等奖	湖南省高级人民法院
区人民法院	舒秋膂	全省“百篇优秀裁判文书”二等奖	湖南省高级人民法院
区人民法院	汪　样	湖南省第一届审判业务（家事审判）技能竞赛“二等奖”	省高院、省人力资源和社会保障厅、省总工会、共青团湖南省委、省妇联

2021 年岳麓区获省（厅局）以上奖励（采用）文章一览表

表 5

所在单位	作者姓名	文章标题 / 奖项	授奖（采用）单位
区政协		《用好用足三大抓手　推动乡村全面振兴——关于我区深入实施乡村振兴战略的调研报告》获一等奖	湖南省政协
区人民法院		微视频《“栗姐”把调解办进了群众心坎里》被评为“优秀微视频”	最高人民法院
区政协	董彦宏	《充分彰显我国新型政党制度的独特优势》——获评省政协理论研究优秀论文二等奖	湖南省政协
区政协	曾高杰 陈　刚	《社区（村）干部男女性别比例失衡问题值得重视》	全国政协采用
区政协	李蜜心 曹春辉 曾高杰	《关于做好“科学防疫”“精准防疫”的建议》	全国政协采用
区政协	李蜜心 董彦宏 黄晓凤	《加快打造雨洪收集、循环利用系统　破解城市应对极端暴雨难题》	全国政协采用
区政协	袁精华 曾高杰	《引导城市“老漂族”返乡干事创业的建议》	全国政协采用
区政协	陈　刚	《关于提升公共法律服务效能的建议》	省政协采用
区政协	陈　刚	《年轻人超前消费该“刹车”了》	省政协采用
区政协	吴　慧	《城市相对贫困群体应予关注》 《促进陶瓷废弃物回收利用的建议》 《关于农村饮用水安全问题的建议》	省政协采用
区人民法院	刘　群 孙　昤	《农村集体经济组织成员放弃村民待遇的认定》案例入选 2021 年度中国法院年度案例	最高人民法院

续表 5

所在单位	作者姓名	文章标题 / 奖项	授奖（采用）单位
区人民法院	张　帅 皮艳红	《价值平衡与进路优化：认罪认罚案件中公诉变更的规制》获二等奖	最高人民法院
区人民法院	皮艳红 李金城	《减刑假释案件庭审虚化的现状检讨与改进思路》获优秀奖	最高人民法院
区人民法院	龙志宇	《涉祖坟纠纷案件的裁判乱象与矫正思路——兼谈〈民法典〉第一千一百八十三条第 2 款的规范解释与续造》获优秀奖	最高人民法院
区人民法院	赵云冲	《检视与探索：建立与多元纠纷机制适度衔接的司法确认程序研究》获《学习贯彻习近平法治思想建设更高水平湖南》理论研讨会一等奖	中共湖南省委全面依法治省委员会办公室、湖南省司法厅
区人民法院	许振兴	《风险社会理论视域下的应急管理体系——基于新型冠状病毒肺炎疫情的思考》获第三届南岳法治论坛优秀奖	第三届南岳法治论坛组委会
区人民法院	张　帅 卿　斌 皮艳红	《殷伟诉长沙市公安局交警支队违反安全保障义务主任纠纷案——对事故段道路交通信号灯管理瑕疵侵权责任认定》获 2021 年度案例分析优秀奖	湖南省高级人民法院
区人民法院	李金城 皮艳红	《湖南守护神制药有限公司诉武汉东信医药科技有限责任公司等侵害商标权纠纷案——对具备显著性通用名称商标专用权的保护》获 2021 年度案例分析优秀奖	湖南省高级人民法院
区人民法院	张　帅 邓　欣 肖　娟	《刘某某诉长沙市望城区铜管街道办事处行政协议纠纷案——行政协议可撤销的合法性审查路径》获 2021 年度案例分析优秀奖	湖南省高级人民法院
区人民法院	赵云冲	全省法院第十九届理论研讨会“优秀作者”	湖南省高级人民法院
区人民法院	肖　娟	全省法院第十九届理论研讨会“优秀作者”	湖南省高级人民法院
区人民法院	龙志宇	《涉祖坟纠纷案件的裁判乱象与矫正思路——兼谈〈民法典〉第一千一百八十三条第 2 款的规范解释与续造》获 2021 年学术年会征文三等奖	湖南省法学会案例法学研究会
区人民法院	张　帅 皮艳红	《价值平衡与进路优化：认罪认罚案件中公诉变更的规制》获理论研讨会一等奖	湖南省高级人民法院
区人民法院	皮艳红 李金城	《减刑假释案件庭审虚化的现状检讨与改进思路》获理论研讨会二等奖	湖南省高级人民法院
区人民法院	龙志宇	《涉祖坟纠纷案件的裁判乱象与矫正思想——兼谈〈民法典〉第一千一百八十三条第 2 款的规范解释与续造》获理论研讨会二等奖	湖南省高级人民法院

续表 5

所在单位	作者姓名	文章标题 / 奖项	授奖（采用）单位
区人民法院	张　帅 赵云冲	《源头治理：执行体系下诉讼服务与公共法律服务体系协同机制思考——兼论执行案件过滤分流机制程序的完善》获理论研讨会三等奖	湖南省高级人民法院
区人民法院	张　帅 周晓敏 李治豪	《民法典视域下物权期待权排除强制执行的判定标准——〈执行异议和复议规定〉第 29 条适用困境之破解》获理论研讨会三等奖	湖南省高级人民法院
区人民法院	肖　娟 邓　欣	《适老诉讼心理疏导路径研究——以家事审判改革经验为镜鉴》获理论研讨会三等奖	湖南省高级人民法院
区人民法院	赵云冲	全省法院第十九届理论研讨会“优秀作者”	湖南省高级人民法院
区人民法院	肖　娟	全省法院第十九届理论研讨会“优秀作者”	湖南省高级人民法院
区人民法院	张　帅 皮艳红	《价值平衡与进路优化：认罚认罚案件中公诉变更的规制》获理论研讨会一等奖	湖南省高级人民法院
区人民法院	皮艳红	《认罪认罚变更：“以审判为中心的抵牾与协调”》获诉讼法论文三等奖	湖南省法学会诉讼法学研究会
区人民法院	皮艳红 李金城	《减刑假释案件庭审虚化的现状检讨与改进思路》获诉讼法论文优秀奖	湖南省法学会诉讼法学研究会
区人民法院	肖　娟 邓　欣	《适老诉讼心理疏导路径研究——以家事审判改革经验为镜鉴》获诉讼法论文优秀奖	湖南省法学会诉讼法学研究会
区人民法院	赵云冲	《司法改革下诉讼服务和公共服务体系协同机制思考——兼论执行案件过滤分流机制程序的完善》获诉讼法论文优秀奖	湖南省法学会诉讼法学研究会
区委党校	邓　璐	《实事求是——中国共产党独特的治党智慧》全省党校（行政学院）系统理论研讨会二等奖	省委党校
区委党校	杨　登	《从古塘湾党支部红色历史中汲取支部建设力量》全省党校行政学院系统理论研讨会三等奖	省委党校
区委党校	雷　航	长株潭一体化发展中的区域合作研究——以长沙市岳麓区为例——《‘三高四新’战略与政府治理创新》理论研讨会三等奖	湖南行政管理学会
银盆岭街道	艾振民	《论党的文艺事业在推进革命和建设进程中的重要作用》评为全省理论研讨会优秀论文	省委党史学习教育领导小组办公室、省委宣传部
银盆岭街道 银星社区	贺秋香	《掘进乡村的精神深处——评沈念小说集〈灯火夜驰〉》评为湖南文艺评论优秀短评文章	省委宣传部、省文联、省文艺评论家协会

长沙市岳麓区主要机构及负责人名录

中共长沙市岳麓区委员会

区委书记　周志凯（2021.05止）
区委书记　周　凡（2021.05任）
区委副书记　蔡　锋（2021.07任）、代区长（2021.06任）、区长（2021.10任）、区委常委、副区长（常务）（2021.07止）
区委副书记、党校校长
　　刘　亮（2021.07止）
区委副书记
　　秦梅鸯宗（挂职）
区委副书记、统战部长、党校校长　唐继发（2021.07任）
区委常委、区委组织部部长
　　彭利芝（2021.07止）
区委常委、区委政法委书记
　　张铁炎（2021.07止）
区委常委、区委办主任
　　杨利成（2021.07止）
区委常委　屈志峰（2021.07止）
区委常委、武装部政委
　　伍少林
区委常委、纪委书记、监察委主任　李雪龙（2021.07止）
监察委主任
　　王长陵（2021.10任）
区委常委、统战部长
　　潘旺明（2021.07止）
区委常委、政法委书记
　　潘旺明（2021.07任）
区委常委、区委宣传部部长
　　刘雄辉
区委常委、副区长（常务）
　　张永久（2021.07任）
区委常委、副区长
　　王海潮（2021.07任）
区委常委、区委办主任
　　雷凌湘（2021.07任）
区委常委、区委组织部部长
　　师　军（2021.07任）

区委办公室

主　　任　杨利成（2021.07止）
　　雷凌湘（2021.07任）
常务副主任
　　潘雄健
副 主 任　蒋卓源（2021.11止）
　　刘海岸
　　谢　前

区纪委驻区委办

纪检组长　彭　阳
区委机要局
局　　长　石　健（2021.11止）
专职副局长
　　阳　卿
区直机关工委常务副书记
　　张湘君

区委改革办

主　　任　杨利成（2021.07止）
　　雷凌湘（2021.07任）
专职副主任
　　唐　浩

区委督查室

主　　任　郭亮伦

区委政研室

主　　任　杨利成（2021.07止）
　　雷凌湘（2021.07任）
专职副主任
　　李　斌

区委区校合作办

主　　任　周丽娟
副 主 任　郑旭辉

区档案馆

馆　　长　周义娟
副 馆 长　夏　珊（2021.05任）
　　谭　波

党员服务中心

主　　任　李　丹

区接待服务中心

主　　任　戴晓辉（2021.07止）
　　刘　娜（2021.12任）
副 主 任　朱　雍
副 主 任　于冠英

区委组织部

区委常委、组织部长
　　师　军（2021.07任）
区委常委、组织部长
　　彭利芝（女，2021.07止）
常务副部长
　　何宗晔（女）

副 部 长　齐坚真（2021.11止）
副部长、区委基层办主任
　　顾　虎
副 部 长　陈　烨（2021.12任）
区委非公有制经济组织和社会组织工委书记
　　陈　烨
区委老干部局副局长
　　周娴静（女，2021.05任）
区委非公有制经济组织和社会组织工委专职副书记
　　包　宁（女）
区绩效考核办副主任
　　吴晓东（女）
区委基层办副主任
　　陈平焰（2021.05任）
区委组织部党员教育中心主任
　　戴　迪（2021.11止）
区委组织部党员教育中心主任
　　龙苏琼（女，2021.12任）
区老干部服务中心主任
　　周娴静（女，2021.05止）
区老干部服务中心主任
　　朱湘琦（2021.05任）

区委宣传部

区委常委、宣传部长
　　刘雄辉（2021.07任）
常务副部长
　　喻春晓（2021.12任）
副 部 长　谭　玲
副 部 长　潘振兴

区委统战部

部　　长　潘旺明（2021.07止）
区委副书记、统战部长
　　唐继发（2021.07任）
常务副部长
　　胡　斌
副部长、工商联书记
　　李学军（2021.05任）
副 部 长　陈　忠（女，2021.11止）
　　文志龙（2021.11任）
　　廖科仁
区侨联主席
　　曾琼柳（女）
　　邓　薇（女）
　　黄友良（2021.11止）

长沙市岳麓区委政法委

区委常委、政法委书记
　　张铁炎（2021.07止）
　　潘旺明（2021.07任）
区委政法委常务副书记
　　佘一夫
　　张俊雄（2021.11止）
　　陈海东
区河西交通枢纽综合事务中心
主　　任　赵　赢
区纪委监委驻政法委机关纪检
组　　长　段　敏（女）
区委政法委委员、政工室主任
　　杨　柳（女，2021.12止）
区委政法委委员
　　吴沥湘（女）
　　张石山
　　李育瑗
　　李治光（2021.12止）
区河西交通枢纽综合事务中心
副 主 任　黄　平（2021.12止）
　　王正伟（2021.12月任）

网信办公室

主　　任　朱　珠（2021.05止）
　　何权刚（2021.05任）
副 主 任　李　波
　　赵金旺

区委机构编制委员会办公室

主　　任　谈玉璜（女）
副 主 任　李昕彤（女）
　　何喜春
机构编制电子政务中心主任
　　罗　茜

区委巡查办公室

区委巡察办主任
　　喻春晓（女）
　　赵权峰（2021.12任）
区委巡察组组长
　　张　祥
　　曾　伟
　　吴俊良
区委巡察办副主任
　　叶　兰（女）
　　陈　洪
区委巡察组副组长
　　雷敏飞（女）
　　彭红辉（女）
　　程庆荣

区委党校

校　　长　唐继发（2021.07任）
常务副校长
　　冯　莹（女）
副 校 长　黄林峰（2021.07止）
　　王　敏
教 育 长　杨　登

区接待服务中心

主　　任　戴晓辉（女，2021.07止）
　　刘　娜（女，2021.12任）
副 主 任　朱　雍（女）
　　于冠英（女）

长沙市岳麓区人民代表大会常务委员会

长沙市岳麓区第五届人大常委会

主　　任　胡杰夫
副 主 任　王剑鸣
　　　　　林俐俐（女）
　　　　　曾跃平（女）
　　　　　江　南
　　　　　张　淳

区人大专门委员会及常委会工作部门

常委会办公室（常委会信访办公室）
主　　任　谭　幸（女）
副 主 任　刘　娜（女）
副 主 任　刘紫春

常委会选举任免联络工作委员会

主　　任　龚毅夫（2021.08止）
　　　　　陈利华（女，2021.08任）
副 主 任　谌　健

民族华侨外事委员会

主任委员　曾　炼

监察和司法委员会（法制委员会）

主任委员　彭庆余

财政经济委员会（常委会预算工作委员会）

主任委员　杨新军

教育科学文化卫生委员会

主任委员　张智余

环境与资源保护委员会

主任委员　邹　杰
副主任委员
　　　　　赵　宾（女）

农业与农村委员会

主任委员　何红兵

社会建设委员会

主任委员　彭新伏

长沙市岳麓区第六届人大常委会

主　　任　彭利芝（女）
副 主 任　王　剑
　　　　　喻英姿（女）
　　　　　江　南
　　　　　张　淳
　　　　　万　千（2021.10任）

区人大专门委员会及常委会工作部门

常委会办公室（常委会信访办公室）
主　　任　谭　幸（女，2021.12止）
　　　　　戴　迪（2021.11任）
副 主 任　刘紫春

常委会选举任免联络工作委员会

主　　任　陈利华（女，2021.07任）
副 主 任　谌　健

民族华侨外事委员会

主任委员　曾　炼（2021.02任）

监察和司法委员会（法制委员会）

主任委员　许　伟（2021.07任）

财政经济委员会（常委会预算工作委员会）

主任委员　吴清萍（女，2021.07任）

教育科学文化卫生委员会

主任委员　张智余

环境与资源保护委员会

主任委员　邹　杰
副主任委员
　　　　　赵　宾（女）

农业与农村委员会

主任委员　沈建明（2021.07任）

社会建设委员会

主任委员　戴晓辉（女，2021.07任）

政协长沙市岳麓区委员会

政协长沙市岳麓区第五届委员会

主　　席　袁精华（2021.10止）
副 主 席　曾高杰
　　　　　喻英姿（女，2021.10止）
　　　　　刘　平（2021.10止）
　　　　　卜茂荣（2021.10止）
　　　　　彭首志（2021.10止）
秘 书 长　杨国春
常务委员（2021.10止）
　　　　　丁　刚
　　　　　马涌奇
　　　　　文志斌
　　　　　王如民
　　　　　宁联芳（女）
　　　　　刘　湘（女）
　　　　　刘世雄
　　　　　刘红艳（女）
　　　　　刘国才
　　　　　吴小宁
　　　　　吴松祥
　　　　　张　浪（女）

张晨阳
张湘华
张 伟
李 杰
李万安
李蜜心（女）
杨正龙
周 立（女）
周铁军
范 璐（女）
郑明方
禹明华（女）
禹海慧
胡 斌
饶 艳（女）
唐湘辉（女）
徐 平（女）
顾 虎
盛文硕
彭志军
曾 斌
谢 芳（女）
释演法
谭 旭
魏志波

长沙市岳麓区政协工作部门

办公室主任
范 璐（女）
副 主 任 杨 凡（女）
委员学习联络委员会主任
徐 平（女，2021.10止）
副 主 任 陈正文
提案委员会主任
刘红艳（女，2021.10止）
经济科技和外事委员会主任
盛文硕
农业农村和人口资源环境委员会主任 杨正龙（2021.10止）
副科级干部
易炼红（女，2021.04止）
文教卫体和文史委员会主任
周铁军（2021.10止）
社会法制和民族宗教委主任
张 伟

政协长沙市岳麓区第六届委员会

主 席 杨利成（2021.10任）
副 主 席 曾高杰
王 洋（2021.10任）
杨沅光（2021.10任）
陈 明（2021.10任）
谢 俊（2021.10任）
秘 书 长 杨国春（2021.07任）
常务委员（2021.10任）
马 伟
王大益
王广一
文斌斌
兰陈芳（女）
宁联芳（女）
刘建秋
刘建强
刘涵之
李 畅（女）
李勐磊
李蜜心（女）
杨 阳（女）
吴 慧（女）
余亚锋
宋志明
张 伟
张 恩
张 慧（女）
陈 刚
陈圆润（女）
陈海东
范 璐（女）
罗 纯（女）
周 燕（女）
胡 斌
饶 艳（女）
顾 虎
郭子新
黄林峰
盛文硕
彭志军
释演法
谢 芳（女）
谢华平
谭 玲（女）
谭景佳（女）
熊 高
熊颖佳（女）
戴吾蛟

长沙市岳麓区政协工作部门

办公室主任
范 璐（女）
副 主 任 杨 凡（女）
委员学习联络委员会主任
谭景佳（女，2021.10任）
副 主 任 陈正文
提案委员会主任
黄林峰（2021.10任）
经济科技和外事委员会主任
盛文硕
农业农村和人口资源环境委员会主任 饶 艳（女，2021.10任）
文教卫体和文史委员会主任
杨国春（2021.10任）
社会法制和民族宗教委主任
张 伟

中共长沙市岳麓区纪律检查委员会

区纪委监委

区委常委、纪委书记、监委主任
李雪龙
区纪委常务副书记、监委副主任
万千（2021.06止）
熊颖佳（女，2021.07任）
区纪委副书记、监委副主任
张晨阳
喻寄宏
区纪委常委、监委委员
刘　波（女）
张卫名
赵权峰（女）
区纪委常委
黄继承
区纪委常委、区委巡察办主任
喻春晓（女）
区监委委员
谢力兵
皮广林

区人民法院

党组书记、院长
张　帅
党组副书记、副院长
周　丹（2021.08止）
副 院 长　曾梦佳（女）
党组成员、副院长
罗中东
党组成员、机关党委书记、工会主席　李亮球
党组成员、政治部主任
罗开颜（女）
党组成员、执行局局长
张卫东
审判委员会专职委员
曹　祥
谢　澍

区人民检察院

党组书记、检察长
谢　勇（2021.08止）
袁　征（2021.08任）
党组成员、副检察长
吴冠勋　廖剑聪
党组成员　夏　忠
党组成员、政治部主任
陈晓东
副检察长　周叶芝（女）
检察委员会专职委员
卜雪凡（女）
彭　君
区纪委派驻兼职纪检组长
段　敏（女）

人武部

部　　长　王照平
政　　委　伍少林
副 部 长　胥　淘
军事科长　王博怀
政工科长　周　杰
保障科长　徐　志

长沙市岳麓区人民政府

区委副书记、区长
蔡　锋（2021.10任）
区委常委、常务副区长
张永久（2021.07任）
区委常委、副区长
王海潮（2021.07任）
副 区 长　彭迟平（2021.07任）
彭首志（2021.10任）
李群素（2021.10任）
李　鸿（2021.10任）
刘振乾（2021.10任）
朱　兵（2021.10任）
党组成员、政府办党组书记、主任　杨　军（2121.10任）
区政府办副主任
罗　纯（女）
黄大勇
谭　言
喻　凯
舒　平
黄强远（2021.12任）
陈星宇（女，2021.12任）
区政府督查室主任
王　兴
区政府研究室专职副主任
丁永剑

区发展改革局

党组书记、局长
苏文斌（2021.10任）
彭　浩（2021.10止）
党组成员、副局长
周华平
周　明
党组成员、纪检组长（派驻）
谭　楠（女，2021.11止）
舒　娟（女，2021.12任）
党组成员、工会主席
虢习全
党组成员、总经济师
谢　承

区教育局

党委书记、局长
李　鸿（2021.07止）
王　艳（女，2021.07任）

副局长 周利群（女）
雷 亮
黄瑾辉（女）
区纪委监委驻区教育局纪检监察组组长 黄 海
区人民政府主任督学
李晓丽（女）

岳麓区科学技术局
党组书记 刘 潮
局 长 余亚锋
党组成员、副局长
刘时香（女）
党组成员、副局长
冯江霞（女）
党组成员 欧阳李欢
杨 伟

区工业和信息化局
局 长 向承成（2021.10任）
谢 俊
党组书记 殷智勇
副 局 长 龙 波
冯 熙（女）
党组成员 叶 剑

岳麓区民族宗教事务局
局党组书记、局长
刘志军
局党组成员、副局长
曾志勇
虞蓓蓓（女）
张振华（2021.12任）

岳麓区民政局
党组书记、局长
李思远
党组成员、副局长
黄奇刚
周 沫（女，2021.06改非）
张振华（2021.11止）
粟国忠（2021.12任）
党组成员 陈汉先

长沙潇湘园管理处
书记、主任
李扬波
副 主 任 刘 婷（女）
梁荣伟
李 宇（女）
许名贵
黄 婵（女）
刘特珍（2021.05止）

岳麓区司法局
党组书记、局长
李明清
党组成员、副局长
周 益
陈治国
副 局 长 陈丽娟（女）
党组成员 夏弟华
党组成员、政工室主任
倪 伟（女）

区财政局
党组书记 王 洋（2021.10止）
彭 浩（2021.10任）
局 长 王 洋（2021.12止）
彭 浩（2021.12任）
党组副书记
喻林辉（女,2021.12止）
党组成员 汪树德（2021.12止）
周 专（2021.12任）
党组成员、副局长
刘艳群（女）
李应怀（女）
党组成员、区纪委区监委驻区财政局纪检监察组组长
吴漫红（女）
区国有资产事务中心主任
贺越强（女，2021.12任）
区财政预决算（投资）评审中心主任 程 艳（女）
区财源建设协调事务中心主任
周 专
区财政事务中心主任
汤 律（女）

湖南湘江新区农村商业银行股份有限公司
董 事 长 黄立新（2021.07止）
危志成（2021.08任）
行 长 危志成（2021.07止）
邓 路（2021.10任）
监 事 长 周松柏
黄铁强（2021.02任）
副 行 长 陈 卉

岳麓区人力资源和社会保障
党组书记、局长
唐南沙（女）
党组成员、纪检组长
邓星萍
党组成员、副局长
康景洋
李 晔（女）
崔 凯
党组成员 罗志军

岳麓区住房和城乡建设局
党组副书记、局长
杨 军
党组书记 卞劲松
副 局 长 郭忠祥（2021.06改非）

党组成员、副局长
付烈山
杨映红（女）
曾向阳
赵耀方（女）
朱潇健
党组成员　彭海波
向　军
黄　程
夏策联
总工程师　黄雅玲（女）

区人居环境事务中心

主　　任　彭国宏（2021.10止）
单旭红（2021.11任）
支部书记、副主任
彭晔凯
副 主 任　李喜明（女）
章　谦（女）
付寅彪

区住房保障服务中心

党组书记、主任
付烈山
主　　任　方胜昔（女）
党组书记　黄雅玲（女，2021.12任）
党组成员　文伟林
党组成员、副主任
张智权（女）
李治祥

区城市房屋征收和补偿管理办公室

主　　任　李　磊（2021.11止）
黄　硕（2021.11任）
副 主 任　郑明方
黄　浩

区交通运输局

局　　长　程继华（2021.07止）
雷云飞（2021.07任）
副局长　陈萍（女）
文双红（女）
左　丹
党组成员　魏拥军
廖　敏

区水利局

党组书记、局长
谢茂华
党组成员　孙荣来
陈志良
戴铁华（2021.12任）
党组副书记
谭　敏（2021.11止）
副 局 长　谭　敏
陈　良（女）
总工程师　宾建光
区水旱灾害防御中心主任
文　亮

区农业农村局

党组书记、局长
唐　凯（2021.11任）
张献文（2021.11改非）
党组副书记、副局长
刘　潮
党组成员、副局长
周　辅（2021.12改非）
虞蓓蓓（2021.12任）
党组成员　艾向前
农办副主任
彭海军
动物疫病预防控制中心主任
谢荣志
农业综合技术服务中心主任
刘永全

区商务局

党组书记、局长
谢英姿（女）
李　曼（2021.11任）
党组副书记、副局长
周定友
党组成员、副局长
申利荣
党组成员　杨海兵
濮　硕
副 局 长　樊　勇

区文化旅游体育局

党组副书记、局长
李玲艳（女）
党组书记　邓浩宇
党组副书记、副局长
付杜娟（女）
党组成员、副局长
赵洪卫
鲁　婷（女）
党组成员　黎中华
陶季君
李启国

区卫生健康局

党组书记、局长
王　洪
纪检组长　黄　海
党组成员　蔡振宇
康　勇
欧　舟
副 局 长　徐　进（女）
李国华
周　燕（女）
计生协会专职副会长
宋荣芳（女）

区审计局

党组书记、局长
张武强
党组成员、副局长
吴　文
李　盼
党组成员、总审计师
王　霞（女）
政府投资审计中心主任
刘小曲（女）

岳麓区退役军人事务局

党组书记、局长
刘　勇
党组成员、副局长
周　庆
张红光
党组成员　马团学

区应急管理局

党委副书记、局长
周　波
党委书记　徐　勋
党委委员、副局长
刘智慧
党委委员　邓德辉
臧金冠
党委委员、总工程师
李建钢
副 局 长　尹异凡
政工室主任
刘　婵（女）

区市场监督管理局

党组书记、局长、市场监管综合执法大队大队长
吴　卫
党组副书记、副局长
谭建军（2021.11止）
曹春辉（2021.12任）
党组成员、副局长
邓　敏
戴世文
伍　进（女）
黄　文（2021.11止）
文国良（2021.11止）
谭德明（2021.11止）
颜铁坚（2021.11止）
姚　旭（2021.12任）
党组成员　袁　蕾
李建红
覃　亮
副 局 长　张　健（2021.12任）
副科级纪检员
杨辉宇（2021.11止）
市场监管综合执法大队副大队长
彭志军
陈　力
申向群
郭　晟

区统计局

党组书记、局长
邓爱武（女）
党组副书记、副局长
刘宏宇
党组成员、副局长
李　耀（女）
石　锋（女）
副 局 长　梁娇娇（女2021.06止）
区统计普查中心主任
曾　敬（女）

长沙市岳麓区城市管理和综合执法局

党组书记、局长
周　永（2021.08止）
吴　君（2021.11任）
党组成员、副局长
余新跃
党组成员　邹永忠
尹新生
邹品德
副 局 长　刘味珍
晏海元

岳麓区城市管理综合执法大队

党委书记、大队长
周　永
党委副书记、教导员
吴　君
党委委员、常务副大队长
李凌云
党委委员、副大队长
朱　斌
彭　威
陈　为
党委委员　刘　畅
宋长辉

区行政审批服务局

党组书记、局长
王　华（2021.11任）
刘双知（女，2021.11止）
党组副书记、副局长
刘孙成（2021.10止）
副 局 长　谢立华（2021.11任）
党组成员　李哲鹏
伍振伟
党组成员、副局长
葛建武

区政务服务中心

主　　任　付　滔

区数据资源中心

主　　任　胡　磊

区信访局

党组书记、局长
　　廖　曦
党组成员、副局长
　　鲁爱华（女，2021.12改非）
　　刘　忠
　　程宇标
　　曹中柱（2021.12任）
党组成员　黄　柯
　　黎　明（2021.06改非）
副局长（挂职）
　　付寅彪（2021.12任）
　　李泽豪（2021.12任）

区医疗保障局

局党组书记、局长
　　吕　瑛（女）
局党组成员、副局长
　　李朝东
局党组成员
　　李红波

区机关事务服务中心

党组书记、主任
　　曹志武
党组成员、副主任
　　刘定见
　　邓志勇
副 主 任　欧阳均

区征地服务中心

主　　任　陶华山（2021.11任）
　　黄　硕（2021.11止）
副 主 任　李　伟（女）
　　黄　海
　　李　敏（女）

区金融事务中心

主　　任　罗　纯（女）
副 主 任　陈　欢（女）
　　李治国（2021.05任）

区公共工程建设中心

党组书记、主任
　　杨桂华（女）
党组成员、副主任
　　张立清
　　王芝萍（女）
党组成员　王　颖
　　伍国裕

区现代服务业发展中心

主　　任　龚　常
副 主 任　周　旋（女）

麓山投资控股集团

党委书记、董事长
　　黄　兴（2021.07止）
　　刘双知（女，2021.11任）
党委副书记、董事、总经理
　　李　曼（女，2021.11止）
　　许　博（2021.11任）
党委委员、纪委书记、监事会主席、工会主席
　　闵志群
董事、常务副总经理
　　谢　力
党委委员、副总经理
　　周育林
　　雷　凌（女）
董事、副总经理
　　张　志
副总经理　任亿文
　　刘益娇（女）
财务总监　薛　俊

区市政设施维护中心

中心主任、党组副书记
　　单旭红（2021.11止）
　　彭国宏（20210.11任）
中心党组书记
　　梁　鼎
中心副主任、党组委员
　　周　锋（2021.11止）
　　徐国泉
　　曾国军
　　潘文军
　　曾世凡

区市容环境卫生维护中心

主　　任　周　宇
副 主 任　周雨成
　　李　军
　　宋　芳（女）

区园林绿化维护中心

党组书记　戴铁华（2021.11止）
党组书记、主任
　　李凌云（2021.12任）
党组副书记、主任
　　谢立华（2021.11止）
党组成员、副主任
　　周　哲
　　陈代辉
　　陈金祥
　　唐金花（女）

岳麓区总工会

区人大常委会副主任、区总工会主席　张　淳
区总工会党组书记
　　李　磊
区总工会党组成员、副主席
　　王德生

共青团
书　　记　魏镇男（女，2021.07止）
　　　　　周　浪（女，2021.12任）
副书记　周　浪（女，2021.11止）
　　　　　李泽豪（2021.12任）

区妇女联合会
主　　席　刘　湘（女）
副主席　李　红（女）
　　　　　申　瑗（女，挂职）
　　　　　李蜜心（女，兼职）
　　　　　段星南（女）
　　　　　赵文琳（女）

区残疾人联合会
理事长　毛远志
副理事长　周海宁（女）

岳麓区工商业联合会
主席（会长）、区政协副主席
　　　　　卜茂荣（2021.05止）
主席（会长）
　　　　　谢　俊（2021.06任—2021.10止）
主席（会长）、区政协副主席
　　　　　谢　俊（2021.11任）
区工商联党组书记
　　　　　李学军（2021.05止）
区委统战部副部长、区工商联党组书记、区工商联（总商会）常务副主席（常务副会长）
　　　　　李学军（2021.06任）
副主席（副会长）
　　　　　赵　俊（女，2021.05止）
党组成员、副主席（副会长）
　　　　　刘　成

岳麓区公安分局
岳麓区人民政府副区长、分局党委书记、局长
　　　　　谭应林（2021.07止）
　　　　　彭迟平（2021.07任）
分局党委副书记、政委
　　　　　刘志敏
分局党委副书记、常务副局长
　　　　　佘朝晖
　　　　　丁鹏飞（2021.09止）
分局党委委员、副局长
　　　　　邓集锋（2021.09任）
　　　　　苏强军
　　　　　肖剑润（2021.07任）
　　　　　饶清曙（2021.10任）
　　　　　谢展翅（2021.07止）
　　　　　张　勇（2021.10任）
分局党委委员、副局长兼政工室主任　万　蓓（女）
分局党委委员、纪委书记兼副政委　王胜德（2021.07任）
　　　　　杨明军（2021.07止）
入境支队副支队长（履行岳麓分局副局长职责）
　　　　　唐　江（2021.03止）
　　　　　周辉煌（2021.03止）

长沙市生态环境局岳麓分局
党组书记、局长
　　　　　陈志勇
党组副书记、副局长
　　　　　杨　彪
党组成员、副局长
　　　　　刘熙靖
党组成员　甘建文
　　　　　陈跃辉
党组成员、总工程师
　　　　　胡　晓

区自然资源和规划分局
党组书记、局长
　　　　　刘振宇
党组成员、副局长
　　　　　张志伶
　　　　　张　翔
　　　　　苏宇林

区消防大队
党委书记、政治教导员
　　　　　潘　磊
党委副书记、大队长
　　　　　李　振
党委委员、副大队长
　　　　　蒋刚龙
党委委员、助理工程师
　　　　　徐效陵
党委委员、麓山门消防救援站政治指导员
　　　　　徐　瑜
党委委员、石岭塘防救援站政治指导员　杨松坤
党委委员、五星防救援站政治指导员　向心仪

长沙市岳麓区税务局
党委书记、局长
　　　　　朱浩光
党委委员、副局长
　　　　　易礼文
　　　　　李　明
　　　　　龚红吉（女，2021.04任）
　　　　　李正强（2021.04任）
　　　　　陈建强（2021.02止）
　　　　　陈雄伟（2021.02止）
　　　　　彭文凯（2021.02止）
　　　　　廖　玮（2021.02止）
　　　　　丁　胜（2021.02止）
　　　　　赵道军（2021.02止）
党委委员、纪检组长
　　　　　陈科良（2021.04任）

李正强（2021.04止）
长沙市岳麓区税务局工会主席
田培忠（2021.10止）

岳麓交警大队

大 队 长　陈　纲
教 导 员　陈　杰
副大队长　冯勇奇（2021.11止）
张　震
郑小飞
黄应祥
毛　翼（2021.11任）

街道·镇

岳麓街道

工委书记　侯朝阳
工委副书记、办事处主任
张　康
工委副书记、政协联络处主任
刘志装
工委委员、人大工委主任
彭　轶
工委委员、纪工委书记
李昌遐
工委委员、办事处副主任、武装部长　凌　云
工委委员、宣传委员
李　诚
工委委员、组织委员
曾　蓉（女）
工委委员、办事处副主任
罗勇谋
办事处副主任
滕　云（女）
人大工委副主任
庚　群

桔子洲街道

街道工委书记
肖　弘
工委副书记、办事处主任
钟昭华
工委副书记
陈　灿
工委委员、人大工委主任
陈　斌
工委委员、政协联络工作负责人、人武部长
李　志
工委委员、政法委员、办事处副主任　范　彪
工委委员、纪工委书记
陈海清
工委委员、宣传委员
易江泉
办事处副主任
孔　明（2021.8止）
工委委员、组织委员
王　菁（女）
人大工委副主任
余海艳（女）

望月湖街道

工委书记　许望兴（2021.10止）
周　云（2021.11任）
工委副书记、办事处主任
王桃兵（2021.05.任）
工委副书记
廖建兵（2021.12止）
工委委员、人大工委主任
唐　凯（2021.11止）
刘　娜（女，2021.12任）
工委委员、办事处副主任、政协联络工作负责人
彭跃武

工委委员、纪委书记
朱继忠
工委委员、宣传委员
黄　琼（女）
工委委员、组织委员
蒋　敏（女）
工委委员、办事处副主任、人武部长　虢　旭
办事处副主任
葛　昊
人大工委副主任
张海双

银盆岭街道

工委书记　文注桃
工委副书记、办事处主任
王　军
工委副书记
徐佳帅
工委委员、人大工委主任
廖　宇
工委委员、纪委书记
刘晓林
工委委员、政协联络处负责人
陈松林
工委委员、宣传委员
余劲光（2021.04逝世）
工委委员、组织委员
戴校丰
工委委员、办事处副主任
高　勇
办事处副主任
刘　卓（女，2021.11止）
陈星婧（2021.12任）
工委委员、宣传委员
刘　卓（女，2021.11任）
人大工委副主任
龚　城

观沙岭街道

工委书记　李　江

工委副书记、办事处主任

邹士朴

工委副书记兼任纪工委书记

陈　裕（女）

工委委员、人大工委主任

郑　浩

办事处副主任

李尚武

工委委员、办事处副主任

邱　铭

工委委员、办事处副主任、人武部长、区联络工作负责人

李　诚

工委委员、组织委员

魏养亲（女）

工委委员、宣传委员

凌　君（女）

纪工委书记

张中秋（2021.12任）

人大工委副主任

罗　列

西湖街道

工委书记　沈　毅

工委副书记、办事处主任

黄　伟（2021.05任）

工委副书记、武装部长

王　山

工委委员、人大工委主任

王钟元

工委委员、办事处副主任、政协联络处主任

张亮宇（2021.08止）

工委委员、纪委书记

周应辉

工委委员、宣传委员

楚未平

工委委员、组织委员

卞　庄（女）

工委委员、办事处副主任

丁海龙

朱彬彬

人大工委副主任

林　文

望城坡街道

工委书记　肖　健

工委副书记、办事处主任

吴静波

工委副书记

朱　军

工委委员、政法委员、人大工委主任　刘　坤

工委委员、办事处副主任

李胜宏

工委委员、纪工委书记

肖　然

工委委员、办事处副主任、武装部长、政协联络工作负责人

黄英廓

工委委员、宣传委员

文　丹

办事处副主任

饶　艳（女，2021.07止）

黄　平（2021.12任）

工委委员、组织委员

邓倩倩（女）

人大工委副主任

刘　钰（女）

望岳街道

工委书记　龙明星

工委副书记、办事处主任

周　云（2021.11止）

谭　幸（女，2021.11任）

街道工委副书记

赵　嫚（女）

街道工委委员、人大工委主任

肖春华

街道工委委员、办事处副主任、政协联络处主任

陈利华（女，2021.07止）

街道工委委员、办事处副主任

曾利民（2021.11止）

街道工委委员、纪工委书记

李毅飞

街道办事处副主任

谭水清

街道工委委员、宣传委员

何剑波

街道工委委员、组织委员

田万里

街道人大工委副主任

陈　帅（女）

咸嘉湖街道

工委书记　李群素（女，2021.07止）

潘绍辉（2021.07任）

工委副书记、办事处主任

潘绍辉（2021.07止）

厉雅硕（2021.07任）

工委副书记、人武部长

熊　杰

工委委员、人大工委主任

钟兴志

工委委员、办事处副主任、政协联络处工作负责人

谭景佳（女，2021.07止）

办事处副主任

黄　巨

工委委员、纪工委书记

谭　旦

工委委员、宣传委员

何鑫华

工委委员、办事处副主任
欧阳文中
工委委员、组织委员
刘焕鑫（女）

梅溪湖街道

工委书记　罗勇刚（2021.07止）
程　勇（2021.08任）
工委副书记、办事处主任
程　勇（2021.07止）
魏镇男（女，2021.08任）
工委副书记政协联络工作负责人
彭　波（女）
工委委员、人大工委主任
王　华（2021.11止）
张瑞颍（女，2021.12任）
工委委员、办事处副主任、政协联络工作负责人
许　伟（2021.07止）
办事处副主任
伍志坚
工委委员、纪工委书记
刘建新
工委委员、宣传委员、人武部长
钟　凯
工委委员、组织委员
杨　晴（女）
人大工委副主任
陈　宇（女）
工委委员、办事处副主任
杨江舟

天顶街道

党工委书记
王　军
党工委副书记、办事处主任
席文诗
党工委副书记
卢　艳（女）
党工委委员、人大工委主任
康腾飞
党工委委员、办事处副主任、政协联络处主任
刘虎踞
党工委委员、宣传委员、武装部长　赵国亮
党工委委员、办事处副主任
卢　毅
党工委委员、组织委员
伏　灿（女）
党工委委员、纪工委书记
刘华维
人大工委副主任
王　燕（女）
办事处副主任
胡　忻

坪塘街道

工委书记　陈海军
工委副书记、办事处主任
吉文斌（2021.11止）
蒋卓源（2021.11任）
工委副书记
邬　炼
工委委员、人大工委主任
方　强（2021.10止）
吴　浪（2021.07任）
工委委员、纪委书记　徐云武
工委委员、宣传委员、人武部部长　黄炼钢
工委委员、办事处副主任
谷佳伟
工委委员、组织委员
周亿金
办事处副主任
欧卫中
人大工委副主任
黄　捷（女）

洋湖街道

工委书记　刘振乾（2021.07止）
周　永（2021.7任）
工委副书记、办事处主任
李泽亮
工委副书记
丁　玲（女）
工委委员、人大工委主任
刘　辉
工委委员、办事处副主任、政协联络工作负责人
陶华山（2021.11止）
工委委员、纪委书记
彭勇智
工委委员、武装部长、办事处副主任　刘正武
工委委员、宣传委员
周　晗
工委委员、组织委员
周　慧（女）
办事处副主任
侯　光
人大工委副主任
黄强远

学士街道

街道工委书记
宾哲强
街道工委副书记、办事处主任
李　定
街道人大工委主任
曾　兵（2021.07止）
街道工委委员、办事处副主任、政法委委员、纪工委书记
刘金顶
街道办事处副主任、工委委员、组织委员
周海波

街道工委委员、宣传委员、人武部长　　张凯博
街道工委委员、人大工委主任
　　殷建国（2021.09逝世）
街道工委委员、办事副主任、政协联络工作负责人
　　曹春辉（2021.11止）
　　盘易安（2021.12任）
街道工委委员、纪工委书记
　　林长茂（2021.11止）
街道工委委员、组织委员
　　代惠琼（2021.04止）
人大工委副主任
　　李　洁

含浦街道

党工委书记
　　黄　兴（2021.07任）
党工委副书记、办事处主任
　　夏　峰
党工委副书记
　　熊海江
党工委委员、人大工委主任
　　严民意
办事处副主任
　　伍永华
党工委委员、纪委书记
　　骆红勇
党工委委员、宣传委员
　　邓　超
人大工委副主任
　　黄立刚
党工委委员、办事处副主任、人武部长　郝志刚

莲花镇

党委书记　文志龙（2021.11止）
　　吉文斌（2021.11任）
党委副书记、镇长
　　黄　伟（2021.05止）
　　朱　珠（女，2021.05任）
党委副书记、政法委员
　　刘建中（2021.06止）
党委副书记、统战委员、政协联络处主任
　　刘建中（2021.06任）
党委委员、政协联络处主任、副镇长、武装部长
　　何权刚（2021.05止）
党委委员、人大主席
　　李建成
人大副主席
　　杨华英（2021.06止）
　　陈思益（2021.06任）
党委委员、宣传委员、副镇长
　　杨华英（女，2021.06任）
副 镇 长　张　恩
党委委员、副镇长
　　周海波（2021.06止）
党委委员、政法委员
　　周海波（2021.06任）
党委委员、组织委员
　　张铁映（女）
党委委员、纪委书记　史愿
党委委员、宣传委员
　　黄　鹤（2021.06止）
党委委员、武装部长、副镇长
　　黄　鹤（2021.06任）

雨敞坪镇

党委书记　曾英姿（女）
党委副书记、镇长　易佳
党委副书记
　　王桃兵（2021.05止）
　　王国军（2021.05任）
党委委员、人大主席
　　余劲松
党委委员、副镇长、政协负责人、人武部长、政协联络工作负责人　刘　锋
副 镇 长　熊　高
党委委员、组织委员
　　黄　静（女）
党委委员、副镇长
　　胡海彬（2021.05止）
党委委员、宣传委员、副镇长
　　胡海彬（2021.05任）
党委委员、纪委书记
　　虢　星（2021.05止）
　　刘特珍（2021.05任）
党委委员、宣传委员
　　夏　珊（女，2021.05止）
人大副主席
　　何桂莲（女，2021.05止）
　　王　涛（2021.05任）

岳麓高新技术产业开发区

区委常委、党工委书记
　　屈志峰
党工委副书记、管委会主任
　　罗　政
党工委副书记兼、委会副主任
　　张　驰（2021.10任）
党工委委员、纪工委书记
　　林长茂（2021.12任）
党工委委员、管委会副主任
　　舒　拉
党工委委员、管委会副主任
　　陈建湘（2021.12任）

岳麓山大学科技园岳麓分园创业服务中心

书　　记　王友长
主　　任　林　渊
企业发展部副部长
　　朱晓平

办公室副主任
　　翟荣军
　　严小平

长沙市岳麓山风景名胜区管理局

党委书记　喻中文（2021.07止）
党委副书记、局长
　　胡德强
党委委员、副局长
　　易克彪
　　胡　佳（女）
党委委员、纪委书记
　　施柏林
总工程师　曾常清

麓山景区

管理处主任
　　周竹平（女）
党委书记　高春波
党委副书记、管理处副主任
　　刘金亮
党委委员、纪委书记
　　杨妍花（女）
党委委员、管理处副主任
　　郑　伟
　　龚延春
　　刘　赞
工会主席　李艳娓（女）

橘子洲景区

党总支书记、管理处主任
　　彭　浩
党总支副书记、管理处副主任
　　盛　泽
管理处副主任
　　彭　柯
　　屈卫国
纪检员　何晓华（女）
工会主席　李怀全

望月公园管理处

党支部书记、主任
　　刘黎励（女）
支部委员、副主任、工会主席
　　李鸣文
支部委员、副主任
　　陈荣富
　　胡添石
支部纪检员
　　谭　捷（女）

重要文件

2021年岳麓区重点民生实事项目完成情况公示

根据长沙市统计局《关于认真做好2021年全市重点民生实事数据评估认定工作的通知》（长统〔2021〕13号）要求和长沙市实事办验收要求，现就2021年岳麓区重点民生实事项目完成情况予以公示：

序号	考核项目		工作目标	计量单位	累计完成情况	完成进度	备注
1	★	建成芙蓉学校	—	所			
2	★	增加公办幼儿园学位	4000	个	10668	266.7	区教育局
3	★	城市低保标准	不低于750	元/人·月	750	100	区民政局
4	★	城市低保人均救助水平	不低于515	元/人·月	575.3	100	区民政局
5	★	农村低保标准	不低于9000	元/人·年	9000	100	区民政局
6	★	农村低保人均救助水平	不低于377	元/人·月	439.89	100	区民政局
7	★	困难残疾人生活补贴	不低于140	元/人·月	140	100	区民政局
8	★	重度残疾人护理补贴	不低于100	元/人·月	100	100	区民政局
9	★	建设特困供养服务床位	—	张			
10		（其中护理床位）	—	张			
11	★	实现城镇新增就业	7900	人	8827	111.7	区人社局
12	★	完成政府补贴性职业技能培训	15000	人次	25552	170.3	区人社局
13		（其中农村转移就业劳动者培训）	200	人次	2125	1062.5	区人社局
14	★	农村适龄妇女及城镇低保适龄妇女“两癌”免费检查	2060	人	3172	154	区卫健局
15	★	实施疾控中心标准化建设工程，市、区县（市）疾控中心达到国家标准	1	家	1	100	区卫健局

序号		考核项目	工作目标	计量单位	累计完成情况	完成进度	备注
16	★	完成孕产妇免费产前筛查	8600	人次	9996	116.2	区卫健局
17	★	推进中医药服务基层全覆盖，社区卫生服务中心、建制乡镇卫生院中医药服务有人员、有场地、有服务、有设施	16	个	16	100	区卫健局
18	★	实施农村公路安防设施	—	公里			
19	★	农村公路（乡乡通三级路、旅游路、资源路、产业路）提质改造	—	公里			
20	★	建成4G基站	—	个			
21	★	实施乡村“雪亮工程”，建设乡村公共部位安防设备	900	个	1750	194.4	区公安分局
22	★	实施困难残疾人家庭无障碍改造	50	户	50	100	区残联
23	★	康复救助残疾儿童	240	人	302	126	区残联
24	★	办理法律援助案件	500	件	537	107.4	区司法局
25	★	开工建设城镇老旧小区	12	个	12	100	区住建局
26	★	改新建农村户用厕所	—	个			
27	★	改新建农村公共厕所	4	座	4	100	区农业农村局
28	★	10KV及以下行政村配电网改造工程	—	万元			
29		全市4G和5G通信基站建设	876	个	876	100	区工信局
30		新开工城镇危旧房屋改造	16	栋	16	100	区住建局
31		新建智慧社区健身中心	31	个	31	100	区文旅体局
32		实现特殊病种门诊医疗药店各乡镇（街道）全覆盖	17	家	17	100	区医保局
33		完成消防站建设	1	个	1	100	区消防救援大队、岳麓高新区

序号	考核项目		工作目标	计量单位	累计完成情况	完成进度	备注
34		新改建停车场	28	个	38	135.7	区住建局
		增加停车位（含路侧停车位）	20000	个	28500	142.5	区住建局
35		既有多层住宅加装电梯	200	台	204	102	区住建局
36		新改建农村公路	—	公里			
37		标准化村（社区）综合文化服务中心建设	5	个	5	100	区文旅体局
38		社区养老服务设施建设	12	家	12	100	区民政局

特此公示。

公示时间为 2021 年 12 月 28 日至 2022 年 1 月 4 日（五个工作日）。如有异议，可通过来信、来电、来访向岳麓区为民办实事考核办公室反映。

岳麓区为民办实事考核办公室地址：岳麓区人民政府 1 栋 105 办公室，联系电话：88999030

邮编：410013

备注：举报材料需签署真实姓名及留下联系地址、邮编和联系电话。

长沙市岳麓区为民办实事考核办公室

2021年12月28日

岳麓区重点民生实事工作情况汇报

长沙市岳麓区为民办实事考核办公室

（2021年12月24日）

2021年，全市重点民生实事指标共38项，涉及我区考核指标29项，其中省考指标20项，市考指标9项。29项民生实事全部完成年度任务，增加公办幼儿园学位、实现城镇新增就业等12项指标超额完成年度任务。（详见附件）。

工作举措

1. 重落实，当好参谋助手。区委、区政府主要领导高度重视重点民生实事工作，多次现场督导、专题调度相关项目和指标。先后制定下发了《关于下发〈2021年岳麓区重点民生实事任务分解表〉的通知》《2021年岳麓区重点民生实事综合评价工作方案》，进一步细化目标任务及时序要求。各部门、街镇全力以赴、攻坚克难，实现全区重点民生实事工作有力推进。

2. 重实效，抓好统筹调度。充分发挥区实事办统筹协调作用，坚持“一月一调度、一季一讲评”，市对区考核重点民生实事工作推进迅速。乡村“雪亮工程”和“农村转移就业劳动者培训”完成数量远超其他区县市。

3. 重跟踪，用好督查利剑。我区按照“四不两直”的方式，常态化加强现场督查和警示提醒。区纪委监委制定下发《关于印发〈区纪委监委机关“我为群众办实事”实践活动实施方案〉的通知》，将涉及我区部分重点民生实事项目纳入纪委专项督查。同时，区委巡察办根据区委统一安排，开展“四位”（学位、车位、厕位、梯位）专项巡察，确保了工作压力实时传导、充分传递。

下步打算

1. 坚持质效并进。我区将做好年底项目区内验收，强化质量把控，确保把民生项目真正打造成民心项目、精品工程。同时，认真对照省市2022年重点民生实事项目，做好项目部署、规划等工作，确保明年尽早部署、尽早实施、尽早达效。

2. 坚持建管并重。按照“事前规划、事中建设、事后维管”的要求，从严加强项目全生命周期管理。特别是对于“无障碍设施”“停车场建设”“电梯加装”等民生项目，要强化运营维护管理，切实维护人民生命财产安全。

3. 坚持内外并举。我区在巩固前期工作成效的基础上，着重挖掘特色亮点，提炼工作经验，加强宣传推介，提升岳麓民生事业的美誉度和公认度。

索 引

说明：

一、本索引把年鉴的条目（特载、大事记、人物、附录、彩页、随文表格、类目、概况、概述除外）用主题分析的方法，按汉语拼音字母顺序排列。

二、分目用黑体字标明。

三、索引名称后的阿拉伯数字标识内容所在的页码，拉丁字母（a、b、c）表示栏别（从左至右分别为1、2、3栏）。

A

B

C

D

E

F

K

L

M

N

P

Q

R

S

T

W

X

Y

Z